全国统计教材编审委员会"十二五"规划教材

统计学

经济、管理类专业基础课教材

第二版

张小斐 主编

中国统计出版社
China Statistics Press

图书在版编目(CIP)数据

统计学 / 张小斐主编. —— 2版. —— 北京 ：
中国统计出版社，2013.8(2018.7 重印)
全国统计教材编审委员会“十二五”规划教材
ISBN 978－7－5037－6936－8

Ⅰ.①统… Ⅱ.①张… Ⅲ.①统计学－高等学校－
教材 Ⅳ.①C8

中国版本图书馆 CIP 数据核字(2013)第 199363 号

统 计 学(第二版)

作　　者/张小斐
责任编辑/梁　超
封面设计/上智博文
出版发行/中国统计出版社
通信地址/北京市丰台区西三环南路甲 6 号　邮政编码/100073
电　　话/邮购(010)63376909　书店(010)68783171
网　　址/http://www.zgtjcbs.com
印　　刷/三河双峰印刷装订有限公司
经　　销/新华书店
开　　本/710×1000mm　1/16
字　　数/380 千字
印　　张/21
版　　别/2013 年 8 月第 2 版
版　　次/2018 年 7 月第 9 次印刷
定　　价/39.00 元

版权所有。未经许可，本书的任何部分不得以任何方式在世界任何地区以任何文字翻印、仿制或转载。
中国统计版图书，如有印装错误，本社发行部负责调换。

国家统计局
全国统计教材编审委员会

顾　问　罗　兰　袁　卫　冯士雍　吴喜之
方积乾　王吉利　庞　皓　李子奈

主　任　徐一帆

副主任　严建辉　田鲁生　邱　东　施建军
耿　直　徐勇勇

委　员（按姓氏笔划排序）

丁立宏　万崇华　马　骏　毛有丰　王兆军
王佐仁　王振龙　王惠文　丘京南　史代敏
龙　玲　刘建平　刘俊昌　向书坚　孙秋碧
朱　胜　朱仲义　许　鹏　余华银　张小斐
张仲梁　张忠占　李　康　李兴绪　李宝瑜
李金昌　李朝鲜　杨　虎　杨汭华　杨映霜
汪荣明　肖红叶　苏为华　陈　峰　陈相成
房祥忠　林金官　罗良清　郑　明　柯惠新
柳　青　胡太忠　贺　佳　赵彦云　赵耐青
凌　亢　唐年胜　徐天和　徐国祥　郭建华
崔恒建　傅德印　景学安　曾五一　程维虎
蒋　萍　潘　璠　颜　虹

出版说明

全国统计教材编审委员会是国家统计局领导下的、全国统计教材建设工作的最高指导机构和咨询机构，自1988年成立以来，分别组织编写和出版了“七五”至“十一五”全国统计规划教材。

“十二五”时期，是我国全面实施素质教育，全面提高高等教育质量，深化教育体制改革，推动教育事业科学发展，提高教育现代化水平的时期。“十二五”伊始，统计学迎来了历史性的重大变革和飞跃。2011年2月，在国务院学位委员会第28次会议通过的新的《学位授予和人才培养学科目录(2011)》(以下简称“学科目录”)中，统计学从数学和经济学中独立出来，成为一级学科。这一变革和飞跃将对中国统计教育事业产生巨大而深远的影响，中国统计教育事业将在“十二五”时期发生积极变化。

正是在这一背景下，全国统计教材编审委员会制定了《“十二五”全国统计教材建设规划》(以下简称“规划”)。根据“学科目录”在统计学下设有数理统计学，社会经济统计学，生物卫生统计学，金融统计、风险管理与精算学，应用统计5个二级学科的构架，“规划”对“十二五”全国统计规划教材建设作了全面部署，具有以下特点：

第一，打破以往统计规划教材出版学科单一的格局。全面发展数理统计学，社会经济统计学，生物卫生统计学，金融统计、风险管理与精算学，应用统计5个二级学科规划教材的出版，使“十二五”全国统计规划教材涵盖5个二级学科，形成学科全面并平衡发展的出版局面。

第二，打破以往统计规划教材出版层次单一的格局。在编写出版好各学科本科生教材的基础上，对研究生教材出版进行深入研究，出版一批高水平高层次的研究生教材，为我国研究生教育、尤其是应用统计研究生教育提供教学服务。同时，积极重视统计专科教材出版，联合各专科院校，组织编写和出版适应统计专科教学和学习的优秀教材。

第三，打破以往统计规划教材出版品种单一的格局。鼓励内容创新，联系统计实践，具有教学内容和教学方法特色的、各高校自编的相同内容选题的精品教材出版，促进统计教学向创新性、创造性和多样性发展。

第四，重视非统计专业的统计教材出版。探讨对非统计专业学生的统计教学问题，为非统计专业学生组织编写和出版概念准确、叙述简练、深入浅出、表达方式活泼、练习题贴近社会生活的统计教材，使统计思想和统计理念深入非统计专业学生，以达到统计教学的最大效果。

第五，重视配合教师教学使用的电子课件和辅助学生学习使用的电子产品的配套出版，促进高校统计教学电子化建设，以期最后能形成系统，提高统计教育现代化水平。

第六，重视对已经出版的统计规划教材的培育和提高，本着去粗存精、去旧加新、与时俱进的原则，继续优化已经出版的统计教材的内容和写作，强化配套课件和习题解答，使它们成为精品，最后锤炼成为经典。

"十二五"期间，编审委员会将本着"重质量，求创新，出精品，育经典"的宗旨，组织我国统计教育界专家学者，编写和编辑出版好本轮教材。本轮教材出版后，将能够形成学科齐全、层次分明、品种多样、配套系统的高质量立体式结构，使我国统计规划教材建设再上新台阶，这将对推动我国统计教育和统计教材改革，推动我国统计教育事业科学发展，提高我国统计教育现代化水平产生积极意义。

让教师的教学和学生的学习事半功倍，并使学生在毕业之后能够学以致用的统计教材，是本轮教材的追求。编审委员会将努力使本轮教材好教、好学、好用，尽力使它们在内容上和形式上都向国外先进统计教材看齐。限于水平和经验，在教材的编写和编辑出版过程中仍会有不足，恳请广大师生和社会读者提出批评和建议，我们将虚心接受，并诚挚感谢！

国家统计局

全国统计教材编审委员会

2012 年 7 月

再版前言

无论我们是否学过统计学、懂得统计学，我们生活中的每一天都会遇到大量的统计问题，新闻和大众媒体随时都在使用统计数字。例如，每年的《政府工作报告》总是要列举大量的水平、比例、结构、速度等数据，说明国民经济的发展状况；统计部门每月、每年总要公布价格变动数据，说明与人民生活和社会生产息息相关的价格状况，等等。无论是属于自然的、实验的，还是社会的、经济的，凡是可以用数据表现的现象，都可以作为统计的研究对象。这就要求从事经济管理工作和将要从事经济管理工作的人必须掌握和运用统计数据，懂得如何把国民经济活动中的数据搜集起来、整理和表现出来，懂得如何利用这些资料对经济运行状况进行分析，得出正确的结论，从而做出科学决策。

统计学是一门关于社会经济活动数量表现和数量关系的方法论科学，涉及在社会经济范围内搜集数据、整理数据、分析数据和解释数据的基本理论、基本知识、基本方法，这就决定了统计学的地位——经济和管理类各专业共同必修的专业基础课。为了满足高等学校统计学教学的需要，在广泛吸收近几年来出版的优秀教材的优点基础上，我们编写了这本教科书。

《统计学》第一版自 2007 年出版发行以来，多次重印，受到了读者的欢迎。与此同时，广大读者也给我们提出了许多修改的意见和建议。在过去的几年里，一方面，我们在教学中不断修改完善《统计学》第一版教材的内容体系，同时制作了用于多媒体教学的幻灯片，更新了大部分习题和数据；另一方面，国外最新的统计学教材不断地被介绍到国内，使我们有了更多可供学习借鉴的同类优秀教材。正是有了这些基础，我们对第一版教材的体系和内容进行了重大改进。在教材再版的编写过程中，我们进行了以下尝试：

1. 力求严谨，兼顾通俗。在保证论述严谨性的基础上，尽量用生动直白的语言介绍统计学的基本思路、原理和方法，避免使用过多的数学语言和数学推导。与同类的教材相比，掌握本教材内容所要求的数学知识还是比较简单的。只要读者具有初等代数和简单的高等代数知识掌握本教材的内容是完全可能的。

2. 突出重点，强化基础。统计学包括的内容非常广泛。作为一本基础性教科书，本教材无法做到面面俱到，包含统计学研究的全部内容。本教材着重对本学科最基本的内容进行介绍。突出学科的重点内容、强化基础训练是本教材的一个重要特色，也是适应目前国内财经类高校的教学需要的。在正常情况下，给本科生讲授本教材需要54课时(3学分)。

3. 联系实际，注重应用。结合实际经济案例，突出统计学注重应用的学科特点，实现统计技术与统计软件的密切结合。本教材基本上在每一章后面都附有计算机软件的处理，既便于读者对教材内容的理解，也训练读者的动手能力。在软件的使用上，选择了目前国内外都比较普及、方便易用的电子表格软件Excel。

本教材是山东财经大学统计学院的统计学教学团队集体努力的结果，由张小斐担任主编，袁岩、李艺唯、张东光担任副主编。编写分工如下：第一章张小斐教授，第二章、第十一章李艺唯副教授，第三章袁岩教授，第四章、第五章、第六章刘爱芹副教授，第七章、第八章王晓红教授，第九章、第十章张东光教授。对于本教材可能存在的章节次序和教学内容安排等方面的结构性问题，由主编负责；各章中可能存在的问题，由各章编写者本人负责。

本教材参考了国内外出版的大量的有关本学科的教材和专著，对编写这些教材和专著的学术界前辈、专家和同行们，我们表示崇高的敬意和衷心的感谢！尽管教材涉及的内容都经作者们反复斟酌，有些内容甚至数易其稿，但由于水平所限，教材中可能还存在许多我们还没有发现的问题，衷心希望使用本教材的老师、同学和其他读者批评指正，在此我们一并表示感谢！

作　者
2013年6月于山东财经大学

目　录

第一章　数据与统计

统计学——当今最重要的科学技术之一

由于计算机的发展,统计学在一切有数据的地方都有了它的用武之地。在当今信息时代,因为绝大多数信息都是经过量化由数字表达出来,所以数据就是信息的载体。而统计学作为分析数据、提取信息的学科,必然会发挥越来越重要的作用。所以从20世纪70、80年代开始,统计学就逐步发展成为当今最重要的科学技术之一。

(1)当代著名统计学家Efron曾经指出:"在20世纪,统计思想和方法已成为许多科学领域的理论支柱(包括农业、生物、医学、经济、教育等)。目前,它在更复杂的科学,诸如天文学、地质学、物理学等领域也发挥了日益重要的作用。在21世纪,人们将广泛认识到:统计学是科学思想的中心成分之一"。另一著名统计学家Rao也指出:"人类活动范围内的一切领域都要求统计学的专业知识和技术。政府机关、工业部门和研究单位都雇用了大量的统计学家,大学也开始把统计学作为一门独立的学科"。因此,统计学是一个前途无量的行业,年轻一代大有可为。

(2)美国《科学84年》杂志曾选出"20世纪对人类生活影响最大的20项科技成果",统计学入选其中(其他如:塑料、抗菌素、电视、计算机、激光、DNA、相对论等等。见《扬子晚报》,1995年11月20日)。统计学是入选的唯一一个与数学有关的项目。虽然这只是一家杂志的报道,但也在一定程度上反映了这20项科技成果的价值。美国数学科学委员会的一份报告《数学科学、技术、与经济竞争力》(称为Glimm报告)对于统计学的评价更能说明其意义与价值:"统计学已得到广泛应用,在这个意义上讲它处于数学各分支领先地位:统计学得到了物理和工程界的信赖;在生物和医学中已站住脚;在社会科学中是基础。统计学是用于分析数据的第一数学分支,也是新科技中涉及数学的第一分支,是把新科技进行量化的先驱手段"。

美国数学科学委员会的另一份报告(David报告)还举了一个很能说明统计学重要作用的例子:"新的Bayes统计方法应用于MX导弹试验,使导弹第一阶段试验由36次减少到25次;可靠性由72%提高到93%;可节省直接费用2.5亿美元"。

(3)在英美等国,统计是当今最为热门的职业之一。在信息社会,"数据的增加呈指数型，数据分析的增加呈二次式，而统计人才数量的增长是线性的”。所以统计人材必将越来越紧缺，“研讨会参加者反复指出，目前缺少学生，不能满足主要工业、政府实验室和机构的需求”；必须“加速下一代统计人才的补充”。因此，在当今信息时代，以数据分析为主要任务的统计学必然要发挥越来越大的作用，统计人才必将大有用武之地。

缪柏其曾经列举了统计学的六个主要的应用领域，分别为：生物科学；工程和工业统计；地理和环境科学；信息技术；物理科学以及社会和经济科学。这些方向正好对应于美国国家基金委资助的全部研究方向。因此，统计学有巨大的市场需求，几乎所有的行业都需要统计学家。诸如：医院、药厂、调查公司、IT 行业、金融证券部门，等等，因为它们都需要通过数据分析获取有用的信息。

(4)在英美等国，统计学是高薪行业。在《白宫人事局 2003 年报》工资表中，统计学家的平均工资名列第六；高于经济学家、计算机科学家、化学家、电气工程师、建筑师和设计师等行业。另外，在美国《工作等级年鉴》一书的排名中，统计学被列为工作环境最好的工种之一，其工作环境舒适，收入令人羡慕。还有人认为，美国当今三大热门职业为医生、律师和统计师。

(5)法国科学院曾经向政府提交一个报告，列举了 10 项应该重点发展的科学技术领域。其中 9 项为信息、能源等高科技项目，唯有一项统计学属于基础性学科，报告认为：“法国统计学发展的滞后对法国经济、社会的发展产生了很不利的影响”。而日本的情况正好相反。日本战后经济发展非常快，以“统计质量管理(即全面质量管理等)为中心的统计学方法的应用起了十分重要的作用，使得日本的汽车、电子等工业一度超过美国和欧洲。有资料指出：“统计质量管理”对于日本国家 GDP 的提高贡献了 5%的份额(当然，近年来兴起的六西格玛管理将发挥更大的作用)。

以上事实以及本书有关各节的论述都说明，统计学确实是当今最重要的科学技术之一，正如著名统计学家 Rao 在《统计与真理》中所述：“统计学是当代关键的技术，是通向和平新世界的关键技术”。

——摘自《数理统计与管理》

§1.1 统计及其应用

1.1.1 什么是统计

“统计”一词在各种实践活动和科学研究领域中经常出现。然而，不同的人，或在不同的场合，对其理解是有差异的。比较公认的看法是，统计有三种含义，即统计活动、统计数据和统计学。

1. 统计活动

统计活动又称统计工作，是指收集、整理和分析统计数据，并探索数据的内在数量规律性的活动过程。

2. 统计数据

统计资料或称统计数据，即统计活动过程所获得的各种数字资料和其他资料的总称。表现为各种反映社会经济现象数量特征的原始记录、统计台帐、统计表、统计图、统计分析报告、政府统计公报、统计年鉴等各种数字和文字资料。

3. 统计学

统计学是指阐述统计工作基本理论和基本方法的科学，是对统计工作实践的理论概括和经验总结。它以现象总体的数量方面为研究对象，阐明统计设计、统计调查、统计整理和统计分析的理论与方法，是一门方法论科学。

统计工作、统计资料和统计学之间有着密切联系。统计工作同统计资料之间是过程同成果之间的关系，统计资料是统计工作的直接成果。就统计工作和统计学的关系来说，统计工作属于实践的范畴，统计学属于理论的范畴，统计学是统计工作实践的理论概括和科学总结，它来源于统计实践，又高于统计实践，反过来又指导统计实践，统计工作的现代化同统计科学研究的支持是分不开的。

统计工作、统计资料和统计学相互依存、相互联系，共同构成了一个完整的整体，这就是我们所说的统计。

1.1.2 统计学的含义

统计学是“统计”一词的第三种含义。关于什么是统计学，学者们从不同的角度给出了不尽相同的表述。例如：

统计学是关于数据资料的搜集、整理、显示、分析和推论的科学，目的在于帮助人们做出更有效的决定；

统计学是一门关于大量数据资料的搜集、整理、描述和分析的学科，目的在于探索数据内在的数量规律性；

统计学是在面对不确定的情况时，向人们提供作出聪明决策的科学方法，这些方法包括资料的搜集、整理、陈列、解释和分析，运用统计方法可进行推论，从而获得合理的判断与有效的结论；

统计学是对令人困惑费解的问题作出数字设想的艺术。

不列颠百科全书的定义：统计学是收集、分析、表述和解释数据的科学。

当然，还可以继续列举下去，但大同小异。本书对统计学作如下解释：统计学是一门搜集、整理和分析统计数据的方法科学，其目的是探索数据的内在规律性，以达到对客观事物的科学认识。

统计数据的搜集是取得统计数据的过程，进行统计分析的基础。离开了统计数据，统计方法就失去了用武之地。如何取得所需的统计数据，是统计学研究的内容之一。

统计数据的整理是对统计数据加工的过程，目的是使统计数据系统化、条理化，符合统计分析的要求。数据整理是介于数据搜集与数据分析之间的一个必要环节。

统计数据的分析是统计学的核心内容，它是通过运用统计描述和统计推断等方法探索数据内在规律的过程。

总之，统计学是一门有关统计数据的科学，统计学与统计数据有着密不可分的关系。英文“statistics”一词有两个含义：当它以单数名词出现时，表示作为一门科学的统计学；当它以复数名词出现时，表示统计数据或统计资料。这也说明统计学与统计数据之间有着密不可分的关系。统计学由一套搜集和处理统计数据的方法组成，这些方法来源于对统计数据的研究，目的也在于对统计数据的研究。统计数据不用统计方法分析就仅仅是一堆数字而已，无法得出任何有益的结论。而且，还应该知道，统计数据不是指单个数字，而是指由多个数据组成的数据集。单个数字显然用不着使用统计方法去分析。仅凭一个数据点，也无法探索事物的规律，但若有了经过对同一事物多次观察或计量得到的大量数据，就可以利用统计方法去揭示事物内在联系的数量规律性。

1.1.3 统计学的应用

随着经济全球化的进一步深化，商业与经济领域的统计信息越来越容易获取，大量数据的涌现将为我们研究全球经济发展提供良好的信息支持。在本小节，我们将展示统计数据在几个重要领域的应用。

1. 金融分析

金融咨询师需要使用大量的统计数据来为其客户提供投资咨询服务；证券分析师需要分析每日的股市信息以期对股价的波动及收益率有更有效的预期，并通过比较个股股价变化与整个股市的平均变动，以期得出可靠的结论，判断个股是否具有投资潜力。随着技术的进步，越来越多的股价信息可以被获得，金融高频数据的研究也随之加速发展，并将在今后长期成为金融统计分析的焦点。

2. 市场营销

随着市场竞争的日趋激烈，企业想要在残酷的竞争中处于不败之地，就必须熟知市场信息，而了解市场信息的重要前提就是数据的可获得性。企业委托专业的数据分析公司对本企业以及市场的数据进行科学的分析，以便生产产品以及制定营销策略。目前备受关注的企业信息泄露就充分体现了数据的重要价值。

3. 经济预测

经济学家常常需要利用大量的统计数据对未来经济或者经济的某个方面做出预测。即使随着经济与统计理论的发展,大量的计量模型出现,但这背后都离不开数据的有力支撑。无论是时间序列模型还是横截面模型,若仅仅停留于理论分析而不与现实经济相结合,则失去意义。故而,数据的价值,不仅仅体现在反应现实经济中,还体现在对未来经济状况的预测中,这无一不要求我们更新技术,提高对数据的获取效率。

4. 农业

农业作为各国的基础产业,扮演着奠基者的角色。农业的发展不仅可以为我们消除粮食危机的困扰,还可以提高我们的基本生活质量,诸如水稻的产量、有机农作物的栽培、水污染等,与我们的生活息息相关。这其中,不论是水稻产量的计算,还是有机农作物的培养环境(温度、适度等),亦或是水污染度的衡量等,都离不开对数据的科学分析。有了科学的信息指导,会使我们在农业发展上少走弯路,可以有效地利用分析结论进行进一步科学实验,夯实农业的基础性地位。

事实上,数据的应用领域远远不止以上四处,可以说贯穿于各行各业、方方面面,其价值性不言而喻。对于数据的科学分析,离不开合理的理论支持,下一节我们将展示数据的构成要素及其各自特征。

§1.2 数据

1.2.1 个体、变量、观测和数据集

数据(Data)是所收集、分析、汇总表述和解释的事实及数字。在特定研究中,收集到的数据合起来即为有关研究的数据集(Data Set)。所谓个体亦称要素(Element),是从中收集数据的实体。表 1.1 中每一个被调查的家庭即为一个个体。表 1.1 中有 20 个家庭,这说明该数据集有 20 个个体或要素。变量(Variable)是说明个体某种特征的概念。表 1.1 中的数据集有两个变量,分别是家庭收入和汽车油品支出。对于每一个个体的每个变量,都要运用某种数据收集方法采集数值。对特定个体全部变量采集到的所有数值,称为一个观测(Observation)。表 1.1 中,对应于家庭的 12(千元)和 0.4(千元)就是一个观测。由于表 1.1 中有 20 个家庭,即 20 个要素或个体,故我们就有 20 个观测;每个观测有 2 个数据值,故该数据集中有 40 个数据值。

表 1.1 20 个城市家庭的家庭月总收入与汽车油品支出

序号	家庭收入(千元)	汽车油品支出(千元)	序号	家庭收入(千元)	汽车油品支出(千元)
1	12	0.4	11	12	0.1
2	13	1.3	12	16	0
3	12	2.0	13	17	0.9
4	21	1.2	14	25	1.8
5	22	2.0	15	8	0.0
6	24	1.8	16	14	0.1
7	32	2.2	17	16	0.3
8	34	3.0	18	9	0
9	31	2.0	19	10	0
10	21	2.1	20	18	1.6

1.2.2 计量尺度

统计数据是对客观现象进行计量的结果,因此,在搜集数据之前我们总要对现象进行计量或测度,这就是我们今天要讨论的计量尺度的问题。对于不同的事件,我们能够计量或者测度的程度是不同的。有些事物只能对其属性进行分类,例如性别、文化程度、商品的品牌和质量等级等;有些则可以用比较精确的数字来加以计量,例如,年龄、收入、受教育年限、商品的价格和重量等。显然,我们可以知道,采用数字计量比起分类计量对于事物的计量更为准确一些。那么,根据计量学的一般分类方法,按照对事物计量的精确程度,可将所采用的计量尺度从低级到高级、从粗略到精确分为定类尺度、定序尺度、定距尺度和定比尺度这四个层次。采用不同的计量尺度可以得到不同类型的统计数据,而不同类型的统计数据又适用于不同的统计分析方法。

1. 定类尺度

定类尺度(Nominal Scale)也称类别尺度或者列名尺度,它是按照事物的某种属性对其进行平行的分类或分组的一种测度。

生活中,用这样的计量尺度来测度的事物很多,例如性别、民族、国籍、商品的品牌等;该计量尺度是最粗略、计量层次最低的计量尺度,是其他计量尺度的基础,主要特征体现为:

(1)只能区分事物的类别,但无法比较类间的大小,也就是说定类尺度只具有"="和"≠"的数学特征。例如,用性别来划分人群,就可以分为男性和女性;用品牌来划分手机,就可以分为摩托罗拉、诺基亚、飞利浦、松下和其他品牌;可以看出,各类之间都是平等的并列关系,我们无法说明男性大于女性,摩托罗拉大于飞利浦,而只能说这个人是男性而不是女性,某手机是摩托罗拉而不是飞利浦。

(2)对事物的区分必须符合穷尽和互斥的要求。类别穷尽是指在所作的全部分类中,必须保证每一个元素或者个体都能归属于某一类别,不能有所遗漏;类别互斥则是指每一个元素或者个体只能归属于一个类别,而不能在其他类别中重复出现。例如,一个人要么是男性,要么是女性,总有所归属,而且只能属于其中的一个类别;同样,一个手机只能是众多手机品牌的一个,而且只能是其中一个。

(3)对定类尺度的数据进行分析的统计量主要是频数或者频率(Frequency)。虽然定类尺度计量的结果只能表现为某种类别,但是为了在统计处理中的方便,特别是便于计算机识别,通常都用数字对不同的类别进行编码。例如,用1表示男性,0表示女性;用1表示摩托罗拉,2表示诺基亚,3表示飞利浦,4表示松下,5表示其他品牌。在一次分析中,我们就通过计算这些不同编码出现的次数,即频数或者频率,来对我们感兴趣的问题进行描述。例如,在一次民意测验中,参与投票的男性有多少名,女性有多少名;或者在一次评选我最喜爱的手机品牌活动中,摩托罗拉、诺基亚、飞利浦、松下得到的选票各是多少。

2. 定序尺度

定序尺度(Ordinal Scale)又称顺序尺度或有序水平,是对事物之间等级差或顺序差别的一种测度。

受教育水平、职称、商品的质量等级、人们对某一事物的态度等都是用这种计量尺度来测度的;其计量精度要优于定类尺度,主要特征体现为:

(1)不仅能区分事物的类型,而且能够比较类间的优劣和顺序,不仅具有"="或者"≠"的数学特征,而且有了">"和"<"的数学特征。例如,我们把人们按照受教育水平分为小学及以下、初中、高中、大学及以上,或者把手机按照质量分为一等品、二等品、三等品和次等品。可以知道,划分到大学及以上这一类的人受教育水平是高于高中这一类的,高中是高于初中的,依此类推;同样,一等品的手机质量是优于二等品,二等品优于三等品,依此类推。

(2)对事物的区分同样要求符合穷尽和互斥原则。

(3)对定序尺度的数据进行分析的统计量主要是频数和累积频数(Cumulative Frequency)(频率和累积频率)。同样的,我们需要对定序尺度计量的结果进行编码,以方便计算机的读取和统计运算。但与定类尺度不同的是,在分析中,我们不仅可以计算得到不同受教育水平的人数,而且还可以计算在某一水平之下或者之上的人数。例如,受教育水平在高中及以下的人数就可以通过将受教育水平在小学及以下、初中和高中的人数累加得到,即累积频数。

3. 定距尺度

定距尺度(Interval Scale)也称为间隔尺度或间隔水平,是对事物类别或者次序之间间距进行的一种测度。

我们常见的用定距尺度来测度的有考试成绩、各种心理测试的得分、某个地区的温度等；它是一种较定类尺度和定序尺度更为高级，更为精确的一种计量尺度，其主要特征体现为：

(1)不仅能区分事物的类别、进行排序、比较大小，而且还可以精确地计量大小的差异。定距尺度的计量结果为数值，并且可以计算差值，因而它的计算也就超越了只能比较相等或者大小的运算范畴，进而可以进行加、减运算了。例如，在一次调查中我们记录了一组被访者的统计学考试成绩，那么，对这组成绩排序，就可以知道这组被访者中谁的成绩最高，谁的最低，不同的被访者之间的成绩差是多少；同样道理，如果在此次调查中同时记录了这些被访者的 IQ 值，那么，对这组 IQ 数据做同样的处理，得到的也将是上述的结果。

(2)没有绝对零点，即可以以任意一个 0 为起点。这里的“0”表示一个数值，即“0”水平，而不表示“没有”和“不存在”。例如，一个被访者的统计学考试成绩为 0 分，并不表示说他没有考试或者没有任何统计学知识；而一个被访者的 IQ 得分为 0，我们也就不能说他是没有智商的。

4. 定比尺度

定比尺度(Ratio Scale)又称比例尺度或者比较水平，是对事物之间比值的一种测度。

我们在日常生活中，大多数情况下使用的都是定比尺度。例如，年龄、收入、某地区的每年的失业人数、犯罪人数等。它是与定距尺度属于同一层次的一种计量尺度，但其功能要比定距尺度强一些，其主要特征体现为：

(1)除了能区分类别、排序、比较大小、求出大小差异外，还可以计算两个测度值之间的比值。同定距数据一致，定比尺度得到的结果也表示为数值，所不同的是，它不仅可以进行定距尺度所能够进行的所有运算，而且在此基础上还添加了乘、除的数学运算功能。例如，在一次调查中，我们记录了一组月平均收入的数据，如果其中 A 被访者的收入是 2000 元，B 被访者的收入是 8000 元，我们不仅可以得出 A 和 B 在收入方面是有差异的，B 的收入高于 A，并且二者的差值为 6000 元，同时还可以得出 B 的收入是 A 的 4 倍。

(2)具有绝对零点，即“0”表示“没有”或“不存在”，是一个没有意义的数值。例如，在一次调查中记录的被访者的收入数据，如果收入为 0，那就表示该被访者没有收入；同样的，某地区 2004 年 4 月份的失业人数为 0，也就表示了该地区在这一时期没有任何人失业。

上述四种计量尺度对事物的测量层次是由低级到高级、由粗略到精确逐步递进的。高层次计量尺度具有低层次计量尺度的全部特征，但反之则不是。显然，我们可以很容易的将高层次计量尺度的测量结果转化为低层次计量尺度的计量结果，例如，将考试成绩分为优、良、中、差四个等级。表 1.2 给出了上述四种计量尺度的测量层次和数学特征。

表 1.2　四种计量尺度的比较

数学特性＼计量尺度	定类尺度	定序尺度	定距尺度	定比尺度
分类（＝，≠）	√	√	√	√
排序（＜，＞）		√	√	√
间距（＋，－）			√	√
比值（×，÷）				√

在统计分析中，一般要求测量的层次越高越好，因为高层次的计量尺度包含更多的数学特性，所运用的统计分析方法也就越多，分析时也就越方便，因此，在实际工作中，应该尽可能使用高层次的计量尺度来对事物进行测度。

1.2.3　定性数据与定量数据

统计数据是采用某种计量尺度对事物进行计量的结果，采用不同的计量尺度会得到不同类型的统计数据。那么，从上述的四种计量尺度的结果来看，我们就可以将统计数据分成以下三种类型：

分类数据（Categorical Data），只能归于某一类别的非数字型数据，是由定类尺度计量形成的；

顺序数据（Rank Data），只能归于某一有序类别的非数字型数据，是由定序尺度计量形成的；

数值型数据（Metric Data），按定距和定比计量尺度测量的观察值。

分类数据和顺序数据说明的是事物的品质特征，通常用文字来表述，其结果均表现为类别，因而也可统称为定性数据或者品质数据（Qualitative Data）；数值型数据说明的是现象的数量特征，通常是用数值来表示的，因此也可称为定量数据或数量数据（Quantitative Data）。区分测量的层次和数据的类型是十分重要的，因为对不同类型的数据，我们将采用不同的统计方法来处理和分析。例如，对分类数据通常计算出各组的频数或者频率，计算其众数（Mode）和异众比率（Variation Ratio），进行列联表分析（Crosstab Analysis）和 χ^2 检验等；对顺序数据，可以计算其中位数和四分位差，计算等级相关系数等；对数值型数据还可以用更多的统计方法进行处理，如计算各种统计量、进行参数估计和检验等。

这里需要特别指出的是，适用于低层次测量数据的统计方法，也适用于较高层次的测量数据。例如,对类别数据和顺序数据可以计算众数和中位数,对于数值型数据也可以。反之,适用于高层次测量数据的统计方法,则不一定适用于较低层次的测量数据。例如,对于数值型数据可以计算平均数,对于分类数据和顺序数据则不行。理解这一点,对于选择统计分析方法是十分有用的。

1.2.4 截面数据与时间序列数据

截面数据是指在相同或近似相同的时点上采集的数据,用于描述要素在某一时点的变化情况。通常情况下,这类数据是在不同的空间上获得的。比如 2011 年我国各地区城市居民人均可支配收入、农村居民人均纯收入都是截面数据。

时间序列数据是指在不同时间上采集到的数据的集合,用于描述要素随时间变化的情况。通常情况下,这类数据是按时间顺序收集到的,其中常用的为年度、季度和月度数据等。比如 2008～2011 年我国生产总值数据就是时间序列数据。

统计数据的重要性及其庞大性,使区分数据的类型变得十分重要。在有效地将数据进行分类后,我们可以根据不同的研究目的采用适宜的统计方法,对数据进行处理和分析。例如对分类数据通常计算出各组的频数,计算其众数和异众比率,进行列联表分析和 χ^2 检验等;对顺序数据,可以计算其中位数和四分位差等;对数值型数据还可以计算各种统计量、进行参数估计和假设检验等。因此,为了更好地进行统计分析,我们将数据进行分类就变得举足轻重。

§1.3 数据来源

从统计数据本身的来源看,最初都是来源于直接的调查或实验。但是从使用者的角度看,数据主要来源于两种渠道:一是来源于直接的调查和科学实验,这是数据的直接来源,我们称之为第一手数据或直接数据;二是来源于别人调查或实验的数据,这是数据的间接来源,我们称之为第二手数据或间接数据。本节主要从使用者的角度来讲述统计数据的搜集方法。

1.3.1 统计数据的直接来源

数据的直接来源主要有三个渠道:一是调查,二是观察,三是实验。调查是取得社会经济数据的重要手段,其中包括政府统计部门进行的调查,如人口普查,也有其他部门或机构为特定的目的而进行的调查,如市场调查等;观察法是调查者在现场对被调查者的情况直接观察、记录,以取得资料的方法;实验则是取得自然科学数据的主要手段。这里,我们着重讨论取得社会经济统计数据的主要调查组织方式和具体搜集方法。

1. 统计调查的组织方式

实际中常用的统计调查组织方式主要有普查、抽样调查、统计报表、重点调查和典型调查等。

(1)普查

普查(Census)是为某一特定目的而专门组织的一次性全面调查方式,如人口普查、工业普查、农业普查、第三产业普查、统计基本单位普查等。世界各国一般都定期进行各种普查,以便掌握有关国情、国力的基本统计数据。普查是适用于特定目的、特定对象的一种调查方式,它主要用于搜集处于某一时点状态下的、不能够或者不适宜定期用全面统计报表搜集的社会经济现象的数据,目的是掌握特定社会经济现象的基本全貌,为国家制定有关政策或措施提供依据。

普查作为一种特殊的数据收集方式,具有以下几个特点:

①普查通常是一次性或者周期性的。由于普查涉及面广、调查单位多,需要耗费大量的人力、物力、财力和时间,通常需要间隔较长的时间,一般每隔 10 年进行一次。我国每逢年份的末尾数字为“0”的年份进行人口普查;每逢“3”或者“8”的年份进行经济普查;每逢“6”的年份进行农业普查。

②普查一般需要规定统一的标准调查时间,以避免调查数据的重复或遗漏,保证普查结果的准确性。我国前四次人口普查的标准时间定为普查年份的 7 月 1 日 0 时,第五、第六次人口普查分别为 2000 年 11 月 1 日 0 时和 2010 年 11 月 1 日 0 时。农业普查的标准时间定为普查年份的 1 月 1 日 0 时。标准时间一般定为调查对象比较集中、相对稳定的时期。

③普查的数据一般比较准确,规范化程度也较高,因此它可以为抽样调查或其他调查数据提供基本的依据。特别是与抽样调查的数据资料相互验证,以提高调查质量,保证调查精度在合理的范畴之内;

④普查的使用范围较窄,只能调查一些最基本或特定的现象。

(2)抽样调查

抽样调查是按照随机原则从调查对象的总体(Population)中抽取一部分单位作为样本(Sample)进行调查,并根据样本调查结果来推断总体数量特征的一种非全面调查方式。总体是所有需要研究个体的集合体。样本是总体的一个被选中的部分。

抽样调查是实际中应用最广泛的一种调查方式。它有以下的几个特点:

①经济性。这是抽样调查的一个最显著的优点。由于调查的样本单位通常是总体单位中的很小一部分,调查的工作量小,因而可以节省大量的人力、物力、财力和时间。

②实效性强。抽样调查可以迅速、及时地获得所需要的信息。由于工作量小,

调查的准备时间、调查时间、数据处理时间等都可以大大缩减，从而提高数据的时效性。与普查相比，抽样调查可以频繁进行，随着事物的发生和发展及时取得有关信息，以弥补普查的不足。例如，在两次人口普查之间各年的人口数据都是通过抽样调查获得的。

③适应面广。抽样调查可以获得更广泛的信息，它适用于对各个领域、各种问题的调查。从适用的范围来看，抽样调查既可以用于调查全面调查能够调查的现象，也能调查全面调查不能调查的现象，特别适合对一些特殊现象的调查，如产品质量检验、医药的临床试验、顾客的满意度等。从调查的项目和指标来看，抽样调查的内容和指标可以更详细，能获得更全面、更广泛和更深入的数据。

④准确性高。抽样调查的数据质量有时比全面调查更高，因为全面调查的工作量大、环节多、登记性（或调查）误差往往很大，而抽样调查则相反。当然，用样本数据去推断总体时，不可避免地会有推断误差，但这种误差的大小是可以计算并加以控制的，因此推断的结果通常是可靠的。

抽样调查的组织方式很多，最常用的有：简单随机抽样（Simple Random Sampling）、分层抽样（Stratified Sampling）、等距抽样也叫机械抽样或系统抽样（Systematic Sampling）、整群抽样（Cluster Sampling）和多阶段抽样（Multistage Sampling）。

(3)统计报表

统计报表（Statistical Report Forms）是按照国家有关法规规定，自上而下统一布置，自下而上逐级填报的一种调查组织方式。这种调查组织方式在我国政府统计工作中，经过几十年的改进和完善，已形成了一套比较完备的统计报告制度。它要求以一定的原始数据为基础，按照统一的表式、指标、报送时间和报送程序填报，已成为国家和地方政府部门获取统计数据的主要统计调查组织方式。

统计报表类型多样。统计报表按调查范围不同可分为全面报表和非全面报表；按报送时间不同可分为日报、月报、季报和年报等；按报送范围不同可分为国家、部门、地方统计报表。统计报表必须经过法定的审批程序，凡依照国家法律规定的审批和制发的统计报表，有关地区、部门和单位必须切实执行。

(4)重点调查

重点调查（Key-point Investigation）是这样一种调查组织方式，它只从全部总体单位中选择少数重点单位进行调查，这些重点单位尽管在全部总体单位中出现的频数极少，但其某一变量数值却在所要研究的变量数值总量中占有很大的比重。例如，要了解全国的钢铁生产总量，只要对产量很大的少数几个钢铁企业，如鞍钢、宝钢、首钢等进行调查，就可对全国的钢铁生产总量有个大致的认识。这几个产量很大的企业，构成了这次全国钢产量调查的重点单位，因为它们的钢铁产量，在全国的钢铁生产总量中占有很大比重。

(5)典型调查

典型调查(Model Survey)是从全部总体单位中选择一个或几个有代表性的单位进行深入细致调查的一种调查组织方式。典型调查的目的是通过典型单位来描述或揭示事物的本质或规律,因此所选择的典型单位应能反映所研究问题的本质属性或特征。例如,要研究工业企业的经济效益问题,可以在同行业中选择一个或几个经济效益突出的单位做深入细致的调查,从中找出经济效益好的原因和经验。典型调查主要用于定性研究,调查结果一般不能推断总体。

2. 统计数据的搜集方法

不论采用哪种方式组织调查,都要运用具体的数据搜集方法去采集统计数据。归纳起来,数据搜集方法有询问调查和观察实验两大类。

(1)询问调查

询问调查是调查者与被调查者直接或间接接触以获得数据的一种方法、具体包括访问调查、邮寄调查、电话调查、电脑辅助调查、座谈会、个别深度访问等。

①访问调查

访问调查又称派员调查或者面访,是调查者与被调查者通过面对面交谈从而得到所需资料的调查方法。这又可分为标准式访问和非标准式访问两种。标准式访问又称结构式访问,是按照调查人员事先设计好的、有固定格式的标准化问卷或表格,有顺序地依次提问,并由受访者作出回答。其优点是能够对调查过程加以控制,从而获得比较可靠的调查结果。非标准式访问又称非结构式访问,它事先不制作统一的问卷或表格,没有统一的提问顺序,调查人员只是给一个题目或提纲,由调查人员和受访者自由交谈,从中获得所需资料。询问调查在市场和社会调查中常被采用。

②邮寄调查

邮寄调查是通过邮寄、宣传媒体和专门场所等将调查表或问卷送至被调查者手中,由被调查者填写,然后将调查表寄回或投放到收集点的一种调查方法。这是一种标准化调查,其特点是调查人员和受调查者没有直接的语言交流,信息的传递完全依赖于调查表。邮寄调查在统计部门进行的统计报表及市场调查机构进行的问卷调查中经常使用。

③电话调查

电话调查是调查人员利用电话同受访者进行语言交流,从而获得信息的一种调查方法。该方法具有时效快、费用低等特点。随着电话的普及,电话调查也越来越广泛。电话调查可以按照事先设计好的问卷进行,也可以针对某一专门问题进行电话采访。电话调查所提问题要明确,且数量不宜过多。

④电脑辅助电话调查

电脑辅助电话调查就是在电话调查时，调查的问卷、答案都由计算机显示，整个调查过程，包括电话拨号、调查记录、数据处理等也都借助于计算机来完成的一种调查方法。目前，电脑辅助调查已在一些发达国家和地区广泛应用，并已开发出了各种电脑辅助电话调查系统。

⑤座谈会

座谈会也称为集体访谈法，就是将一组被调查者集中在调查现场，让他们对调查的主题发表意见，从而获取资料的方法。参加座谈会的受访者应是所调查问题的专家或有经验者，人数不宜太多，通常为 6～10 人，研究人员应对受访者进行严格的甄别、筛选。讨论方式主要看主持人的习惯和爱好。这种方法能获取其他方法无法取得的资料，因为在彼此交流的环境里，受访者相互影响、启发、补充，不断修正自己的观点，这有利于研究者从中获得较为广泛深入的想法和意见。而且座谈会不会因为问卷过长而遭到拒访。

⑥个别深度访问

个别深度访问是一种一次只要一名受访者参加的特殊的定性研究方法。“深访”暗示着要不断深入到受访者的思想中，努力发掘其行为的真实动机。深访是一种无结构的个人访问，调查者运用大量的追问技巧，尽可能让受访者自由发挥，表达其想法和感受。深度访问常用于动机研究，如消费者购买某种产品的动机等，以发掘受访者非表面化的深层意见。这一方法最适用于研究隐私问题，如个人敏感问题或政治性问题。对于那些不同人之间观点差异极大的问题，用小组讨论可能会把问题弄糟，这时也可采用深度访问法。

座谈会和个别深访法属于定性方法，通常围绕一个特定的主题取得有关定性资料。此类方法和定量方法不同。定量方法是从总体中按随机方式抽取样本获得资料，其研究结果或结论可以进行推论。但定性研究着重于问题的性质和对未来趋势的把握，而不是对研究总体数量特征的推断。座谈会和个别深度访问主要用于市场调查和研究。

(2)观察法

观察法是指对调查对象的行动和意识边观察边记录的收集信息的方法。这是一种可替代直接发问的方法。运用这种方法，训练有素的观察员或调查员到重要地点，利用感觉器官或设置一定的仪器，观测和记录人们的行为和举动。采用观察方法，由于调查人员不是强行介入，受访者无须任何反应，因而常常能在被观测者不察觉的情况下获得信息资料。

(3)实验法

实验法是在所设定的特殊实验场所、特殊状态下，对调查对象进行实验以取得所需资料的一种调查方法。根据场所不同,实验法可分为在室内进行的室内实验法和在市场或外部进行的市场实验法。室内实验法可用于广告认知的实验等,例如在同日的同种报纸上,版面大小相同,分别刊登 A、B 两种广告,然后将其散发给读者,以测定其反应结果。市场实验法可用于消费者需求调查等,例如企业让消费者免费使用一种新产品,以得到消费者对新产品看法的资料。

1.3.2　数据的间接来源

对于大多数使用者来说,亲自去做调查往往是不可能的或不必要的。人们还可以通过间接渠道获取别人调查或科学试验的数据,这就是我们前面所提到的数据的间接来源或者称为二手数据。二手数据主要是公开出版或公开通报的数据,当然也有些是尚未公开出版的数据。在我国,公开出版或者报道的社会经济统计数据主要有来自国家和地方的统计部门以及各种报刊媒体。

在我国,公开出版或报道的社会经济统计数据主要来自国家和地方的统计部门以及各种报刊媒介。例如,公开出版物有《中国统计年鉴》、《中国统计摘要》、《中国社会统计年鉴》、《中国工业经济统计年鉴》、《中国农村统计年鉴》、《中国人口统计年鉴》、《中国市场统计年鉴》,以及各省、市、地区的统计年鉴等。提供世界各国社会和经济数据的出版物也有许多,如《世界经济年鉴》、《国外经济统计资料》,世界银行各年度的《世界发展报告》等。联合国的有关部门及世界各国也定期出版各种统计数据。

除了公开出版的统计数据外,我们还可以通过其他渠道使用一些尚未公开的统计数据;各种报刊、杂志、图书、广播、电视媒体也是我们搜集数据的主要途径。现在,随着互联网的发展,大量的电子版数据公布在各国政府部门和企业的网站上,充分利用搜索引擎,例如百度、Google 等,我们就可以获取需要的各种数据,不仅可以节省大量的时间,而且还省去了录入的麻烦。但是,在使用从网络获取的数据时,一定要格外注意考察数据的真实性和完整性,以免造成分析结果的偏差和错误。同时在使用第二手数据时,应注意统计数据的含义、计算口径和计算方法的可比性,避免误用或滥用。而且在引用第二手数据时,一定要注明来源,以尊重他人的劳动成果。

1.3.3　数据收集的误差

研究人员在进行研究时,应了解存在数据误差的可能性;采用错误数据所得出的结论将比不使用数据更为令人担忧。数据误差一般分为两类,即抽样误差和非抽样误差。

抽样误差是由于抽样的随机性引起的样本数据与总体真值之间的误差。抽样误差并不是针对某个具体样本与总体真值的差异而言的，抽样误差描述的是所有样本可能的结果与总体真值之间的平均性差异。抽样误差的大小与多方面因素有关，如样本量的大小以及总体的变异性等。样本量越大，抽样误差越小；当样本量与总体单位相等时，所抽的样本即为总体，抽样误差为0。总体的变异性越大，即各单位之间的差异越大，抽样误差也就越大，抽样结果将偏大或者偏小。

非抽样误差是指除抽样误差以外由其他因素引起的样本数据与总体对象真实结果之间的差异。抽样误差是一种随机性误差，而非抽样误差相对于抽样误差而言，无论是概率抽样还是非概率抽样，亦或是在普查中均有可能存在。这是因为非抽样误差与抽取样本的随机性无关，各种各样的原因都可能导致非抽样误差。比如，调查员的工作认真度，调查员对调查问卷的知识了解度，督导员的调查专业水平，调查结果的录入、储存等都可能导致非抽样误差。因此，在抽样调查中，我们要尽量减少非抽样误差，做好调查过程的质量控制。

§1.4 描述统计与统计推断

统计方法已广泛应用于自然科学和社会科学的众多领域，统计学也发展成为由若干分支组成的学科体系。出于不同的视角或不同的研究重点，人们常对统计学科体系做出不同的分类。从方法的功能来看，统计学可以分为描述统计学和推断统计学；

描述统计学(Descriptive Statistics)研究如何取得反映客观现象的数据，并通过图表形式对所搜集的数据进行加工处理和显示，进而通过综合、概括与分析得出反映客观现象的规律性数量特征。描述统计学的内容包括统计数据的搜集方法、数据的加工处理方法、数据的显示方法、数据分布特征的概括与分析方法等。

推断统计学(Inferential Statistics)研究如何根据样本数据去推断总体数量特征，它是在对样本数据进行描述的基础上，对统计总体的未知数量特征作出以概率形式表达的推断。

描述统计学与推断统计学的划分，还反映了统计方法发展的前后两个阶段和使用统计方法探索客观事物数量规律性的不同过程。统计研究过程的起点是统计数据，终点是探索出客观现象内在的数量规律性。在这一过程中，如果搜集到的是总体数据(如普查数据)，那么运用描述统计就可以达到认识总体数量规律性的目的；如果获得的只是研究总体的一部分数据(样本数据)，那么要找到总体的数量规律性，就要运用概率论的理论并根据样本信息，对总体进行科学推断。显然，描述统计和推断统计是统计方法的两个组成部分。描述统计是整个统计学的基础，推断统计则是现代统计学的主要内容。而且，推断统计在现代统计学中的地位和作用越来越重要,已成为统计学的核心内容,这是因为在现实问题的研究中,所获得数据主要是样本数据。但这并不等于说描述统计不重要。如果没有描述统计搜集的可靠的统计数据并提供有效的样本信息,再科学的统计推断方法也难以得出切合实际的结论。从描述统计学发展到推断统计学,是统计学发展的巨大成就,也是统计学发展成熟的重要标志。

本章习题

思考题

1.试说明“统计”一词的含义。

2.什么是统计学?试说明其主要的应用领域。

3.数据的计量尺度有哪些?

4.请解释定性数据和定量数据的概念。

5.实际中常用的统计调查组织方式主要有哪些?试分别作简要说明。

6.数据搜集有哪些方法?分别适合于搜集什么样的数据资料?

7.请分析说明描述统计与推断统计的特点及其关系。

第二章 描述统计:表格与图形方法

人们面对纷繁复杂的统计数据,尤其是通过各种调查方法获取的大量原始数据时,一开始可能会觉得无从下手,不知道从哪里开始、用什么方法进行分析。实际上,对这些看似杂乱无章的数据,我们可以先从编制统计表格和绘制图形入手,使现象的一些比较基本的数量特征通过表格与图形初步显现出来,方便我们观察研究并进行后续的深入分析。

§2.1 数据的预处理

2.1.1 数据审核

通过调查得到的各种原始数据资料,不可能做到绝对的准确无误,一般来说往往存在着这样那样的一些差错,比如对高校大学生开展的某项问卷调查,在年龄这个调查数据上检查出 10 周岁以下或 60 周岁以上的异常数据,我们就要根据问卷编码认真核对原始问卷数据,看看究竟是数据登录错误还是问卷填答错误,并采取必要的修正措施。因此我们在编制表格与绘制图形并进行统计分析之前,必须要对这些原始数据进行细致的数据审核工作,最大程度上剔除并修正这些差错,提高统计数据的质量,为后续统计分析奠定良好的数据基础。

数据审核主要包括三个方面内容:第一,准确性审核,其审核的对象就是登记性误差(非抽样误差),这是审核的重点,采取的方法是逻辑检查和计算检查。逻辑检查,主要看调查数据的内容是否合理,项目之间是否有矛盾的地方,以及与有关数据进行对照,或者检查数据的平衡关系,以暴露逻辑上的矛盾。计算检查,这主要是从数字上检查,如各分项之和是否等于总计,计量单位是否合适,计算方法上是否合理等等。第二,全面性审核,就是要核对应调查的单位是否有遗漏,应调查的内容是否齐全。第三,及时性审核,即是否按规定的时间获取数据资料。这三种数据审核中的准确性审核是最为主要的,费时费力,难度较大。

2.1.2 数据筛选

数据的筛选包括两方面的内容:一是将某些不符合要求的数据或有明显错误的数据予以剔除;二是将符合某种条件的数据筛选出来,而将不符合特定条件的数据予以剔除。数据的筛选可以很方便地借助于计算机自动完成,以下例子我们用 Microsoft Office 2003 的 Excel 软件来完成。

例 2.1 某班 8 名学生 3 门课程的考试成绩如表 2.1 所示,试找出数学成绩为 80 分的同学,平均成绩最高的前 3 名学生,3 门课程都高于 70 分的学生。

表 2.1 某班 8 名学生考试成绩一览表 单位:分

学号	姓名	性别	数学成绩	英语成绩	计算机成绩	平均分
20070101	张军	男	76	71	85	77
20070102	胡小平	男	65	50	70	62
20070103	段萌萌	女	80	85	82	82
20070104	李霞	女	72	83	84	80
20070105	张东民	男	56	66	80	67
20070106	刘佳	女	60	75	72	69
20070107	王大力	男	78	67	82	76
20070108	赵国栋	男	80	78	91	83

单击菜单栏中"数据"里的"筛选"命令,选中其级联菜单上的"自动筛选"命令,在每个字段名右侧均出现一个下拉箭头,单击"数学成绩"右侧的下拉箭头,选择"80"可得到如图 2.1 所示的结果。

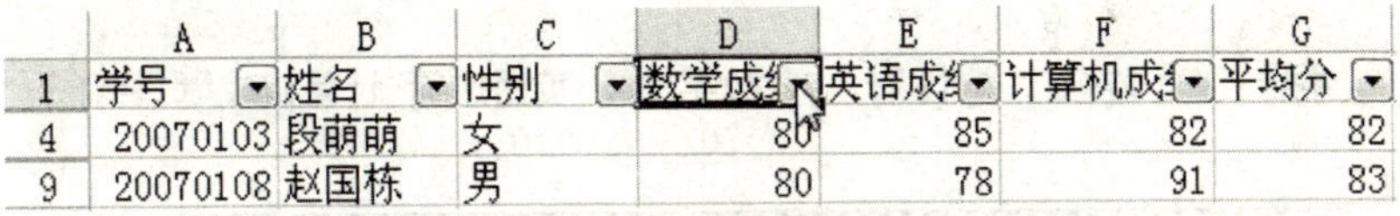

图 2.1 自动筛选(1)

要筛选出平均成绩最高的前三名学生,可在"自动筛选"命令下的"平均分"右侧的下拉箭头选择"前 10 个",并在对话框中输入"3"点确定,如图 2.2 所示即可得出所要的结果。

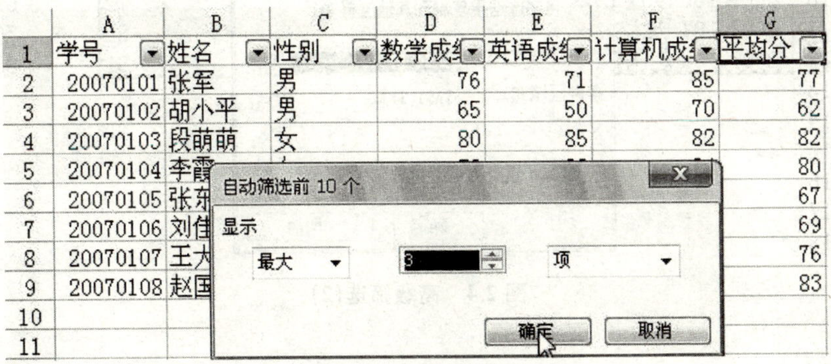

图 2.2 自动筛选(2)

要筛选三门课程都高于 70 分的学生，由于设定条件较多，需要使用“高级筛选”命令。使用“高级筛选”时，必须建立条件区域，这时需要在数据清单上面至少留出 3 行作为条件区域，然后把数据清单中含有筛选值的数据列复制粘贴到条件区域的一个空行，再在条件变量下面的一行中键入要匹配的条件，如图 2.3 所示。

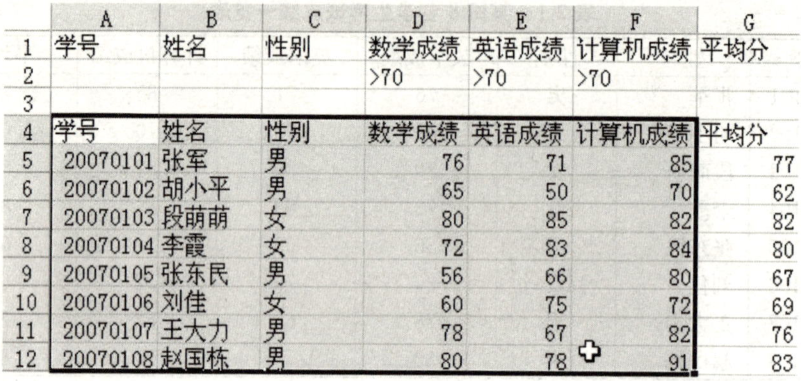

	A	B	C	D	E	F	G
1	学号	姓名	性别	数学成绩	英语成绩	计算机成绩	平均分
2				>70	>70	>70	
3							
4	学号	姓名	性别	数学成绩	英语成绩	计算机成绩	平均分
5	20070101	张军	男	76	71	85	77
6	20070102	胡小平	男	65	50	70	62
7	20070103	段萌萌	女	80	85	82	82
8	20070104	李霞	女	72	83	84	80
9	20070105	张东民	男	56	66	80	67
10	20070106	刘佳	女	60	75	72	69
11	20070107	王大力	男	78	67	82	76
12	20070108	赵国栋	男	80	78	91	83

图 2.3　高级筛选(1)

然后，在高级筛选对话框中选择“列表区域”和“条件区域”，如图 2.4 所示。单击“确定”后得到如图 2.5 所示的结果。

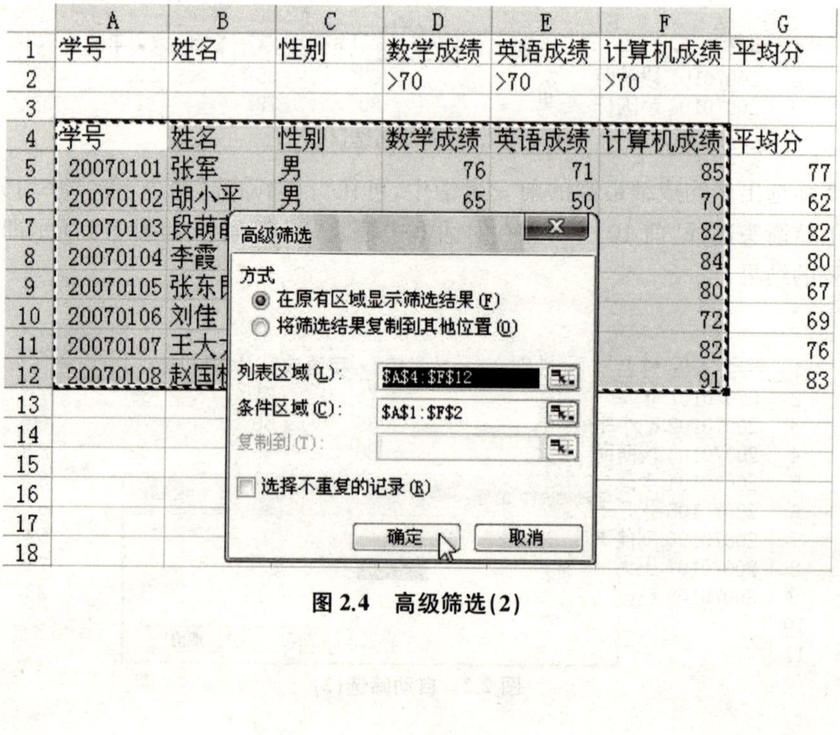

图 2.4　高级筛选(2)

	A	B	C	D	E	F	G
1	学号	姓名	性别	数学成绩	英语成绩	计算机成绩	平均分
2				>70	>70	>70	
3							
4	学号	姓名	性别	数学成绩	英语成绩	计算机成绩	平均分
5	20070101	张军	男	76	71	85	77
7	20070103	段萌萌	女	80	85	82	82
8	20070104	李霞	女	72	83	84	80
12	20070108	赵国栋	男	80	78	91	83

图 2.5 高级筛选(3)

注意,若要撤消自动筛选的操作,再次单击菜单栏中“数据”里“筛选”级联菜单中的“自动筛选” 命令撤消自动筛选。若要显示筛选前的数据清单,只需单击 “筛选”级联菜单中的“全部显示”命令即可。

2.1.3 数据排序

数据排序是按一定顺序将数据排序,以便于研究者通过浏览数据发现一些明显的特征或趋势,找到解决问题的线索。除此之外,排序还有助于对数据检查纠错,以及为重新归类或分组提供方便。

无论是定性数据还是定量数据,其排序均可借助计算机完成。用 Excel 排序有升序(递增)和降序(递减)两种,可以进行排序的数据类型包括数值、文字、逻辑值、日期等四种类型。

例 2.2 以表 2.1 的资料,对 8 名学生的平均成绩按升序排序。操作步骤如下:

1)单击被排序的数据区域的任一单元格。

2)单击菜单栏中“数据”里的“排序”命令,在出现的对话框中有三个下拉列表供选择,单击“主要关键字”右侧的下拉列表箭头,选择“平均分”字段,并且指定“升序”还是“降序”,选中右侧的“升序”复选框,同时为了保证数据区域的字段名不参加排序,必须选中“我的数据区域”中的“有标题行”复选框,如图 2.6 所示。

3)单击“确定”,各数据就按上述排序条件重新排列顺序,如图 2.7 所示。

若想进一步设置排序条件,可单击“排序”对话框中的“选项”按钮,出现“自定义排序次序”下拉列表,可从中进行选择;有“区分大小写”复选框(不选此项大小写字母等价,否则不一样);有排列“方向”复选框,可选择按列排序还是按行排序;还有按“字母排序”或按“笔画排序”方法供选择。

另外,如果只按一个关键字段进行排序,最简单的方法是使用“常用工具栏”中的“升序”或“降序”工具按钮来进行排序,如图 2.8 所示。

只要单击排序的关键字段上的任一单元格,根据升、降序的要求,单击升、降序按钮

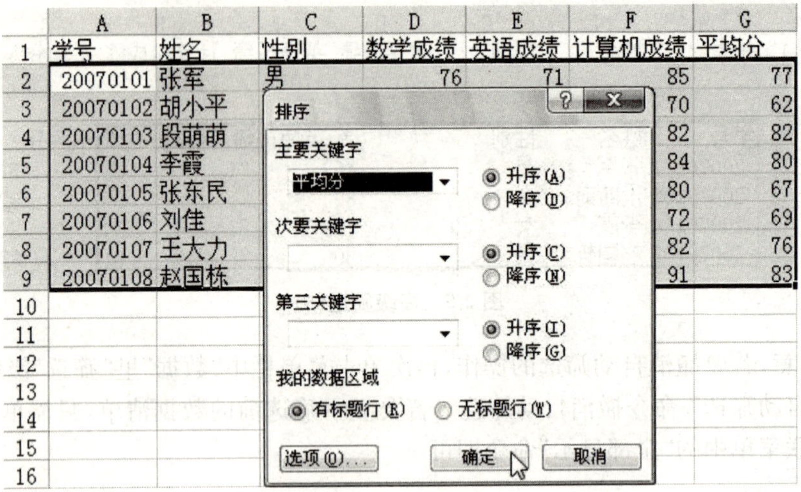

图 2.6 排序(1)

	A	B	C	D	E	F	G
1	学号	姓名	性别	数学成绩	英语成绩	计算机成绩	平均分
2	20070102	胡小平	男	65	50	70	62
3	20070105	张东民	男	56	66	80	67
4	20070106	刘佳	女	60	75	72	69
5	20070107	王大力	男	78	67	82	76
6	20070101	张军	男	76	71	85	77
7	20070104	李霞	女	72	83	84	80
8	20070103	段萌萌	女	80	85	82	82
9	20070108	赵国栋	男	80	78	91	83

图 2.7 排序(2)

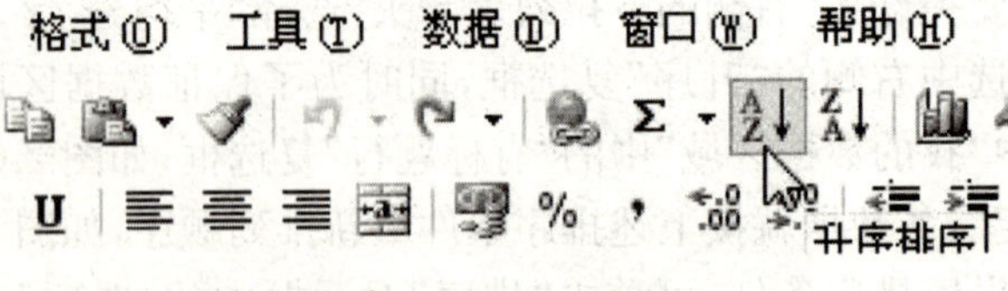

图 2.8 排序工具按钮

即可。若想取消排序,单击菜单栏中"编辑"里的"撤消排序"命令,即可恢复原顺序。

§2.2 定性数据的图表分析

我们在前一章的学习中已经知道,数据分为定性数据和定量数据,而定性数据又可以区分为分类数据和顺序数据,它们的图表展示方法基本相同。通常可以用频数分布表和图形来描述。

2.2.1 频数分布

将统计数据分组后,各组数据出现的次数被称为频数(Frequency),亦称为次数,把各个组以及相应的频数依一定的次序全部列出来,就形成了频数分布(Frequency distribution,亦称为次数分布)。

对于定性数据,分类数据本身就是对事物的一种分类,因此在列出所分的类别的同时,再列出对应的频数或频率,就形成了分类数据的频数分布。

1. 生成频数分布表

例 2.3 某财经大学 2008 级统计学专业的一个学生调研小组,对 2011 年 11 月份在校大学生的手机消费状况进行调查,从全校本科生中选取了 50 名学生发放调查问卷,表 2.2 是关于性别及持有手机品牌(目前正在使用的手机品牌)项目的数据,我们可以通过编制频数分布表来观察不同性别的学生及其持有手机品牌的分布情况。

表 2.2 50 名大学生性别及持有手机品牌

性别	持有手机品牌	性别	持有手机品牌	性别	持有手机品牌
男	LG	男	诺基亚	女	步步高
男	诺基亚	男	诺基亚	女	三星
女	摩托罗拉	女	联想	男	三星
男	LG	女	三星	男	三星
女	HTC	女	诺基亚	女	摩托罗拉
女	其他	男	诺基亚	男	联想
女	诺基亚	女	步步高	女	诺基亚
男	诺基亚	男	诺基亚	女	其他
女	索尼爱立信	女	HTC	女	诺基亚
女	三星	男	诺基亚	女	苹果
男	诺基亚	男	诺基亚	男	诺基亚
男	其他	女	步步高	男	诺基亚
女	步步高	女	其他	男	诺基亚
男	三星	女	HTC	女	联想
男	其他	男	诺基亚	男	诺基亚
男	其他	男	诺基亚	男	苹果
女	诺基亚	男	HTC		

表 2.2 中有两个变量,分别是学生性别和持有手机品牌,对此我们可以就每个变量单独编制频数分布表,观察其各自的分布状况;还可以将两个变量交叉起来编

制频数分布表.形成列联表(Contingency Table),又称为交叉表(Cross Table)。

比如用Excel来编制持有手机品牌的频数分布,可以使用Excel的分类汇总命令。操作步骤如下:

1)先对Excel中原始数据按持有手机品牌进行排序(升、降序皆可);

2)选择需要分类汇总的单元格区域B1:B51(使该区域反白显示);

3)单击菜单栏"数据"中的"分类汇总"命令,出现图2.9对话框;

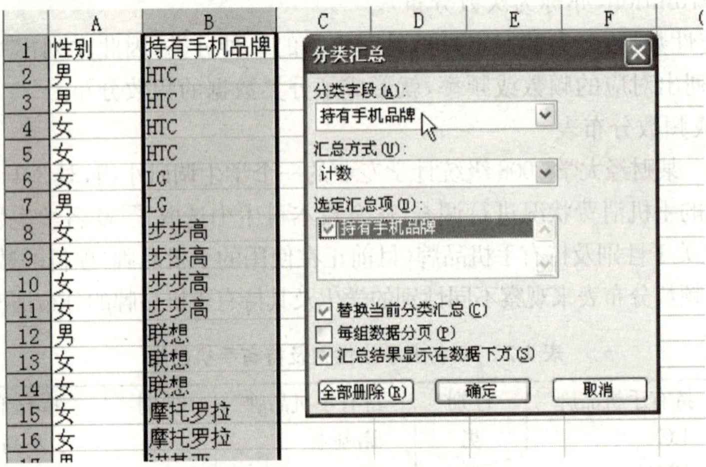

图2.9 分类汇总(1)

4)在"分类字段"下拉列表中选择要分类汇总的字段名,如"持有手机品牌";在"汇总方式"下拉列表中提供了多种汇总方式,在此选"计数";在"选定汇总项"中选"持有手机品牌"复选框,并选择"汇总结果显示在数据下方"复选框,单击"确定"按钮,在所得结果中点击左上方1、2、3按钮可以控制显示或隐藏某一级别的明细数据。我们点击"2"按钮,得到图2.10结果。

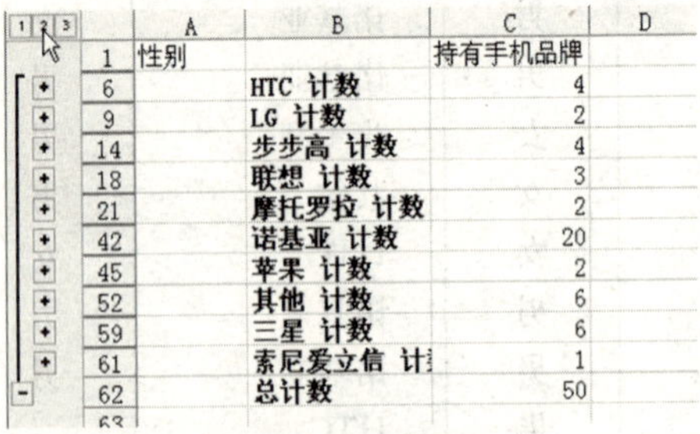

图2.10 分类汇总(2)

我们对输出结果略做手工调整,形成的频数分布表如表2.3所示。

表 2.3　50 名大学生持有手机品牌频数分布表

	A	B	C	D
1	性别	持有手机品牌	学生人数（人）	
6		**HTC**	4	
9		**LG**	2	
14		**步步高**	4	
18		**联想**	3	
21		**摩托罗拉**	2	
42		**诺基亚**	20	
45		**苹果**	2	
52		**其他**	6	
59		**三星**	6	
61		**索尼爱立信**	1	
62		**总计**	50	

若用 Excel 来编制列联表(交叉频数表),则需要用到 Excel 的数据透视表功能,它可以将排序、筛选和分类汇总三个过程结合在一起,可以让用户非常简单并且快捷地在一个数据列表中重新组织和统计数据,建立一个交叉式频数分布表。数据透视表的创建步骤如下:

1)单击 Excel 表格菜单栏“数据”中的“数据透视表和数据透视图”命令,出现“数据透视表和数据透视图向导—3 步骤之 1”对话框,在“请指定待分析数据的数据源类型”下面四个选项中选择数据来源,本例选第一个“Microsoft Office Excel 数据列表或数据库”,然后点“下一步”。

2)出现“数据透视表和数据透视图向导—3 步骤之 2”对话框,在“选定区域”中选定数据区域,点“下一步”,如图 2.11 所示。

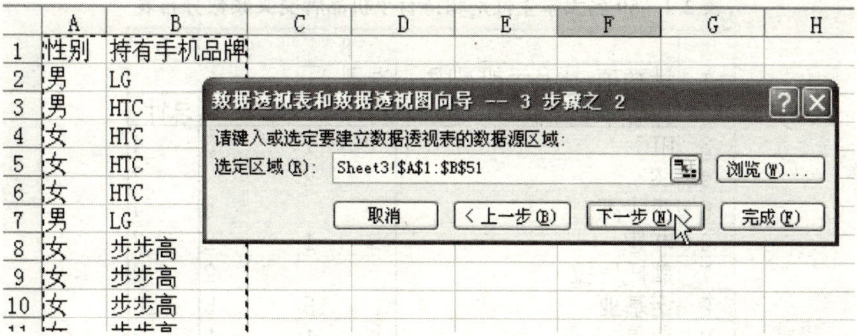

图 2.11　数据透视表(1)

3)进入“数据透视表和数据透视图向导—3 步骤之 3”对话框,点左下方“布局”按钮,打开对话框,在该对话框右边列出了所有字段名,可在这里设置数据透视表的布局。单击并拖动相应的字段名到“行”、“列”、“数据”或“页”即可。本例我们将“持有手机品牌”字段拖到“行”位置，将“性别”字段拖到“列”位置，将“性别”和“持有手机品牌”字段分别拖到“数据”位置，如图 2.12 所示。

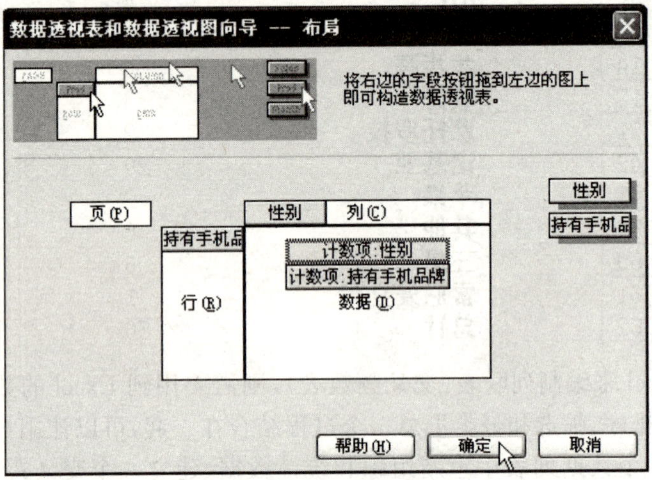

图 2.12 数据透视表(2)

4)点击“确定”按钮，回到“数据透视表和数据透视图向导—3 步骤之 3”对话框，在“数据透视表显示位置”下有“新建工作表”和“现有工作表”复选项可供选择，本例我们选“新建工作表”后单击“完成”按钮，在所得结果中点击“数据”下拉箭头，将复选框中的“全部显示”点击为空，然后选中“计数项:持有手机品牌”，则得数据透视表(交叉式频数分布表)如表 2.4 所示。

表 2.4 50 名大学生性别和持有手机品牌交叉频数分布表

	A	B	C	D
1	计数项:持有手机品牌	性别		
2	持有手机品牌	男	女	总计
3	HTC	1	3	4
4	LG	2		2
5	步步高		4	4
6	联想	1	2	3
7	摩托罗拉		2	2
8	诺基亚	15	5	20
9	苹果	1	1	2
10	其他	3	3	6
11	三星	3	3	6
12	索尼爱立信		1	1
13	总计	26	24	50

2. 相对频数分布和百分数频数分布

对于定性数据,除用频数分布表进行描述外,我们还可以使用比例、百分比等统计量进行描述。比例(Proportion)也称构成比,它是一个样本(或总体)中各类别的频数与全部频数之比,通常用于反映样本(或总体)的构成或结构。将比例乘以100得到的数值称为百分比(Percentage),用%表示。由比例和百分比我们可以编制相对频数分布表和百分数频数分布表。

利用Excel软件不能直接生成相对频数分布和百分数频数分布,需要在频数分布表的基础上单独计算并列示。例如依据例2.3中持有手机品牌的频数分布(表2.3)编制的相对频数分布和百分数频数分布表如表2.5所示。

表2.5 50名大学生持有手机品牌频数、相对数频数和百分数频数分布表

	A	B	C	D	E	F
1	性别	持有手机品牌	频数	相对数频数	百分数频数	
6		**HTC**	4	0.08	8	
9		**LG**	2	0.04	4	
14		**步步高**	4	0.08	8	
18		**联想**	3	0.06	6	
21		**摩托罗拉**	2	0.04	4	
42		**诺基亚**	20	0.4	40	
45		**苹果**	2	0.04	4	
52		**其他**	6	0.12	12	
59		**三星**	6	0.12	12	
61		**索尼爱立信**	1	0.02	2	
62		**总计**	50	1	100	

以上我们都是用Excel软件为例来编制定性数据频数分布表,实际上还有功能比Excel更专业的统计软件,比如SPSS(全称为Statistical Program for Social Sciences,即社会科学统计程序),下面的表2.6、表2.7和表2.8是由SPSS生成的频数分布表。其中表2.6是50名大学生持有手机品牌的频数分布情况,表2.7是50名大学生性别和持有手机品牌交叉频数分布表,表2.8是对表2.7交叉频数分布进行的更为细致的描述性分析表。由于SPSS软件对于非统计人员而言远不如Excel软件普及,我们在此不再对其软件操作步骤进行介绍,需要应用SPSS软件的读者可自行寻找相关书籍、教材进行学习。

表 2.6 学生持有手机品牌的频数分布表

持有手机品牌					
		频率	百分比	有效百分比	累积百分比
有效	HTC	4	8.0	8.0	8.0
	LG	2	4.0	4.0	12.0
	步步高	4	8.0	8.0	20.0
	联想	3	6.0	6.0	26.0
	摩托罗	2	4.0	4.0	30.0
	诺基亚	20	40.0	40.0	70.0
	苹果	2	4.0	4.0	74.0
	其他	6	12.0	12.0	86.0
	三星	6	12.0	12.0	98.0
	索尼爱	1	2.0	2.0	100.0
	合计	50	100.0	100.0	

表 2.7 学生性别和持有手机品牌的交叉频数表

持有手机品牌 * 性别 交叉制表				
计数				
		性别		合计
		男	女	
持有手机品牌	HTC	1	3	4
	LG	2	0	2
	步步高	0	4	4
	联想	1	2	3
	摩托罗	0	2	2
	诺基亚	15	5	20
	苹果	1	1	2
	其他	3	3	6
	三星	3	3	6
	索尼爱	0	1	1
合　计		26	24	50

表 2.8 学生性别和持有手机品牌的交叉频数表及其分析

持有手机品牌＊ 性别 交叉制表

			性别		合计
			男	女	
持有手机品牌	HTC	计数	1	3	4
		持有手机品牌 中的 %	25.0%	75.0%	100.0%
		性别 中的 %	3.8%	12.5%	8.0%
	LG	计数	2	0	2
		持有手机品牌 中的 %	100.0%	.0%	100.0%
		性别 中的 %	7.7%	.0%	4.0%
	步步高	计数	0	4	4
		持有手机品牌 中的 %	.0%	100.0%	100.0%
		性别 中的 %	.0%	16.7%	8.0%
	联想	计数	1	2	3
		持有手机品牌 中的 %	33.3%	66.7%	100.0%
		性别 中的 %	3.8%	8.3%	6.0%
	摩托罗	计数	0	2	2
		持有手机品牌 中的 %	.0%	100.0%	100.0%
		性别 中的 %	.0%	8.3%	4.0%
	诺基亚	计数	15	5	20
		持有手机品牌 中的 %	75.0%	25.0%	100.0%
		性别 中的 %	57.7%	20.8%	40.0%
	苹果	计数	1	1	2
		持有手机品牌 中的 %	50.0%	50.0%	100.0%
		性别 中的 %	3.8%	4.2%	4.0%
	其他	计数	3	3	6
		持有手机品牌 中的 %	50.0%	50.0%	100.0%
		性别 中的 %	11.5%	12.5%	12.0%
	三星	计数	3	3	6
		持有手机品牌 中的 %	50.0%	50.0%	100.0%
		性别 中的 %	11.5%	12.5%	12.0%
	索尼爱	计数	0	1	1
		持有手机品牌 中的 %	.0%	100.0%	100.0%
		性别 中的 %	.0%	4.2%	2.0%
合　计		计数	26	24	50
		持有手机品牌 中的 %	52.0%	48.0%	100.0%
		性别 中的 %	100.0%	100.0%	100.0%

2.2.2 定性数据的图形表示

以图形来显示统计数据是描述统计一个非常重要的内容，较之繁杂的大量统计数据，图形更为具体明确，给人以直观的概念，易为读者所理解，具有较强的说服力。统计图形在显示数据的分布特征，揭示现象的内部结构和依存关系，研究现象的发展趋势等方面，都有着重要的作用。

比较适用于定性数据的图形主要有条形图、饼图、环形图等。

1. 条形图

条形图(Bar Chart)是用宽度相同的条形的高度或长短来表示数据的多少的图形。条形图可以横置或纵置，纵置时也称为柱形图。在表示分类数据的分布时，用条形图的高度或长度来表示各类别数据的频数或频率。绘制时，各类别可以放在纵轴，称为条形图；也可以放在横轴，称为柱形图。

Excel 具有丰富多彩的制图功能，它可以将表中的数据用图形来表示，使表、图、文字有机地结合起来，使人们能更直观地分析和比较数据。Excel 提供的图形种类繁多，约有 100 多种基本图表类型，基本可以满足常规统计分析对图形的需要。

例 2.4 利用表 2.3 数据绘制 50 名大学生持有手机品牌的条形图。操作步骤如下：

1)在包含 50 名大学生持有手机品牌频数分布数据的工作表中(注意，不可直接在表 2.3 分类汇总的结果上进行制图操作，应重新建立频数分布数据)，点击“图表向导”，弹出“图表向导—4 步骤之 1—图表类型”对话框，如图 2.13。在“图表类

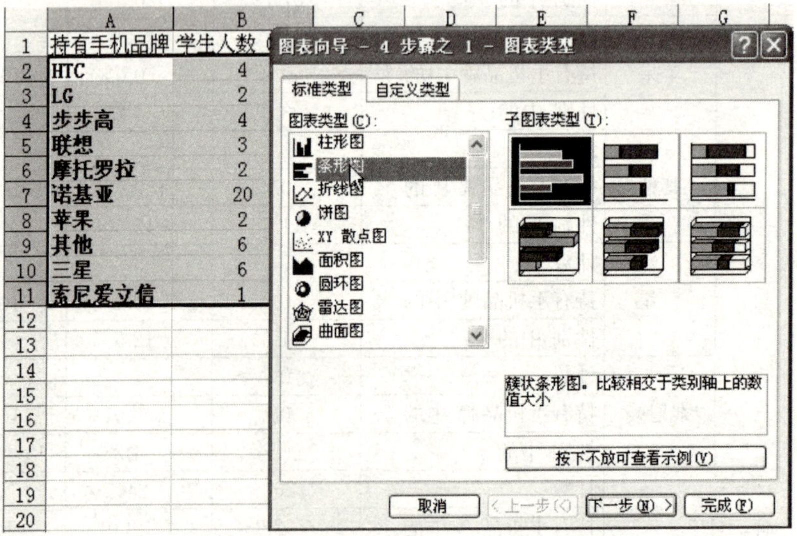

图 2.13 条形图(1)

型”中选择条形图,在“子图表类型”中选择具体样式,可按住“按下不放可查看示例(V)”按钮进行图形预览,若合适点“下一步”。

2)在出现的“图表向导－4 步骤之 2－源数据”对话框中,输入数据区域,本例为 A2:B11,点“下一步”。

3)在出现的“图表向导－4 步骤之 3－图表选项”对话框中,对各个项目进行适当的选择,如图 2.14 所示。

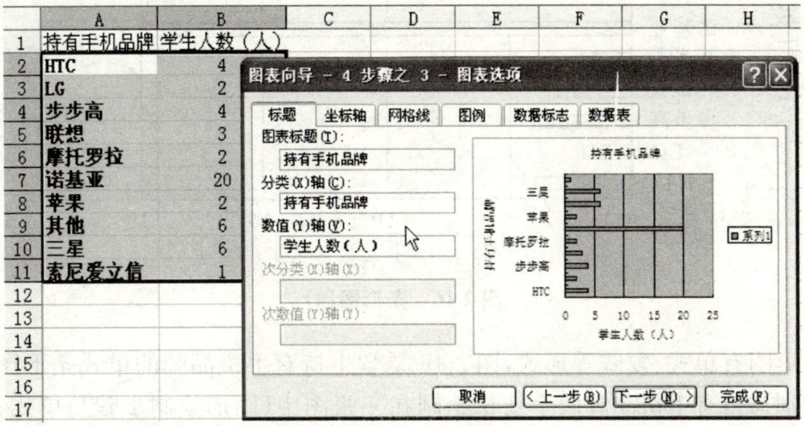

图 2.14 条形图(2)

4)然后点击“完成”按钮,得图 2.15 结果。

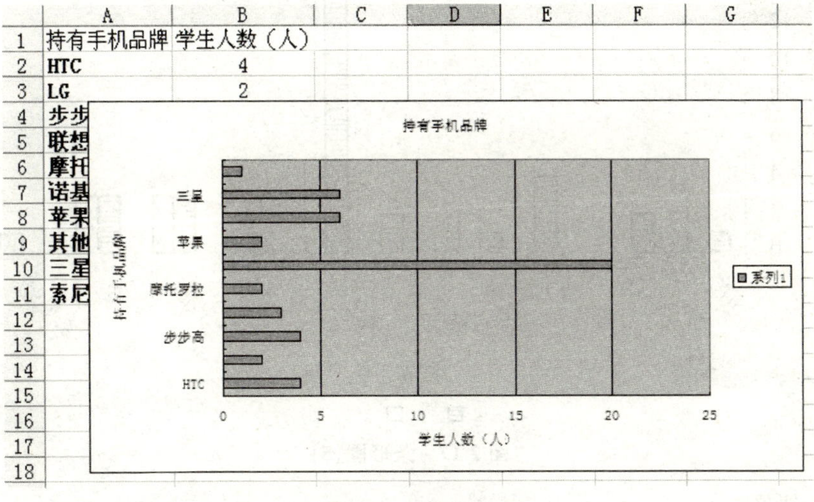

图 2.15 条形图(3)

若对图形的外观效果不满意,可以左键双击图表区空白处弹出“图表区格式”对话框(或在图表区单击右键在右键菜单中选择“图表区格式”),对图案样式、字体种类大小、颜色等进行调整。还可以将图片复制粘贴到 Word 文档,如图 2.16 所示。

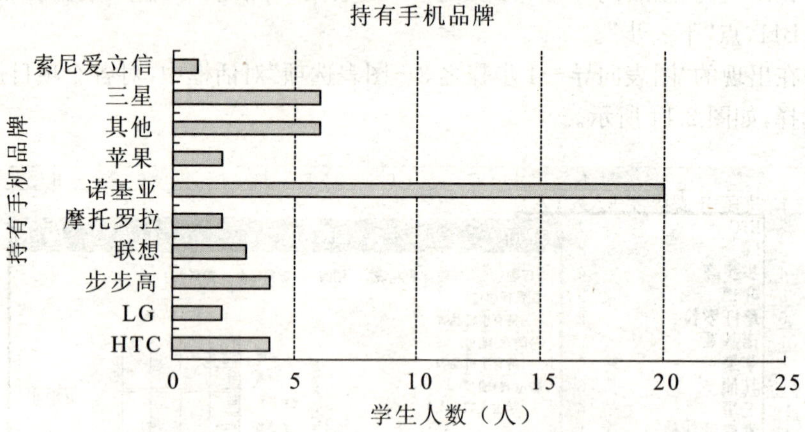

图 2.16 条形图(4)

条形图有单式、复式等形式,图 2.16 是学生持有手机品牌的单式条形图,若我们将性别与持有手机品牌两个变量绘制在一张图中(图形绘制步骤与单式条形图基本一致,此处不再一一举例),就形成了复式条形图,如图 2.17。

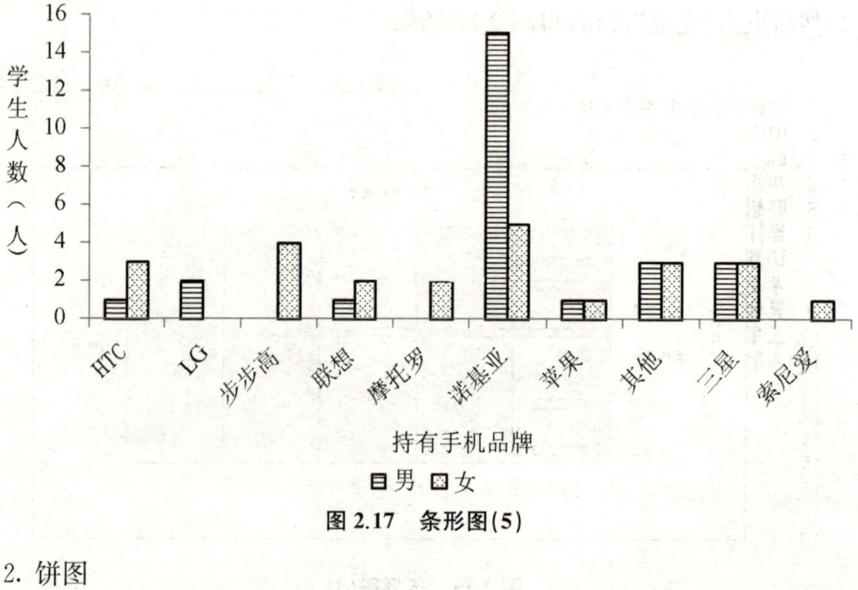

图 2.17 条形图(5)

2. 饼图

饼图(Pie Chart)是用圆及圆内扇形的角度来表示数值大小的图形。饼图主要用于表示一个样本(或总体)中各类别的频数占全部频数的比例,对于研究结构性问题十分有用。

例 2.5　以表 2.3 频数分布数据绘制 50 名大学生持有手机品牌的饼图,见下图 2.18,操作步骤类似条形图,相对较为简单,此处不再详细说明绘制过程。

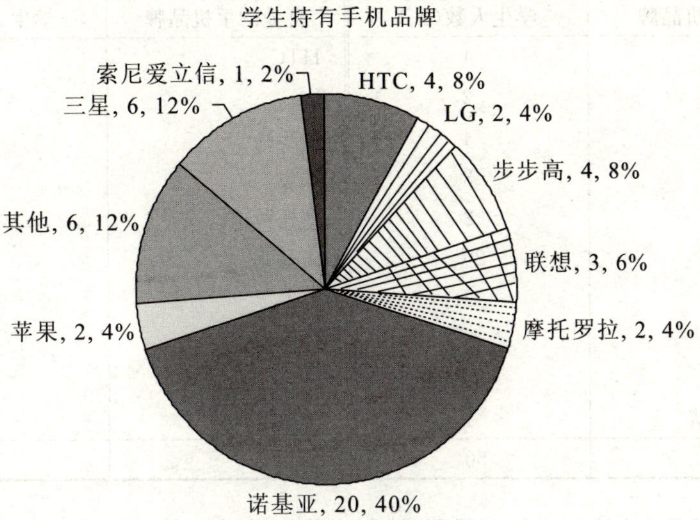

图 2.18　饼图(1)

饼图还可以绘制成分离型三维图,如图 2.19。

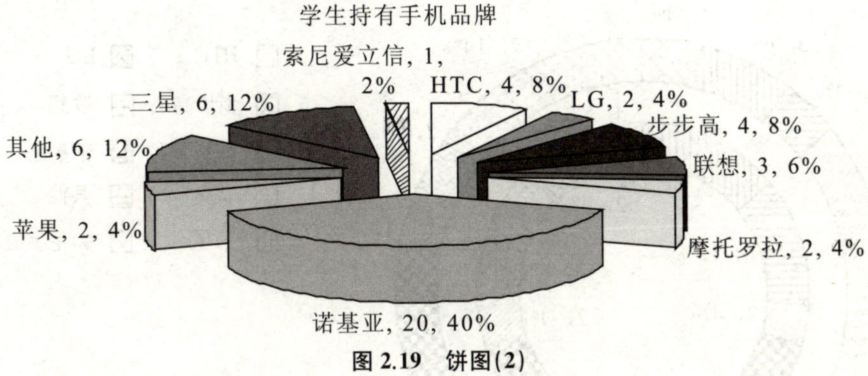

图 2.19　饼图(2)

3. 环形图

环形图(Doughnut Chart)与饼形图类似,但又有区别。环形图中间有一个“空洞”,总体或样本中的每一部分数据用环中的一段表示。饼图只能显示一个总体和样本各部分所占的比例,而环形图则可以同时绘制多个总体或样本的数据系列,每一个总体或样本的数据系列为一个环。因此环形图可显示多个总体或样本各部分所占的相应比例,从而有利于我们进行比较研究。

例 2.6 我们整理出的 50 名大学生目前持有手机品牌和喜爱品牌的频数分布数据如表 2.9 所示。

表 2.9 50 名大学生持有手机品牌及喜爱手机品牌的频数分布

持有手机品牌	学生人数(人)	喜爱的手机品牌	学生人数(人)
HTC	4	HTC	7
LG	2	LG	2
步步高	4	步步高	0
联想	3	联想	1
摩托罗拉	2	摩托罗拉	1
诺基亚	20	诺基亚	10
苹果	2	苹果	22
其他	6	其他	2
三星	6	三星	3
索尼爱立信	1	索尼爱立信	2
总 计	50	总计	50

据此用 Excel 绘制出的环形图(绘制步骤与饼图基本一致)见图 2.20。图中里面的圆环是持有手机品牌，外面的圆环是喜爱手机品牌。读者可以对比图形研究学生在持有手机品牌与喜爱手机品牌上的结构差异。

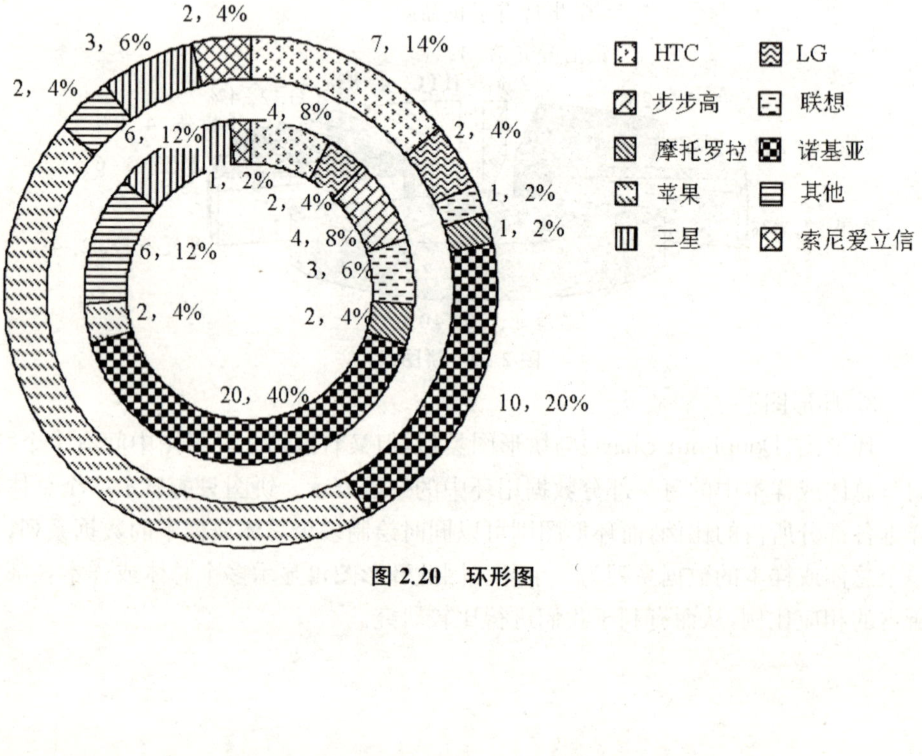

图 2.20 环形图

§ 2.3 定量数据的图表分析

前面介绍的定性数据的图表分析方法,包括频数分布表及图形方法,一般也适用于定量数据,但需要注意的是,定量数据的图表分析还有一些特定的方法。

2.3.1 频数分布

对于定量数据,在编制频数分布表时,首先需要将定量数据进行分组,然后再统计出各组别的数据频数。

1. 分组

定量数据分组的方法有单变量值分组和组距分组两种。

(1)单变量值分组

单变量值分组就是将每个变量值作为一组。这种方法一般适用于离散变量且变量值较少的情况。离散变量是这样一种变量,其变量值可以按一定次序一一列举(通常取整数值),例如学校的学生数、企业的设备台数、地区的商店个数等均属离散变量。

例 2.7 某车间 A 生产小组 20 名工人日加工零件数如下(单位:件):试采用单变量值分组法编制频数分布表。

16 13 18 15 19 14 17 13 15 17

18 15 16 18 14 16 15 16 17 16

为了便于分组,要先对原始数据排序。排序结果如下:

13 13 14 14 15 15 15 15 16 16

16 16 16 17 17 17 18 18 18 19

采用单变量值分组法编制频数分布表(表 2.10)所示。

表 2.10 20 名工人日加工零件数频数分布表

日产量(件)	频数(人)	频率(%)
13	2	10
14	2	10
15	4	20
16	5	25
17	3	15
18	3	15
19	1	5
合 计	20	100

但对于离散变量数据较多时，单变量值分组会使组数较多，这不利于观察数据分布的特征或规律性，而且连续变量无法采用这种分组。这就要考虑组距分组了。

(2)组距分组

组距分组是将全部变量值依次划分为若干个数值区间，每一个数值区间作为一个组。组距分组尤其适合于连续变量。连续变量是这样一种变量，其变量值在客观上是连续不断的，一般不能一一列举其整数值；即使列举，相邻两值之间还可做无限分割。但须注意，连续变量的取值为了表述方便或在允许的误差范围内，往往以离散变量值的形式出现。常见的连续变量有身高、体重、收入、产值等。

在连续变量或离散变量值较多的情况下，可采用组距分组，如表2.11属于离散变量的组距分组，而表2.12是连续变量的组距分组。

表2.11 企业工人按日产零件分组

按日产零件数分组(件)	工人数(人)
50～60	10
60～70	25
70～80	40
80～90	20
90以上	5
合 计	100

表2.12 企业工人按工资水平分组

按工资水平分组(元)	工人数(人)
2000以下	35
2000～2500	65
2500～3000	50
3000～3500	30
3500以上	20
合 计	200

我们在对数据进行组距分组时，需要明确以下几个问题：

①首先要确定组数。就是分多少组比较合适。组数的多少以分组后能恰当地反映一个样本(或总体)数据的分布特征和规律为好。因为组距分组把各组间的差异突出了，若组数太少，不同性质的数据混在一组，失去分组的意义，若组数过多，容易将同一性质的数据分开，反而显示不出数据的特征。组数的确定可以参考美国统计学家斯特吉斯(Sturges)提出的经验公式计算：

$$K = 1 + 3.3\lg N \tag{2.1}$$

式中,K 为组数,N 为总体单位数或数据的个数;公式计算出的 K 一般为非整数,可采用比这个数大的邻近整数代替,即为组数。当然,这只是个经验公式,具体应用时,还要考虑数据的多少、特点和统计分析的要求。

②其次要确定组距。在组距分组中,一个组即一个数值区间的最小值称为下限(Low Limit),最大值称为上限(Upper Limit)。组距(Class Width)就是一个组的上限与下限之差。组距也可借助 Sturges 的经验公式来确定:

$$d = \frac{R}{K} = \frac{x_{\max} - x_{\min}}{1 + 3.3\lg N} \tag{2.2}$$

式中,d 为组距,R 为全距,即最大变量值 $x_{\max}$ 与最小变量值 $x_{\min}$ 之差。为便于计算,组距宜取 5 或 10 的倍数,而且第一组的下限应小于或等于最小变量值,最后一组的上限应大于或等于最大变量值。

③组距分组时,要遵循"不重不漏"的原则。"不重"是指某项数据只能分在其中的一个组内,不能同时在其他组内出现;"不漏"是指一个样本(或总体)各个数据均应在某一组内找到归宿,不能遗漏。为解决"不重"的问题,习惯上按"上限不在内"方法处理,即当相邻两组的上下限重叠时,若某一变量值恰好等于某一组的上限,就应算在下一组内。对于离散变量可采用相邻两组组限间断的办法解决"不重"的问题。

④组中值。各组的组中值是每组上、下限之间的中点数值。由于组距分组掩盖了各组内的变量值的分布情况,为了反映各组变量值的一般水平,常用组中值作为各组的代表值。在组距分组中,我们假定各组内的变量值的变动是均匀的,则各组的组中值是本组上、下限的简单平均,即组中值=(上限+下限)÷2。实际上各组内变量值的分布不一定均匀,因此组中值与实际的变量值有所不同,它只是一个假定的代表数值。

⑤等距分组和不等距分组。等距分组即变量值在各组保持相等的组距。在变量值变动比较均匀,没有突然的大起大落的情况时,可采用等距分组。等距分组由于各组的组距相等,便于各组频数和变量值的直接比较,也便于计算各种分析数据,因此应尽量采用等距分组。在变量值的变动不稳定,出现大幅度的上升或下降的情况下,或为了研究问题的需要,可以采用不等组距。比如人口统计中,人口按年龄分组,考虑到人口年龄的不同阶段,可分成 0～6 岁(婴幼儿组)、7～17 岁(少年儿童组)、18～59 岁(中青年组)、60 岁以上(老年组)几组。

2. 生成频数分布表

例 2.8　某班级 40 名同学统计学课程考试成绩资料如下(单位:分):

68	89	88	84	86	87	75	73	72	68
75	82	99	58	81	54	79	76	95	76

71 60 91 65 76 72 76 85 89 92
64 57 83 81 78 77 72 61 70 87

编制学生考试成绩的频数分布表，具体步骤如下：

1)将原始数据排序，确定变量值的变动范围。以上数据分散无序，不易看出其特征。我们将这些成绩按大小顺序排列，可以确定其变动范围和最大值、最小值。

54 57 58 60 61 64 65 68 68 70
71 72 72 72 73 75 75 76 76 76
76 77 78 79 81 81 82 83 84 85
86 87 87 88 89 89 91 92 95 99

通过排序，可以看出学生的学习成绩的基本情况，最低分 54 分，最高分 99 分，成绩的变动幅度在 54～99 分之间，差距为 99－54＝45 分。另外从排序后的数据中可看出大多数学生的成绩在 60～90 分之间，不及格和优秀的学生不多。

2)确定组数和组距。学生成绩的变动幅度较大，如果采用单项分组，则组数过多，不能反映该班学生成绩的分布特征，可考虑用组距分组。组数的确定要根据研究对象的具体情况而定。对学习成绩的分析主要是从不及格、及格、中、良、优等来考虑，于是考虑分为 5 组。

组数确定后，就可以确定组距。从数据及研究目的考虑，采用等距分组比较合适，因而就有：组距＝(最大值－最小值)÷组数＝45÷5＝9 分，从计算角度出发，组距一般用 5 或 10 的倍数为好，尽量用整数，所以用 10 分作组距。

3)确定组限和组限的表示方法。成绩虽然是连续型变量，但习惯上用离散型变量的表示方法，采用整数来做组限，但要用重叠组限的形式。确定组限时要注意，最低组的下限要小于最小变量值，最高组的上限应大于最大变量值。

4)根据所确定的组数、组距及组限表示方法，可以分别统计各组出现的次数形成变量频数分布表。见表 2.13。

表 2.13 学生统计学成绩频数分布

按成绩分组(分)	学生数(人)
60 以下	3
60～70	6
70～80	15
80～90	12
90 以上	4
合 计	40

我们仍然通过 Excel 软件来编制频数分布表,利用其频数分布函数对数据进行分组,建立频数分布表。具体操作步骤如下:

1)将例 2.8 的原始数据输入到 Excel 的工作表中,数据列表区域为 A1:A40。

2)对原始数据按升序或降序排序(本例按升序排序)。

3)根据确定的组数与组距(本例组数为 5,组距为 10),把各组的上限(注意:上组限不在内原则)定好,依次放到 D3:D7,然后选择存放频数(学生人数)的单元格区域 E3:E7,点击"插入函数"找到 FREQUENCY,点击"确定"按钮,如图 2.21。

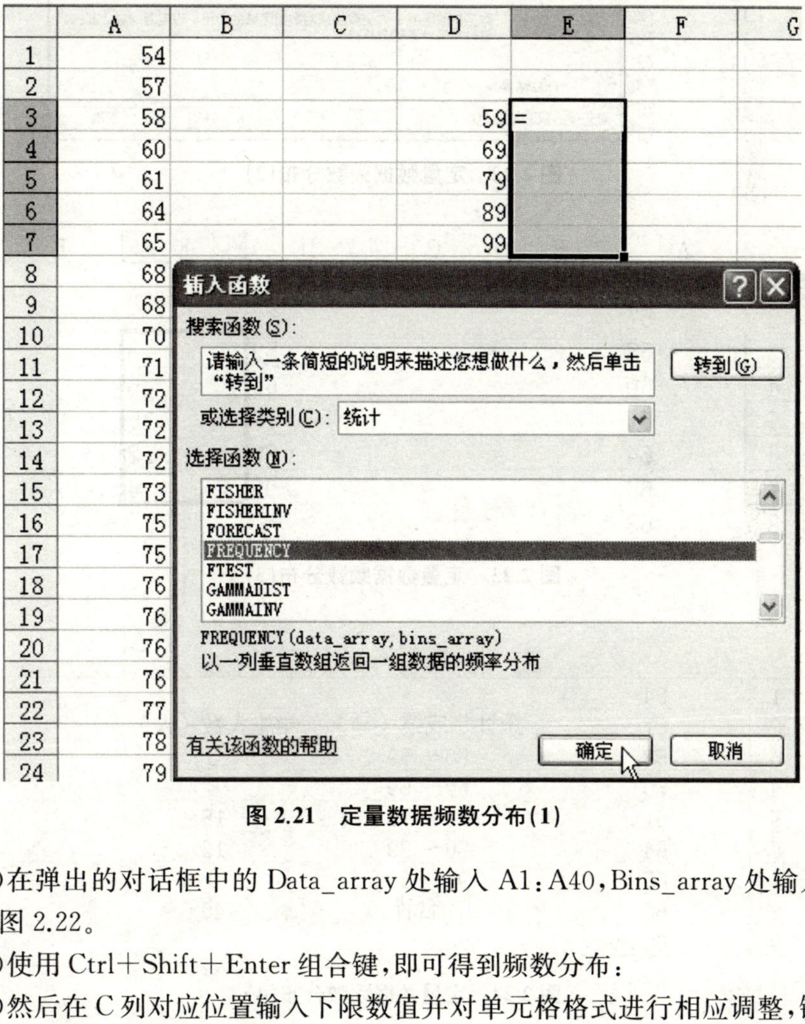

图 2.21 定量数据频数分布(1)

4)在弹出的对话框中的 Data_array 处输入 A1:A40,Bins_array 处输入 D3:D7,如图 2.22。

5)使用 Ctrl+Shift+Enter 组合键,即可得到频数分布:

6)然后在 C 列对应位置输入下限数值并对单元格格式进行相应调整,键入列标题字段,计算频数合计,如图 2.24 所示。

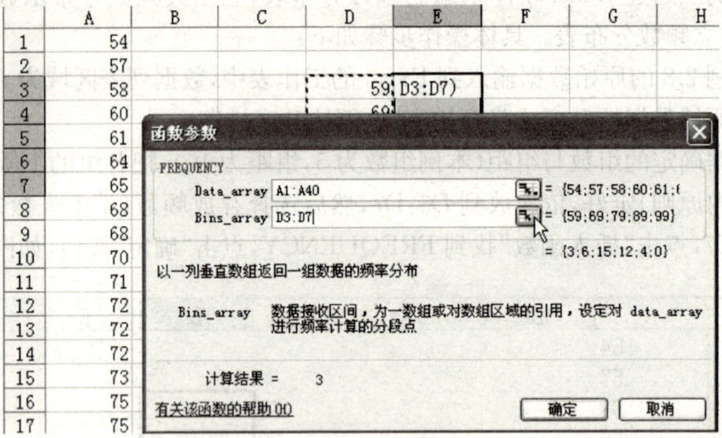

图 2.22 定量数据频数分布(2)

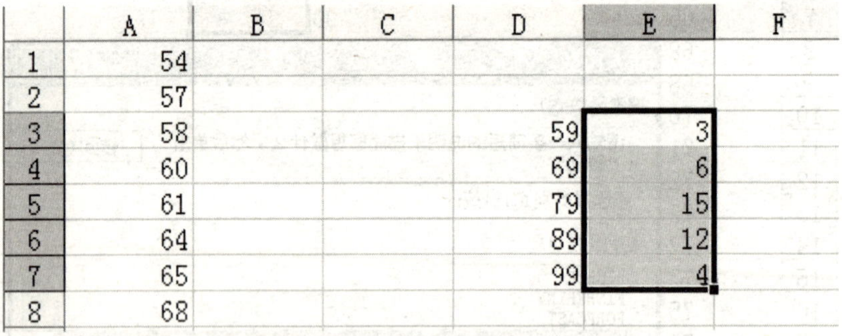

图 2.23 定量数据频数分布(3)

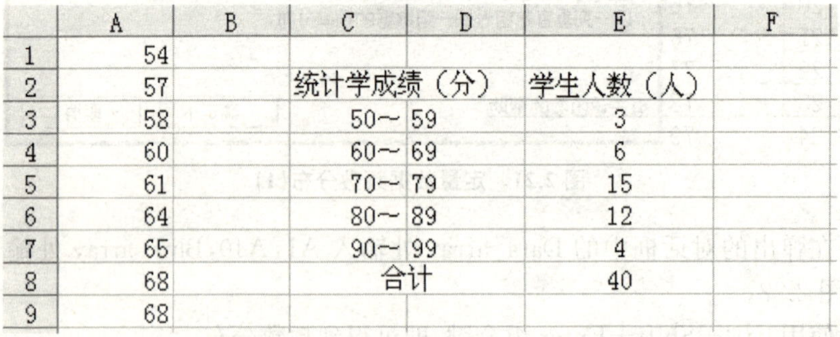

图 2.24 定量数据频数分布(4)

3.相对频数分布和百分数频数分布

我们可以依据图 2.24 Excel 表中所列示的频数分布数据，将各组上限改写为 60

以下、70、80、90、90 以上(根据上组限不在组内原则,此改动并不影响原有的频数分布),计算出这 40 名学生统计学成绩的相对数频数和百分数频数分布,如表 2.14。

表 2.14 统计学成绩的频数、相对数频数和百分数频数分布表

按成绩分组(分)	频数(人)	相对数频数	百分数频数
60 以下	3	0.075	7.5
60～70	6	0.150	15.0
70～80	15	0.375	37.5
80～90	12	0.300	30.0
90 以上	4	0.100	10.0
合 计	40	1.000	100.0

2.3.2 定量数据的图形表示

我们§2.2 中所介绍显示定性数据的条形图、饼图、环形图等,也可以用来显示定量数据,此外,显示定量数据的图形还有直方图、折线图、箱线图、茎叶图、散点图等,在本节我们主要介绍直方图、折线图,对于茎叶图、箱线图和散点图将在后两节内容中介绍。

1. 直方图

直方图(Histogram)是用于显示定量数据分布的一种常用图形,它使用矩形的宽度和高度(即面积)来表示频数分布。在平面直角坐标中,用横轴表示数据分组,纵轴表示频数或频率,这样,各组与相应的频数就形成了一个矩形,即直方图。

例 2.9 某企业生产车间 50 名工人日加工零件数资料如表 2.15 所示,试绘制工人加工零件数分布的直方图。

表 2.15 某车间 50 名工人日加工零件数

117	122	124	129	139	107	117	130	122	125
108	131	125	117	122	133	126	122	118	108
110	118	123	126	133	134	127	123	118	112
112	134	127	123	119	113	120	123	127	135
137	114	120	128	124	115	139	128	124	121

利用 Excel 绘制直方图需要用到“数据分析”工具,第一次使用需要“加载宏”加载。点击菜单栏“工具”中的“加载宏”命令,出现“加载宏”对话框,然后在其中的选项“分析工具库”前面打勾选中,再点“确定”按钮,系统会自动加载上数据分析

（若加载不上，说明用户在安装 Excel 时没有完全安装，这时需要使用 Office 安装光盘进行加载）。

利用 Excel 绘制直方图的具体步骤如下：

1）在包含 50 名工人日加工零件数数据的工作表中，点击菜单栏“工具”中的“数据分析”，在出现的对话框中点选“直方图”选项，再点击“确定”按钮，如图 2.25 所示。

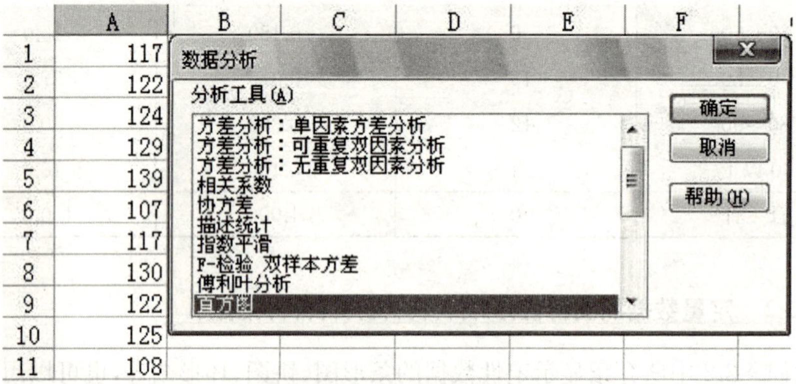

图 2.25　直方图(1)

2）在出现的“直方图”对话框中，输入、选择相应的项目，如图 2.26 所示，再点击“确定”按钮，得到如图 2.27 所示的结果。

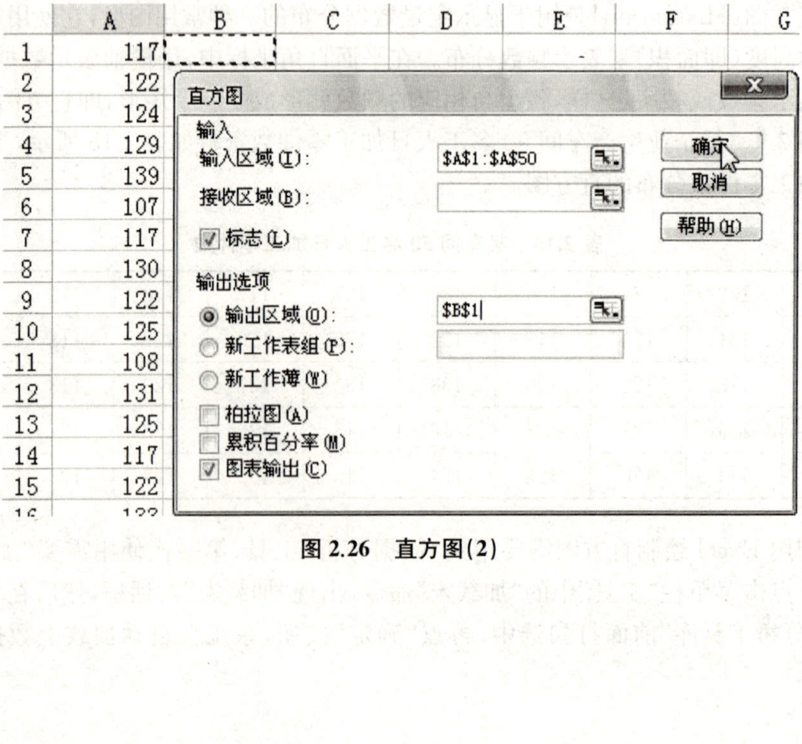

图 2.26　直方图(2)

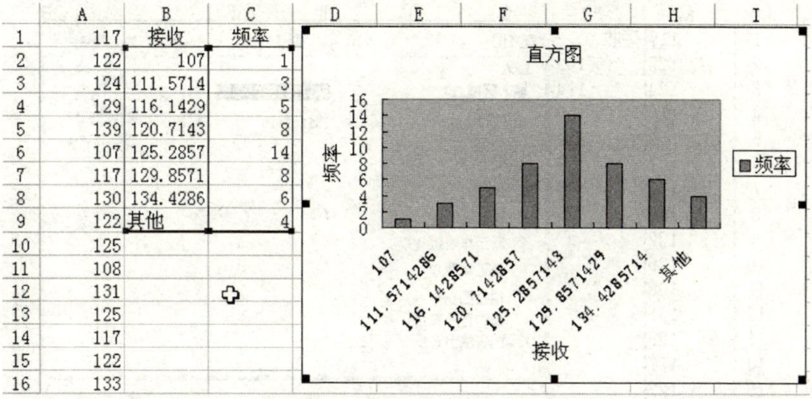

图 2.27 直方图(3)

3)图 2.27 中直方图中数据受小数点后位数影响，不够整齐，可以进行修改。选中图 2.27 中的 B2:B8 单元格，单击右键，点选设置单元格格式，在出现的“单元格格式”对话框中点选“数值”，将小数位数调至 0。点击“确定”按钮，得到如图 2.28 所示结果。

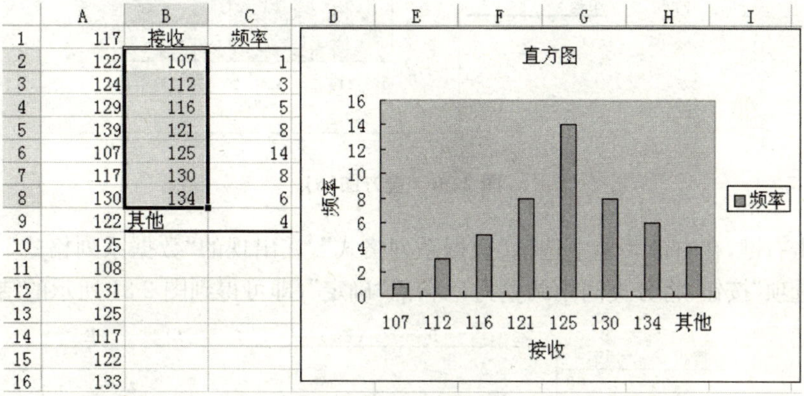

图 2.28 直方图(4)

注意，在直方图对话框中的“输入”下面有“输入区域”和“接收区域”两项，接收区域表明：在此输入接收区域的单元格引用，该区域应包含一组可选的用来定义接收区域的边界值，这些值应当按升序排列，即数据分组的上限，见图 2.29，输出结果见图 2.30。如果省略此处的接收区域，Excel 将在数据组的最小值和最大值之间创建一组平滑分布的接收区间，见图 2.26，结果见图 2.27。

4)为了使图更加容易理解，需要将各个柱形连接起来，我们对图 2.30 做如下修改：删除 A、B 两列数据，删除直方图中的频率图标；点中图 2.30 直方图中的某个柱

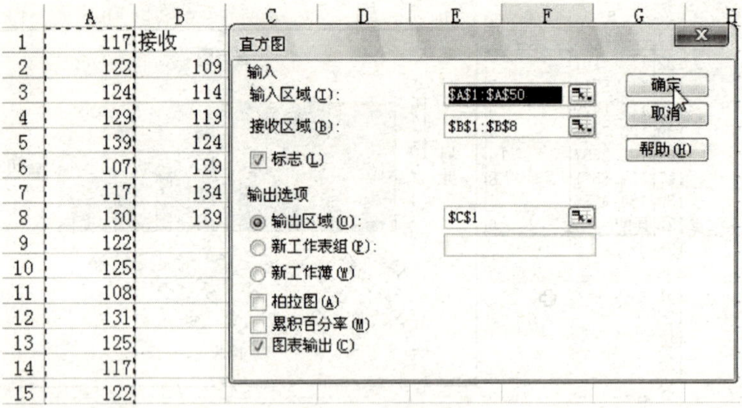

图 2.29　直方图(5)

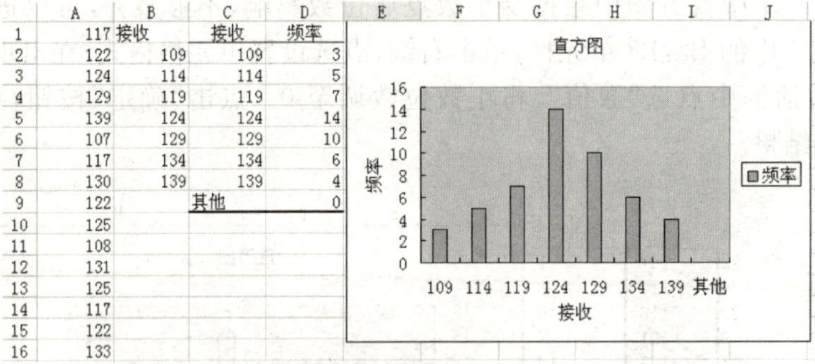

图 2.30　直方图(6)

形,单击右键,在右键菜单中选择“数据系列格式”,在出现的“数据系列格式”对话框中点“选项”按钮,将分类间距调整为 0,再点“确定”,即可得到图 2.31 所示的结果。

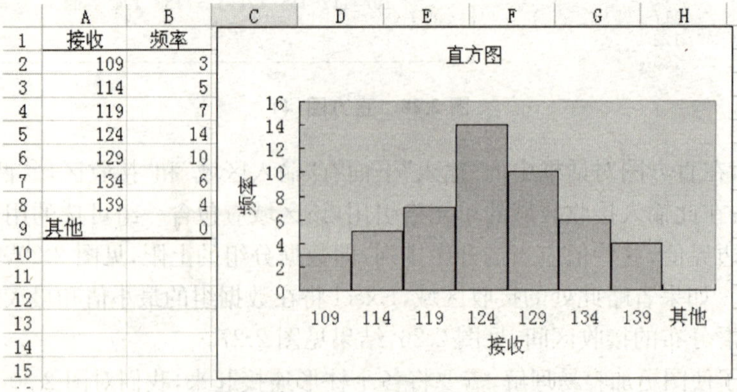

图 2.31　直方图(7)

直方图与条形图不同,条形图是用条形的长度(横置时)表示各类别频数的多少,其宽度(表示类别)是固定的;而直方图是用面积表示各组频数的多少,矩形的高度表示每一组的频数或频率,宽度则表示各组的组距,因此其高度与宽度均有意义。在绘制直方图应注意以下三个问题:①在图形中条形的宽度为各组的组距,可以相等,也可以不等;②各条之间是连续的,没有间隔;③ 横轴表示各组,纵轴表示各组出现的频数。

2. 折线图

折线图(Line Chart)也称频数多边形图。在直方图的基础上,把直方图中各矩形顶部的中点(即组中值)用直线连接起来,再把原来的直方图抹掉就是折线图。需要注意,折线图的两个终点要与横轴相交,具体的做法是将第一个矩形的顶部中点通过竖边中点(即该组频数或频率一半的位置)连接到横轴,最后一个矩形顶部中点与其竖边中点连接到横轴。这样才会使折线图下所围成的面积与直方图的面积相等,从而使二者所表示的频数分布一致。

例 2.10 以例 2.9 资料为例,在图 2.29 中设定接收区域时,在第一组上限值前面多加一组上限值 104,使得接收区域为 B1:B9,点"确定",则得如图 2.32 所示结果。然后在直方图中空白处单击右键,在右键菜单中点击"图表类型",选择"折线图",在"子图表类型"中选择类型,本例选子图表类型的第一个,点"确定"按钮可得折线图,最后对折线图进行修改,将图表标题"直方图"改为"折线图",将横轴标题"接收"改为"工人日加工零件数(个)",删除图例后得到如图 2.33 所示结果。

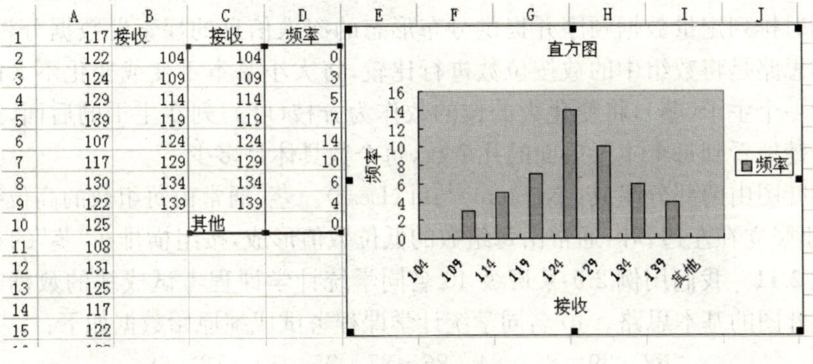

图 2.32 折线图(1)

当对数据所分的组数很多时,组距会越来越小,这时所绘制的折线图就会越来越光滑,逐渐形成一条平滑的曲线,这就是频数分布曲线。分布曲线在统计学中有着十分广泛的应用,是描述各种统计量和分布规律的有效方法。

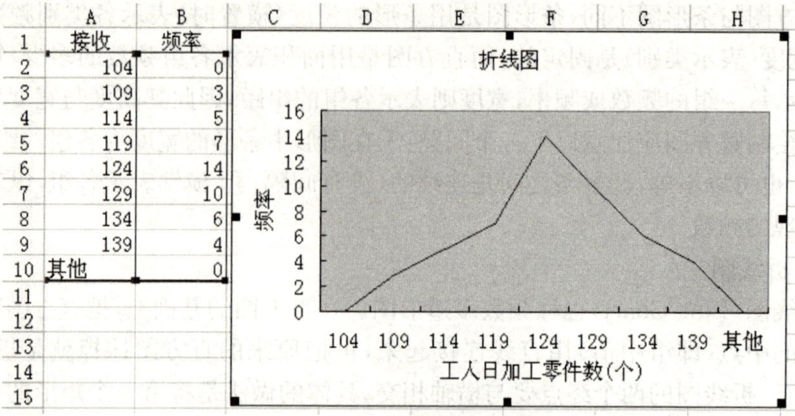

图 2.33 折线图(2)

§2.4 探索性数据分析:茎叶图和箱线图

探索性数据分析技术由简单算术和易画的图形组成,可以用于快速地汇总并分析数据。茎叶图和箱线图就是很常用的技术。

2.4.1 茎叶图

茎叶图(Stem-and-leaf Plot),又称“枝叶图”,由统计学家约翰托奇设计,它是一种同时排列定量数据顺序并提供分布形态的深入信息的探索性数据分析技术。其基本思路是将数组中的数按位数进行比较,将大小基本不变或变化不大的位的数作为一个主干(茎),将变化大的位的数作为分枝(叶),列在主干的后面,这样就可以清楚地看到每个主干后面的几个数,每个数具体是多少。

茎叶图由两部分组成:茎(Stem)与叶(Leaf)。茎:通常由每组数的高位数值形成,按组竖立在左边;叶:通常由每组数的低位数值形成,按组横排在“茎”的右边。

例 2.11 我们用例 2.9 某班级 40 名同学统计学课程考试成绩的数据来说明绘制茎叶图的基本思路。40 名同学统计学课程考试成绩原始数据如下:

68	89	88	84	86	87	75	73	72	68
75	82	99	58	81	54	79	76	95	76
71	60	91	65	76	72	76	85	89	92
64	57	83	81	78	77	72	61	70	87

这是一组两位数据,首先,我们将每个数据的十位数(数字变化不大)作为主干(茎),列在一条竖线的左边,在这条竖线的右边记录每个数据的最后一个数字(本例中就是每个数据的个位数)作为叶。根据第一行 10 个数据可以构造出下面的图形:

5	
6	8 8
7	5 3 2
8	9 8 4 6 7
9	

图 2.34 茎叶图(1)

以第一个数据 68 为例,其十位数 6 列在了竖线的左侧,个位数 8 列在了竖线的右侧,依次类推,将所有数据分别列示在竖线两侧,得到下面图形:

5	8 4 7
6	8 8 0 5 4 1
7	5 3 2 5 9 6 6 1 6 2 6 8 7 2 0
8	9 8 4 6 7 2 1 5 9 3 1 7
9	9 5 1 2

图 2.35 茎叶图(2)

对竖线右侧每一行数据进行大小排序,我们就可以得到如下的茎叶图:

5	4 7 8
6	0 1 4 5 8 8
7	0 1 2 2 2 3 5 5 6 6 6 6 7 8 9
8	1 1 2 3 4 5 6 7 7 8 9 9
9	1 2 5 9

图 2.36 茎叶图(3)

图 2.36 中竖线左侧的一列数字(5、6、7、8、9)为茎叶图的茎,竖线右侧的每个数字为茎叶图的叶。为更清楚地显示数据的分布状况,我们将每根茎右侧的叶子用矩形框住,形成如下图形:

5	4 7 8
6	0 1 4 5 8 8
7	0 1 2 2 2 3 5 5 6 6 6 6 7 8 9
8	1 1 2 3 4 5 6 7 7 8 9 9
9	1 2 5 9

图 2.37 茎叶图(4)

通过这幅茎叶图,该班级 40 名学生的统计学成绩的分布状况就比较清晰展现在我们面前,从图 2.37 可以观察到,该班统计学成绩的茎叶图呈扁而宽的形状,说明该班成绩较集中,差异不大,而如果茎叶图呈长而窄的形状,则意味着成绩较分散，差异较大。在茎叶图中统计学成绩分成了5个区域（50～59分、60～69分、70～79分、80～89分、90分以上），依次代表5个不同的成绩水平（依次为不及格、及格、中等、良好、优秀）。

若我们将图2.37逆时针旋转90度，就可得到类似于直方图的图形，实际上就是该班级成绩带有数字的直方图，我们还可以从中统计出频数，计算出各分数段的频率或百分比。

茎叶图具有以下特点：

1.用茎叶图显示数据有如下优势：一是茎叶图比较容易手工绘制；二是茎叶图上没有原始数据信息的损失，所有数据信息都可以从图中得到；三是茎叶图中的数据可以随时记录，随时添加，方便记录与表示。

2.茎叶图只便于表示两位有效数字的数据，而且茎叶图只方便记录两组的数据，两组以上的数据虽然能够记录，但是没有表示两个记录那么直观、清晰。当样本数据较多时，因为每一个数据都要在图中占据一个空间，用茎叶图很不方便

目前Excel软件不支持直接绘制茎叶图，需要安装专门的统计插件，而利用SPSS软件则可以很方便的制作出茎叶图，并同时输出直方图，见图2.38和图2.39。

图2.38中的第一列给出了每个茎上叶子的频数，第二列是“茎”，第三列是“叶”，茎的宽度是10，每个叶代表一个数据(案例)。注意此处SPSS绘制的茎叶图与前面我们手工绘制的图有所不同，在图2.36中，数据十位数的每个数字只列了一个茎，而在图2.38中SPSS自动将每个茎重复了一次，使分布的细节看得更为清楚一些。

VAR00001 Stem－and－Leaf Plot

Frequency	Stem &	Leaf
1.00	5 .	4
2.00	5 .	78
3.00	6 .	014
3.00	6 .	588
6.00	7 .	012223
9.00	7 .	556666789
5.00	8 .	11234
7.00	8 .	5677899
2.00	9 .	12
2.00	9 .	59

Stem width: 10.00

Each leaf: 1 case(s)

图2.38 40名学生统计学成绩茎叶图

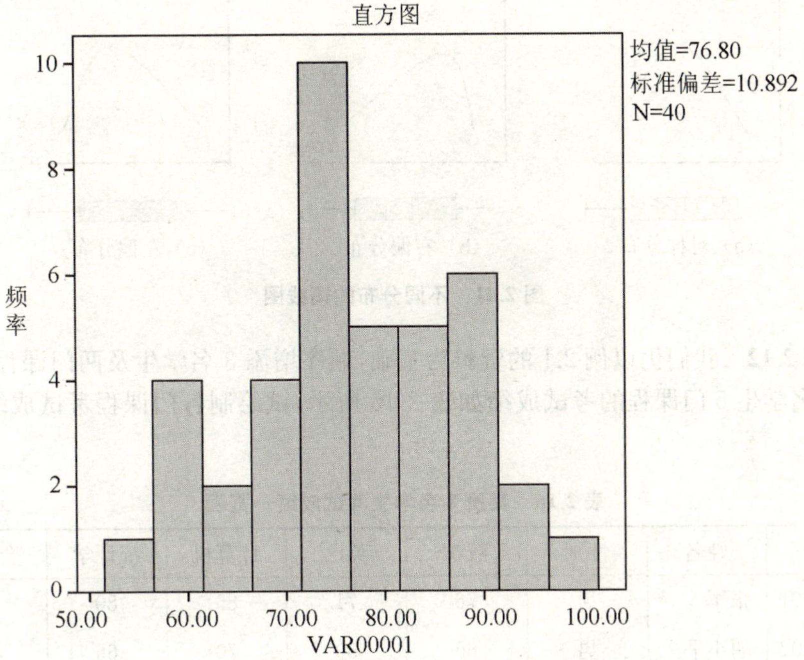

图 2.39 40 名学生统计学成绩直方图

2.4.2 箱线图

箱线图(Box Plot)是从未分组数据来显示并分析数据的分布特征,它是由一组数据的最大值(Maximum)、最小值(Minimum)、中位数(Median)、两个四分位数(Quartiles)这 5 个值绘制而成的统计图形(关于中位数和四分位数,将在§3.1 作详细介绍)。它不仅可用于反映一组数据分布的特征,比如,分布是否对称,是否存在离群点等,还可以进行多组数据分布特征的比较分析,这也是箱线图的最大优点之一。

箱线图的一般形式如图 2.40 所示。

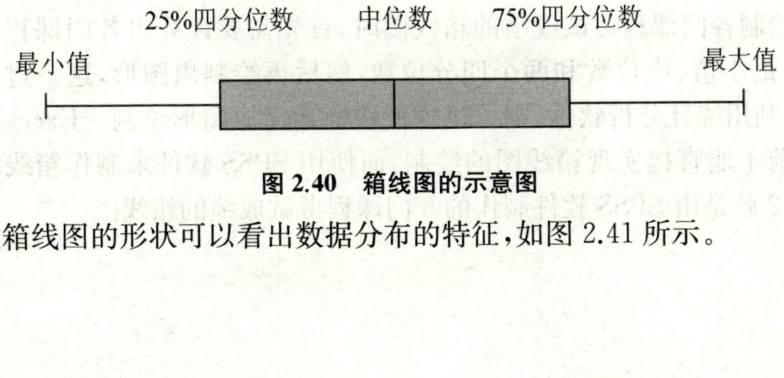

图 2.40 箱线图的示意图

通过箱线图的形状可以看出数据分布的特征,如图 2.41 所示。

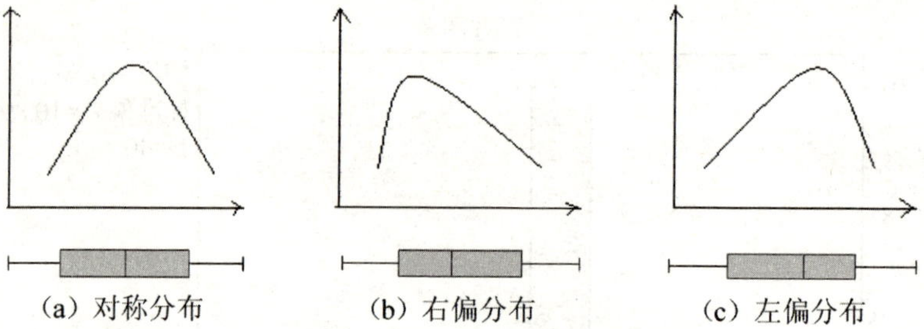

图 2.41 不同分布的箱线图

例 2.12 我们仍以例 2.1 的资料为基础,顺序增添 3 名学生及两门课程数据,共 11 名学生 5 门课程的考试成绩如表 2.16 所示,试绘制各门课程考试成绩的箱线图。

表 2.16 某班 8 名学生考试成绩一览表 单位:分

学号	姓名	性别	数学	英语	计算机	统计学	会计学
20070101	张军	男	76	71	85	80	78
20070102	胡小平	男	65	50	70	66	72
20070103	段萌萌	女	80	85	82	90	88
20070104	李霞	女	72	83	84	85	82
20070105	张东民	男	56	66	80	70	67
20070106	刘佳	女	60	75	72	72	68
20070107	王大力	男	78	67	82	73	80
20070108	赵国栋	男	80	78	91	88	86
20070109	王科	男	55	62	78	66	70
20070110	刘丽丽	女	81	88	82	85	80
20070111	郝学程	男	70	68	84	82	76

我们绘制各门课程考试成绩的箱线图时,首先需要计算出各门课程考试成绩的最大值、最小值、中位数和两个四分位数,然后再绘制出图形,这一过程较为烦琐,但如果利用统计分析软件,则可以方便快捷地完成图形绘制。Excel 软件的图表功能目前不能直接实现箱线图的绘制,而使用 SPSS 软件来制作箱线图就很方便。图 2.42 就是由 SPSS 软件制作的 5 门课程考试成绩的箱线图。

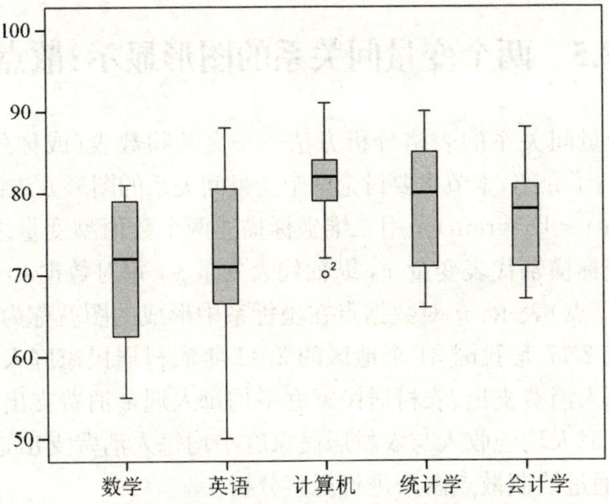

图 2.42 5 门课程考试成绩的箱线图

由图 2.42 我们可以观察出，5 门课程中，平均成绩较高的是计算机和统计学，而数学和英语平均成绩较低；从考试成绩的离散程度看，计算机和会计学的考试成绩较为集中(箱体较短)，而数学和英语的考试成绩则比较分散(箱体较长)；从分布状况看，只有数学成绩较为接近对称分布，图中的"○²"标出的点是 2 号学生(表中为胡小平同学)在 11 名学生的计算机课程中的最低分，被视为所有计算机成绩中的离群点。

同样，我们也可以制作 11 名学生的成绩箱线图，见图 2.43。请读者自己进行观察与分析。

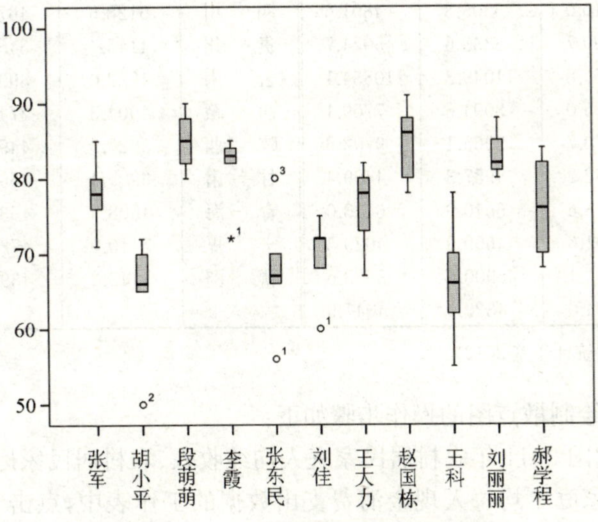

图 2.43 11 名学生考试成绩的箱线图

§2.5 两个变量间关系的图形显示:散点图

对于两个变量间关系的表格分析方法——交叉频数表(或称列联表),我们在§2.2中已经进行了介绍,本节主要讨论两个变量间关系的图形方法:散点图。

散点图(Scatter Diagram)是用二维坐标描述两个数值型变量之间关系的一种图形。它是用坐标横轴代表变量 x,纵轴代表变量 y,每对数据 (x_i, y_i) 在坐标系中用一个点(数据点)表示,n 对数据点在坐标系中形成的图就称为散点图。

例 2.13 表2.17是我国31个地区的2011年农村居民家庭人均纯收入、农村居民家庭平均每人消费支出、农村居民家庭平均每人现金消费支出的数据,我们想了解农村居民家庭人均纯收入与农村居民家庭平均每人消费支出这两组数据之间的关系,这可以通过绘制散点图来进行观察分析。

表 2.17 我国 2011 年农村居民家庭有关人均收入、消费支出的统计数据 单位:元

地区	农村居民家庭人均纯收入	农村居民家庭人均消费支出	农村居民家庭人均现金消费支出	地区	农村居民家庭人均纯收入	农村居民家庭人均消费支出	农村居民家庭人均现金消费支出
北京	14735.7	11077.7	11021.2	湖北	6897.9	5010.7	4383.0
天津	12321.2	6725.4	6673.3	湖南	6567.1	5179.4	4355.7
河北	7119.7	4711.2	4514.2	广东	9371.7	6725.6	6149.9
山西	5601.4	4587.0	4355.8	广西	5231.3	4210.9	3522.6
内蒙古	6641.6	5507.7	4828.0	海南	6446.0	4166.1	3781.6
辽宁	8296.5	5406.4	5081.4	重庆	6480.4	4502.1	3734.6
吉林	7510.0	5305.8	4891.6	四川	6128.6	4675.5	3924.3
黑龙江	7590.7	5333.6	5024.7	贵州	4145.4	3455.8	2670.7
上海	16053.8	11049.3	10834.1	云南	4722.0	3999.9	3205.4
江苏	10805.0	8094.6	7709.1	西藏	4904.3	2741.6	2235.6
浙江	13070.7	9965.1	9792.5	陕西	5027.9	4491.7	4254.9
安徽	6232.2	4957.3	4499.4	甘肃	3909.4	3664.9	3151.1
福建	8778.6	6540.9	6113.0	青海	4608.5	4536.8	3920.2
江西	6891.6	4659.9	4029.5	宁夏	5410.0	4726.6	4209.6
山东	8342.1	5900.6	5623.6	新疆	5442.2	4397.8	3889.7
河南	6604.0	4320.0	4047.9				

资料来源:《中国统计年鉴 2012》。

Excel 软件绘制散点图的操作步骤如下:

1)在包含我国2011年农村居民家庭人均纯收入、农村居民家庭平均每人消费支出、农村居民家庭平均每人现金消费支出数据的工作表中,点击“图表向导”,弹出“图表向导－4 步骤之 1－图表类型”对话框,在“图表类型”中选择 XY 散点图,

在“子图表类型”中选择具体样式,可按住“按下不放可查看示例(V)”按钮进行图形预览,若合适点“下一步”。

2)在出现的“图表向导－4 步骤之 2－源数据”对话框中,输入数据区域,本例为 B2:C32,点“下一步”。

3)在出现的“图表向导－4 步骤之 3－图表选项”对话框中,对各个项目进行适当的选择,如图 2.44 所示。

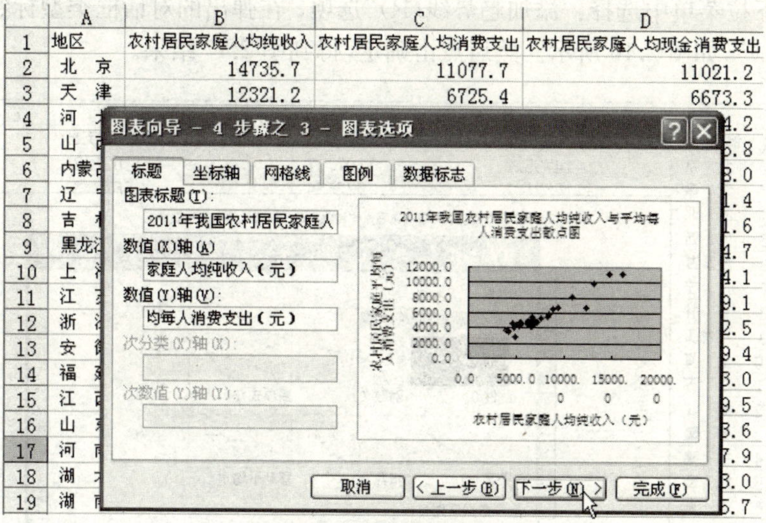

图 2.44　散点图绘制(1)

4)然后点击“完成”按钮,得图 2.45 结果。

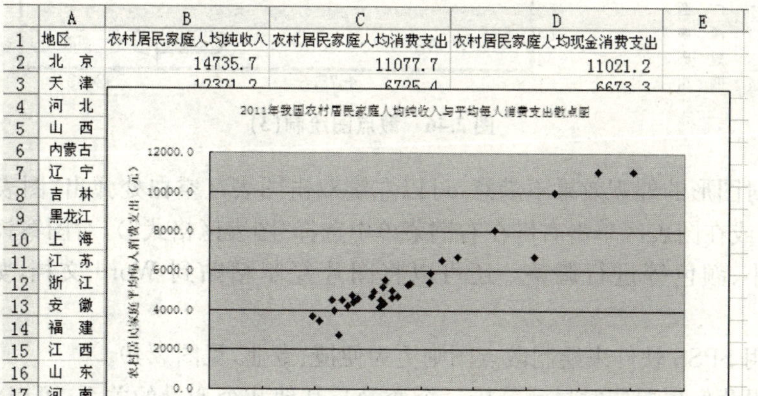

图 2.45　散点图绘制(2)

从图中我们可以看出，农村居民家庭人均纯收入与农村居民家庭平均每人消费支出之间有着较为明显的线性关系，随着农村居民家庭人均纯收入的增加，农村居民家庭平均每人消费支出也随之增加。为了使这两个变量的关系表示的更加明显，我们可以在图中添加趋势线(Trendline)，用来显示这两个变量间关系的密切程度。

5)若要在散点图中添加趋势线，需要鼠标右键单击图中的任意一个坐标点，在弹出的下拉菜单中选择："添加趋势线(R)"选项，在弹出的对话框类型标签中选择"线性(L)"，如图 2.46 所示。然后点击确定，得到图 2.47 结果。

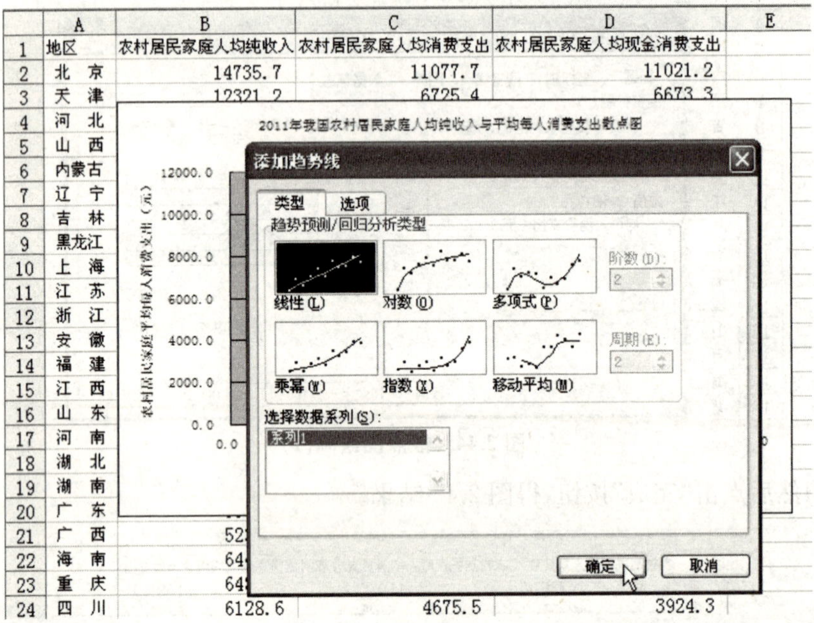

图 2.46 散点图绘制(3)

若对图形的外观效果不满意，可以左键双击图表区空白处弹出"图表区格式"对话框(或在图表区单击右键在右键菜单中选择"图表区格式")，对图案样式、字体种类大小、颜色等进行调整。还可以将图片复制粘贴到 Word 文档，如图 2.48 所示。

若用 SPSS 软件来绘制散点图则更为便捷、专业，见图 2.49。

如果我们想要同时显示分析一个变量与其他几个变量的关系，可以将这几个变量绘制在同一张图里，形成重叠散点图(Overlay Scatter)。需要注意的是，绘制重叠散点图时，变量之间的数值差异不能过大，否则不便于显示比较。以表 2.17 数据为例，在绘制重叠散点图时，将 2011 年各地区农村居民家庭人均纯收入作为

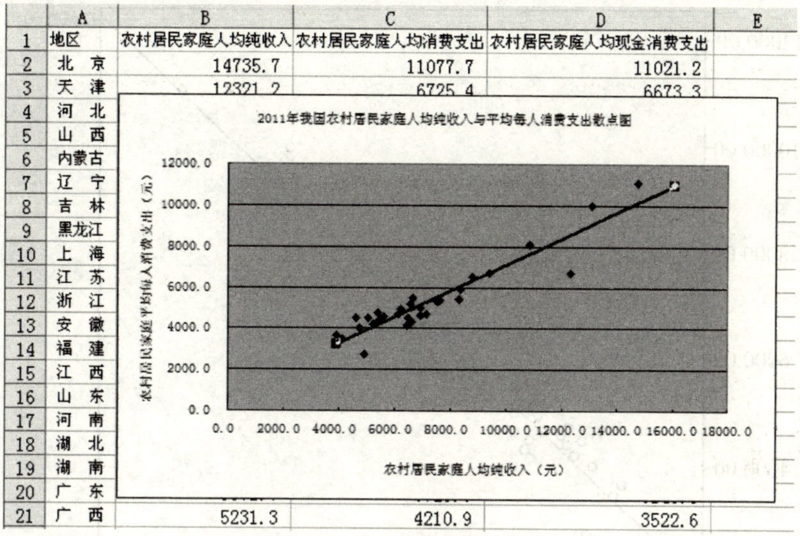

图 2.47　散点图绘制(4)

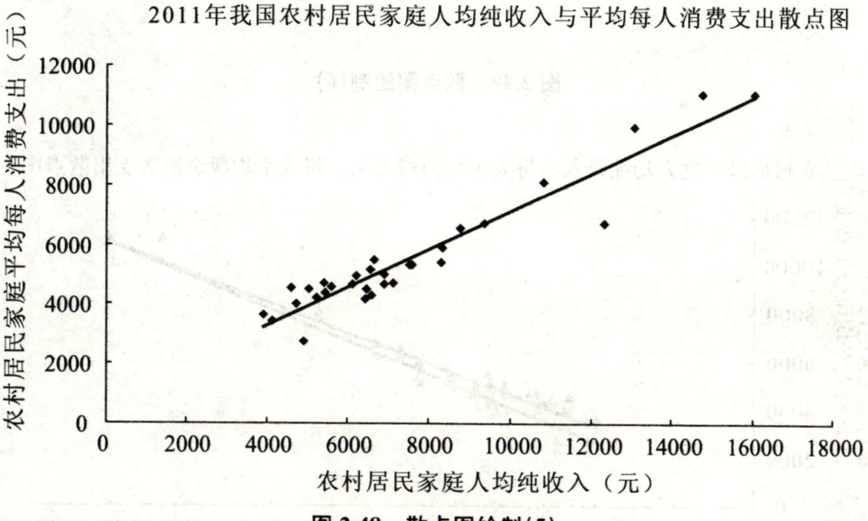

图 2.48　散点图绘制(5)

一个共同的坐标轴，农村居民家庭平均每人消费支出、农村居民家庭平均每人现金消费支出作为另一个坐标轴，由 Excel 软件绘制的重叠散点图如图 2.50。

通过图 2.50，我们可以清楚地看出，2011 年我国各地区农村居民家庭人均纯收入与农村居民家庭平均每人消费支出、农村居民家庭平均每人现金消费支出之间分别都存在着较强的线性关系，且为正相关关系，亦即随着人均纯收入增加，每

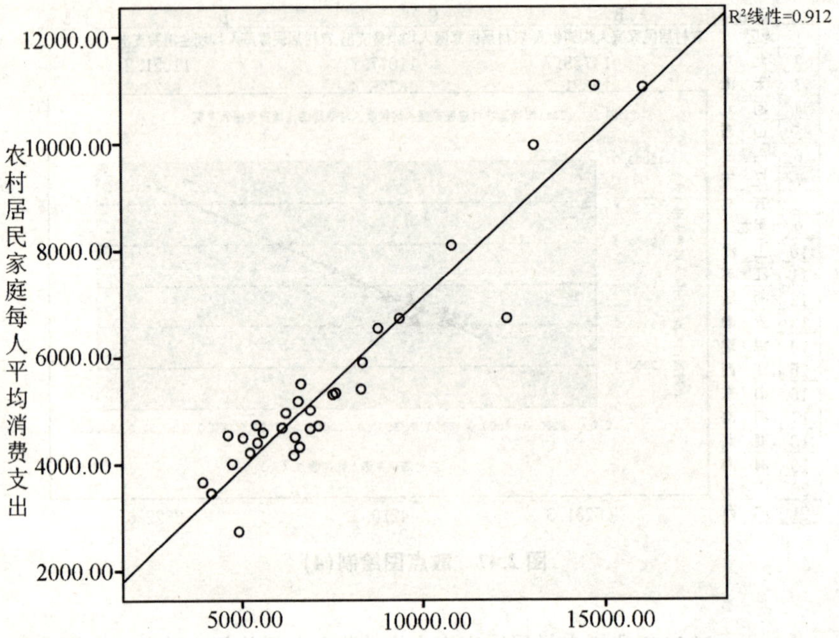

图 2.49 散点图绘制(6)

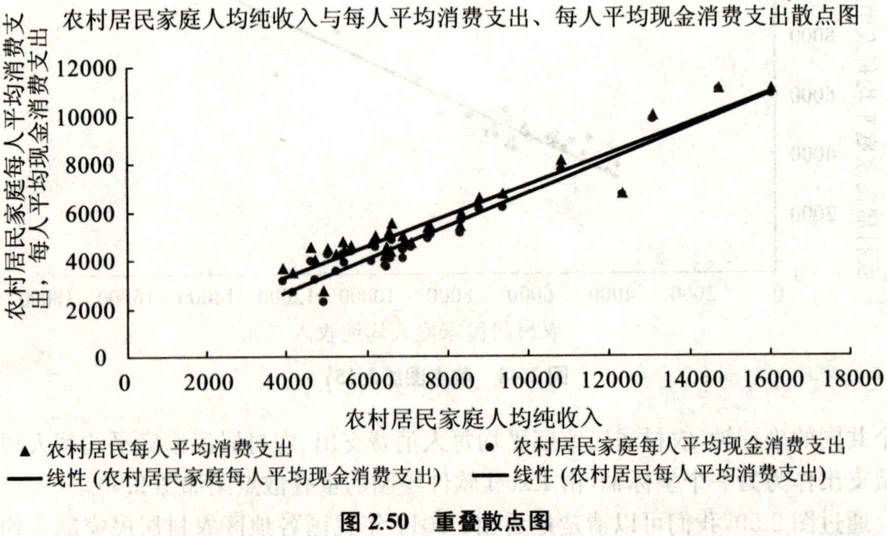

图 2.50 重叠散点图

人平均消费支出和每人平均现金消费支出都随之增加。

如果要同时显示比较多个变量两两之间的关系，还可以绘制矩阵散点图

(Matrix Scatter)。图 2.51 就是由 SPSS 软件绘制的农村居民家庭人均纯收入、农村居民家庭平均每人消费支出、农村居民家庭平均每人现金消费支出相互之间的矩阵散点图，我们可以清楚地观察到，这三个变量两两之间都有着较强的线性相关关系。

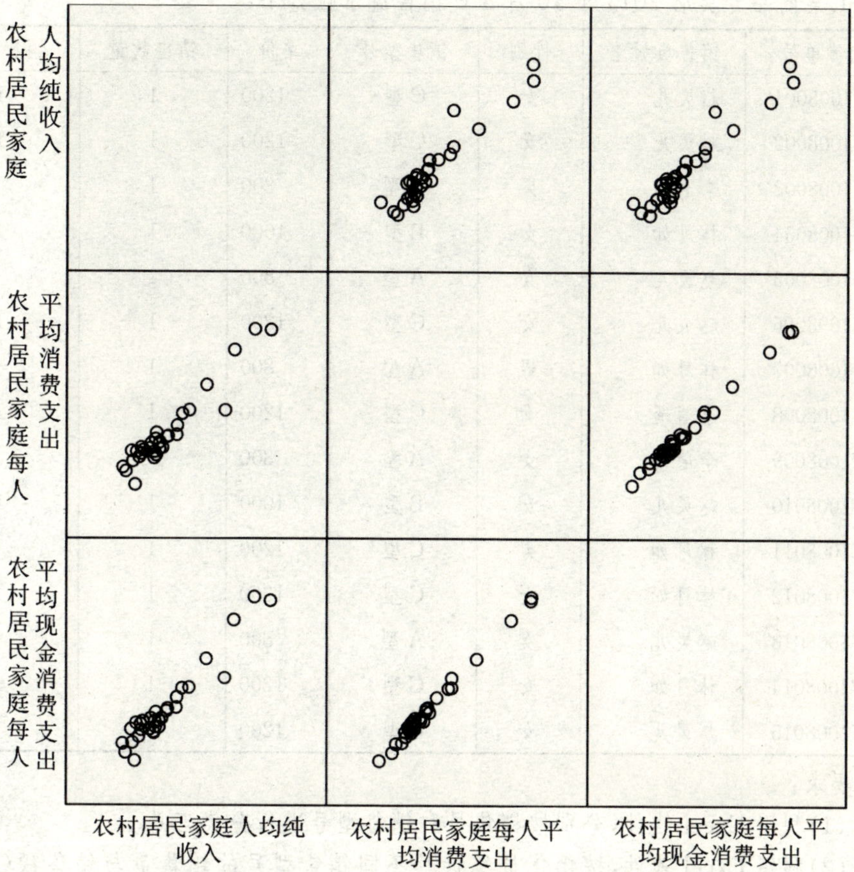

图 2.51　矩阵散点图

本章习题

一、思考题

1.数据审核主要包括哪些方面内容？

2.什么是频数分布？如何编制定性数据的频数分布表？

3.数据分组时应明确哪些问题？

4.定性数据和定量数据的图示方法各有哪些？
5.条形图与直方图有何不同？
6.什么是茎叶图？其特点有哪些？

二、练习题

1.某商品专卖店2012年10月8日销售流水帐如下：

销售单号	销售员姓名	性别	销售型号	单价	销售数量	销售额
071008001	赵灵儿	女	C型	1200	1	1200
071008002	赵灵儿	女	C型	1200	1	1200
071008003	李逍遥	男	A型	800	1	800
071008004	林月如	女	B型	1000	1	1000
071008005	赵灵儿	女	A型	800	1	800
071008006	赵灵儿	女	C型	1200	1	1200
071008007	林月如	男	A型	800	1	800
071008008	李逍遥	女	C型	1200	1	1200
071008009	李逍遥	女	A型	800	1	800
071008010	赵灵儿	女	B型	1000	1	1000
071008011	林月如	男	C型	1200	1	1200
071008012	林月如	女	C型	1200	1	1200
071008013	赵灵儿	女	A型	800	1	800
071008014	林月如	女	C型	1200	1	1200
071008015	赵灵儿	女	C型	1200	1	1200

要求：

(1)利用Excel软件，分别按销售员和销售型号进行分类汇总。

(2)利用Excel软件，按销售员统计其不同销售型号的销售量与销售额（数据透视表）。

2.为了确定灯泡的使用寿命（小时），在一批灯泡中随机抽取100只进行测试，所得结果如下：

700	716	728	719	685	709	691	684	705	718
706	715	712	722	691	708	690	692	707	701
708	729	694	681	695	685	706	661	735	665
668	710	693	697	674	658	698	666	696	698

706	692	691	747	699	682	698	700	710	722
694	690	736	689	696	651	673	749	708	727
688	689	683	685	702	741	698	713	676	702
701	671	718	707	683	717	733	712	683	692
693	697	664	681	721	720	677	679	695	691
713	699	725	726	704	729	703	696	717	688

要求:

(1)利用 Excel 软件,对以上数据进行排序。

(2)以组距为 10 进行等距分组,生成频数分布表,并绘制直方图。

3.某公司下属 40 个销售点 2012 年的商品销售收入数据如下(单位:万元):

152	124	129	116	100	103	92	95	127	104
105	119	114	115	87	103	118	142	135	125
117	108	105	110	107	137	120	136	117	108
97	88	123	115	119	138	112	146	113	126

要求:

(1)根据上面的数据进行适当分组,编制频数分布表,绘制直方图。

(2)制作茎叶图,并与直方图进行比较。

4.2006～2011 年我国就业人口人员数(年底数)如下表所示:

年份	就业人员(万人)			
		第一产业	第二产业	第三产业
2006	74978	31941	18894	24143
2007	75321	30731	20186	24404
2008	75564	29923	20553	25087
2009	75828	28890	21080	25857
2010	76105	27931	21842	26332
2011	76420	26594	22544	27282

要求:

(1)利用 Excel 软件,绘制就业人数的条形图。

(2)分别绘制一、二、三次产业就业人数的条形图并比较分析。

(3)根据 2006 年和 2011 年这两年就业人数的三次产业构成数据,分别绘制饼形图并比较分析。

第三章 描述统计:数值方法

描述统计一个很重要的内容是对数据分布特征进行概括性的度量，即计算数据的特征值，以发现数据的数量规律性，这在整个统计推断中属于基础性的工作。数据分布特征主要从集中趋势的度量、离散程度的度量、分布形态的度量三个方面进行测度，各有不同的测度值。

§3.1 集中趋势的度量

描述数据集中趋势的统计量主要有均值、中位数、众数和四分位数等。这些测度值主要反映的是数据一般水平的代表值或者数据分布的中心值。在实际生活中，集中趋势的测度值就是我们通常所说的平均数，如平均年龄、平均身高、平均成绩、平均亩产量等。

就多数变量数据的分布来看，通常是接近中心值的变量值的次数较多，而远离平均数的变量值次数较少，而且，与中心值离差越小的变量值的次数越多，而离差越大的变量值的次数越少，整个变量数列以中心值上下波动，所以，中心值反映了变量分布的集中趋势，它是变量分布的重要特征值。

从不同的角度考察，集中趋势的测度值有多种，我们将在本节中对重要的代表值一一加以介绍。

3.1.1 均值

均值(Mean)就是算术平均数，是集中趋势的最主要测度值，也是日常生活中应用最为广泛的一种平均数。

1.简单均值

未经分组整理的原始数据，其均值的计算就是直接将一组数据的各个数值相加除以数值个数。设统计数据为 $x_1, x_2, \cdots, x_n$，则均值 $\bar{x}$ 的计算公式为：

$$\bar{x}=\frac{x_1+x_2+\cdots+x_n}{n}=\frac{\sum_{i=1}^{n} x_i}{n} \tag{3.1}$$

式中 $\bar{x}$ 表示均值,n 表示数据个数,$\sum_{i=1}^{n}$ 为求和符号,$\sum_{i=1}^{n} x_i$ 表示将变量 x 的 n 个取值从第 1 个到第 n 个连续累加。

为书写方便起见,可将 $\sum_{i=1}^{n}$ 简写为 $\sum$,将 $\sum_{i=1}^{n} x_i$ 简写为 $\sum x_i$ 或 $\sum x$。以下内容中将按照简写的方式给出有关的计算公式。

例 3.1 某班 50 名同学的统计学成绩(分)分别为:78,56,93,…,67,85,则 50 名同学的平均成绩为:

$$\bar{x} = \frac{\sum x}{n} = \frac{78 + 56 + 93 + \cdots + 67 + 85}{40} = 75.2\ (分)$$

2.加权均值

根据分组整理的数据计算均值,就要以各组变量值出现的次数或频数为权数计算加权的均值。设原始数据被分成 k 组,各组的变量值为 $x_1, x_2, \cdots, x_k$,各组变量值的次数或频数分别为 $f_1, f_2, \cdots, f_k$,则加权的均值为:

$$\bar{x} = \frac{x_1 f_1 + x_2 f_2 + \cdots + x_k f_k}{f_1 + f_2 + \cdots + f_k} = \frac{\sum xf}{\sum f} \tag{3.2}$$

例 3.2 根据例 3.1 中 50 名同学的统计学成绩原始资料分组整理如表 3.1 所示,试据此表资料计算平均成绩。

表 3.1 50 名同学统计学成绩汇总表

成绩分组(分)	频数(人) f_i	组中值 x_i	$x_i f_i$
60 分以下	4	55	220
60~70 分	10	65	650
70~80 分	20	75	1500
80~90 分	10	85	850
90~100 分	6	95	570
合 计	50	—	3790

根据式(3.2)得:

$$\bar{x} = \frac{\sum xf}{\sum f} = \frac{3790}{50} = 75.8(分)$$

由分组数据计算的平均成绩为 75.8 分,比由式(3.1)计算的 75.2 分高 0.6 分。很明显 75.2 分是准确的平均值,因为式(3.1)所用的是数据的全部信息。利用式(3.2)是利用各组组中值代表各组实际水平计算的,而用各组组中值代表各组实际水平是有假定条件的，而这种假定与实际情况一般来说是有所差异的，所以用式(3.2)计算的平均值是实际平均值的一个近似值。

加权均值其数值的大小，不仅受各组变量值 x_i 大小的影响，而且受各组变量值出现的频数即权数 f_i 大小的影响。如果某一组的权数大，说明该组的数据较多，那么该组数据 x_i 的大小对均值的影响就越大，反之，则越小。实际上，我们将式(3.2)变形为下面的形式，就更能清楚地看出这一点。

$$\bar{x}=\frac{\sum xf}{\sum f}=\sum x\frac{f}{\sum f} \tag{3.3}$$

由式(3.3)可以清楚地看出，加权均值受各组变量值 x_i 和各组权数即频率 $f/\sum f$ 大小的影响。频率越大，相应的变量值计入均值的份额也越大，对均值的影响就越大；反之，频率越小，相应的变量值计入均值的份额也越小，对均值的影响就越小。这就是权数权衡轻重作用的实质。

当我们掌握的权数不是各组变量值出现的频数，而是频率时，可直接根据式(3.3)计算均值。如例 3.2，根据各组的频数计算的频率分别为：0.08，0.2，0.4，0.2，0.12，各组频率之和为 1，则用频率计算的加权均值为：

$$\begin{aligned}\bar{x}&=\sum x\frac{f}{\sum f}\\&=55\times0.08+65\times0.2+75\times0.4+85\times0.2+95\times0.12\\&=75.8(\text{分})\end{aligned}$$

从计算结果看，用频率加权计算的结果与用频数加权计算的结果是一致的。

需要指出的是，当各组变量值出现的频数(f)或频率($f/\sum f$)相等时，权数的作用就消失了，这就意味着各组变量值对总平均的结果所起的作用是一样的，此时，加权均值就等于简单均值。

在实际生活中，我们也会经常遇到由相对数或平均数计算平均数的情况。一般地说，求相对数、平均数的平均数应采用加权平均的方法，此时，用于加权平均的权数不再是频数或频率，而应根据相对数或平均数的含义，选择适当的权数。下面举一个实例说明。

例 3.3 某公司所属 11 个企业资金利润率分组资料如表 3.2，要求计算该公司 11 个企业的平均利润率。

该例子的平均对象是各企业的资金利润率，表中的企业数虽然是次数或频数，但却不是合适的权数。要正确计算公司 11 个企业的平均资金利润率，因为资金利润率=利润总额/资金总额，所以计算平均资金利润率需要以资金总额为权数，才

表 3.2 某公司所属 11 个企业资金利润率分组资料

资金利润率(%) x	企业数 n	资金总额(万元) f	利润总额(万元) xf
6	4	40	2.4
10	3	90	9.0
15	4	140	21.0
合 计	11	270	32.4

能符合该指标的性质。因此,该公司 11 个企业的平均利润率为:

$$\bar{x}=\frac{\sum xf}{\sum f}=\frac{\text{利润总额}}{\text{资金总额}}=\frac{6\%\times 40+10\%\times 90+15\%\times 140}{40+90+140}=\frac{32.4}{270}=12\%$$

均值在实际生活中应用非常广泛,其含义易理解。均值在统计学中也是非常重要的内容,因为任何统计推断和分析都离不开均值。因为均值反映了一组数据的中心点或代表值,是“取长补短”后的结果,是客观事物必然性数量特征的一种反映,同时,均值也有一些良好的数学性质,表现在:

其一,数据观测值与均值的离差之和为零,即

$$\sum(x-\bar{x})=0$$

其二,数据观测值与均值的离差平方和最小,即

$$\sum(x-\bar{x})^2=\min\text{(最小)}$$

另外,需要注意的是均值是一种数值平均数,即根据所有的观测值计算的,当观测值中存在极端值时,其数值及代表性就会受到一定的影响。

3.1.2 众数

众数(Mode)是指一组数据中出现次数最多的变量值,用 M_o 表示。从变量分布的角度看,众数是具有明显集中趋势点的数值,一组数据分布的最高峰点所对应的数值即为众数。当然,如果数据的分布没有明显的集中趋势或最高峰点,众数也可以不存在;如果有多个高峰点,也就有多个众数。

根据未分组数据或单变量值分组数据计算众数时,我们只需找出出现次数最多的变量值即为众数。

对于组距分组数据,众数的数值与其相邻两组的频数分布有一定的关系,众数通常用下面的计算公式近似计算

下限公式:

$$M_o=L+\frac{\Delta_1}{\Delta_1+\Delta_2}\times d \tag{3.4}$$

上限公式:

$$M_o = U - \frac{\Delta_2}{\Delta_1 + \Delta_2} \times d \qquad (3.5)$$

式中：L 表示众数所在组的下限；U 表示众数所在组的上限；d 表示众数所在组的组距；Δ_1 表示众数组次数与上一组次数之差；Δ_2 表示众数组次数与下一组次数之差。

例 3.4 某银行抽取了 500 户居民定期存款金额资料进行分组，结果如表 3.3，试计算 500 户居民定期存款金额的众数。

表 3.3 某银行 500 户居民定期存款金额分组资料

存款金额（元）	户数(户)
1000 以下	30
1000～3000	150
3000～5000	250
5000～7000	50
7000～10000	10
10000 以上	10
合 计	500

从表 3.3 中的数据可以看出，出现频数最多的是 250，即众数组为 3000～5000 这一组。

$\Delta_1 = 100, \Delta_2 = 200$，根据式(3.4)可得众数为：

$$M_o = L + \frac{\Delta_1}{\Delta_1 + \Delta_2} \times d$$

$$= 3000 + \frac{100}{100 + 200} \times 2000 = 3666.67(\text{元})$$

利用上述公式计算众数时是假定数据分布具有明显的集中趋势，且众数组的数据在该组内是均匀分布的，若这些假定不成立，则众数的代表性就会很差。从众数的计算公式可以看出，众数是根据众数组及相邻组的频率分布信息来确定数据中心点位置的，因此，众数是一个位置代表值，它不受数据中极端值的影响。在实际生活中，众数的应用场合比较有限，例如，在农贸市场上，某种商品的价格常以众数为代表值。

3.1.3 中位数

中位数(Median)是一组数据按从小到大排序后，处于中间位置上的变量值，用 M_e 表示。显然，中位数将全部数据等分成两部分，有 50%的数据比中位数大，有 50%的数据则比中位数小，所以，中位数可以反映出一组数据的中心位置、数据的集中趋势。

中位数是一种位置平均数,个别极端值的变化不会影响中位数的数值,所以中位数具有稳健性。当一组数据中含有极端值时,用中位数反映该组数据的一般水平可避免极端数值对平均数的影响。

根据未分组数据确定中位数时,要先对数据排序,然后确定中位数的位置,其公式为:中位数位置＝$(n+1)/2$,式中的 n 为数据的个数,最后确定中位数的具体数值。当 n 为奇数时,处在中间位置上只有一个变量值,则该变量值就是中位数;当 n 为偶数时,处在中间位置上有两个变量值,则这两个变量值的简单算术平均数就是该组数据的中位数。

根据分组资料计算中位数时,要先根据公式 $n/2$ 或 $\sum f/2$ 确定中位数的位置,并以此确定中位数所在的组及中位数的数值,如果是组距分组数据,则需要采用下面的公式计算中位数的近似值。

下限公式:

$$M_e = L + \frac{\frac{\sum f}{2} - S_{m-1}}{f_m} \times d \tag{3.6}$$

上限公式:

$$M_e = U - \frac{\frac{\sum f}{2} - S_{m+1}}{f_m} \times d \tag{3.7}$$

式中:L 表示中位数所在组的下限;U 表示中位数所在组的上限;S_{m-1} 表示中位数所在组以前各组的累积频数;S_{m+1} 表示中位数所在组以后各组的累积频数;f_m 表示中位数所在组的频数;$\sum f$ 表示各组频数之和,即总频数;d 表示中位数所在组的组距。

例 3.5　现按表 3.4 的资料计算 500 户居民定期存款金额的中位数。

表 3.4　某银行 500 户居民定期存款金额分组资料

存款金额(元)	户数(户)	向上累计	向下累计
1000 以下	30	30	500
1000～3000	150	180	470
3000～5000	250	430	320
5000～7000	50	480	70
7000～10000	10	490	20
10000 以上	10	500	10
合　计	500	—	—

由表 3.4 资料可知，中位数的位置：$\sum f/2=500/2=250$，即中位数在 3000～5000 这一组，$L=3000$，$S_{m-1}=180$，$f_m=250$，$d=2000$，根据式(3.6)，得：

$$M_e=L+\frac{\frac{\sum f}{2}-S_{m-1}}{f_m}\times d$$

$$=3000+\frac{250-180}{250}\times 2000=3560(\text{元})$$

同样地，也可以按上限公式计算中位数，所得结果与按下限公式计算的结果完全一致。

利用分组资料计算中位数时，是假定中位数所在组的频数在该组内呈均匀分布的。由于中位数是一个位置代表值，其数值的大小不受特大值和特小值的影响，因此中位数具有稳健性或耐抗性的特点。此外，中位数还具有这样一个性质，就是各变量值与中位数的离差绝对值之和最小。这一性质表明，中位数与各数据的距离之和最短，这在工程设计中有一定的应用价值。

3.1.4 分位数

分位数(Quantile)是将全部的数据分为几个等份的分位点，各分位点上的数值称为分位数。前面介绍的中位数就是从中间点将全部数据等分为两部分的一种分位数。除中位数外，分位数还有四分位数、十分位数和百分位数等。它们分别是用 3 个点、9 个点和 99 个点将数据 4 等分、10 等分和 100 等分后各分位点上的值。这里只介绍四分位数的计算，其他分位数与之类似。

一组数据排序后处于 25%和 75%位置上的值，称为四分位数，也称四分位点。

四分位数是通过三个点将全部数据等分为 4 部分，其中每部分包含 25%的数据：

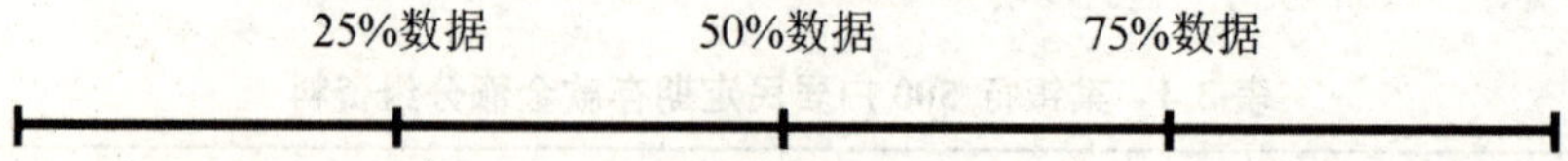

很显然，中间的四分位数就是中位数，因此通常所说的四分位数是指处在 25%位置上的数值(下四分位数)和处在 75%位置上的数值(上四分位数)。

与中位数的计算方法类似，根据未分组数据计算四分位数时，首先对数据进行排序，然后确定四分位数所在的位置。

设下四分位数为 Q_L，上四分位数为 Q_U，对于未分组的原始数据，各四分位数的位置分别为：

$$Q_L \text{位置}=\frac{n+1}{4} \qquad Q_U \text{位置}=\frac{3(n+1)}{4}$$

当四分位数的位置不在某一个整数位置上时,可根据四分位数的位置,按比例分摊四分位数两侧的差值。

例 3.6 9 个家庭的人均月收入数据:

原始数据: 1500 750 780 1080 850 960 2000 1250 1630

排序: 750 780 850 960 1080 1250 1500 1630 2000

$$Q_L \text{位置}=\frac{9+1}{4}=2.5 \qquad Q_U \text{位置}=\frac{3(9+1)}{4}=7.5$$

$$Q_L=\frac{780+850}{2}=815 \qquad Q_U=\frac{1500+1630}{2}=1565$$

3.1.5 均值与众数、中位数的关系

均值、众数和中位数是描述数据水平的 3 个主要统计量,要理解它们并不困难,但要合理使用则需要了解它们的不同特点和应用场合,均值易被多数人理解和接受,实际中应用得也较多,但是主要缺点是易受极端数值的影响,对于严重偏态分布的数据,均值的代表性较差。中位数和众数提供的信息不像均值那样多,但它们也有优点,比如不受极端值的影响,具有统计上的稳定性,当数据为偏态分布,特别是偏斜程度较大时,可以考虑选择中位数或众数,这时它们的代表性要比平均数好。

从分布角度看,均值则是全部数据的算术平均,中位数是处于一组数据中间位置上的值,而众数则始终是一组数据分布的峰值。因此,对于具有单峰分布的大多数据而言,它们的关系如下:

第一,当频数分布对称时,均值与众数、中位数三者完全相等,即 $\bar{x}=M_o=M_e$,这一关系如图 3.1 所示。

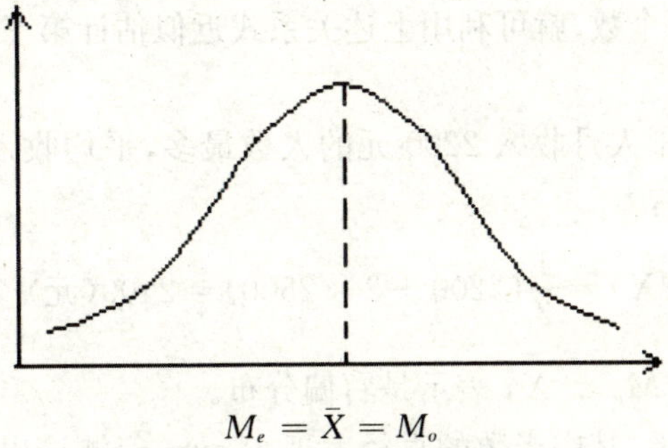

图 3.1 平均数关系图(1)

第二，当频数分布呈现右偏态时，说明数据存在最大值，必然拉动均值向极大值一方靠，则三者之间的关系为 $\bar{x} > M_e > M_o$，这一关系如图 3.2。

第三，当频数分布呈现左偏态时，说明数据存在最小值，必然拉动均值向极小值一方靠，而众数和中位数由于是位置平均数，不受极端值的影响，因此，三者之间的关系为 $\bar{x} < M_e < M_o$，这一关系如图 3.3。

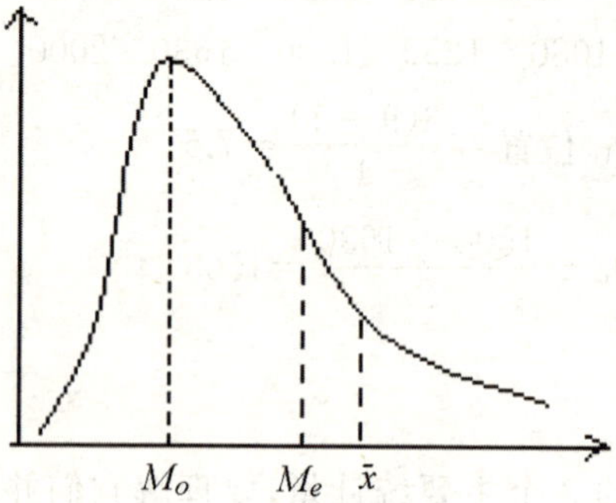

右偏分布

图 3.2 平均数关系图(2)

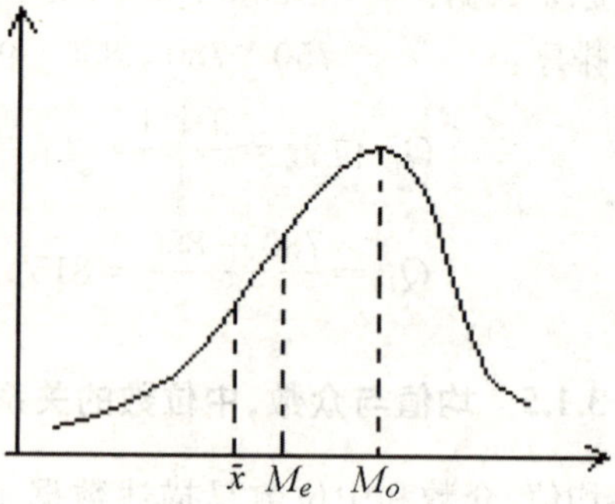

左偏分布

图 3.3 平均数关系图(3)

从上面的分析我们可以看出，当频数分布出现偏态时，极端值对均值产生很大的影响，而对众数、中位数没有影响，此时，用众数、中位数作为一组数据的中心值比用均值有较高的代表性。

同时经验表明，在适度偏斜的情况下，众数与中位数的距离约为中位数与均值距离的 2 倍。即：

$$2(\bar{X} - M_e) = M_e - M_o \text{ 或 } 2(M_e - \bar{X}) = M_o - M_e$$

则：

$$M_o = 3M_e - 2\bar{X}，+ M_e = \frac{1}{3}(M_o + 2\bar{X})，\bar{X} = \frac{1}{2}(3M_e - M_o)$$

如果知道其中两个数，就可利用上述关系式近似估计第三个数，并可判断其偏态方向。

例 3.7 某企业工人月收入 2200 元的人数最多，平均收入为 2500 元，则月收入的中位数近似值是：

$$M_e = \frac{1}{3}(M_o + 2\bar{X}) = \frac{1}{3}(2200 + 2 \times 2500) = 2400(\text{元})$$

其关系为 $M_o < M_e < \bar{X}$，表示是右偏分布。

例 3.8 某批轴承，其中半数的直径大于 68mm，经测试出现最多的为 72mm，可以估计轴承直径的均值为：

$$\bar{X} = \frac{1}{2}(3M_e - M_o) = \frac{1}{2}(3 \times 68 - 72) = 66(\text{mm})$$

其关系为 $\bar{X} < M_e < M_0$，表示是左偏分布。

§3.2 离散程度的度量

离散程度测度值是反映一组数据离散程度的综合指标。它反映分布数列中各个数据的变动范围或离散程度。社会经济现象复杂多样，总体内部各单位在数量方面的变化客观上存在着各种各样的差异。平均数是从这些差异中概括出现象的共性，反映这些数值达到的一般水平，但是却掩盖了现象的特殊性，不能反映一组数据的差异情况。所以仅以平均数来描述一组数据的特征是不全面的。离散程度的测度值弥补了这个不足，它综合地反映一组数据的变异性，从另一方面说明一组数据的数量特征。平均数说明数据的集中趋势，而离散程度测度值则说明数据的分散程度。相对于平均数来说，就是说明数据的离中趋势。

离散程度的测度值在统计分析、统计推断中具有很重要的作用。具体可以概括为以下几点：

第一，判断平均数对一组数据代表性的高低。平均数作为一组数据的代表值，其代表性的高低与该组数据的离散程度有直接关系：离散程度越大，离散程度测度值愈大，平均数的代表性愈低；反之，离散程度测度值愈小，平均数代表性愈高。

第二，在实际工作中，借助离散程度测度值还可以对社会经济活动过程的节奏性和均衡性进行评价。

第三，离散程度测度值是统计推断理论中一个很重要的基础指标。

第四，离散程度测度值是衡量风险大小的重要指标。

离散程度测度值很多，有的是反映数据绝对离散程度的，有的是反映数据相对离散程度的，下面介绍几个常用的离散程度测度值。

3.2.1 全距

全距(Range)又称极差，是一组数据的最大值与最小值之差，用 R 表示。计算公式为：

$$R = \max(x_i) - \min(x_i) \tag{3.8}$$

式中 $\max(x_i)$，$\min(x_i)$ 分别表示为一组数据的最大值与最小值。由于全距是用一组数据的两个极值表示的，所以全距表明了一组数据数值的变动范围。R 越大，表明数值变动的范围越大，即数列中各变量值变异大，反之，R 越小，表明数值变动的范围越小，即数列中各变量值变异小。

例 3.9 给出的50个同学统计学的考试成绩，如最高成绩为99分，最低成绩为36，则全距为：

$$R=99-36=63(分)$$

如果资料经过整理，并形成组距数列，全距可近似表示为：

$$R\approx 最高组上限值-最低组下限值$$

全距是描述离散程度的最简单度量值，计算简单直观，易于理解，但其数值大小易受极端变量值的影响，且不反映中间变量值的变异，因而不能准确描述出数据的离中程度，如下面三组简单的数据：

第一组：50 55 55 55 60

第二组：50 54 55 56 60

第三组：50 53 55 57 60

这三组数据的均值均为55，全距均为10，但直观可以看出这三组数据的变异是不同的，第一组变异最小，第三组变异最大，很明显全距反映不出中间变量值的变异。因此，全距反映数据离中趋势或反映数据的离散程度是比较粗糙的，不精确的。

3.2.2 内距

上四分位数与下四分位数之差，称为内距(Inter-quartile Range)，亦称为四分位差或四分间距，用 Q_d 表示。

内距的计算公式为：

$$Q_d=Q_U-Q_L \tag{3.9}$$

内距反映了中间50%数据的离散程度，其数值越小，说明中间的数据越集中；数值越大，说明中间的数据越分散。此外，由于中位数处于数据的中间位置，因此，内距的大小在一定程度上也说明了中位数对一组数据的代表程度。

3.2.3 方差与标准差

方差(Variance)是各变量值与其均值离差平方的均值。标准差(Standard Deviation)是方差的平方根。

方差和标准差是根据全部数据计算的，反映每个数据与其均值相比平均相差的数值，因此它能准确地反映出数据的离散程度。方差、标准差是实际中应用最广泛的离散程度度量值。由于总体的方差、标准差与样本的方差、标准差在计算上有所区别，因此下面分别加以介绍。

1.总体的方差和标准差

设总体的方差为 σ^2，标准差为 σ，总体的均值为 μ 。对于未分组整理的原始

资料,方差和标准差的计算公式分别为:

$$\sigma^2=\frac{\sum(x-\mu)^2}{N} \tag{3.10}$$

$$\sigma=\sqrt{\frac{\sum(x-\mu)^2}{N}} \tag{3.11}$$

对于分组数据,方差和标准差的计算公式分别为:

$$\sigma^2=\frac{\sum(x-\mu)^2 f}{\sum f} \tag{3.12}$$

$$\sigma=\sqrt{\frac{\sum(x-\mu)^2 f}{\sum f}} \tag{3.13}$$

式中的 x 表示各组的组中值或各组的代表值, f 为各组的频数。

需要说明的是,标准差的计量单位与变量值的计量单位相同,而方差的计量单位是变量值计量单位的平方,因而标准差的实际意义要比方差清楚,所以在对实际问题进行分析时,我们更多地使用标准差。

例 3.10　现仍利用例 3.2 资料计算 50 名同学考试成绩($\mu=75.8$ 分)的方差和标准差,计算过程见表 3.5。

表 3.5　50 名同学统计学成绩标准差计算表

成绩分组(分)	频数(人) f	组中值 x	$(x-\mu)^2$	$(x-\mu)^2 f$
60 分以下	4	55	432.64	1730.56
60 分～70 分	10	65	116.64	1166.40
70 分～80 分	20	75	0.64	12.80
80 分～90 分	10	85	84.64	846.40
90 分～100 分	6	95	368.64	2211.84
合　计	50	—	—	4237.44

$$\sigma^2=\frac{\sum(x-\mu)^2 f}{\sum f}=\frac{4237.44}{50}=84.75(\text{分}^2)$$

$$\sigma=\sqrt{\sigma^2}=\sqrt{84.75}=9.21(\text{分})$$

计算结果表明,每个同学的成绩与均值 75.8 分相比较,平均相差 9.21 分。

2. 样本的方差和标准差

样本的方差、标准差与总体的方差、标准差在计算上有所差别。总体的方差和标准差在对各个离差平方平均时是除以数据个数或总频数，而样本的方差和标准差在对各个离差平方平均时是用样本数据个数或总频数减1去除总离差平方和。

设样本的均值为 $\bar{x}$，方差为 s^2，标准差为 s 。对于未分组整理的原始资料，方差和标准差的计算公式为：

$$s^2=\frac{\sum(x-\bar{x})^2}{n-1} \tag{3.14}$$

$$s=\sqrt{\frac{\sum(x-\bar{x})^2}{n-1}} \tag{3.15}$$

对于分组数据，方差和标准差的计算公式为：

$$s^2=\frac{\sum(x-\bar{x})^2 f}{(\sum f)-1} \tag{3.16}$$

$$s=\sqrt{\frac{\sum(x-\bar{x})^2 f}{(\sum f)-1}} \tag{3.17}$$

例 3.11 如果表 3.5 的数据为来自某一总体的样本资料，则计算的样本方差和标准差为：

$$s^2=\frac{\sum(x-\bar{x})^2 f}{(\sum f)-1}=\frac{4237.44}{49}=86.48(\text{分}^2)$$

$$s=\sqrt{86.48}=9.30(\text{分})$$

从计算结果看，与根据总体的方差和标准差计算公式计算的结果相差不大。当 n 很大时，样本方差 s^2 与总体的方差 σ^2 的计算结果相差很小，这时样本方差也可以用总体方差的公式来计算。

3. 方差的数学性质

第一，变量的方差等于变量平方的均值减去变量均值的平方，即

$$\sigma^2=\overline{x^2}-\mu^2 \tag{3.18}$$

其中 $\overline{x^2}=\frac{\sum x^2}{N}$，$\mu=\frac{\sum x}{N}$ 。方差的该数学性质可使变量方差的计算更为简便。

第二，各变量值对均值的方差，小于等于对任意常数的方差。用公式表示即为：

$$\frac{\sum(x-\mu)^2}{N}\leqslant\frac{\sum(x-A)^2}{N}\quad(A\text{ 为任意常数})$$

3.2.4 相对集中趋势的度量:标准分数

有了均值和标准差之后,我们可以计算一组数据中各个数值的标准分数,以测度每个数据在该组数据中的相对位置,并可以用它来判断一组数据是否有离群值。

变量值与其均值的离差除以标准差后的值,称为标准分数(Sandard Score),也称标准化值或 Z 值。

设标准分数为 Z,则有:

$$z_i=\frac{x_i-\mu}{\sigma}\text{ 或 }z_i=\frac{x_i-\bar{x}}{s} \tag{3.19}$$

如果某个数值的标准分数为−2,我们就知道该数值低于均值2倍的标准差。(3.19) 式也就是我们常用的统计标准化公式,在对多个具有不同量纲的变量进行处理时,常常需要对各变量数值进行标准化处理。

例 3.12 某企业职工平均工资 3200 元,标准差为 432 元,某班组 9 名职工月工资收入如下表,计算其标准分数。

表 3.6 9 名职工月收入标准分数计算表

职工编号	月工资收入(元)	标准分数
1	3500	0.70
2	2750	−1.04
3	2780	−0.97
4	3080	−0.28
5	2850	−0.81
6	2960	−0.56
7	4000	1.85
8	3250	0.12
9	3630	1.00

实际上,标准分数只是将原始数据进行了线性变换,它并没有改变一个数据在该组数据中的位置,也没有改变该组数据分布的形状,而只是将该组数据变为均值为0、标准差为1的一组新的数据组。

经验法则表明:当一组数据对称分布时,

——约有 68.27%的数据在均值加减 1 个标准差的范围内;

——约有 95%的数据在均值加减 1.96 个标准差的范围内;

——约有 95.45%的数据在均值加减 2 个标准差的范围内;

——约有 99.73%的数据在均值加减 3 个标准差的范围内。

由此可见,一组数据中低于或高于均值 3 个标准差以上的数据很少。因此,在统计上，往往将离均值 3 个标准差以外的数据称为异常值或离群值。

3.2.5 离散系数

前面介绍的全距、方差和标准差都是反映一组数值离散程度的绝对值，其数值的大小，不仅取决于数值的离散程度，而且还与变量值水平的高低、计量单位的不同有关。所以，不宜直接利用上述变异指标对不同水平、不同计量单位的数列进行比较。应当先做无量纲化处理，即将上述的反映数据的绝对离散程度的变异指标转化为反映相对离散程度的指标，然后再进行对比。

离散系数(Dispersion Coefficient)是反映一组数据相对离散程度的指标，它是标准差与均值的比值，通常又称为标准差系数，用 V 表示。离散系数是一个无名数，可以用于比较不同数列的离散程度，其计算公式有

$$V_\sigma = \frac{\sigma}{\mu} \times 100\% \tag{3.20}$$

$$V_s = \frac{s}{\mu} \times 100\% \tag{3.21}$$

例 3.13 甲乙两个农场粮食平均亩产分别为 300 千克、400 千克，标准差分别为 8 千克，10 千克。两农场离散系数计算如下：

$$V_{\sigma甲} = \frac{8}{300} \times 100\% = 2.67\%$$

$$V_{\sigma乙} = \frac{10}{400} \times 100\% = 2.5\%$$

此例中，乙农场的标准差比甲农场大，但不能断言，乙农场平均亩产量的代表性小。这是因为两农场亩产量处在不同的水平上，所以不能直接根据标准差的大小作结论。正确的方法要用消除了数列水平的离散系数比较。从两组的离散系数可以看出，甲农场相对的离散程度大于乙农场，因而乙农场的平均亩产量代表性要大。

§3.3 分布形态的度量

集中趋势和离中趋势是数据分布的两个重要特征，但要全面了解数据分布的特点，我们还需要知道数据分布的形状是否对称、偏斜的程度以及分布的扁平程度等。偏态和峰态就是对分布形状的度量。

3.3.1 偏态及其度量

偏态是指数据分布的不对称性，对数据分布不对称性的度量值称为偏态系数

(Skewness)。

在§3.1 中曾经讲到,利用众数、中位数和均值之间的关系,就可以大体上判断数据分布是对称、左偏还是右偏。显然,判断偏态的方向并不困难,但要测度偏斜的程度则需要计算偏态系数,记为 SK 。偏态系数的测定方法很多,这里只介绍其中比较常用的一种。

$$SK=\frac{\sum(x-\bar{x})^3}{ns^3} \tag{3.22}$$

对于分组数据,则需按下面的公式计算:

$$SK=\frac{\sum(x-\bar{x})^3 f}{(\sum f)s^3} \tag{3.23}$$

式中 s^3 是样本标准差的三次方。

从上面的式中可以看出,SK 是用离差三次方的平均数除以标准差的三次方计算的。当分布对称时,离差三次方后求和正负会抵消,因而 SK 的分子为零,则 $SK=0$;当分布不对称时,正负离差不能抵消,而 s 又大于零,这样就会形成正或负的偏态系数 SK。当 SK 为正值时,表示正偏离差值较大,可以判断为正偏或右偏;反之,当 SK 为负值时,表示负离差数值较大,可判断为负偏或左偏。在计算 SK 时,将离差三次方的平均数除以 s^3 是将偏态系数转化为相对数。$|SK|$ 数值越大,表示偏斜的程度就越大。

例 3.14 根据表 3.7 的数据计算偏态系数。

解:计算过程见表 3.7。

表 3.7 某地区 2012 年农村居民家庭按人均纯收入分组资料

按纯收入分组(百元)	组中值 x	频率 $\frac{f}{\sum f}$	$x\frac{f}{\sum f}$	$\frac{(x-\bar{x})^2 f}{\sum f}$	$\frac{(x-\bar{x})^3 f}{\sum f}$	$\frac{(x-\bar{x})^4 f}{\sum f}$
5 以下	2.5	1.28	3.2	409.3919	−7321.57	130938.9
5~10	7.5	13.45	100.875	2232.666	−28765.7	370616.8
10~15	12.5	21.35	266.875	1327.062	−10462.6	82486.78
15~20	17.5	20.52	359.1	170.6742	−492.224	1419.575
20~25	22.5	16.93	380.925	75.80333	160.3998	339.4061
25~30	27.5	10.35	284.625	524.0977	3729.479	26538.97
30~35	32.5	6.46	209.95	948.3116	11489.74	139209.7

续表

按纯收入分组(百元)	组中值 x	频率 $\frac{f}{\sum f}$	$x\frac{f}{\sum f}$	$\frac{(x-\bar{x})^2 f}{\sum f}$	$\frac{(x-\bar{x})^3 f}{\sum f}$	$\frac{(x-\bar{x})^4 f}{\sum f}$
35～40	37.5	3.23	121.125	946.2526	16196.06	277211.7
40～45	42.5	1.68	71.4	821.7173	18173.1	401916.3
45～50	47.5	1.81	85.975	1330.852	36087.39	978545.6
50 以上	52.5	2.94	154.35	3032.426	97389.4	3127758
合 计	—	100	2038.4	11819.25	136183.6	5536982

由表 3.7 计算数据可得：

$\bar{x}=20.384$(百元)

$s=\sqrt{\frac{11819.25}{100}}=10.872$(百元)

$$SK=\frac{\sum(x-\bar{x})^3\frac{f}{\sum f}}{s^3}=\frac{136183.6}{100\times 10.87^3}=1.06$$

从计算结果可以看出，偏态系数为正值，而且数值很大，说明该地区农民家庭人均纯收入的分布为右偏分布，即人均收入较少的家庭占据多数，而人均收入较高的家庭则占少数，而且偏斜的程度较大，从图 3.4 散点的分布可明显看出这一点。

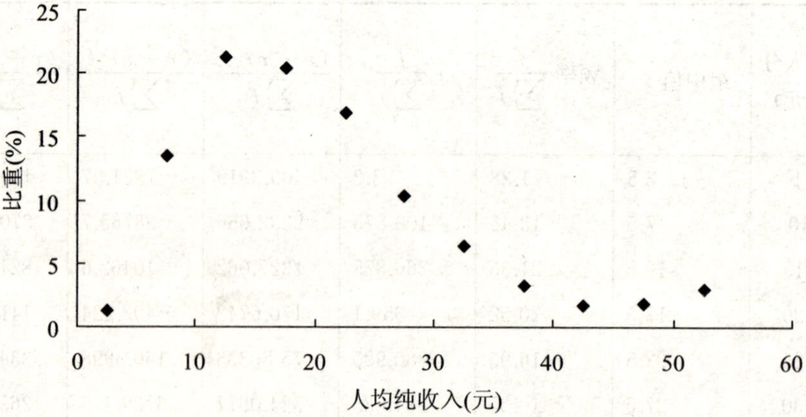

图 3.4 某地区农民人均纯收入分布图

3.3.2 峰度及其度量

峰度是指数据分布的平峰或尖峰程度,对数据分布峰度的度量值称为峰度系数,又称为峰度(Kurtosis),记作 K。峰度通常是与标准正态分布相比较而言的,如果一组数据服从标准正态分布,则峰度系数的值等于零;如果峰度系数的值明显不等于零,表明分布比标准正态分布更平或更尖,通常称为平峰分布或尖峰分布,如图 3.5 所示。

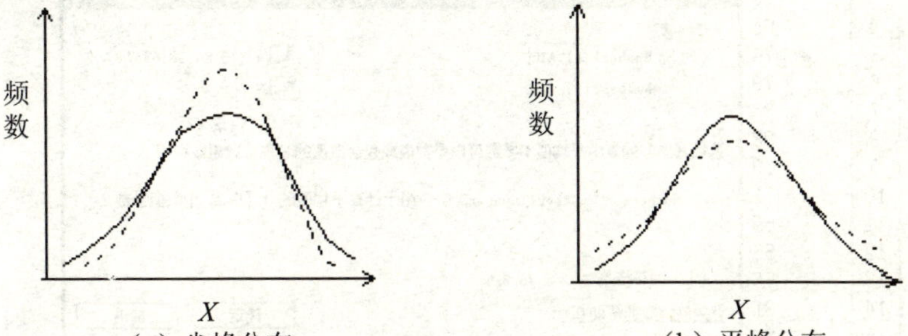

图 3.5 尖峰分布与平峰分布示意图

峰度系数计算公式如下:

$$K=\frac{\sum (x-\bar{x})^4 f}{(\sum f)s^4}-3 \tag{3.24}$$

从这个计算公式可以看出,计算峰度系数需先计算离差四次方的平均数与标准差四次方的比值,这样可得到一个无量纲的相对数,然后将计算的相对数再减去 3,即可得到峰度系数。之所以要减去 3,是因为要衡量一个分布的峰度我们往往是以标准正态分布的峰度作为比较标准的。在标准正态分布条件下,离差四次方的平均数与标准差四次方的比值等于 3。

因此,当 $K=0$ 时,分布为标准的正态分布;当 $K>0$,表示分布的形状比标准的正态分布更瘦更尖,形成尖峰分布;当 $K<0$ 时,表示分布的形状比标准的正态分布更矮更平,形成平峰分布。根据例 3.14 提供的数据资料计算峰度系数如下:

$$K=\frac{\sum (x-\bar{x})^4 f}{(\sum f)s^4}-3=\frac{\sum (x-\bar{x})^4 \frac{f}{\sum f}}{s^4}-3=0.966$$

因为 $K=0.966>0$,说明该分布为尖峰分布。这里需要说明的是,由于本例提供的数据资料为严重的右偏分布,计算的峰度系数的意义并不大。

附录　Excel 的应用

举例一：均值计算的操作过程

1. 已知某学习小组统计学的学习成绩如下图 A 列：

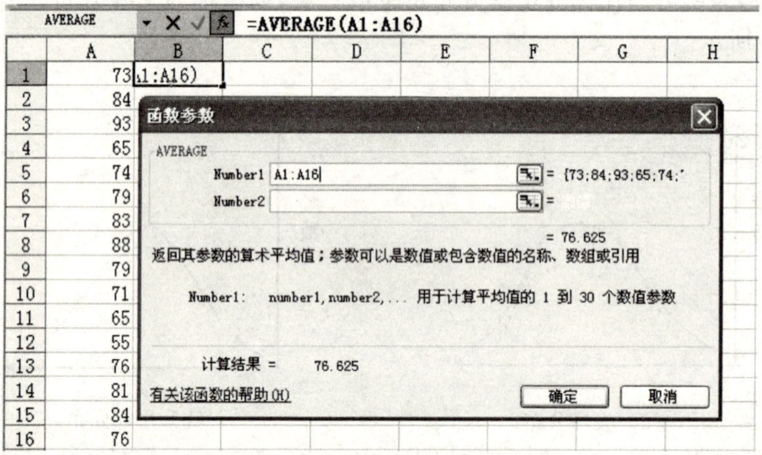

2. 操作步骤：[插入]→[函数]→AVERAGE。

3. 在输入了数值区域后，按“确定”就得到计算结果。即 $\bar{x}=76.625$ 分。

举例二：Excel 中的描述统计工具的应用

1. 形成 Excel 数据文件，如举例一。

2. 操作步骤：[工具]→[数据分析]→[描述统计]。

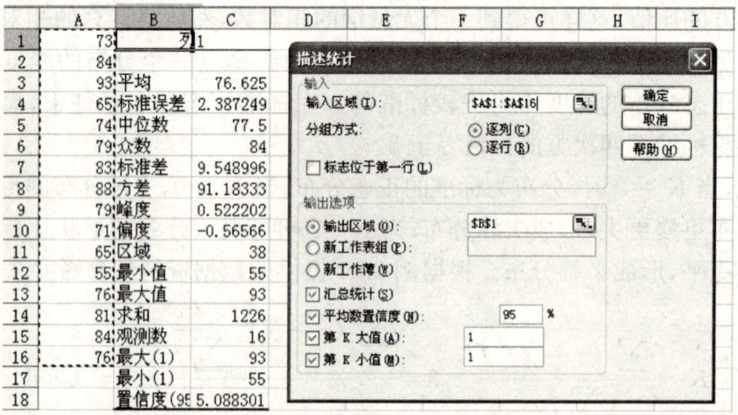

3. 在完成了对话框中有关的输入、输出选项操作之后，点击**确定**按钮，就得到上图中 B、C 列的结果。

4.描述统计输出结果解释

(1)**平均**指样本的均值,本例是平均成绩为76.625,即

$$\bar{x}=\frac{x_1+x_2+\cdots+x_n}{n}=\frac{\sum_{i=1}^{n}x_i}{n}=76.625$$

(2)**标准误差**指样本平均数的抽样误差,它等于标准差(即样本标准差)除以样本单位数的平方根。在本例中,计算公式和结果为:

$$\frac{S}{\sqrt{n}}=\frac{9.548996}{\sqrt{15}}=2.387249$$

(3)**中位数**。本例为 $M_e=77.5$。

(4)**众数**。本例为 $M_o=84$。

(5)**标准差**即样本标准差。本例为9.548996。即

$$S=\sqrt{\frac{\sum_{i=1}^{n}(x_i-\bar{x})^2}{n-1}}=9.548996$$

(6)**方差**即样本方差,它等于样本标准差的平方。本例为 $s^2=91.18333$。

(7)**峰度**即峰度系数。本例为 $K=0.522202$。

(8)**偏度**即偏态系数。本例为 $SK=-0.56566$。

(9)**区域**即极差。本例为38。

(10)**最小值**。本例为55。

(11)**最大值**。本例为93。

(12)**求和**即所有数据的总和。本例为1226。

(13)**观测数**即数值的个数。本例为16。

(14)**最大(1)**即一个最大值。

(15)**最小(1)**即一个最小值。

(16)**置信度(95.0%)**即置信度为95%时的t分布的临界值。本例为5.088301。

本章习题

一、思考题

1.反映集中趋势的统计指标有哪些?

2.简述均值、中位数和众数的特点及之间的关系。

3.离散程度的测度值在经济分析中有哪些作用?

4.测定离散程度的具体指标有哪些?

5.简述标准差与离散系数之间的区别。

6.为什么要计算离散系数？如何运用离散系数判断平均数的代表性？

7.什么是偏态？如何度量偏态？

8.什么是峰态？如何度量峰态？

二、练习题

1.已知下表资料：

日产量(件)	工人数(人)	工人比重(%)
25	20	10
30	50	25
35	80	40
40	36	18
45	14	7
合　计	200	100

试根据频数和频率资料，分别计算工人平均日产量。

2.某企业集团将其所属的生产同种产品的 9 个下属单位按其生产该产品平均单位成本的分组资料如下表：

单位产品成本(元/件)	单位数	产量比重(%)
10～12	2	20
12～14	3	42
14～18	4	38
合　计	9	100

试计算这 9 个企业的平均单位成本。

3.某专业统计学考试成绩资料如下：

按成绩分组(分)	学生数(人)
60 以下	4
60～70	8
70～80	14
80～90	20
90～100	9
100 以上	5
合　计	60

试计算众数、中位数。

4.利用练习题1题资料计算200名工人日产量的标准差,并计算离散系数(只按照频数计算即可)。

5.一家公司在招收职员时,首先要通过两项能力测试。在A项测试中,平均分数是80分,标准差是15分;在B项测试中,平均分数是200分,标准差是50分。一位应试者在A项测试中得了95分,在B项测试中得了225分。与平均分数相比,该应试者哪一项测试更为理想?

第四章 抽样及抽样分布

统计学是一门搜集、整理和分析统计数据的方法科学，其目的是探索数据的内在规律性，以达到对客观事物的科学认识。统计分析数据所用的方法大体上可分为描述统计和推断统计两大类。描述统计(Descriptive Statistics)研究如何取得反映客观现象的数据、如何用图表形式对数据进行处理和展示、如何通过对数据的汇总、概括与分析得出所关心的数据的特征，其内容包括统计数据的搜集方法、数据的加工处理方法、数据的显示方法、数据分布特征的概括与分析方法等。本书前几章内容即描述统计方法。推断统计(Inferential Statistics)则是研究如何根据样本数据来推断总体数量特征的统计学方法。这是统计工作中经常遇到的问题。比如，某省政府部门欲了解全省农民收入的平均水平。该省幅员辽阔，人口众多，若采用普查，工作量及调查费用将十分庞大。一个可行的办法是：在全省抽取部分农户(可能只是所有农户中很少的一部分)进行调查，根据对这部分农户调查所得的收入资料去推断全省农民收入的平均水平。再如，某地为加强水质监测，需要考察河水中某种污染物是否超标。显然对河水进行全部检验是不可能的，只能从河水中的某一个(或某几个)地点定时取样进行检验，根据检验结果推断河水中污染物是否超标。再比如，某水泥厂加强产品质量控制和管理，需考察水泥标号是否达到规定标准，其方法是将水泥做成试块进行耐压试验。由于这是一种破坏性试验，显然不能把全部水泥都做成试块，只能从中抽取部分进行试验，来推断全部水泥的质量。

从上面的例子可以看出，在很多统计问题中，或者由于人力、物力、财力或时间所限，或者由于总体为无限总体，或者数据收集本身带有破坏性，我们无法(或不必要)收集全面数据，只能抽取一部分单位收集相应的数据信息，依据这部分数据对所研究对象的总体数量特征进行推断，这就是推断统计学要研究的内容，也被称为统计推断或抽样推断问题。

统计推断有参数估计和假设检验两种类型。参数估计(Estimation of Parameters)是在讨论样本统计量的抽样分布(概率分布)的基础上，根据样本信息推断所关心但未知的总体参数。假设检验(Hypothesis Testing)跟参数估计类似但角度不同，它是先对总体参数提出一个假设，然后利用样本信息判断这一假设是否成立。本章给出参数估计和假设检验的理论基础，第五章研究参数估计问题，第六章研究假设检验问题。

§4.1 抽样技术

4.1.1 抽样技术中的基本概念

1. 总体和样本

总体(Population)是统计推断所要研究对象的全部单位组成的整体,也称母体。一般用 N 表示一个总体中包含的全部单位数。在一个总体中,各单位具有某种(或某些)相同的性质,同时,在各单位的某个(或某些)变量值之间又往往存在着差异,这些差异往往是我们研究的兴趣点。

样本(Sample)是总体的一部分,它是由从总体中抽取出来的部分单位所组成的整体,也称子样。一般用 n 表示一个样本中包含的总体单位数,称为样本容量。样本代表总体,是总体的一个缩影,因此,可以用样本的数量特征对总体的数量特征进行估计和推断。

在社会经济研究中,总体往往比较大,即 N 一般很大,有时可以是无限多。而样本容量 n 相对于 N 一般都比较小。通常,$n < 30$ 的样本被称为小样本,$n \geqslant 30$ 的样本被称为大样本。根据数理统计理论,在用样本数量特征去推断总体数量特征时,大样本与小样本两种不同条件下,使用的推断方法有所不同。社会经济现象的抽样推断中,绝大多数采用的是大样本。

2. 参数和统计量

(1)参数

如果想了解某地区的人均收入状况,由于不可能对每个人都进行调查,因而也就无法知道该地区真实的人均收入。这里"该地区的人均收入"就是研究中所关心的总体参数,简称参数(Parameter),它是对总体某特征的概括性度量。其理论公式可以根据总体中各单位的变量值或属性特征来计算,用以反映总体的数量特征。由于总体是唯一确定的,因此其总体参数也是唯一确定的。

参数通常是未知的,是我们想要了解的总体的某种特征值,所以参数是统计推断的目标量。如果只研究一个总体,所关心的参数通常有总体平均数、总体标准差、总体比例等。在统计中,总体参数通常用希腊字母表示,比如,总体平均数用 μ (Mu)表示,总体标准差用 σ (Sigma)表示,总体比例用 π (Pi)表示。如果研究者关心两个地区的收入是否有差异,两个地区就是两个总体。研究两个总体时所关心的参数主要有两个总体的均值之差 $(\mu_1-\mu_2)$ 、两个总体比例之差 $(\pi_1-\pi_2)$ 和两个总体方差之比 σ_1^2/σ_2^2 等。

(2)统计量

总体参数虽然是未知的，但可以利用样本信息来推断。比如，从某地区随机抽取500人组成一个样本，根据这500人的平均收入推断该地区所有人口的平均收入。这里，"500人的平均收入"就是一个统计量(Statistic)，它是根据样本数据计算的用于推断总体特征的变量，是对样本某特征的概括性度量。

显然，统计量是样本的函数，统计量的取值会因样本不同而变化，因此样本统计量是一个随机变量。但在抽取出一个具体的样本后，样本数据就是可以调查获知的，所以统计量的值总是可以计算出来。

统计量形式一般与要推断的总体参数形式相对应，通常用小写英文字母表示，比如，用于推断一个总体参数时，计算的统计量通常有样本均值、样本方差、样本比例等，分别用 $\bar{x}$ 、s^2 和 p 表示。相应地，用于推断两个总体参数时，根据研究目的不同，计算的统计量通常有两个样本均值之差 $(\bar{x}_1 - \bar{x}_2)$ 、两个样本比例之差 $(p_1 - p_2)$ 和两个样本方差之比 s_1^2/s_2^2 等形式。

3. 抽样框与抽样单位

样本是从总体中抽取的。在从总体中抽选样本时，往往需要一个代表总体的框架。比如，要调查某地区的商业零售额，总体为该地区全部商业零售企业，我们往往需要一份包含该地区全部商业零售企业的名单，以便于从中抽取样本企业。这个代表总体并从中抽取样本的框架称为抽样框(Sampling Frame)。

很显然，抽样框代表总体，就要求与总体要尽可能一致，否则就会产生偏差。但是，不一致往往存在。比如上例中，可选择的企业名单有：工商部门登记的商业零售企业，经济普查中得到的商业零售企业等。但是，由于商业零售企业的变动频繁且往往变动幅度也较大，有的企业可能因为经营不善而倒闭或合并，又有一些新企业出现，这样就有必要对遗漏、多记或重复的单位进行调整。但这种调整仍然无法完全避免抽样框与总体的不一致。

一个好的抽样框不但应该包括全部单位的名单，在可能的条件下，还应该包括与所研究的变量相关的辅助资料，以便利用这些资料搞好抽样设计，提高抽样效率。比如，上例中，除了企业名单外，可同时取得各企业的诸如净利润、投资报酬率、销售额、固定资产拥有量等指标。

抽样框的表现形式有：①一览表(即名单或目录)，就是将总体全部单位的名称罗列起来；②地图，调查对象与地理分布有关的时候，往往借助于地图，根据地图上的自然或人工变量，比如河流、公路、自然村落、城市街区等将调查区域划分成可以进行抽样的单位；③时间抽样框，有些抽样单位是随时间推移而变化的，比如，生产流水线上的产品、街道路口的汽车流量等。对这类总体往往要按时间过程划分为若干小的时间单位进行抽样。

抽样单位是构成抽样框的基本要素，在 N 不大并且比较集中的情况下，一般是从总体单位中直接抽取若干单位形成样本，这时抽样单位与总体单位一致；抽样单位也可能是总体单位的集合，在 N 很大，抽样比较复杂时，我们一般不直接从总体中抽取总体单位，而是首先抽取若干总体单位的集合（比如整群抽样），或者通过几个阶段来抽取总体单位（比如多阶段抽样），这时，抽样单位即总体若干基本单位的集合。此时，抽样框就是抽样单位（而不是总体单位）的名单。

4．抽样方法与样本可能数目

按照随机原则从总体中抽取样本单位时，按抽样的方法来分，有重置抽样和不重置抽样两种。重置抽样（Sampling with Replacement）又称回置抽样，其具体做法是：从总体 N 个单位中随机抽取一个容量为 n 的样本，每次从总体中抽取一个单位，观察登记后，将该单位放回总体，保持总体单位数不变，再进行下一个单位的抽取，如此反复 n 次，抽足 n 个单位。因此，重置抽样具有这样的特点：n 次抽取可以看作 n 次独立试验，每次抽取是在完全相同的条件下进行的，因此每个单位中选或不中选的机会在各次都完全一样。但是，采用重置抽样的方法，同一单位有可能被重复抽到，从而会影响样本的代表性，抽样误差较大。尤其是整群抽样和多阶段抽样方式不宜采用这种方法。不重置抽样（Sampling without Replacement）又称不回置抽样，其具体做法是：从总体 N 个单位中抽取一个容量为 n 的样本，每次从总体中随机抽取一个单位，观察登记后不再放回总体，在此基础上抽取第二个单位，依此类推。因此，不重置抽样每次抽样以后，总体都会少一个单位，其 n 次抽取不是相互独立的，且每个单位中选或不中选的机会在各次是不同的。不重置抽样的每次抽一个，连续抽 n 次，相当于一次从总体中抽出 n 个单位组成样本。在不重置抽样中，每个单位只有一次被抽中的机会。因此，在 n 相同的情况下，采用不重置抽样抽选出来的样本的代表性要高于重置抽样。实际工作中，多采用不重置抽样的方法。

根据对样本的要求不同，在采用重置抽样和不重置抽样方法的基础上，又有考虑顺序抽样和不考虑顺序抽样两种。考虑顺序的抽样，若各单位中选顺序不同，也作为不同的样本。比如，从 1、2、3 三个数中取两个数组成一个两位数，先抽到 1 后抽到 2 形成的 12，与先抽到 2 后抽到 1 形成的 21 相比，具有完全不同的意义，应视为不同的样本。不考虑顺序的抽样，只要样本的组成单位相同，都作为同一个样本，而不管各单位的中选顺序。比如，从三件产品中抽取两件进行质量检验，先选 1 号后选 2 号，与先选 2 号后选 1 号，没有差别，视为同一个样本。

样本可能数目是指按一定抽样方法和一定样本容量从总体中抽取样本时，所有可能样本组合的个数。不同抽样方法下的样本可能数目 M 的公式如下：

（1）考虑顺序的重置抽样。从总体 N 个单位中考虑顺序重置抽取一个容量为 n 的样本，必须逐次抽取 n 次，每次抽取都有 N 种不同的抽法，所以

$$M = N^n \tag{4.1}$$

(2)考虑顺序的不重置抽样。从总体 N 个单位中考虑顺序不重置抽取一个容量为 n 的样本，可以看作从 N 个单位中抽取 n 个单位进行排列，所以

$$M = P_N^n = \frac{N!}{(N-n)!} \tag{4.2}$$

(3)不考虑顺序的重置抽样。从总体 N 个单位中不考虑顺序重置抽取一个容量为 n 的样本，可以看作从 $(N+n-1)$ 个单位中抽取 n 个单位进行组合，所以

$$M = C_{N+n-1}^n = \frac{(N+n-1)!}{n!\ (N-1)!} \tag{4.3}$$

(4)不考虑顺序的不重置抽样。从总体 N 个单位中不考虑顺序不重置抽取一个容量为 n 的样本，可以看作从 N 个单位中抽取 n 个单位进行组合，所以

$$M = C_N^n = \frac{N!}{n!\ (N-n)!} \tag{4.4}$$

4.1.2 抽样技术

抽样技术即样本的抽取方法，最基本的抽样技术有以下六种，实践中所用的方法经常是这六种技术的各种组合形式。

1. 简单随机抽样

简单随机抽样(Simple Random Sampling)也称纯随机抽样，是从含有 N 个元素(单位或单位的集合)的总体中抽取 n 个组成一个样本，使得总体中的每一个元素都有相同的机会(概率)被抽中。可以是从总体中逐个不重置地抽取 n 次，每次都是在尚未入样的元素中等概率抽取，也可以是从总体中一次取得全部 n 个元素，只要保证全部可能的样本每个被抽到的概率都相等即可。由简单随机抽样得到的样本称为简单随机样本(Simple Random Sample)。本教材中的统计推断都是以简单随机样本为基础的。因为简单随机抽样在理论上最容易处理，并且当 N 不太大时实施也不困难，因此成为其他抽样方法的基础。但是当 N 很大时，编制一个包含全部 N 个元素的抽样框通常不容易，所抽到的样本元素往往也很分散，使调查极为不便，因此在大规模的统计推断中很少单独采用简单随机抽样。

2. 分层抽样

分层抽样(Stratified Sampling)也称分类抽样，是在抽样之前先将总体元素划分为若干层(类)，然后从每层中独立地抽取一定数量的元素构成样本。比如，要研究学生的生活费支出，可先将学生按地区进行分类，然后从各类中抽取一定数量的学生构成样本，就是分层抽样。如果在每层内均采用简单随机抽样，就称为分层随机抽样(Stratified Random Sampling)。

分层抽样的优点是可以使样本分布在各个层内，从而使样本在总体中的分布

比较均匀，在相同样本量的条件下，样本对总体的代表性比较高。当层内各元素变量值差异较小而层间各元素变量值差异较大时，采用分层抽样可以大大提高估计的精度。比如在居民收入调查中，按收入分布情况将居民分为最高收入层、高收入层、中等偏上层、中等收入层、中等偏下层、低收入层、最低收入层实施分层抽样，其估计精度就会比简单随机抽样有显著提高。

在分层抽样中，先根据层样本对层的参数进行估计，然后再将这些层估计加权平均或求和作为总体均值或总值的估计。因此，分层抽样特别适用于既要对总体参数进行估计也要对子总体（层）参数进行估计的情形。分层抽样实施和组织也都比较方便。

3. 系统抽样

等距抽样是最常见的系统抽样（Systematic Sampling），它是先将总体各元素按一定顺序排列，并按某种规则确定一个随机起点，然后，每隔一定的间隔抽取一个元素，直至抽出 n 个元素构成样本。比如，要从全校学生中抽取一个样本，可以按全校学生名单中的学生顺序，用随机数找到一个随机起点，确定一个抽样间隔，然后依次抽取，就得到一个样本。

与其他几种抽样方法不同的是，这里只有初始元素是随机抽取的，其他样本元素都随着初始元素的确定而确定。系统抽样的优点是实施简单，整个样本中只是初始元素需随机抽取。另外系统抽样有时甚至不需要编制抽样框，只需给出总体各元素的一个排列即可。如果对总体各元素的排列规则有所了解并加以正确利用，那么系统抽样就能达到相当高的精度。系统抽样的主要缺点是估计量精度的估计比较困难。

4. 整群抽样

整群抽样（Cluster Sampling）是先将总体划分为若干群，然后以群作为抽样单位从中抽取部分群组成一个样本，再对抽中群中包含的所有元素进行观察。比如，可以把每一个学生宿舍看作一个群，在全校学生宿舍中抽取一定数量的宿舍，然后对抽中宿舍中的每一个学生都进行调查。

整群抽样的优点是只需具备群的抽样框即可，但是整群抽样的误差通常相对要大一些。整群抽样的效率与群的划分密切相关，群的划分应尽量扩大群内差异，使每个群都有较好的代表性，从而提高估计的精度。

5. 多阶段抽样

在某市企业职工的收入调查中，先对本市所有企业进行抽样，再在抽中的企业内对职工进行抽样，然后对被抽中的职工进行调查，这样的抽样过程分两个阶段，因此称为两阶段抽样（Two-stage Sampling）。这里，企业被称为初级抽样单位，职工为二级抽样单位。在两阶段抽样中，二级抽样单位即总体的基本单位。两阶段抽样需要编制两个抽样框，即：包括本市所有企业的名单（一级抽样框）和被抽中企业的职工名单（二级抽样框）。

如果总体可以划分成两个以上级别的抽样单位，每一级别的抽样单位由若干下一级别的抽样单位组成，相应地存在多个级别的抽样框，抽样时先在一级抽样框中对一级单位抽样，再在中选的一级单位中对二级单位抽样，依此类推，这种抽样方法称为多阶段抽样（Multi-stage Sampling）。多阶段抽样实施方便，而且不需对每个高级别的抽样单位建立关于低级别抽样单位的抽样框，调查费用也比较低。比如，在省抽县、县抽乡、乡抽村、村抽户的农产量四阶段抽样中，凡未被抽中的县、乡、村就不必编制关于乡、村、户的抽样框。多阶段抽样的主要缺点是估计量的结构比较复杂，估计量方差的估计也很复杂。

6. 不等概率抽样

对于简单随机抽样而言，总体中的每一个元素都有相等的入样概率，因此属于等概率抽样。等概率抽样的基本出发点是将总体中的每一个元素看成是平等的。如果所研究的变量在总体元素之间差异不大，简单随机抽样是简便有效的；如果所研究的变量在总体元素间差异较大，简单随机抽样的效果就会受到影响。这种情况现实中也比较常见，比如，以城市为抽样单位的消费水平调查，以商场为抽样单位的商品销售额调查，以农场为抽样单位的农产量调查，以船舶为抽样单位的运输量调查等，如果将为数不多但其变量值在总体总值中占较大份额的大或特大城市、大商场、大型农场或万吨巨轮等，与为数众多但变量值在总体总值中占微小份额的中小城市、中小商场、中小农场、小船舶等一样对待，采用等概率抽样，显然不合理。这些调查变量值占较大份额的大单位理应在调查中具有更重要的地位，应给予更多的关注，即应当赋予它一个较大的入样概率，而那些调查变量值占较小份额的中小单位则处于次要的地位，应给予较小的关注，因此应赋予它一个较小的入样概率。这种总体中的不同单位可能有不同的入样概率的抽样方法，即不等概率抽样（Unequal Probability Sampling）。

Excel 中可以通过抽样函数、随机数发生器产生随机数从而实现简单随机抽样，或者利用〖数据分析〗中的〖抽样〗过程来实现简单随机抽样、等距抽样等，详细内容见本章后附录。

§4.2 正态分布及几个重要的统计分布

在统计推断中需要考察随机变量的概率分布，尤其是连续性随机变量的分布形态。在统计推断中广泛应用的连续型随机变量的分布形态主要有正态分布、t 分布、χ^2 分布和 F 分布等。

4.2.1　正态分布

正态分布是最常见的连续型随机变量的概率分布，在统计中具有十分重要的地位，广泛应用于统计推断。

正态分布最初是由 C.F.Gauss(1777－1855)作为描述误差相对频率分布的模型提出来的。令人惊讶的是，这条曲线竟然为许多不同领域的数据的相对频数提供了一个恰当的模型，因此得到广泛的应用。在现实生活中，有许多现象都可以由正态分布来描述，还有其他一些分布(如二项分布)可以利用正态分布作近似计算，而且由正态分布也可以导出其他一些重要的统计分布，如 t 分布、χ^2 分布、F 分布等。

若随机变量 X 服从正态分布，记为 $X \sim N(\mu,\sigma^2)$ 。不同的 μ 值和不同的 σ 值对应于不同的正态分布，其概率密度函数所对应的曲线如图 4.1 所示。

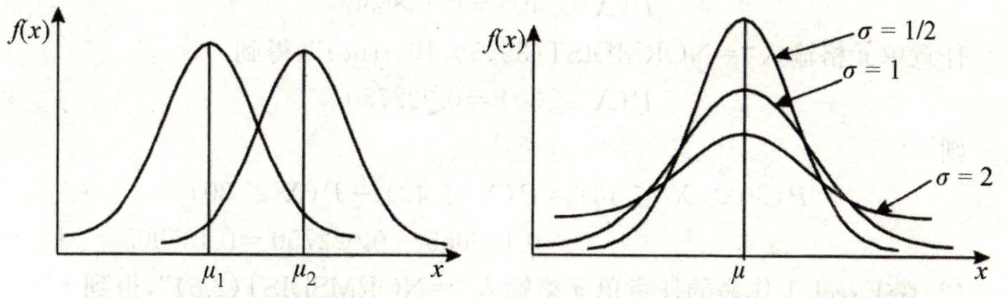

(a)对应于不同μ的正态曲线　(b)对应于不同σ的正态曲线

图 4.1　不同的 μ 和 σ 对正态曲线的影响

从图 4.1 可以看出正态曲线具有如下性质：

1. 正态曲线的图形是关于 $x=\mu$ 对称的钟形曲线，且峰值在 $x=\mu$ 处。

2. 正态分布的两个参数 μ 和 σ 一旦确定，正态分布的具体形式也就唯一确定，不同参数取值的正态分布构成一个完整的“正态分布族”。其中均值 μ 可以是实数轴上的任意数值，它决定正态曲线的具体位置，标准差 σ 相同而均值不同的正态曲线在坐标轴上体现为水平位移。标准差 σ 为大于零的实数，它决定正态曲线的“陡峭”或“扁平”程度。σ 越大，正态曲线越扁平；σ 越小，正态曲线越陡峭。

3. 当 X 的取值向横轴左右两个方向无限延伸时，正态曲线的左右两个尾端也无限渐近横轴，但理论上永远不会与之相交。

4. 正态随机变量在特定区间上取值的概率由正态曲线下的面积给出，而且其曲线下的总面积等于 1。

由于正态分布是一个分布族，对于任一个服从正态分布的随机变量，通过 $Z=(X-\mu)/\sigma$ 进行标准化后的新随机变量都将服从均值为 0、标准差为 1 的标准正态分布（Standard Normal Distribution），记为 $Z \sim N(0,1)$。利用 Excel 中的“NORMDIST”函数用于计算正态分布函数的概率值；利用“NORMSDIST”函数用于计算标准正态分布函数的概率值；而利用“NORMINV”函数计算给定概率的正态分布临界值；利用“NORMSINV”函数可以计算给定概率的标准正态分布的临界值。

例 4.1 计算下列概率：

(1) $X \sim N(50,10^2)$，求 $P(X \leqslant 40)$ 和 $P(30 \leqslant X \leqslant 40)$。

(2) $Z \sim N(0,1)$，求 $P(Z \leqslant 2.5)$ 和 $P(-1.5 \leqslant Z \leqslant 2)$。

(3)正态分布概率为 0.05 时，求标准正态累积分布函数的 Z 值(在估计和检验中称为临界值)。

解：(1) 在 Excel 工作表的任意单元格输入“=NORMDIST(40,50,10,true)”[①]，得到

$$P(X \leqslant 40) = 0.158655$$

任意单元格输入“=NORMDIST(30,50,10,true)”，得到

$$P(X \leqslant 30) = 0.022750$$

则

$$P(30 \leqslant X \leqslant 40) = P(X \leqslant 40) - P(X \leqslant 30) = 0.158655 - 0.022750 = 0.135905$$

(2)在 Excel 工作表的任意单元格输入“=NORMSDIST(2.5)”，得到

$$P(Z \leqslant 2.5) = 0.99379$$

分别在任意单元格输入“=NORMSDIST(2)”和“=NORMSDIST(-1.5)”，得到

$$P(Z \leqslant 2) = 0.97725,\ P(Z \leqslant -1.5) = 0.06681$$

则

$$P(-1.5 \leqslant Z \leqslant 2) = P(Z \leqslant 2) - P(Z \leqslant -1.5) = 0.97725 - 0.06681 = 0.91044$$

(3)在 Excel 工作表的任意单元格输入“=NORMSINV(0.05)”，得到

$$Z_{\alpha/2} = \text{NORMSINV}(0.05) = -1.644854$$

经验法则总结了正态分布在一些常用区间上的概率，如图 4.2 所示。

图 4.2 表明，正态随机变量落入其均值左右各 1 个标准差内的概率是 68.27%；落入其均值左右各 2 个标准差内的概率是 95.45%；落入其均值左右各 3 个标准差内的概率是 99.73%。

---

① 第四个参数是逻辑值，决定函数的形式：使用“true”，即累积分布函数；使用“false”，即概率密度函数。

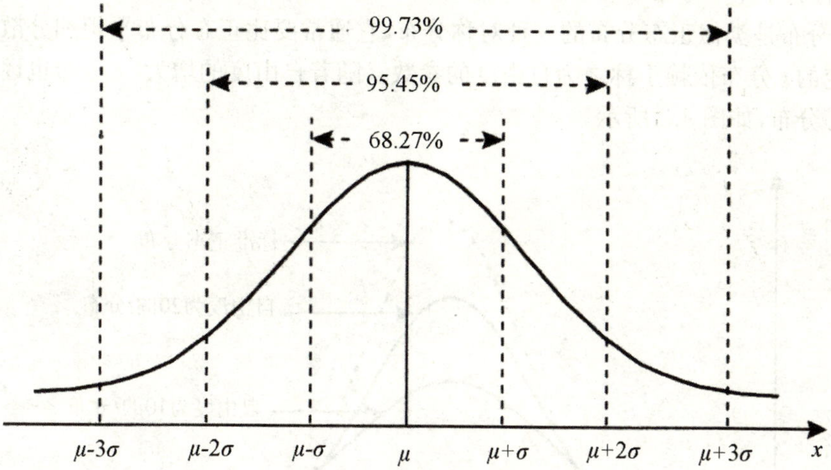

图 4.2 常用区间的正态概率值

在后面几章中，将学习如何利用样本信息对总体进行推断，其中多数推断都是以总体近似服从正态分布这一假定为前提的。因此，在进行推断之前，确定样本数据是否来自正态分布的总体是很重要的。

判断数据是否服从正态分布的描述性方法之一，就是画出数据频数分布的直方图或茎叶图（这在本教材第二章中有相应的内容），若数据近似服从正态分布，则图形的形状与正态曲线应该相似。另一种方法是对数据作正态概率图（Normal Probability Plots），一种为 $P-P$ 图，另一种为 $Q-Q$ 图。$P-P$ 图是根据观测数据的累积概率与理论分布（如正态分布）的累积概率的符合程度绘制的；$Q-Q$ 图则是根据观测值的实际分位数与理论分布（如正态分布）的分位数绘制的，有时也称为分位数—分位数图。这种方法运用专业的统计分析软件（比如 SPSS）都可以实现。还有一种方法是使用非参数检验中的 Kolmogorov—Smirnov 检验。

4.2.2 其他几个重要的统计分布

有些随机变量是统计学家为了分析的需要而构造出来的。比如，把样本均值标准化后形成一个新的随机变量 t，样本方差除以总体方差得到一个随机变量 χ^2，两个样本方差比形成一个随机变量 F，等等。这些随机变量用 t，χ^2 和 F 来命名是因为它们分别服从统计中的 t 分布、χ^2 分布和 F 分布。这些分布都是由正态分布推导而来，在统计推断中具有独特的地位和作用。

1. t 分布

t 分布（t-Distribution）的提出者是 William Gosset，由于他经常用笔名“Student”发表文章，用 t 表示样本均值经标准化后的新随机变量，因此称为 t 分布，也称为学生 t 分布(Student's t)。

t 分布是类似正态分布的一种对称分布，它通常要比正态分布平坦和分散。一个特定的 t 分布依赖于称之为自由度的参数。随着自由度的增大，t 分布也逐渐趋于正态分布，如图 4.3 所示。

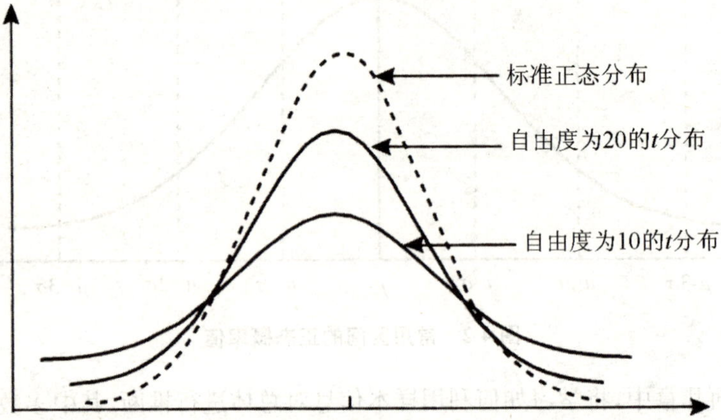

图 4.3 不同自由度下的 t 分布与标准正态分布的比较

当正态总体标准差未知时，在小样本条件下对总体均值的估计和检验要用到 t 分布。t 分布的概率即为曲线下面积。利用 Excel 中的“TDIST(t ,df,1 或 2)”函数可以计算给定 t 值和自由度 df 时 t 分布的概率值(第三个参数为 1 时，表示单侧；为 2 时，表示双侧)，而利用“TINV(α , df)”函数则可以计算给定双尾概率 α ① 和自由度 df 时的相应 t 值(在估计和检验中称为临界值)。

例 4.2 计算：(1)自由度为 10，t 值大于 2 的概率；(2)自由度为 10，t 分布双尾概率为 0.05 时的 t 值。

解：(1)在 Excel 工作表的任意单元格输入“＝TDIST(2,10,1)”，得到自由度为 10，t 值大于 2 的概率为 0.03669。

(2)在 Excel 工作表的任意单元格输入“＝TINV(0.05,10)”，得到自由度为 10，双尾概率为 0.05 时的 t 值为 2.22814。

2. χ^2 分布

χ^2 分布(Chi-Square Distribution)是由 Abbe 于 1863 年首先给出的，后来分别由 Hermert 和 K.Pearson 先后于 1875 年和 1900 年推导出来。

n 个独立标准正态变量的平方和的分布称为具有 n 个自由度的 χ^2 分布，记为

① 这个 α 为对应于双尾 t 分布的概率，即如果要求 $t_{\alpha/2}=t_{0.05/2}=t_{0.025}$ 的临界点，应输入的 α 值为 0.05。

$\chi^2(n)$。设 X 服从一般正态分布 $X \sim N(\mu,\sigma^2)$，则 $Z=(X-\mu)/\sigma \sim N(0,1)$。令 $Y=Z^2$，则 Y 服从自由度为 1 的 χ^2 分布，即 $Y \sim \chi^2(1)$。一般地，对于 n 个独立标准正态变量 $Z_1,Z_2,\cdots,Z_n$，随机变量 $Y=\sum_{i=1}^{n} Z_i^2$ 服从具有 n 个自由度的 χ^2 分布，记为 $Y \sim \chi^2(n)$。

χ^2 分布具有如下的性质和特点：

1) χ^2 分布的变量值始终为正。

2) $\chi^2(n)$ 分布的形状取决于其自由度 n 的大小，通常为不对称的右偏分布，但随着自由度的增大逐渐趋于对称，如图 4.4 所示。

3) χ^2 分布的数学性质：期望值 $E(\chi^2)=n$，方差 $D(\chi^2)=2n$（n 为自由度）。

4) χ^2 分布具有可加性。若 U 和 V 为两个独立的 χ^2 分布随机变量，$U \sim \chi^2(n_1)$，$V \sim \chi^2(n_2)$，则 $U+V \sim \chi^2(n_1+n_2)$。

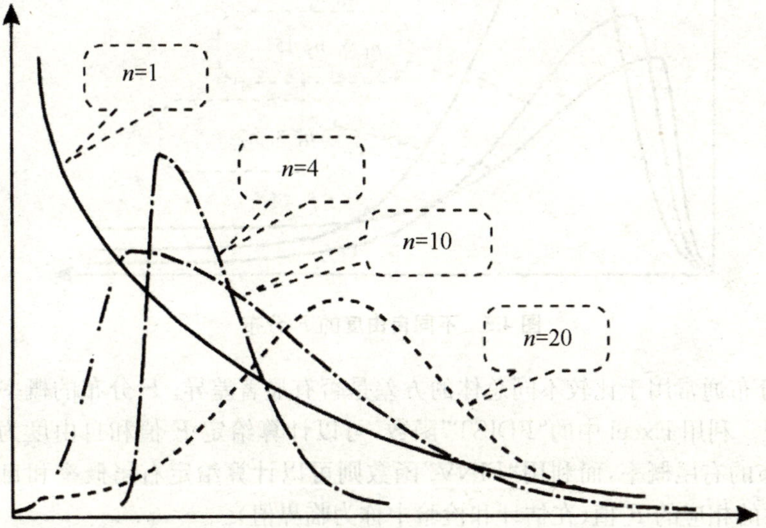

图 4.4 不同自由度的 χ^2 分布

在总体方差的估计和非参数检验中会用到 χ^2 分布。χ^2 分布的概率即为曲线下面积。利用 Excel 中的“CHIDIST”函数可以计算给定 χ^2 值和自由度时 χ^2 分布右尾的概率，而利用“CHIINV”函数可以计算给定右尾概率和自由度时相应的 χ^2 值（在估计和检验中称为临界值）。

例 4.3 计算：(1)自由度为 8，χ^2 值大于 10 的概率；(2)自由度为 10，χ^2 分布右尾概率为 0.05 时的 χ^2 值。

解：(1)在 Excel 工作表的任意单元格中输入“=CHIDIST(10,8)”，得到自由度为 8，χ^2 值大于 10 的右尾概率为 0.265026。

(2)在 Excel 工作表的任意单元格中输入"＝CHIINV(0.05,10)"，得到自由度为 10，χ^2 分布右尾概率为 0.05 时的 χ^2 值为 18.307。

3. *F* 分布

F 分布(*F* -Distribution)是为了纪念著名统计学家 R.A.Fisher 命名的，是两个独立 χ^2 变量之比。设 $U \sim \chi^2(n_1)$，$V \sim \chi^2(n_2)$，且 U 和 V 相互独立，则 $F = \frac{U/n_1}{V/n_2}$ 服从自由度为 n_1 和 n_2 的 F 分布，记为 $F \sim F(n_1, n_2)$ 。F 分布的图形与 χ^2 分布类似，其形状取决于两个自由度，如图 4.5 所示。

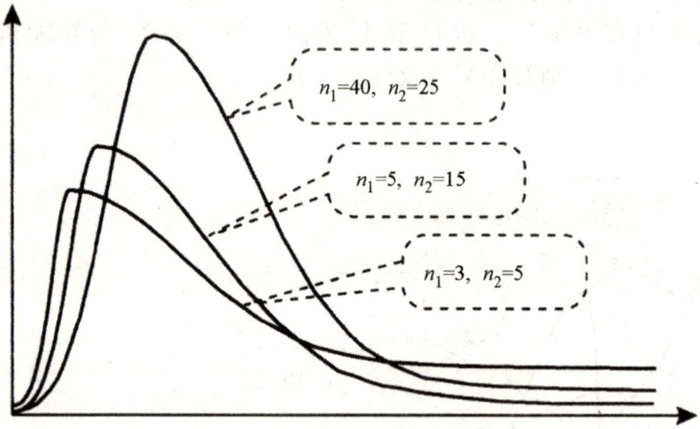

图 4.5　不同自由度的 *F* 分布

F 分布通常用于比较不同总体的方差是否有显著差异。*F* 分布的概率即为曲线下面积。利用 Excel 中的"FDIST"函数，可以计算给定 F 值和自由度为 n_1、n_2 时 F 分布的右尾概率，而利用"FINV"函数则可以计算给定右尾概率和自由度为 n_1、n_2 时的相应的 F 值(在估计和检验中称为临界值)。

例 4.4　计算:(1)分子自由度为 10，分母自由度为 8，F 值大于 3 的概率;(2)分子自由度为 10，分母自由度为 8，F 分布右尾概率为 0.05 时的 F 值。

解:(1)在 Excel 工作表的任意单元格中输入"＝FDIST(3,10,8)"，得到分子自由度为 10，分母自由度为 8，F 值大于 3 的右尾概率为 0.06645。

(2)在 Excel 工作表的任意单元格中输入"＝FINV(0.05,10,8)"，得到分子自由度为 10，分母自由度为 8，F 分布右尾概率为 0.05 时的 F 值为 3.34716。

§4.3 样本统计量的抽样分布

总体参数虽然是未知的,但它不会随着样本的不同而变化。相反,样本统计量是一个随机变量,其值却完全依赖于所抽取的样本。统计量既然是一个随机变量,它就有一定的概率分布。样本统计量的概率分布称为抽样分布(Sampling Distribution),它是由样本统计量的所有可能取值形成的相对频数分布。但由于现实中不可能将所有可能的样本都抽出来,因此,统计量的抽样分布实际上是一种理论分布。

既然统计量的取值是依据样本而变化的,那么,根据统计量来推断总体参数就必然具有某种不确定性。幸运的是,我们可以给出这种推断的可靠性,而度量这种可靠性的依据正是统计量的抽样分布,并且我们确知这种分布的某些性质。因此,统计量的抽样分布提供了该统计量长远而稳定的信息,它构成了推断总体参数的理论基础。

4.3.1 样本均值的抽样分布

设总体共有 N 个单位,从中抽取容量为 n 的简单随机样本,在考虑顺序重置抽样的条件下,共有 N^n 个可能的样本,在不考虑顺序不重置抽样条件下,共有 $C_N^n=\frac{N!}{n!\,(N-n)!}$ 个可能的样本。对于每一个样本,我们都可以计算出其样本均值 $\bar{x}$,由这些样本均值形成的分布就是样本均值的抽样分布(或概率分布)。样本均值的抽样分布虽然是一种理论分布,但统计学家能够证明它服从某种分布。下面通过一个例子来说明样本均值的概率分布。

例 4.5 设一个总体含有 4 个单位,即 $N=4$,变量 x 的取值分别为:1,2,3,4。从中考虑顺序重置抽取样本量为 $n=2$ 的所有可能样本,写出样本均值 $\bar{x}$ 的概率分布。

解:总体为均匀分布,即 x_i 取每一个值的概率都相同。总体的均值和方差分别为:

$$\mu=\frac{\sum_{i=1}^{4}x_i}{N}=\frac{10}{4}=2.5\ ,\ \sigma^2=\frac{\sum_{i=1}^{4}(x_i-\mu)^2}{4}=\frac{5}{4}=1.25$$

从总体中考虑顺序重置抽取容量为 2 的随机样本,共有 $4^2=16$ 个可能样本。计算出每一个样本的均值 $\bar{x}_i$,结果如表 4.1。

表 4.1　16 个可能的样本及其均值 $\bar{x}_i$

样本序号	样本单位	样本均值	样本序号	样本单位	样本均值
1	1,1	1.0	9	3,1	2.0
2	1,2	1.5	10	3,2	2.5
3	1,3	2.0	11	3,3	3.0
4	1,4	2.5	12	3,4	3.5
5	2,1	1.5	13	4,1	2.5
6	2,2	2.0	14	4,2	3.0
7	2,3	2.5	15	4,3	3.5
8	2,4	3.0	16	4,4	4.0

每个样本被抽中的概率均为 1/16。将表 4.1 整理后得样本均值的概率分布，如表 4.2。

表 4.2　样本均值 $\bar{x}_i$ 的抽样分布

$\bar{x}_i$ 的取值	$\bar{x}_i$ 的个数	$\bar{x}_i$ 取值的概率 $P(\bar{x}_i)$
1.0	1	1/16
1.5	2	2/16
2.0	3	3/16
2.5	4	4/16
3.0	3	3/16
3.5	2	2/16
4.0	1	1/16

可以计算出样本均值抽样分布的特征：数学期望和方差。

样本均值的均值：

$$\bar{\bar{x}}=\frac{1.0+1.5\times2+2.0\times3+\cdots+3.5\times2+4.0}{16}=\frac{40}{16}=2.5=\mu$$

样本均值的方差：

$$\sigma_{\bar{x}}^2=\frac{\sum_{i=1}^{16}(\bar{x}_i-\mu)^2}{16}=\frac{10}{16}=\frac{1.25}{2}=\frac{\sigma^2}{n}$$

所以，对含有 N 个单位、均值为 μ 、方差为 σ^2、从中抽取容量为 n 的样本的总体，可以一般化得到以下结论：

$$E(\bar{x})=\bar{\bar{x}}=\mu$$

$$\sigma_{\bar{x}}^2=\frac{\sigma^2}{n}\text{(重置抽样)} \tag{4.5}$$

$$\sigma_{\bar{x}}^2=\frac{\sigma^2}{n}\left(\frac{N-n}{N-1}\right)\text{(不重置抽样)} \tag{4.6}$$

对于无限总体,样本均值的方差,不重置抽样也可按重置抽样来处理;对于有限总体,当 N 很大,而 $\frac{n}{N}$ 又很小,修正系数 $\frac{N-n}{N-1}$ 会趋于 1,不重置抽样也可按重置抽样来处理。

将 $\bar{x}$ 的分布绘成图 4.6(b),并与图 4.6(a)的总体分布图比较,不难看出它们的区别。尽管总体为均匀分布,但样本均值的概率分布在形状上却是对称的。

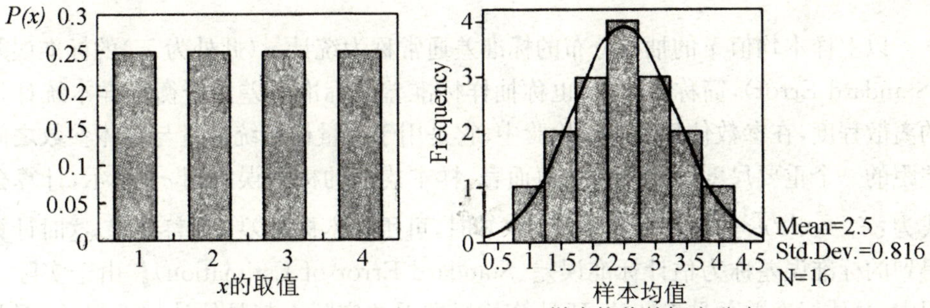

(a)总体分布 (b)样本均值的概率分布

图 4.6 总体分布与样本均值的概率分布的比较

样本均值 $\bar{x}$ 的抽样分布的形状与抽样所依据的总体的分布和样本量 n 的大小有关。统计证明,如果总体是正态分布,那么,无论 n 多大,样本均值 $\bar{x}$ 的分布都服从正态分布。如果总体不是正态分布,就要看 n 的大小了。随着 n 的增大(通常要求 $n\geqslant 30$),不论原来的总体是否服从正态分布,$\bar{x}$ 的分布都将趋于正态分布,且分布的期望值为总体均值 μ,方差为总体方差的 $1/n$ 。这就是统计上著名的中心极限定理(Central Limit Theorem)。这一定理可表述为:从均值为 μ 、方差为 σ^2 的总体中,抽取样本量为 n 的随机样本,当 n 充分大时(通常要求 $n\geqslant 30$),$\bar{x}$ 的分布近似服从均值为 μ 、方差为 σ^2/n 的正态分布,即 $\bar{x}\sim N(\mu,\sigma^2/n)$ 。等价地有 $\frac{\bar{x}-\mu}{\sigma/\sqrt{n}}\sim N(0,1)$ 。

如果总体不是正态分布,当 n 为小样本时(通常 $n<30$),样本均值的分布则不服从正态分布。样本均值的分布与总体分布的关系可用图 4.7 来描述。

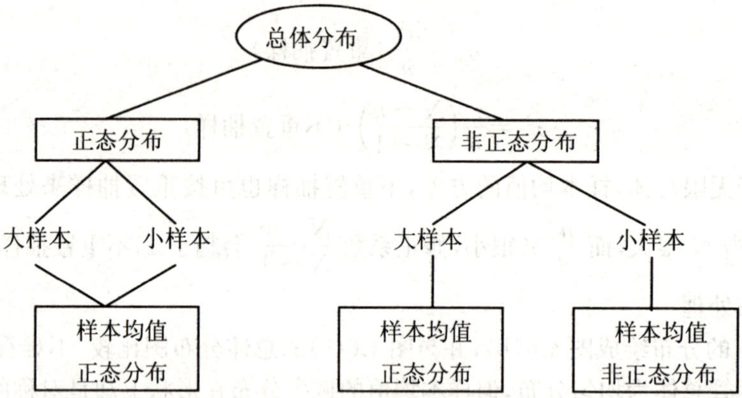

图 4.7 样本均值的分布与总体分布的关系

以上样本均值 $\bar{x}$ 的抽样分布的标准差通常称为统计量(此处为 $\bar{x}$)的标准误差(Standard Error),简称标准误,也称抽样标准差。标准误差用于衡量样本统计量的离散程度,在参数估计和假设检验中,它是用于衡量样本统计量与总体参数之间差距的一个重要尺度。就样本均值而言,样本均值的标准误差用 $\sigma_{\bar{x}}$ 表示,计算公式为:$\sigma_{\bar{x}}=\sigma/\sqrt{n}$ 。当总体标准差 σ 未知时,可用样本标准差 s 代替计算,这时计算得到的标准误差称为估计标准误差(Standard Error of Estimation)。由于实际应用中,总体标准差总是未知的,所计算的标准误差实际上都是估计标准误差,因此估计标准误差也简称为标准误差(统计软件中给出的都是估计标准误差)。

应注意,标准误差与第三章介绍的标准差(Standard Deviation)是两个不同的概念。标准差是根据原始观测值计算的,反映一组原始数据的离散程度。而标准误差是根据样本统计量计算的,反映统计量的离散程度。比如,样本均值的标准误差是根据多个样本的样本均值 $\bar{x}$ 计算的,反映样本均值的离散程度。

4.3.2 样本比例的抽样分布

在商务与经济管理中,许多情况下要进行比例估计。所谓比例(Proportion)是指总体(或样本)中具有某种属性的个体与全部个体之和的比值。比如,一个班级的学生按性别分为男、女两类,男生人数与全班总人数之比就是比例,女生人数与全班总人数之比也是一个比例。再如,产品可分为合格品和不合格品,合格品(或不合格品)与全部产品总数之比就是比例。设总体有 N 个单位,具有某种属性的单位个数为 N_0,具有另一属性的单位个数为 N_1,总体比例用 π 表示,则有 $\pi = N_1/N$ 或 $1-\pi = N_0/N$ 。相应地,样本比例用 p 表示,有 $p = n_1/n$,$1-p = n_0/n$ 。

从一个总体中重置抽取样本量为 n 的样本,由样本比例的所有可能取值形成的分布就是样本比例的概率分布（或抽样分布）。统计表明，当样本量很大时（通常要求 $np \geqslant 10$ 和 $n(1-p) \geqslant 10$），样本比例的抽样分布可用正态分布近似，p 的期望值 $E(p)=\pi$，方差为：

$$\sigma_p^2=\frac{\pi(1-\pi)}{n} \tag{4.7}$$

即 $p \sim N(\pi, \frac{\pi(1-\pi)}{n})$。

在不重置抽样的条件下，样本比例的方差表示为：

$$\sigma_p^2=\frac{\pi(1-\pi)}{n}\left(\frac{N-n}{N-1}\right) \tag{4.8}$$

相应地，样本比例的标准误差可表示为：$\sigma_p=\sqrt{\pi(1-\pi)/n}$。同样，当总体比例的方差 $\pi(1-\pi)$ 未知时，可用样本比例的方差 $p(1-p)$ 代替。

与样本均值分布的方差一样，样本比例的方差，对于无限总体，不重置抽样也可按重置抽样来处理；对于有限总体，当 N 很大，而 $n/N \leqslant 5\%$ 时，修正系数 $\frac{N-n}{N-1}$ 会趋于 1，不重置抽样也可按重置抽样来处理。因此，在以后的内容中，对不重置抽样条件下的公式不再单独讨论。

4.3.3 两个样本均值之差的抽样分布

在实际问题中，我们常会遇到比较两个平均值或比例的问题。比如，要比较两种不同投资项目的预期回报；比较人们的购买行为中喜欢产品甲的比例与喜欢产品乙的比例；比较不同班组生产不合格品的比例等。以上问题都可概括为相对应的样本统计量的比较。

在比较两个总体均值之差的问题研究中，可以考虑比较从两个总体中选出的两个独立随机样本的平均值 $\bar{x}_1$ 与 $\bar{x}_2$ 之间的差。那么 $(\bar{x}_1-\bar{x}_2)$ 与 $(\mu_1-\mu_2)$ 的接近程度如何呢？这就要研究 $(\bar{x}_1-\bar{x}_2)$ 的抽样分布。

设从总体 $X_1 \sim N(\mu_1,\sigma_1^2)$ 和 $X_2 \sim N(\mu_2,\sigma_2^2)$ 中相互独立地分别抽取容量为 n_1 和 n_2 的样本，$\bar{x}_1$、$\bar{x}_2$ 分别是其样本均值，则有

$$E(\bar{x}_1-\bar{x}_2)=E(\bar{x}_1)-E(\bar{x}_2)=\mu_1-\mu_2 \tag{4.9}$$

$$D(\bar{x}_1-\bar{x}_2)=D(\bar{x}_1)+D(\bar{x}_2)=\frac{\sigma_1^2}{n_1}+\frac{\sigma_2^2}{n_2} \tag{4.10}$$

如果两个总体均为正态分布，则 $(\bar{x}_1-\bar{x}_2)$ 也为正态分布，其均值和方差分别为式(4.9)和式(4.10)。

当 n_1 和 n_2 比较大时（一般要求 $n_1 \geqslant 30, n_2 \geqslant 30$），则 $(\bar{x}_1-\bar{x}_2)$ 的抽样分布不管总体分布如何均可用正态分布来近似，其均值和方差仍然为式(4.9)和式

(4.10)。

例 4.6 设有甲、乙两所著名高校在某年录取新生时，甲校的平均分为 655 分，且服从正态分布，标准差为 20 分；乙校的平均分为 625 分，也是正态分布，标准差为 25 分。现在甲、乙两校各随机抽取 8 名新生计算其平均分数，出现甲校比乙校的平均分低的可能性有多大？

解：因为两个总体均服从正态分布，所以 8 个新生的平均成绩 $\bar{x}_1$ 和 $\bar{x}_2$ 也分别为正态分布，$(\bar{x}_1-\bar{x}_2)$ 也为正态分布，且

$$\bar{x}_1-\bar{x}_2\sim N\left(\mu_1-\mu_2,\frac{\sigma_1^2}{n_1}+\frac{\sigma_2^2}{n_2}\right)$$

求事件“甲校新生平均成绩低于乙校新生平均成绩”出现的概率，即求 $P(\bar{x}_1-\bar{x}_2\leqslant 0)$，则

$$P(\bar{x}_1-\bar{x}_2\leqslant 0)=P\left(\frac{\bar{x}_1-\bar{x}_2-(\mu_1-\mu_2)}{\sqrt{\frac{\sigma_1^2}{n_1}+\frac{\sigma_2^2}{n_2}}}\leqslant\frac{0-(655-625)}{\sqrt{\frac{20^2}{8}+\frac{25^2}{8}}}\right)$$

$$=P(Z\leqslant -2.65)=0.004025$$

由此可见，出现甲校新生平均成绩低于乙校新生成绩的可能性很小。

4.3.4 两个样本比例之差的抽样分布

两个样本比例之差的抽样分布与两个样本均值之差的抽样分布类似。

设分别从具有参数为 π_1 和 π_2 的二项总体中抽取包含 n_1 个观测值和 n_2 个观测值的独立样本，则两个样本比例差 (p_1-p_2) 的抽样分布具有下列性质：

1. 数学期望和方差分别为：

$$E(p_1-p_2)=\pi_1-\pi_2 \tag{4.11}$$

$$D(p_1-p_2)=\frac{\pi_1(1-\pi_1)}{n_1}+\frac{\pi_2(1-\pi_2)}{n_2} \tag{4.12}$$

2. 当 n_1 和 n_2 很大时，(p_1-p_2) 的抽样分布近似于正态分布，其均值为式(4.11)，方差为式(4.12)。

例 4.7 一项抽样调查表明，甲城市的消费者中有 15%的人喝过“圣洁”牌的矿泉水，而乙城市的消费者中只有 8%的人喝过该种矿泉水。如果这些数据是真实的，那么当我们分别从甲城市抽取 120 人，乙城市抽取 140 人组成两个独立随机样本时，样本比例差 (p_1-p_2) 不低于 0.08 的概率有多大？

解：根据题意 $\pi_1=0.15$，$\pi_2=0.08$，$n_1=120$，$n_2=140$，(p_1-p_2) 的抽样分布可认为近似服从正态分布，即

$$p_1-p_2\sim N\left(\pi_1-\pi_2,\frac{\pi_1(1-\pi_1)}{n_1}+\frac{\pi_2(1-\pi_2)}{n_2}\right)$$

即 $(p_1-p_2)\sim N(0.07,0.00159)$。

从而所求概率为：

$$P(p_1-p_2\geqslant 0.08)=P\left(\frac{(p_1-p_2)-0.07}{\sqrt{0.00159}}\geqslant\frac{0.08-0.07}{\sqrt{0.00159}}\right)$$

$$=P(Z\geqslant 0.251)=1-P(Z<0.251)=1-0.5991=0.4009$$

4.3.5 样本方差及两个样本方差比的抽样分布

1. 样本方差的抽样分布

样本方差的抽样分布比较复杂，它与总体的分布有关。这里只介绍当总体分布为正态分布时的样本方差的抽样分布。

设 $x_1,x_2,\cdots,x_n$ 为来自正态分布总体 $N(\mu,\sigma^2)$ 的简单随机样本，则比值 $\frac{(n-1)s^2}{\sigma^2}$ 服从自由度为 $(n-1)$ 的 χ^2 分布，即 $\chi^2=\frac{(n-1)s^2}{\sigma^2}\sim\chi^2(n-1)$。

2. 两个样本方差比的抽样分布

我们只介绍两个总体均为正态分布时，分别来自这两个总体的两个样本方差之比的分布。

设 $x_1,x_2,\cdots,x_{n1}$ 为来自正态分布总体 $N(\mu_1,\sigma_1^2)$ 的样本，$y_1,y_2,\cdots,y_{n2}$ 为来自正态分布总体 $N(\mu_2,\sigma_2^2)$ 的样本，且 $x_i(i=1,2,\cdots,n_1)$ 与 $y_i(i=1,2,\cdots,n_2)$ 相互独立，则

$$\frac{s_x^2/s_y^2}{\sigma_1^2/\sigma_2^2}=\frac{s_x^2/\sigma_1^2}{s_y^2/\sigma_2^2}\sim F(n_1-1,n_2-1)$$

式中 $s_x^2=\frac{1}{n_1-1}\sum_{i=1}^{n1}(x_i-\bar{x})^2$，$s_y^2=\frac{1}{n_2-1}\sum_{i=1}^{n2}(y_i-\bar{y})^2$，$\bar{x}=\frac{1}{n_1}\sum_{i=1}^{n1}x_i$，$\bar{y}=\frac{1}{n_2}\sum_{i=1}^{n2}y_i$。

$F(n_1-1,n_2-1)$ 是第一自由度(分子自由度)为 (n_1-1)，第二自由度(分母自由度)为 (n_2-1) 的 F 分布。

附录 Excel 的应用

一、抽取随机数实现简单随机抽样

从总体的 N 个元素中抽取样本量为 n 的简单随机样本，最常用的方法就是利用随机数。首先将总体的 N 个元素从 1 到 N 编号，然后生成 n 个 1 和 N 之间的

随机数，n 个随机数对应的元素即抽取的样本单位。

（一）抽样函数产生随机数

使用“RANDBETWEEN(TOP,BOTTOM)”函数生成位于两个指定数之间的随机数。操作步骤为：插入函数[f_x]→选择[RANDBETWEEN]→在[Bottom]输入指定的最小整数；在[Top]输入指定的最大整数→[确定]，即可得到一个介于TOP与BOTTOM之间的整数，利用向下复制可获得多个随机数。另外，每次将光标放置在抽中的随机数列的任一单位格，回车，即产生新的一组随机数。如果想让随机数固定下来，需要对抽出的随机数列及时用“选择性粘贴”的方式将其固定下来。

（二）随机数发生器产生随机数

Excel“数据分析”工具中的“随机数发生器”用以产生基于各种分布的随机数。操作步骤为：[工具]→[数据分析]→[随机数发生器]，图4.8为“随机数发生器”对话框。

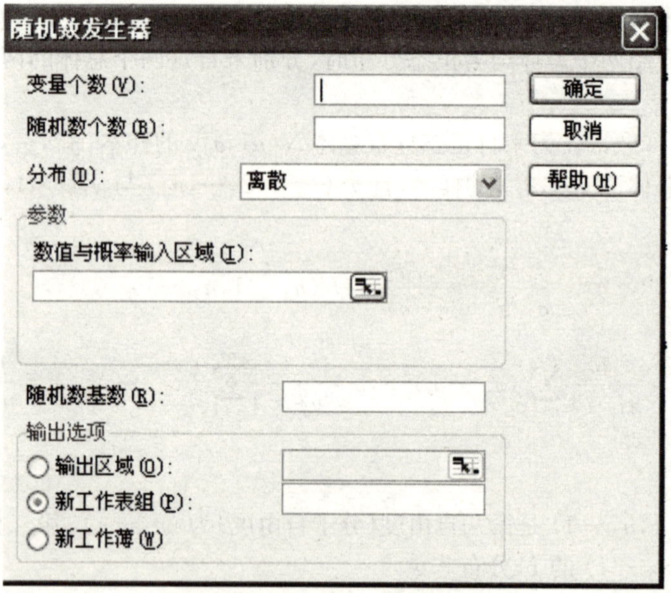

图4.8 “随机数发生器”对话框

在[变量个数]中输入需要输出的数值列的数目，即输出多少列；在[随机数个数]中规定输出的每一列的数据点的数目；在[分布]中选择产生的随机数的分布类型，可供选择的类型有均匀分布、正态分布、泊松分布、二项式分布等；[参数]区域会根据选择的分布类型而显示不同的参数要求，比如，选择的是“正态”分布，则[参数]区域显示“平均值＝”和“标准偏差＝”，输入参数数值，如果是标准正态分布，则在参数中填入“平均值=0”和“标准偏差=1”，如果选择的是“均匀”分布，则[参数]区域要求填参数介于“××”到“××”；如果选择的是泊松分布，则需指定 γ 参数；在[随机数基数]中定义用来构造随机数的基数，以后再次使用同一数值可生成相同的随机数系列，其值介于 1 到 32767 之间；[输出选项]即选择输出的随机数的存放位置。

正确填写对话框后，点击“确定”按钮，在预定的位置上将生成所需的随机数，其对应的总体单位入样。

二、“抽样”过程实现等距抽样和简单随机抽样

Excel 中[数据分析]工具中的[抽样]功能可以帮助我们完成简单随机抽样和等距系统抽样。操作步骤为：[工具]→[数据分析]→[抽样]，图 4.9 为“抽样”对话框。

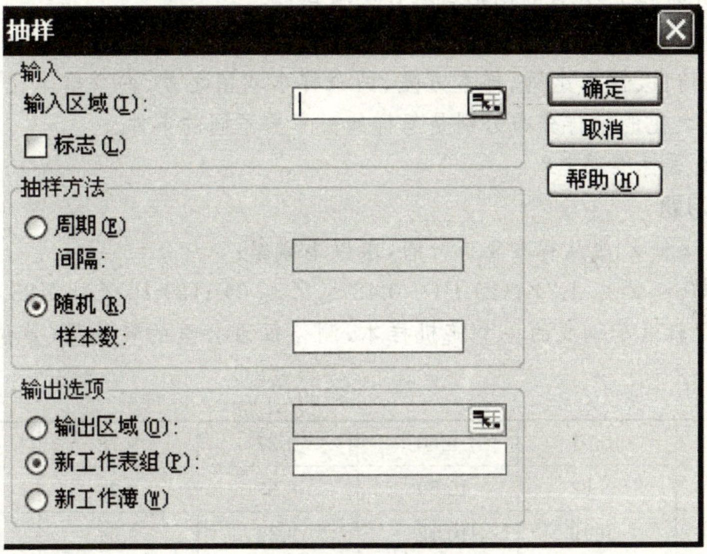

图 4.9 “抽样”对话框

在[输入区域]中输入代码范围(数值型数据直接输入数据区域)；在[抽样方法]中单击[随机]；在[样本数]中输入需要抽取的样本量；在[输出区域]中选择抽样结果放置的区域。单击[确定]，得到一个随机样本。如果在[抽样方法]中选择[周期]，并在[间隔]中输入间隔数(即抽样比率)，则得到一个等距系统抽样的样本。

抽样方法有“重置抽样”与“不重置抽样”之分。Excel 的“抽样”工具是按重置抽样设计的。不重置抽样则需逐个抽取样本单位，抽中一个即从总体中删除，再抽

第二个……直到抽中 n 个为止。

本章习题

一、思考题

1.什么是总体？什么是样本？怎样理解它们的含义？

2.什么是参数？什么是统计量？二者有何关系？

3.什么是抽样框？怎样算是一个合理、有效的抽样框？什么是抽样单位？抽样单位与总体基本单位是什么关系？

4.正态分布曲线有哪些特点？

5.判断数据正态性的方法主要有哪些？

6.解释中心极限定理的含义。

7.χ^2 分布和 F 分布的图形各有什么特点？

8.什么是样本统计量的抽样分布？

9.样本均值、样本比例、样本方差、两个样本均值之差、两个样本比例之差、两个样本方差之比的抽样分布分别是怎样的？考虑不同的条件。

10.什么是标准误差？

二、练习题

1.随机变量 Z 服从标准正态分布，求以下概率：

(1) $P(0 \leqslant Z \leqslant 1.2)$；(2) $P(-0.48 \leqslant Z \leqslant 0)$；(3) $P(Z > 1.33)$。

2.由 30 辆汽车构成的一个随机样本，测得每百公里的耗油量（单位：升）数据如下：

9.19	10.01	9.60	9.27	9.78	8.82
9.63	8.82	10.50	8.83	9.35	8.65
10.10	9.43	10.12	9.39	9.54	8.51
9.7	10.03	9.49	9.48	9.36	9.14
10.09	9.85	9.37	9.64	9.68	9.75

绘制频数分布直方图，判断汽车的耗油量是否近似服从正态分布。

3.从均值为 200、标准差为 50 的总体中，抽取 $n=100$ 的简单随机样本，用样本均值 $\bar{x}$ 估计总体均值。

(1) $\bar{x}$ 的期望值是多少？(2) $\bar{x}$ 的标准差是多少？(3) $\bar{x}$ 的概率分布是什么？

4.从 $\pi=0.4$ 的总体中，抽取一个容量为 500 的简单随机样本，样本比例为 p。

(1) p 的期望值是多少？(2) p 的标准差是多少？(3) p 的概率分布是什么？

5.假设一个总体共有6个数值：54，55，59，63，64，68。从该总体中按重置抽样方式抽取 $n=2$ 的简单随机样本。

(1)计算总体的均值和方差。

(2)一共有多少个可能的样本？

(3)抽出所有可能的样本，并计算出每个样本的均值。

(4)画出样本均值的频数分布直方图，判断样本均值是否服从正态分布。

(5)计算所有样本均值的平均数和标准差，并与总体的均值和标准差进行比较，得到的结论是什么？

第五章 统计推断:参数估计

本章介绍统计推断的参数估计问题。参数估计属于统计估计的一种。在许多实际问题中,总体各单位的某一变量在一定范围内以一定的概率取各种值,从而形成一个概率分布,但这个概率分布往往未知。例如,为了制定绿色食品的有关规定,我们需要研究蔬菜中残留农药的分布状况,对这个分布我们知之甚少,甚至不清楚它属于何种分布类型。有些情况下我们可以断定分布的类型,例如,在农民收入调查中,根据实际经验和理论分析可以断定农民收入服从正态分布,但分布中的参数取何值却是未知的。统计估计问题即专门研究由样本信息估计总体的未知分布或分布中的未知参数。直接对总体的未知分布进行估计的问题称为非参数估计;当总体分布类型已知,仅需对分布的未知参数进行估计的问题称为参数估计。本章在重置抽样的前提下讨论参数估计问题,因此样本中各单位均相互独立且都与总体同分布。

§5.1 参数估计的基本原理

5.1.1 点估计与区间估计

1. 点估计

点估计(Point Estimate)就是用样本统计量的某个取值直接作为总体参数的估计值。比如,用样本均值 $\bar{x}$ 直接作为总体均值 μ 的估计值,用样本比例 p 直接作为总体比例 π 的估计值,用样本方差 s^2 直接作为总体方差 σ^2 的估计值,等等。比如要估计一个班学生考试成绩的平均分数,根据抽出的一个随机样本计算的平均分数为 80 分,则用 80 分作为全班平均分数的一个估计值,这就是点估计。再比如,要估计一批产品的合格率,抽样合格率为 96%,则将 96%直接作为这批产品合格率的估计值,这也是一个点估计。

虽然在重置抽样条件下,点估计的均值可望等于总体真值(比如,$E(\bar{x})=\mu$),但由于样本是随机的,抽出一个具体的样本得到的估计值通常不同于总体真值,而点估计无法给出与总体参数真实值接近的程度,即无法给出估计的可靠性的度量,因此参数估计不能完全依赖于一个点估计值,而应该围绕点估计值构造总体参数的一个区间,并给出这一区间的可靠性大小,这就是区间估计。

2. 区间估计

区间估计(Interval Estimate)是在点估计的基础上,给出总体参数估计的一个区间范围,该区间通常由样本统计量加减估计误差得到。与点估计不同,进行区间估计时,根据样本统计量的抽样分布可以对样本统计量与总体参数的接近程度给出一个概率度量。下面以总体均值的区间估计为例来说明区间估计的基本原理。

由样本均值的抽样分布可知,在重置抽样或无限总体抽样的情况下,样本均值 $\bar{x}$ 的数学期望等于总体均值 μ,即 $E(\bar{x})=\mu$,样本均值的标准误差(抽样标准差)为 $\sigma_{\bar{x}}=\sigma/\sqrt{n}$;根据中心极限定理,样本均值 $\bar{x}$ 落在总体均值 μ 的两侧各为一个标准误差范围内的概率为 0.6827;落在两个标准误差范围内的概率为 0.9545;落在三个标准误差范围内的概率为 0.9973,等等。

事实上,我们可以求出 $\bar{x}$ 落在 μ 两侧任何倍数的标准误差范围内的概率。但在实际估计时,情况恰好相反。$\bar{x}$ 是已知的,而 μ 未知,是要估计的目标量。由于 $\bar{x}$ 与 μ 的距离是对称的,如果某个样本均值 $\bar{x}$ 落在 μ 的两个标准误差范围之内,反过来,μ 也就被包括在以此 $\bar{x}$ 为中心左右两个抽样标准差范围之内。图 5.1 给出了区间估计的示意图。

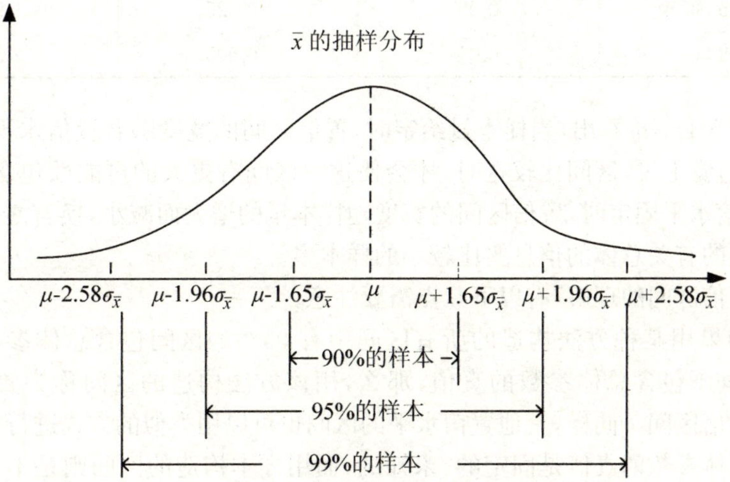

图 5.1　区间估计示意图

在区间估计中,由样本统计量构造的总体参数的估计区间称为置信区间(Confidence Interval),区间的最小值称为置信下限,最大值称为置信上限。由于统计学家在某种程度上确信这个区间会包含真正的总体参数,所以给它取名为置信区间。原因是,如果抽取了许多不同的样本,比如说抽取 100 个样本,根据每一个样本构造一个置信区间,这样,由 100 个样本构造的总体参数的 100 个置信区间中,有

95%的区间包含了总体参数的真值，而5%则没包含，则95%这个值被称为置信水平。一般的，如果将构造置信区间的步骤重复多次，置信区间中包含总体参数真值的次数所占的比例称为置信水平(Confidence Level)或置信度，一般用 $(1-\alpha)$ 表示。结合图5.1，置信水平的含义可以用式(5.1)来表示：

$$P\left(\frac{|\bar{x}-\mu|}{\sigma_{\bar{x}}} \leqslant z_{\alpha/2}\right)=1-\alpha \tag{5.1}$$

式(5.1)可以等价地表示为：

$$P(\bar{x}-z_{\alpha/2}\sigma_{\bar{x}} \leqslant \mu \leqslant \bar{x}+z_{\alpha/2}\sigma_{\bar{x}})=1-\alpha \tag{5.2}$$

式(5.2)即总体均值在 $(1-\alpha)$ 置信水平下的置信区间。

在构造置信区间时，可以用所希望的任意值作为置信水平。比较常用的置信水平及正态分布曲线下右侧面积为 $\alpha/2$ 时的 z 值 $z_{\alpha/2}$ 如表5.1所示。其他置信水平下的 $z_{\alpha/2}$ 值可用Excel中的"NORMSINV"函数计算(或查标准正态分布表)得到。

表5.1 常用置信水平 α 及 $z_{\alpha/2}$ 值

置信水平 $1-\alpha$	α	$\alpha/2$	$z_{\alpha/2}$
90%	0.10	0.05	1.645
95%	0.05	0.025	1.96
99%	0.01	0.005	2.58

由图5.1不难看出，当样本量给定时，置信区间的宽度随着置信水平的增大而增大，从直觉上说，区间比较宽时，才会使这一区间有更大的可能性包含参数的真值；当置信水平固定时，置信区间的宽度随样本量的增大而减小，换言之，较大的样本所提供的有关总体的信息要比较小的样本多。

对置信区间的理解，有以下几点需要注意：

1)如果用某种方法构造的所有区间中有95%的区间包含总体参数的真值，5%的区间不包含总体参数的真值，那么，用该方法构造的区间称为置信水平为95%的置信区间。同样，其他置信水平的区间也可以用类似的方式进行表述。

2)总体参数的真值是固定的、未知的，而用样本构造的区间则是不固定的，抽取的样本不同，则得到不同的区间。也就是说，置信区间是随机的，会因样本的不同而不同，而且不是所有的区间都包含总体参数的真值。一个置信区间就像是为捕获未知参数而撒出去的网，不是所有撒网的地点都能捕获到参数。

3)在实际问题中，进行估计时往往只抽取一个样本，此时所构造的是与该样本相联系的一定置信水平(比如95%)下的置信区间。由于用该样本所构造的区间是一个特定的区间，我们无法知道这个区间是否包含总体参数真值。我们只能希望这个区间是大量包含总体参数真值的区间中的一个，但它也可能是少数几个不包含参数真值的区间中的一个。

比如,用 95%的置信水平得到某班学生考试成绩的置信区间为 60～80,我们不能说 60～80 这个区间以 95%的概率包含全班学生平均考试成绩的真值,或者表述为全班学生的平均考试成绩以 95%的概率落在 60～80 之间,这类表述是错误的,因为总体均值 μ 是一个常数,它要么被包含在这个区间范围内,要么不在这个范围内,假定全班考试成绩平均数的真值为 70,60～80 这个区间一定包含真值,如果全班考试成绩平均数的真值为 50,那么区间 60～80 就绝对不包含真值。所以,我们只是知道在多次抽样中有 95%的样本得到的区间包含全班学生平均成绩的真值。它的真正意义是如果做了 100 次抽样,大概有 95 次确定的区间包含真值,有 5 次确定的区间不包含真值。因此,这个概率不是用来描述某个特定的区间包含总体参数真值的可能性,而是针对随机区间而言的。一个特定的区间"总是包含"或"绝对不包含"参数的真值,不存在"以多大的概率包含总体参数"的问题。但是,用概率可以知道在多次抽样得到的区间中大概有多少个区间包含了参数真值。

5.1.2　评价估计量的标准

参数估计是用样本估计量 $\hat{\theta}$ 作为总体参数 θ 的估计。实际上,用于估计 θ 的估计量有很多,比如,可以用样本均值作为总体均值的估计量,也可以用样本中位数作为总体均值的估计量,等等。那么,究竟用哪种样本估计量作为总体参数的估计呢? 自然要用估计效果最好的那种估计量。什么样的估计量才算是一个好的估计量呢? 这就需要一定的评价标准。统计学家给出了以下评价估计量的标准。

1. 无偏性

无偏性是指估计量抽样分布的数学期望等于被估计的总体参数。设总体参数为 θ,所选择的估计量为 $\hat{\theta}$,如果 $E(\hat{\theta})=\theta$,则称 $\hat{\theta}$ 为 θ 的无偏估计量。图 5.2 给出了点估计量无偏和有偏的情形。

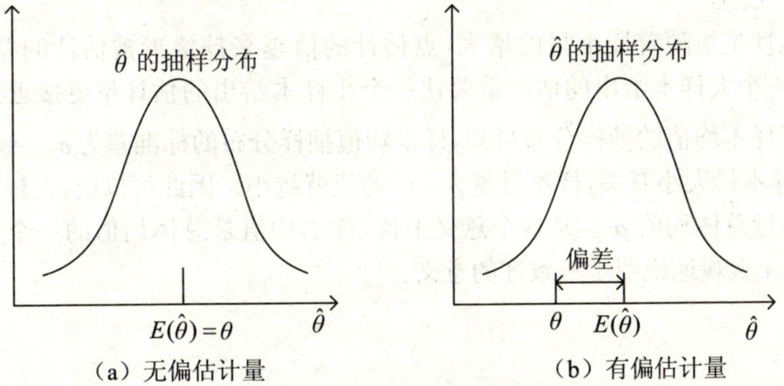

图 5.2　无偏和有偏估计量的对比

由样本均值的抽样分布可知，$E(\bar{x})=\mu$，$E(p)=\pi$，同样可以证明，$E(s^2)=\sigma^2$，因此 $\bar{x}$ 、p 、s^2 分别是总体均值 μ 、总体比例 π 、总体方差 σ^2 的无偏估计量。

2. 有效性

一个无偏的估计量并不意味着它就非常接近被估计的参数，它还必须与总体参数的离散程度比较小。有效性是指对同一个总体参数的两个无偏估计量，有更小标准差的估计量更有效。假定 $\hat{\theta}_1$、$\hat{\theta}_2$ 为总体参数 θ 的两个无偏估计量，其抽样分布的方差分别用 $D(\hat{\theta}_1)$ 和 $D(\hat{\theta}_2)$ 表示，如果 $D(\hat{\theta}_1)<D(\hat{\theta}_2)$，则称 $\hat{\theta}_1$ 是比 $\hat{\theta}_2$ 更有效的一个估计量。在无偏估计的条件下，估计量的方差越小，估计也就越有效。

图 5.3 说明了两个无偏估计量 $\hat{\theta}_1$ 和 $\hat{\theta}_2$ 的抽样分布。可以看到，$\hat{\theta}_1$ 的离散度(方差)比 $\hat{\theta}_2$ 的离散度(方差)小，因此 $\hat{\theta}_1$ 的值比 $\hat{\theta}_2$ 的值更接近总体参数真值，即 $\hat{\theta}_1$ 比 $\hat{\theta}_2$ 更有效，是一个更好的估计量。

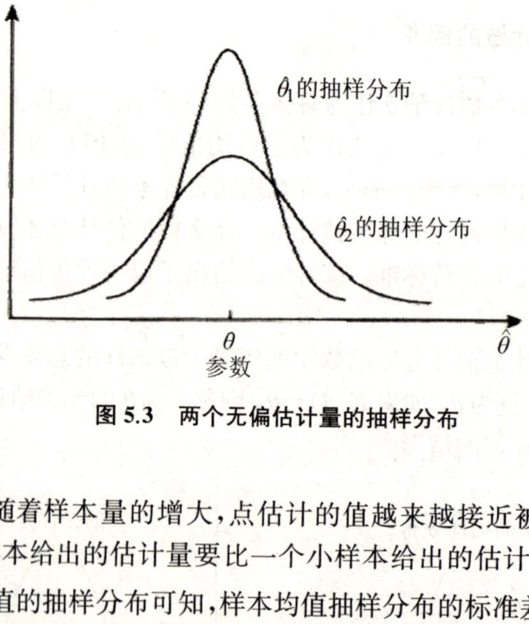

图 5.3　两个无偏估计量的抽样分布

3. 一致性

一致性是指随着样本量的增大，点估计的值越来越接近被估计的总体参数。换言之，一个大样本给出的估计量要比一个小样本给出的估计量更接近总体的参数。根据样本均值的抽样分布可知，样本均值抽样分布的标准差为 $\sigma_{\bar{x}}=\sigma/\sqrt{n}$，由于 $\sigma_{\bar{x}}$ 与样本量大小有关，样本量越大，$\sigma_{\bar{x}}$ 的值就越小。因此可以说，大样本给出的估计更接近总体均值 μ 。从这个意义上说，样本均值是总体均值的一个一致估计量。图 5.4 直观地说明了一致性的意义。

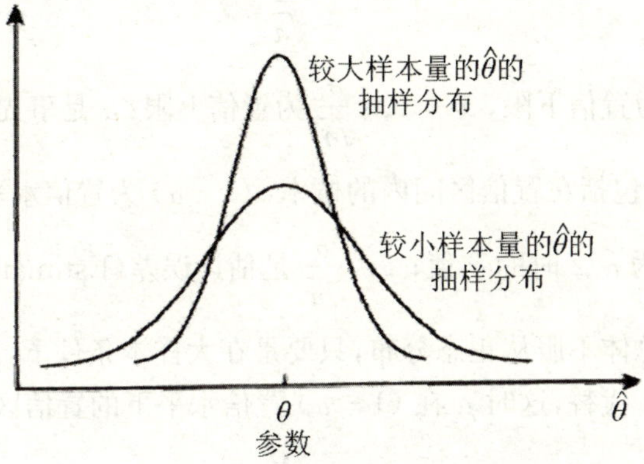

图 5.4 两个不同样本量的样本统计量的抽样分布

§ 5.2 一个总体参数的区间估计

研究一个总体时,所关心的参数主要有总体均值μ、总体比例π和总体方差σ^2等。本节将介绍如何用样本统计量来构造一个总体参数的置信区间。

5.2.1 总体均值的区间估计

在对总体均值进行区间估计时,需要考虑总体是否为正态分布,总体方差是否已知,用于构造估计量的样本是大样本($n \geqslant 30$)还是小样本($n < 30$)等几种情况。但不管哪种情况,总体均值的置信区间都是由样本均值加减估计误差得到的。而估计误差的计算由两部分组成:一是估计量的标准误差,它取决于样本统计量的抽样分布;二是估计所要求的置信水平为$(1-\alpha)$时,统计量分布两侧面积各为$\alpha/2$时的分位数值,它取决于事先所要求的置信水平(可靠程度)。因此,总体均值在$(1-\alpha)$置信水平下的置信区间可一般性地表达为:

$$\bar{x} \pm (\text{临界值} \times \bar{x} \text{ 标准误差})$$

1. 大样本情形下的估计

在大样本($n \geqslant 30$)的情况下,由中心极限定理可知,样本均值$\bar{x}$近似服从期望值为μ,方差为σ^2/n的正态分布。而$\bar{x}$经标准化后则服从标准正态分布,即$z = \dfrac{\bar{x}-\mu}{\sigma/\sqrt{n}} \sim N(0,1)$。当总体标准差$\sigma$已知时,标准化时使用$\sigma$;当$\sigma$未知时,则用样本标准差$s$代替。因此,可以由正态分布构建总体均值$\mu$在$(1-\alpha)$置信水平下的置信区间。

若σ^2已知,μ在$(1-\alpha)$置信水平下的置信区间为:

$$\bar{x} \pm z_{\alpha/2} \frac{\sigma}{\sqrt{n}} \tag{5.3}$$

式中，$\bar{x} - z_{\alpha/2} \frac{\sigma}{\sqrt{n}}$ 为置信下限，$\bar{x} + z_{\alpha/2} \frac{\sigma}{\sqrt{n}}$ 为置信上限；α 是事先确定的一个概率值，它是总体均值不包括在置信区间内的概率，$(1-\alpha)$ 为置信水平，$z_{\alpha/2}$ 是标准正态分布两侧面积各为 $\alpha/2$ 时的 z 值；$z_{\alpha/2} \frac{\sigma}{\sqrt{n}}$ 是估计误差(Estimate Error)。

若 σ^2 未知，或总体不服从正态分布，只要是在大样本条件下，式(5.3)中的 σ 就可以用样本标准差 s 代替，这时 μ 在 $(1-\alpha)$ 置信水平下的置信区间为：

$$\bar{x} \pm z_{\alpha/2} \frac{s}{\sqrt{n}} \tag{5.4}$$

例 5.1 一家保险公司抽出一个由 36 位投保人组成的随机样本，并收集到每位投保人的年龄数据如表 5.2 所示。试建立投保人年龄的 90%的置信区间。

表 5.2 36 个投保人年龄的数据 单位：周岁

23	35	39	27	36	44
36	42	46	43	31	33
42	53	45	54	47	24
34	28	39	36	44	40
39	49	38	34	48	50
34	39	45	48	45	32

解：总体方差未知，但 $n=36$ 为大样本，可用样本方差来代替总体方差，由正态分布来构建置信区间。已知 $1-\alpha=90\%$，则临界值 $z_{\alpha/2}=1.645$。

根据样本数据计算的样本均值和标准差如下：

$$\bar{x} = \frac{1}{n}\sum_{i=1}^{n} x_i = 39.5$$

$$s = \sqrt{\frac{1}{n-1}\sum_{i=1}^{n}(x_i - \bar{x})^2} = 7.77$$

根据式(5.4)得投保人平均年龄 90%的置信区间：

$$\bar{x} \pm z_{\alpha/2} \frac{s}{\sqrt{n}} = 39.5 \pm 1.645 \times \frac{7.77}{\sqrt{36}}$$

即 39.5±2.13＝(37.37，41.63)，投保人平均年龄 90%的置信区间为 37.37～41.63 岁。

2. 小样本情形下的估计

在小样本 ($n<30$) 的情况下，对总体均值 μ 的估计都是建立在总体服从正态分布的假定前提下。如果总体方差 σ^2 已知，即使是在小样本的情况下，样本均值 $\bar{x}$ 的抽样分布服从正态分布，仍然可以按式(5.3)建立总体均值的置信区间。但是，如果小样本情况下 σ^2 未知，则需要用样本方差 s^2 代替 σ^2，这时，$\bar{x}$ 经过标准化服从自由度为 $(n-1)$ 的 t 分布，即 $t=\dfrac{\bar{x}-\mu}{s/\sqrt{n}}\sim t(n-1)$，这时需要使用 t 分布来建立总体均值 μ 的置信区间。

根据 t 分布建立的 μ 在 $(1-\alpha)$ 置信水平下的置信区间为：

$$\bar{x}\pm t_{\alpha/2}\frac{s}{\sqrt{n}} \tag{5.5}$$

式中，$t_{\alpha/2}$ 是自由度为 $(n-1)$ 时，t 分布右侧面积为 $\alpha/2$ 时的 t 值，该值可利用 Excel 中的“TINV(α, df)”函数计算获得(也可查 t 分布表)。

例 5.2　一家食品生产企业以生产袋装食品为主，每天的产量大约为 8000 袋左右，按规定每袋的重量应为 100g。企业质检部门经常通过抽检，来分析每袋重量是否符合要求。现从某天生产的一批食品中随机抽取 25 袋，测得每袋重量如表 5.3 所示。

表 5.3　25 袋样本食品的重量　　单位：克

112.5	101.0	103.0	102.0	100.5
102.6	107.5	95.0	108.8	115.6
100.0	123.5	102.0	101.6	102.2
116.6	95.4	97.8	108.6	105.0
136.8	102.8	101.5	98.4	93.3

已知产品重量的分布服从正态分布，且总体标准差为 10g，试估计该天产品平均重量的置信区间，置信水平为 95%。

解：已知 $n=25$，为小样本，$\sigma=10$，置信水平 $1-\alpha=95\%$，临界值 $z_{\alpha/2}=1.96$。根据样本数据计算的样本均值为：

$$\bar{x}=\frac{1}{n}\sum_{i=1}^{n}x_i=\frac{2634}{25}=105.36$$

根据式(5.3)得

$$\bar{x}\pm z_{\alpha/2}\frac{\sigma}{\sqrt{n}}=105.36\pm 1.96\times\frac{10}{\sqrt{25}}$$

即 105.36±3.92=(101.44,109.28)，该批食品平均重量 95%的置信区间为 101.44

～109.28g。

例 5.3 已知某种灯泡的寿命服从正态分布，现从一批灯泡中随机抽取 16 个，测得其使用寿命如表 5.4 所示：

表 5.4 16 个样本灯泡的使用寿命 单位：小时

1510	1450	1480	1460	1520	1480	1490	1460
1480	1510	1530	1470	1500	1520	1510	1470

试建立该批灯泡平均使用寿命 95％的置信区间。

解：由于 $n=16$ 为小样本，且总体方差未知，所以需用式(5.5)构造 μ 在 $(1-\alpha)$ 置信水平下的置信区间。根据抽样结果计算得：

$$\bar{x}=\frac{1}{n}\sum_{i=1}^{n}x_i=\frac{23840}{16}=1490$$

$$s=\sqrt{\frac{1}{n-1}\sum_{i=1}^{n}(x_i-\bar{x})^2}=\sqrt{\frac{9200}{16-1}}=24.77$$

由 $\alpha=0.05$，在 Excel 任一单元格输入“＝TINV(0.05,15)”得到临界值

$$t_{\alpha/2}(n-1)=t_{0.025}(15)=2.131$$

由式(5.5)得平均使用寿命的 95％的置信区间为：

$$\bar{x}\pm t_{\alpha/2}\frac{s}{\sqrt{n}}=1490\pm 2.131\times\frac{24.77}{\sqrt{36}}$$

即 1490±8.80＝(1481.20，1498.80)，该种灯泡平均使用寿命 95％的置信区间为 1481.20～1498.80h。

表 5.5 总结了不同情况下的总体均值的区间估计。

表 5.5 不同情况下总体均值的区间估计

总体分布	样本量	σ 已知	σ 未知
正态分布	大样本($n\geqslant 30$)	$\bar{x}\pm z_{\alpha/2}\frac{\sigma}{\sqrt{n}}$	$\bar{x}\pm z_{\alpha/2}\frac{s}{\sqrt{n}}$
	小样本($n<30$)	$\bar{x}\pm z_{\alpha/2}\frac{\sigma}{\sqrt{n}}$	$\bar{x}\pm t_{\alpha/2}\frac{s}{\sqrt{n}}$
非正态分布	大样本($n\geqslant 30$)	$\bar{x}\pm z_{\alpha/2}\frac{\sigma}{\sqrt{n}}$	$\bar{x}\pm z_{\alpha/2}\frac{s}{\sqrt{n}}$

5.2.2 总体比例的区间估计

这里只讨论大样本①情形下总体比例的估计问题。由样本比例 p 的抽样分布可知,当样本量足够大时,p 近似服从期望值为 $E(p)=\pi$,方差为 $\sigma_p^2=\pi(1-\pi)/n$ 的正态分布。p 经标准化后服从标准正态分布,即 $z=(p-\pi)\Big/\sqrt{\dfrac{\pi(1-\pi)}{n}}\sim N(0,1)$。因此,可由正态分布建立总体比例的置信区间。与总体均值的区间估计类似,在样本比例 p 的基础上加减估计误差即可得到总体比例 π 在 $(1-\alpha)$ 置信水平下的置信区间,可一般地表达为:

$$p\pm(\text{临界值}\times p\ \text{的标准误差})$$

由于总体比例 π 是估计的目标量,是未知的,一般用 p 来代替其标准误差公式中的 π。因此,π 在 $(1-\alpha)$ 置信水平下的置信区间为:

$$p\pm z_{\alpha/2}\sqrt{\frac{p(1-p)}{n}} \tag{5.6}$$

式中,$z_{\alpha/2}\sqrt{\dfrac{p(1-p)}{n}}$ 是估计误差。

例 5.4 某城市想要估计下岗职工中女性所占的比例,随机抽取了 100 个下岗职工,其中 65 人为女性职工,试在 95%的置信水平下估计该城市下岗职工中女性比例的置信区间。

解:$n=100$ 为大样本,根据抽样结果计算的样本比例为:$p=\dfrac{65}{100}=65\%$,置信水平 $1-\alpha=0.95$,则临界值 $z_{\alpha/2}=1.96$。根据式(5.6)得

$$p\pm z_{\alpha/2}\sqrt{\frac{p(1-p)}{n}}=65\%\pm1.96\times\sqrt{\frac{65\%\times(1-65\%)}{100}}=65\%\pm9.35\%$$

即(55.65%,74.35%),该城市下岗职工中女性比例的 95%的置信区间为 55.65%~74.35%。

5.2.3 总体方差的区间估计

估计总体方差 σ^2 时,首先假定总体服从正态分布。其原理与总体均值和总体比例的区间估计不同,不再是点估计量±估计误差。因为样本方差服从自由度为 $(n-1)$ 的 χ^2 分布,因此需要用 χ^2 分布构造 σ^2 的置信区间。由于 χ^2 分布是不对称分布,因此无法由点估计量±估计误差得到 σ^2 的置信区间。

---

① 对于总体比例的估计,确定样本量是否"足够大"的一般经验规则是:$np\geqslant10$ 且 $n(1-p)\geqslant10$。

怎样构造 σ^2 的置信区间呢？在 $(1-\alpha)$ 的置信水平下，用 χ^2 分布构造的 σ^2 的置信区间如图 5.5 所示。

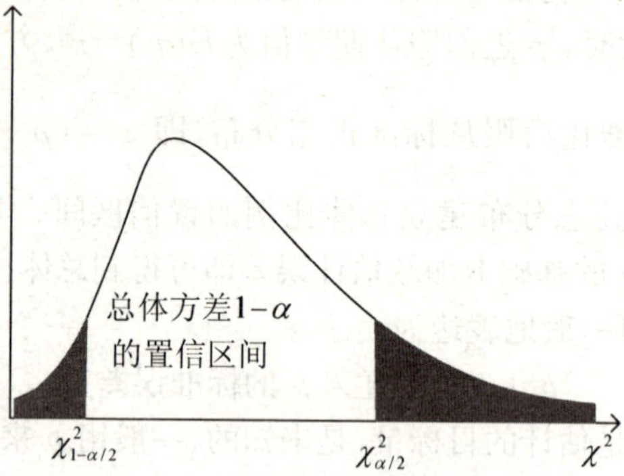

图 5.5 自由度为 $n-1$ 的 χ^2 分布

由图 5.5 可以看出，建立总体方差 σ^2 的置信区间，就是要找到一个 χ^2 值，使其满足 $P(\chi^2_{1-\alpha/2} \leqslant \chi^2 \leqslant \chi^2_{\alpha/2}) = 1-\alpha$ 。根据第四章中"样本方差的抽样分布"的基本结论，$(n-1)s^2/\sigma^2 \sim \chi^2(n-1)$，可用 $(n-1)s^2/\sigma^2$ 来代替 χ^2，于是有

$$P(\chi^2_{1-\alpha/2} \leqslant \frac{(n-1)s^2}{\sigma^2} \leqslant \chi^2_{\alpha/2}) = 1-\alpha \tag{5.7}$$

由式(5.7)可推导出 σ^2 在 $(1-\alpha)$ 置信水平下的置信区间为：

$$\frac{(n-1)s^2}{\chi^2_{\alpha/2}} \leqslant \sigma^2 \leqslant \frac{(n-1)s^2}{\chi^2_{1-\alpha/2}} \tag{5.8}$$

例 5.5 仍利用例 5.2 的数据，以 95%的置信水平建立该种食品重量标准差的置信区间。

解：根据样本数据计算的样本方差为：

$$s^2 = \frac{\sum_{i=1}^{n}(x_i-\bar{x})^2}{n-1} = \frac{2237.02}{25-1} = 93.2092$$

根据显著性水平 $\alpha=0.05$ 和自由度 $n-1=24$，在 Excel 任一单元格分别输入"=CHIINV(0.025,24)"和"=CHIINV(0.975,24)"函数得临界值

$\chi^2_{\alpha/2}(n-1) = \chi^2_{0.025}(25-1) = 39.3641$

$\chi^2_{1-\alpha/2}(n-1) = \chi^2_{0.975}(25-1) = 12.4011$

所以，σ^2 的 95%的置信区间为：

$$\frac{(25-1)\times 93.2092}{39.3641} \leqslant \sigma^2 \leqslant \frac{(25-1)\times 93.2092}{12.4011}$$

即 $56.83 \leqslant \sigma^2 \leqslant 180.39$。相应地，总体标准差 σ 的置信区间则为 $7.54 \leqslant \sigma \leqslant 13.43$，

该企业生产的食品总体重量标准差95%的置信区间为7.54～13.43g。

图5.6总结了一个总体参数估计的不同情形及所使用的分布。

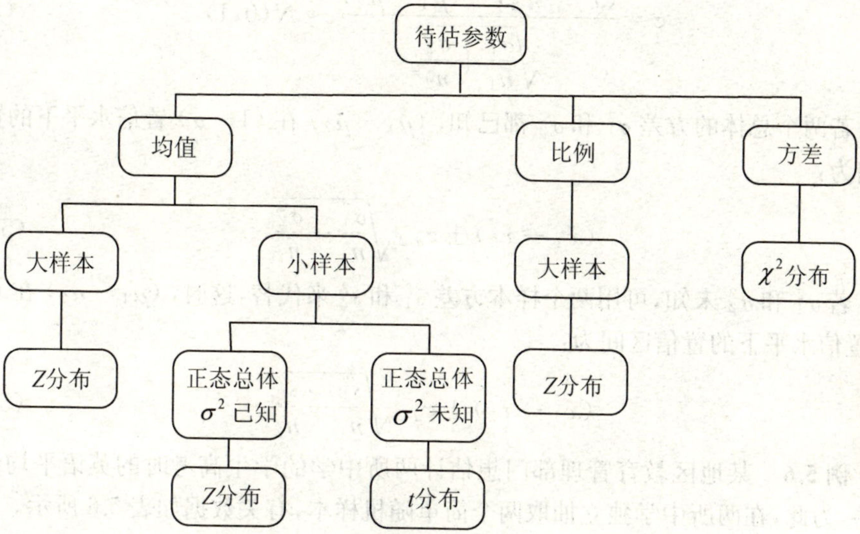

图5.6　一个总体参数的估计及所使用的分布

§5.3　两个总体参数的区间估计

对于两个总体,所关心的参数主要有两个总体的均值之差$(\mu_1-\mu_2)$、两个总体的比例之差$(\pi_1-\pi_2)$、两个总体方差之比σ_1^2/σ_2^2等。

5.3.1　两个总体均值之差的区间估计

设两个总体的均值分别为μ_1和μ_2,从两个总体中分别抽取样本量为n_1和n_2的两个简单随机样本,其样本均值分别为$\bar{x}_1$和$\bar{x}_2$。两个总体均值之差$(\mu_1-\mu_2)$的点估计量显然是两个样本的均值之差$(\bar{x}_1-\bar{x}_2)$。估计原理与一个总体的区间估计相同,置信区间仍然是点估计量±估计误差。因此,$(\mu_1-\mu_2)$在$(1-\alpha)$置信水平下的置信区间可一般地表示为:

$$(\bar{x}_1-\bar{x}_2)\pm(\text{临界值}\times(\bar{x}_1-\bar{x}_2)\text{的标准误差})$$

1. 独立大样本情形下的估计

如果两个样本是从两个总体中独立抽取的,即一个样本中的单位与另一个样本中的单位相互独立,则称为独立样本(Independent Sample)。

如果两个样本都为独立大样本($n_1\geqslant 30$和$n_2\geqslant 30$)时,两个样本均值之差

$(\bar{x}_1-\bar{x}_2)$近似服从期望值为$(\mu_1-\mu_2)$、方差为$(\sigma_1^2/n_1+\sigma_2^2/n_2)$的正态分布，而$(\bar{x}_1-\bar{x}_2)$经标准化后服从标准正态分布，即

$$z=\frac{(\bar{x}_1-\bar{x}_2)-(\mu_1-\mu_2)}{\sqrt{\frac{\sigma_1^2}{n_1}+\frac{\sigma_2^2}{n_2}}}\sim N(0,1) \tag{5.9}$$

若两个总体的方差σ_1^2和σ_2^2都已知，$(\mu_1-\mu_2)$在$(1-\alpha)$置信水平下的置信区间为：

$$(\bar{x}_1-\bar{x}_2)\pm z_{\alpha/2}\sqrt{\frac{\sigma_1^2}{n_1}+\frac{\sigma_2^2}{n_2}} \tag{5.10}$$

若σ_1^2和σ_2^2未知，可用两个样本方差s_1^2和s_2^2来代替，这时，$(\mu_1-\mu_2)$在$(1-\alpha)$置信水平下的置信区间为：

$$(\bar{x}_1-\bar{x}_2)\pm z_{\alpha/2}\sqrt{\frac{s_1^2}{n_1}+\frac{s_2^2}{n_2}} \tag{5.11}$$

例 5.6 某地区教育管理部门想估计两所中学的学生高考时的英语平均分数之差，为此，在两所中学独立抽取两个简单随机样本，有关数据如表 5.6 所示。

表 5.6 两个样本的有关数据

中学 1	中学 2
$n_1=46$	$n_2=33$
$\bar{x}_1=126$	$\bar{x}_2=118$
$s_1=5.8$	$s_2=7.2$

试建立两所中学高考英语平均分数之差的 95%的置信区间。

解：由于两所中学学生高考英语分数的方差均未知，则根据式(5.11)得

$$(\bar{x}_1-\bar{x}_2)\pm z_{\alpha/2}\sqrt{\frac{s_1^2}{n_1}+\frac{s_2^2}{n_2}}=(126-118)\pm 1.96\times\sqrt{\frac{5.8^2}{46}+\frac{7.2^2}{33}}=8\pm 2.97$$

即(5.03,10.97)，两所中学高考英语平均分数之差的 95%的置信区间为 5.03～10.97 分。

2. 独立小样本情形下的估计

在两个样本都为独立小样本($n_1<30$和$n_2<30$)时，为了估计两个总体的均值之差，需要假定两个总体都服从正态分布。若两个总体方差σ_1^2和σ_2^2已知，两个样本均值之差经标准化后服从标准正态分布，可按式(5.10)建立两个总体均值之差的置信区间。若σ_1^2和σ_2^2未知，有以下几种情况：

(1)当σ_1^2和σ_2^2未知但相等时，即$\sigma_1^2=\sigma_2^2=\sigma^2$，则需要用两个样本的方差$s_1^2$和

s_2^2 来估计 σ^2。此时，需要将两个样本的数据组合在一起，以给出 σ^2 的合并估量 s_p^2，其计算公式为：

$$s_p^2=\frac{(n_1-1)s_1^2+(n_2-1)s_2^2}{n_1+n_2-2} \tag{5.12}$$

这时，$(\bar{x}_1-\bar{x}_2)$ 经标准化后服从自由度为 (n_1+n_2-2) 的 t 分布，即

$$t=\frac{(\bar{x}_1-\bar{x}_2)-(\mu_1-\mu_2)}{\sqrt{s_p^2(\frac{1}{n_1}+\frac{1}{n_2})}}\sim t(n_1+n_2-2) \tag{5.13}$$

因此，$(\mu_1-\mu_2)$ 在 $(1-\alpha)$ 置信水平下的置信区间为：

$$(\bar{x}_1-\bar{x}_2)\pm t_{\alpha/2}(n_1+n_2-2)\sqrt{s_p^2(\frac{1}{n_1}+\frac{1}{n_2})} \tag{5.14}$$

(2)当 σ_1^2 和 σ_2^2 未知且不相等时，即 $\sigma_1^2\neq\sigma_2^2$，分别以两个样本方差 s_1^2 和 s_2^2 来代替 σ_1^2 和 σ_2^2，则 $(\bar{x}_1-\bar{x}_2)$ 经标准化后近似服从自由度为 ν 的 t 分布，自由度 ν 的计算公式为：

$$\nu=\frac{\left(\frac{s_1^2}{n_1}+\frac{s_2^2}{n_2}\right)^2}{\frac{(s_1^2/n_1)^2}{n_1-1}+\frac{(s_2^2/n_2)^2}{n_2-1}} \tag{5.15}$$

$(\mu_1-\mu_2)$ 在 $(1-\alpha)$ 置信水平下的置信区间为：

$$(\bar{x}_1-\bar{x}_2)\pm t_{\alpha/2}(\nu)\sqrt{\frac{s_1^2}{n_1}+\frac{s_2^2}{n_2}} \tag{5.16}$$

例 5.7　为估计两种方法组装产品所需时间的差异，分别对两种不同的组装方法各随机安排 12 个工人，每个工人组装一件产品所需的时间如表 5.7 所示。假定两种方法组装产品的时间服从正态分布，且 $\sigma_1^2=\sigma_2^2$。试以 95%的置信水平建立两种方法组装产品所需平均时间的差值的置信区间。

表 5.7　两种方法组装产品所需的时间　　单位：分钟

方法 1	方法 2	方法 1	方法 2
28.3	27.6	36.0	31.7
30.1	22.2	37.2	26.0
29.0	31.0	38.5	32.0
37.6	33.8	34.4	31.2
32.1	20.0	28.0	33.4
28.8	30.2	30.0	26.5

解：本例为独立小样本且 $\sigma_1^2=\sigma_2^2$ 的情形。假定 $\sigma_1^2=\sigma_2^2=\sigma^2$。根据样本数据计算得到：

方法 1：$\bar{x}_1=32.5$，$s_1^2=15.9964$

方法 2：$\bar{x}_2=28.8$，$s_2^2=19.3582$

由式(5.12)得 σ^2 的合并估计量为：

$$s_p^2=\frac{(n_1-1)s_1^2+(n_2-1)s_2^2}{n_1+n_2-2}=\frac{(12-1)\times 15.9964+(12-1)\times 19.3582}{12+12-2}$$

$$=17.6773$$

由 $\alpha=0.05$，自由度$(12+12-2)=22$，在 Excel 任一单元格输入"=TINV(0.05,22)"得临界值 $t_{0.05/2}(22)=2.0739$。由式(5.14)得 $(\mu_1-\mu_2)$ 的 95%的置信区间为：

$$(\bar{x}_1-\bar{x}_2)\pm t_{\alpha/2}(n_1+n_2-2)\sqrt{s_p^2\left(\frac{1}{n_1}+\frac{1}{n_2}\right)}$$

$$=(32.5-28.8)\pm 2.0739\times\sqrt{17.6773\times\left(\frac{1}{12}+\frac{1}{12}\right)}$$

$$=3.7\pm 3.56$$

即(0.14,7.26)，则两种方法组装产品所需平均时间之差的 95%的置信区间为 0.14～7.26 分钟。

例 5.8 仍然沿用例 5.7 的数据。假定第一种方法随机安排 12 个工人，第二种方法随机安排 8 个工人，即 $n_1=12$，$n_2=8$，所得的有关数据如表 5.8 所示。

表 5.8 两种方法组装产品所需的时间 单位：分钟

方法 1	方法 2	方法 1	方法 2
28.3	27.6	36.0	31.7
30.1	22.2	37.2	26.5
29.0	31	38.5	
37.6	33.8	34.4	
32.1	20.0	28.0	
28.8	30.2	30.0	

同时假定两个总体方差不相等，试以 95%的置信水平建立两种方法组装产品所需平均时间差值的置信区间。

解：本例为独立小样本且 $\sigma_1\neq\sigma_2$ 的情形。根据表 5.8 的数据计算得到：

方法 1：$\bar{x}_1=32.5$，$s_1^2=15.9964$

方法 2：$\bar{x}_2=27.875$，$s_2^2=23.0136$

计算的自由度为:

$$\nu=\frac{\left(\frac{15.9964}{12}+\frac{23.0136}{8}\right)^2}{\frac{(15.9964/12)^2}{12-1}+\frac{(23.0136/8)^2}{8-1}}=13.1888\approx 13$$

在 Excel 任一单元格输入“=TINV(0.05,13)”得临界值 $t_{0.05/2}(13)=2.1604$。由式(5.16)得 $(\mu_1-\mu_2)$ 在 $(1-\alpha)$ 置信水平下的置信区间为:

$$\begin{aligned}&(\bar{x}_1-\bar{x}_2)\pm t_{\alpha/2}(\nu)\sqrt{\frac{s_1^2}{n_1}+\frac{s_2^2}{n_2}}\\&=(32.5-27.875)\pm 2.1604\times\sqrt{\frac{15.9964}{12}+\frac{23.0136}{8}}\\&=4.625\pm 4.4326\end{aligned}$$

即(0.19, 9.06),两种方法组装产品所需平均时间之差的 95%的置信区间为 0.19~9.06 分钟。

实际上,我们可以事先对两个总体方差是否相等进行检验①,这时就不需要在某种假定的前提下进行估计了。

3. 配对样本情形下的估计

在例 5.6 至例 5.8 中使用的都是两个独立的样本,但使用独立样本来估计两个总体均值之差存在着潜在的弊端。比如,在对每种方法随机指派 12 个工人时,偶尔可能会使技术比较差的 12 个工人被指派使用方法 1,而技术较好的 12 个工人被指派使用方法 2,这种不公平的指派,可能会掩盖两种方法组装产品所需时间的真正差异。

为解决这一问题,可以使用配对样本(Matched Sample),即一个样本中的数据与另一个样本中的数据相对应。比如,先指定 12 个工人用第一种方法组装产品,然后再让这 12 个工人用第二种方法组装产品,这样得到的两种方法组装产品的数据就是匹配数据。

使用配对样本进行估计时,在大样本条件下,两个总体均值之差 $\mu_d=\mu_1-\mu_2$ 在 $(1-\alpha)$ 置信水平下的置信区间为:

$$\bar{d}\pm z_{\alpha/2}\frac{\sigma_d}{\sqrt{n}} \tag{5.17}$$

式中,d 变量表示两个配对数据的差值,$\bar{d}$ 即各差值的样本均值,$\bar{d}=\sum_{i=1}^{n}d_i/n$;$\sigma_d$

---

① 见第六章假设检验。

表示差值变量的标准差。当总体的 σ_d 未知时，可用样本差值的标准差 s_d 来代替：

$$s_d=\sqrt{\frac{\sum_{i=1}^{n}(d_i-\bar{d})^2}{n-1}}$$

在小样本情况下，假定两个总体各观察值的配对差服从正态分布，则 $\mu_d=\mu_1-\mu_2$ 在 $(1-\alpha)$ 置信水平下的置信区间为：

$$\bar{d}\pm t_{\alpha/2}(n-1)\frac{s_d}{\sqrt{n}} \tag{5.18}$$

例 5.9 由 10 名学生组成一个随机样本，让他们分别采用 A 和 B 两套试卷进行测试，结果如表 5.9 所示。假定两套试卷分数之差服从正态分布，试建立两套试卷平均分数之差 $\mu_d=\mu_1-\mu_2$ 的 95%的置信区间。

表 5.9 10 名学生两套试卷的得分

学生编号	试卷 A	试卷 B	差值 d
1	78	71	7
2	63	44	19
3	72	61	11
4	89	84	5
5	91	74	17
6	49	51	−2
7	68	55	13
8	76	60	16
9	85	77	8
10	55	39	16

解：本例为配对小样本情形下的均值之差的估计。根据表 5.9 的数据计算得：

$$\bar{d}=\frac{\sum_{i=1}^{n}d_i}{n}=\frac{110}{10}=11,\quad s_d=\sqrt{\frac{\sum_{i=1}^{n}(d_i-\bar{d})^2}{n-1}}=6.53$$

在 Excel 任一单元格输入"=TINV(0.05, 9)"得临界值 $t_{0.05/2}(10-1)=2.2622$。根据式(5.18)得两套试卷平均分数之差 $\mu_d=\mu_1-\mu_2$ 的 95%的置信区间为：

$$\bar{d}\pm t_{\alpha/2}(n-1)\frac{s_d}{\sqrt{n}}=11\pm 2.2622\times\frac{6.53}{\sqrt{10}}=11\pm 4.67$$

即(6.33,15.67),两套试卷所产生的分数之差的95%的置信区间为6.33～15.67分。

5.3.2　两个总体比例之差的区间估计

两个总体比例之差的区间估计原理与一个总体比例的区间估计相同,$(\pi_1-\pi_2)$的置信区间是由点估计值(p_1-p_2)±估计误差得到的,即

$$(p_1-p_2)\pm\text{临界值}\times(p_1-p_2)\text{的标准误差}$$

由第四章中的“样本比例之差的抽样分布”可知,从两个二项总体中抽出两个独立大样本,则两个样本比例之差(p_1-p_2)近似服从正态分布,而(p_1-p_2)经标准化后则服从标准正态分布,即

$$z=\frac{(p_1-p_2)-(\pi_1-\pi_2)}{\sqrt{\dfrac{\pi_1(1-\pi_1)}{n_1}+\dfrac{\pi_2(1-\pi_2)}{n_2}}}\sim N(0,1) \tag{5.19}$$

若两个总体比例π_1和π_2未知,可用样本比例p_1和p_2来代替,因此,根据正态分布建立的$(\pi_1-\pi_2)$在$(1-\alpha)$置信水平下的置信区间为:

$$(p_1-p_2)\pm z_{\alpha/2}\sqrt{\frac{p_1(1-p_1)}{n_1}+\frac{p_2(1-p_2)}{n_2}} \tag{5.20}$$

例5.10　在某电视节目的收视率调查中,从农村随机调查了400人,有32%的人收看了该节目;从城市随机调查了500人,有45%的人收看了该节目。试以95%的置信水平估计城市与农村收视率差值的置信区间。

解:已知$n_1=500$,$p_1=45\%$,$n_2=400$,$p_2=32\%$。当$\alpha=0.05$,$z_{\alpha/2}=1.96$。因此,根据式(5.20)得$(\pi_1-\pi_2)$的95%的置信区间为:

$$\begin{aligned}&(p_1-p_2)\pm z_{\alpha/2}\sqrt{\frac{p_1(1-p_1)}{n_1}+\frac{p_2(1-p_2)}{n_2}}\\&=(45\%-32\%)\pm1.96\times\sqrt{\frac{45\%(1-45\%)}{500}+\frac{32\%(1-32\%)}{400}}\\&=13\%\pm6.32\%\end{aligned}$$

即(6.68%,19.32%),城市与农村收视率差值的95%的置信区间为6.68%～19.32%。

5.3.3　两个总体方差比的区间估计

在实际问题中,经常会遇到比较两个总体方差的问题。比如,要比较用两种不同方法生产的产品性能的稳定性,比较不同测量工具的精度,等等。

由于两个样本方差比服从$F(n_1-1,n_2-2)$分布,因此可用F分布来构造两

个总体方差比σ_1^2/σ_2^2的置信区间，其原理可用图 5.7 来表示。

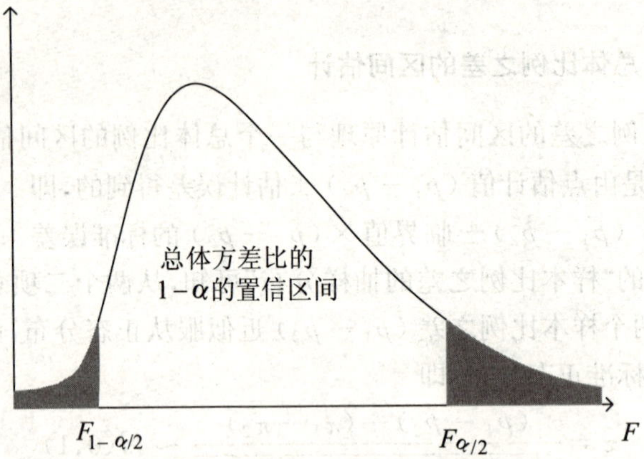

图 5.7 方差比置信区间示意图

由图 5.7 可以看出，建立两个总体方差比的置信区间，就是要找到两个临界值$F_{1-\alpha/2}$ 和$F_{\alpha/2}$，使其满足$P(F_{1-\alpha/2}\leqslant F\leqslant F_{\alpha/2})=1-\alpha$。根据第四章中"两个样本方差之比的抽样分布"，$\frac{s_1^2}{s_2^2}\cdot\frac{\sigma_2^2}{\sigma_1^2}\sim F(n_1-1,n_2-1)$，故可用它来代替 F，于是有

$$F_{1-\alpha/2}\leqslant\frac{s_1^2}{s_2^2}\cdot\frac{\sigma_2^2}{\sigma_1^2}\leqslant F_{\alpha/2} \tag{5.21}$$

根据式(5.21)，可推导出两个总体方差比σ_1^2/σ_2^2在$(1-\alpha)$置信水平下的置信区间为：

$$\frac{s_1^2/s_2^2}{F_{\alpha/2}}\leqslant\frac{\sigma_1^2}{\sigma_2^2}\cdot\leqslant\frac{s_1^2/s_2^2}{F_{1-\alpha/2}} \tag{5.22}$$

式中，$F_{\alpha/2}$ 和 $F_{1-\alpha/2}$ 是分子自由度为(n_1-1)和分母自由度为(n_2-1)的 F 分布两侧面积各为$\alpha/2$的分位数。

例 5.11 为研究男女学生在生活费支出(单位:元)上的差异，在某大学各随机抽取 25 名男学生和 25 名女学生，得到下面的结果：

男学生：$\bar{x}_1=520$，$s_1^2=260$

女学生：$\bar{x}_2=480$，$s_2^2=280$

试以 90％的置信水平估计男女学生生活费支出方差比的置信区间。

解：根据自由度 $n_1=25-1=24$ 和 $n_2=25-1=24$，在 Excel 任一单元格分别输入"＝FINV(0.05，24，24)"和"＝FINV(0.95，24，24)"得临界值：

$F_{\alpha/2}(n_1-1,n_2-1)=F_{0.05}(24,24)=1.984$

$F_{1-\alpha/2}(n_1-1,n_2-1)=F_{0.95}(24,24)=0.504$

根据式(5.22)得

$$\frac{260/280}{1.984} \leqslant \frac{\sigma_1^2}{\sigma_2^2} \leqslant \frac{260/280}{0.504}$$

即 $0.468 \leqslant \sigma_1^2/\sigma_2^2 \leqslant 1.842$，男女学生生活费支出方差比的 90%的置信区间为 0.468～1.842。

图 5.8 给出了两个总体参数估计的不同情形及所使用的分布。

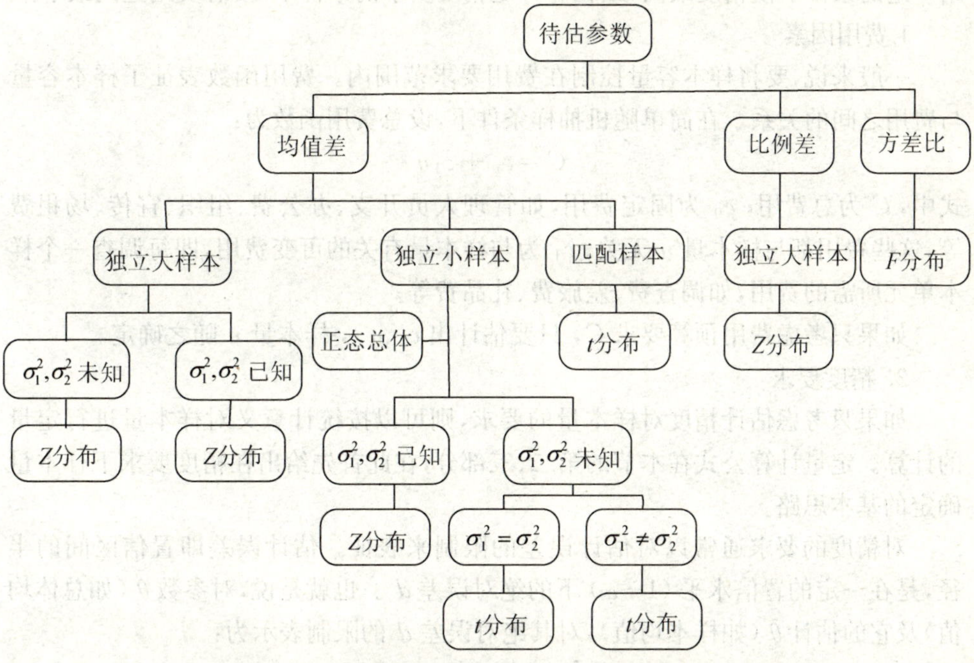

图 5.8　两个总体参数估计的不同情形及所使用的分布

§5.4　样本量的确定

在进行参数估计之前，首先应该确定一个适当的样本量，也就是应该抽取一个多大的样本来估计总体参数。在进行估计时，总是希望提高估计的可靠程度。但在一定的样本量下，要提高估计的可靠程度(置信水平)，就应扩大置信区间，而过宽的置信区间在实际估计中往往是没有意义的。比如，我们说出某一天会下雨，置信区间并不宽，但可靠性相对较低，如果第三季会下一场雨，尽管很可靠，但准确性又太差，也就是置信区间太宽了，这样的估计是没有意义的。如果想要缩小置信区间，又不降低置信程度，就需要增加样本量。但样本量的增加也会受到许多限制，比如会增加调查的费用和工作量。

5.4.1 确定样本量应考虑的因素

样本量的确定在抽样调查中是一个十分重要又比较复杂的问题，它首先要受到调查精度和调查费用的限制。作为抽样方案的设计者，应该权衡精度与费用之间的关系，使调查既满足精度的要求，又节省费用。在实际工作中，通常是在总费用一定的条件下使精度最高，或在有一定精度要求的条件下，使总费用达到最小。

1.费用因素

一般来说，要将样本容量控制在费用要求范围内。费用函数表征了样本容量与费用之间的关系。在简单随机抽样条件下，设总费用函数为：

$$C=c_0+c_1n$$

式中，C 为总费用；c_0 为固定费用，如管理人员开支、办公费、组织、宣传、场租费等，这些费用都与样本量 n 无关；c_1 为与样本量有关的可变费用，即每调查一个样本单元所需的费用，如调查费、差旅费、礼品费等。

如果只考虑费用预算要求 C，只要估计出 c_0、c_1，样本量 n 随之确定。

2. 精度要求

如果只考虑估计精度对样本量的要求，则可以按统计意义对样本量进行定量的计算。定量计算公式在本节的第二、三部分，在此首先给出在精度要求下样本量确定的基本思路。

对精度的要求通常以对估计误差的限制来表征。估计误差即置信区间的半径，是在一定的置信水平 $(1-\alpha)$ 下的绝对误差 d 。也就是说，对参数 θ（如总体均值）及它的估计 $\hat{\theta}$（如样本均值），对其绝对误差 d 的限制表示为：

$$P(|\hat{\theta}-\theta|\leqslant d)=1-\alpha$$

若以对相对误差 r 的限制来表示，则有：

$$P\left\{\frac{|\hat{\theta}-\theta|}{\theta}\leqslant r\right\}=1-\alpha$$

即，相对误差与绝对误差的关系是：$r=d/\theta$ 。

对于绝对误差（估计误差），我们在本章前面的内容中，已经给出了不同估计要求和已知条件以及 $(1-\alpha)$ 置信水平下的估计误差的表达式。实践中，往往人为给出绝对误差 d（或相对误差 r）的要求，而绝对误差（或相对误差 r）是样本量 n 的函数，因此根据 d 或 r 以及置信水平 $(1-\alpha)$ 的要求即可推算出所需要的样本量。

比如，前面已经讲到，在简单随机抽样条件下，总体均值的置信区间是由样本均值 $\bar{x}$ ±估计误差组成的。在重置抽样或无限总体抽样条件下，估计误差为 $d=z_{\alpha/2}\sigma/\sqrt{n}$，即 $z_{\alpha/2}$ 的值和样本量 n 共同确定了估计误差的大小。$z_{\alpha/2}$ 的值由置信水平（$1-\alpha$）来确定，再有了总体标准差 σ 的合理估计，就可以确定任一希望的估计误差 d 下所需的样本量。

3. 其他考虑因素

实践中，确定样本量除了要考虑费用限制和精度要求以外，还要考虑其他一些因素。

(1)问题重要性。对于决策比较重要的问题，所需要的信息应该比较准确，因此样本量要大一些。

(2)所研究问题目标量的个数。如果所研究的问题目标量较多，样本量应适当放大。

(3)参照同类调查。参照以往同类型调查项目确定样本量。

(4)调查表的回收率。调查过程中，可能有些调查对象拒访或因种种原因调查不到，这时样本量应适当放大。一种做法是，根据估计的回收率反算出应接触的样本量，例如回收率估计为80%，则应接触的样本量为计算出所需样本量的1.25倍。

(5)有效样本。调查过程中，可能有些接触的对象不是"合格"对象，我们称"合格"对象为有效样本。为了获得足够的有效样本，以保证推算能够满足精度的要求，样本量也应适当放大。

(6)资源限制。调查项目的经费、时间要求及调查人员都是有限的，因此样本量的确定也要考虑这些因素的限制。

5.4.2　估计总体均值时样本量的确定

在估计总体均值时，令 d 代表所希望达到的估计误差，即

$$d=z_{\alpha/2}\frac{\sigma}{\sqrt{n}} \tag{5.23}$$

由此可以推导出确定样本量的公式如下：

$$n=\frac{(z_{\alpha/2})^2\sigma^2}{d^2} \tag{5.24}$$

式中，d 为使用者在给定的置信水平下可以接受的估计误差；$z_{\alpha/2}$ 的值由置信水平（$1-\alpha$）确定。如果能事先估计出 σ 的值，就可以用式(5.24)计算所需的样本量。在实际应用中，如果 σ 未知，可用以前相同或类似的样本的标准差来代替；也可以用试调查或预调查的方法，选择一个初始样本，以该样本的样本标准差作为 σ 的估计值。

由式(5.24)可以看出，样本量与置信水平成正比，在其他条件不变的情况下，置信水平越大，所需的样本量也就越大；样本量与总体方差成正比，总体的变异越大，所要求的样本量也越大；样本量与估计误差的平方成反比，即可以接受的估计

误差的平方越大，所需的样本量就越小。

需要说明的是：根据式(5.24)计算出的样本量不一定是整数，通常是将样本量取成较大的整数，也就是将小数点后面的数值一律进位成整数，如 24.68 取 25，24.32 也取 25 等。这就是样本量的圆整法则(进一法)。

例 5.12 拥有工商管理学士学位的大学毕业生年薪标准差大约为 2000 元，假定想要估计年薪 95%的置信区间，希望估计误差为 400 元，应抽取多大的样本量？

解：已知 $\sigma=2000, d=400, z_{\alpha/2}=1.96$。根据式(5.24)得

$$n=\frac{(z_{\alpha/2})^2\sigma^2}{d^2}=\frac{1.96^2\times2000^2}{400^2}=96.04\approx97$$

即应抽取 97 人作为样本。

5.4.3 估计总体比例时样本量的确定

与估计总体均值时样本量的确定方法类似，在重置抽样或无限总体抽样条件下，总体比例 $(1-\alpha)$ 置信水平下的置信区间的估计误差为 $z_{\alpha/2}\sqrt{\pi(1-\pi)/n}$，$z_{\alpha/2}$ 的值、总体比例 π 和样本量 n 共同确定了估计误差的大小。由此可以推导出重置抽样或无限总体抽样条件下确定样本量的公式如下：

$$n=\frac{(z_{\alpha/2})^2\pi(1-\pi)}{d^2} \tag{5.25}$$

式中，估计误差 d 由调查组织者事先确定，多数情况下，一般取 d 的值小于 0.10。$z_{\alpha/2}$ 的值由置信水平 $(1-\alpha)$ 确定。实际应用中，π 通常未知，可以用类似问题的样本比例来代替；也可以用试验调查的办法，选择一个初始样本，以该样本的比例作为 π 的估计值。当无法获得 π 的合理估计值时，通常取 $\pi=0.5$，此时 $\pi(1-\pi)$ 最大，为最谨慎的估计。

例 5.13 根据以往的生产统计，某种产品的合格率约为 90%，现要求估计误差为 5%，要构造合格率的 95%的置信区间，应抽取多少个产品作为样本？

解：已知 $\pi=90\%, d=5\%, z_{\alpha/2}=1.96$。

根据式(5.24)得

$$n=\frac{(z_{\alpha/2})^2\pi(1-\pi)}{d^2}=\frac{1.96^2\times0.9\times(1-0.9)}{0.05^2}=138.3\approx139$$

即应抽取 139 个产品作为样本。

应用上面公式确定样本量时应注意以下问题：

第一，式(5.24)和式(5.25)给出的是重置抽样条件下的样本量确定公式，实践中不重置抽样应用较多。对不重置抽样样本量的确定通常遵循如下思路：首先计算重置抽样条件下的样本量，记为 n_0；然后判断 $n_0/N<0.05$ 是否成立，若成立，则取 $n=n_0$，否则，对 n_0 按以下公式进行修正：

$$n=\frac{n_0}{1+\frac{n_0}{N}} \tag{5.26}$$

第二,式(5.24)和式(5.25)给出的 n 是最低的,即必要样本单位数,通常还需要考虑费用以及问题的重要性、调查表的回收率等其他因素,来确定最终的样本量。

第三,如果进行一次抽样调查,要同时估计多个总体参数,则利用上述公式的计算结果往往是不同的,为了在一次估计中同时满足多个参数的估计要求,应选择较大的样本量。

第四,上述公式计算的 n 一般非整,此时多采用比这个数大的邻近整数代替(一般不用四舍五入)。

第五,确定样本量是在抽样推断之前进行的,往往总体方差未知,也没有可替代它的样本方差资料,这就需要进行总体参数的预先估计。

5.4.4　总体参数的预先估计

1. 利用历史资料

如果有历史资料,可利用历史资料代替;如果有若干个可供选择的历史资料,应采用数值最大的一个,从而给出一个最谨慎的估计。

2. 利用预调查(或试调查)

如果没有可供替代的历史资料,可通过组织预调查(或试调查)获取替代资料。对于大型调查,通常都要进行预调查,预调查的样本量 n' 一般比较小。组织预调查或试调查的目的通常有三个:一是发现调查组织工作中可能存在的问题;二是判断问卷设计是否合理,有没有逻辑错误或询问的歧义等;三是实现总体参数的预先估计。

3. 两步调查法

如果时间允许,并且总体现象相对稳定(即总体范围和目标量的数量特征不会随时间的变化有大的变化),就可以通过组织两步调查的方法进行总体参数的预估。调查分两步走,首先确定一个可以承受的样本量 n_0,调查后对估计精度进行计算,如果精度达到要求,则调查结束;否则,根据 n_0 个样本单位获取的信息计算为达到精度要求所需的样本量 n,再补抽 $(n-n_0)$ 个单位进行调查即可。

相比而言,如果估计的是总体比例,只要根据分析确认 π 不是稀有事件的比例,也就是说 π 只要在 0.2～0.8 之间,问题就变得比较简单,可以取使 $\pi(1-\pi)$ 达到最大的 π 值,即 $\pi=0.5$,此时估计的样本量是最谨慎的。如果是稀有事件,则需要用逆抽样方法①。

---

① 逆抽样法在专门介绍抽样技术的书籍中都有详细的说明。

附录　Excel 的应用

参数估计最主要的形式是区间估计，即用点估计值±估计误差来构造一个置信区间，而确定置信区间最关键的是估计误差(即置信半径)的求解。Excel 中给出了估计误差求解的方法。下面以大样本条件下总体均值的区间估计为例，来说明 Excel 中估计误差(置信半径)的求解方法。

一、“描述统计”过程求解置信半径

(一)操作步骤

[工具]→[数据分析]→[描述统计]，在[输入区域]定义需要计算的数据区域，可以按行或按列，也可以对多行或多列的每一行或每一列分别进行描述统计；如果所选区域有标题行则在[标志位于第一行]前面的复选框里打勾，否则，则不选；在[输出选项]中选择输出区域；根据需要在[汇总统计]、[平均数置信度]、[第 K 大值]、[第 K 小值]前面的复选框进行选择。最后点击“确定”。

(二)应用举例

图 5.9 给出了对 15 名学生成绩的“描述统计”分析过程，结果如图 5.10 所示。

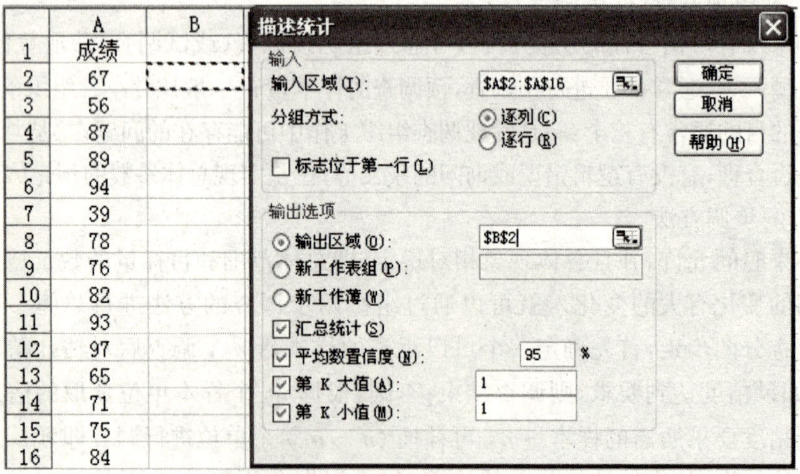

图 5.9　描述统计对话框

图 5.10 的最后一行即在 95%置信水平下的置信半径(估计误差)为 8.6728。

	A	B	C
1	成绩	列1	
2	67		
3	56	平均	76.86666667
4	87	标准误差	4.043650716
5	89	中位数	78
6	94	众数	#N/A
7	39	标准差	15.66099188
8	78	方差	245.2666667
9	76	峰度	1.034873936
10	82	偏度	-0.976416785
11	93	区域	58
12	97	最小值	39
13	65	最大值	97
14	71	求和	1153
15	75	观测数	15
16	84	最大(1)	97
17		最小(1)	39
18		置信度(95.0%)	8.672768199

图 5.10 描述统计输出结果

二、利用函数求解置信半径

(一)操作步骤

插入函数[f_x]→选择[CONFIDENCE],定义显著性水平α,标准偏差 std_deviation,样本容量 size,从而给出在$(1-\alpha)$置信水平下,按照正态分布进行区间估计的置信半径。

(二)应用举例

某公司有职工 2000 人,为了了解职工上下班路程花费的时间,随机抽取 50 人进行调查。根据样本信息计算出平均每天上下班所花时间为 74 分钟,标准差为 8.5 分钟,要求在 95%的置信水平下估计全部职工平均每天上下班所花时间。

在 Excel 任一单元格输入"=CONFIDENCE(0.05,8.5,50)",回车,得到结果 2.4 分钟,即置信区间的半径为 2.4 分钟,即在 95%的置信水平下的全部职工平均每天上下班所花时间的置信区间为 71.6～76.4 分钟。

本章习题

一、思考题

1.说明区间估计的基本原理。

2.简述评价估计量优良的标准。

3.怎样理解置信区间？解释95%的置信区间。$z_{\alpha/2}\sigma/\sqrt{n}$ 的含义是什么？

4.解释独立样本和匹配样本的含义。

5.在对两个总体均值之差的小样本估计中，对两个总体和样本都有哪些假定？

6.简述样本量与置信水平、总体方差、估计误差的关系。

二、练习题

1.某快餐店想要估计每位顾客午餐的平均花费金额，在为期三周的时间里选取49名顾客组成了一个简单随机样本。

(1)假定总体标准差为15元，求样本均值的抽样标准误差；

(2)在95%的置信水平下，求估计误差；

(3)如果样本均值为120元，求快餐店所有顾客午餐平均花费金额的95%的置信区间。

2.利用下面的信息，构建总体均值 μ 的置信区间。

(1)总体服从正态分布，且已知 $\bar{x}=8900$，$\sigma=500$，$n=15$，置信水平为95%。

(2)总体不服从正态分布，且已知 $\bar{x}=8900$，$\sigma=500$，$n=35$，置信水平为95%。

(3)总体不服从正态分布，σ 未知，$\bar{x}=8900$，$s=500$，$n=35$，置信水平为90%。

(4)总体不服从正态分布，σ 未知，$\bar{x}=8900$，$s=500$，$n=35$，置信水平为99%。

3.某大学为了解学生每天上网的时间，在全校学生中随机抽取36人，调查他们每天上网的时间，得到下面的数据(单位：小时)：

3.3	3.1	6.2	5.8	2.3	4.1	5.4	4.5	3.2
4.4	2.0	5.4	2.6	6.4	1.8	3.5	5.7	2.3
2.1	1.9	1.2	5.1	4.3	4.2	3.6	0.8	1.5
4.7	1.4	1.2	2.9	3.5	2.4	0.5	3.6	2.5

求该校大学生平均上网时间的置信区间，置信水平分别为90%，95%和99%。

4.某居民小区共有居民500户，小区管理者准备采用一项新的供水设施，想了解居民是否赞成。重置随机抽取了50户，其中有32户赞成，18户反对。

(1)求总体中赞成新措施的户数比例的置信区间，置信水平为95%。

(2)如果小区管理者预计赞成的比例能达到80%，要求估计误差不超过10%。应抽取多少户进行调查？

5.顾客到银行办理业务时往往需要等待一些时间，而等待时间的长短与很多因素有关，比如，银行的业务员办理业务的速度、顾客等待排队的方式，等等。为此，某银行准备采取两种排队方式进行试验。第一种排队方式是：所有顾客都进入一个等待队列；第二种排队方式是：顾客在三个业务窗口处列队三排等待。为比较哪种排队方式使顾客等待的时间更短，银行各随机抽取10名顾客，他们在办理业务时所等待的时间(单位：分钟)如下：

方式 1	6.5	6.6	6,7	6.8	7.1	7.3	7.4	7.7	7.7	7.7
方式 2	4.2	5.4	5.8	6.2	6.7	7.7	7.7	8.5	9.3	10.0

(1)构建第一种排队方式等待时间标准差的95%的置信区间。

(2)构建第二种排队方式等待时间标准差的95%的置信区间。

(3)根据(1)和(2)的结果,你认为哪种排队方式更好?

6.两个正态总体的方差 σ_1^2 和 σ_2^2 未知但相等。从两个总体中分别抽取两个独立的随机样本,它们的均值和标准差如下：

来自总体 1 的样本	来自总体 2 的样本
$n_1 = 14$	$n_2 = 7$
$\bar{x}_1 = 53.2$	$\bar{x}_2 = 43.4$
$s_1^2 = 96.8$	$s_2^2 = 102.0$

求 $(\mu_1 - \mu_2)$ 的置信区间,显著性水平分别为 95%和 99%。

7.一家人才测评机构对随机抽取的 10 名小企业的经理人用两种方法进行自信心测试,得到的自信心测试分数如下：

人员编号	1	2	3	4	5	6	7	8	9	10
方法 1	78	63	72	89	91	49	68	76	85	55
方法 2	71	44	61	84	74	51	55	60	77	39

构建两种方法平均自信心得分之差 $\mu_d = \mu_1 - \mu_2$ 的 95%的置信区间。

8.从两个总体中各抽取一个 $n_1 = n_2 = 250$ 的独立随机样本,来自总体 1 的样本比例为 $p_1 = 40\%$,来自总体 2 的样本比例为 $p_2 = 30\%$。

构造 $(\pi_1 - \pi_2)$ 的置信区间,置信水平分别为 90%和 95%。

9.生产工序的方差是工序质量的一个重要度量。当方差较大时,需要对工序进行改进以减小方差。下表是两部机器生产的袋茶重量(单位：克)的数据：

机器 1			机器 2		
3.45	3.22	3.90	3.22	3.28	3.35
3.20	2.98	3.70	3.28	3.19	3.30
3.22	3.75	3.28	3.30	3.20	3.05

续表

机器 1			机器 2		
3.50	3.38	3.35	3.30	3.29	3.33
2.95	3.45	3.20	3.34	3.35	3.27
3.16	3.48	3.12	3.28	3.16	3.28
3.20	3.18	3.25	3.30	3.34	3.25

构造两个总体方差比 σ_1^2/σ_2^2 的 95%的置信区间。

10.某超市想要估计每个顾客平均每次购物花费的金额。根据过去的经验，标准差大约为 120 元，现要求以 95%的置信水平估计每个顾客平均购物金额的置信区间，并要求估计误差不超过 20 元，应抽取多少个顾客作为样本？

第六章　统计推断：假设检验

参数估计（Parameter Estimation）和假设检验（Hypothesis Testing）是统计推断的两个组成部分，它们都是利用样本对总体进行某种推断，但是推断的角度有所不同。参数估计讨论的是用样本统计量估计总体参数的方法，总体参数在估计前是未知的。而在假设检验中，则是先对总体参数提出一个假设，然后利用样本信息判断这一假设是否成立。本章首先介绍假设检验的基本原理，然后分别介绍一个总体参数和两个总体参数的检验方法。

§6.1　假设检验的基本原理

假设检验的基本思路是：首先对总体提出某种假设，然后抽取样本获得数据，再根据样本提供的信息判断假设是否成立。

6.1.1　提出假设

所谓假设（Hypothesis）就是对总体的某种看法。在参数检验中，假设就是对总体参数的具体数值所作的陈述。比如，我们虽然不知道一批灯泡的平均使用寿命是多少，不知道一批产品的合格率是多少，不知道全校学生生活费支出的标准差是多少，但可以事先提出一个假设值，比如这批灯泡的平均使用寿命是1500小时，这批产品的合格率是95%，全校学生生活费支出的标准差是100，等等。

假设检验（Hypothesis Test）就是在对总体参数提出假设的基础上，利用样本信息来判断假设是否成立的统计方法。比如，假设全校学生的生活费支出的平均值是800元，然后从全校学生中抽取一个样本，根据样本信息检验平均生活费支出是不是800元，这就是假设检验。

在假设检验中，首先需要提出两种假设，即原假设和备择假设。

原假设也称零假设（Null Hypothesis），它通常是研究者想收集证据予以推翻的假设，用 H_0 表示。原假设所表达的含义总是指参数没有变化或变量之间没有关系，因此等号“=”总是放在原假设上。以总体均值的检验为例，设总体均值的假设值为 μ_0，原假设总是写成 $H_0:\mu=\mu_0$ 或 $H_0:\mu\geqslant\mu_0$ 或 $H_0:\mu\leqslant\mu_0$。原假设最初被假定是成立的，之后根据样本数据确定是否有足够的证据拒绝原假设。

备择假设（Alternative Hypothesis）通常是指研究者想收集证据予以支持的假

设，用 H_1 或 H_α 表示。备择假设所表达的含义是总体参数发生了变化或变量之间有某种关系，因此，与以上 H_0 的形式相对应，备择假设的形式总是为 $H_1:\mu \neq \mu_0$ 或 $H_1:\mu < \mu_0$ 或 $H_1:\mu > \mu_0$。备择假设通常用于表达研究者自己倾向于支持的看法，然后就是想办法收集证据拒绝原假设，以支持备择假设。

在假设检验中，如果备择假设没有特定的方向性，并含有符号"≠"，这样的假设检验称为双侧检验或双尾检验(Two-tailed Test)。如果备择假设具有特定的方向性，并含有符号">"或"<"，这样的假设检验称为单侧检验或单尾检验(One-tailed Test)。备择假设含有符号"<"的单侧检验称为左侧检验，而备择假设含有符号">"的单侧检验称为右侧检验。

确定原假设和备择假设在假设检验中十分重要，它直接关系到检验的结论。下面通过几个例子来说明确定原假设和备择假设的大概思路。

例 6.1 一种零件的生产标准是直径应为 10 厘米，为了对生产过程进行控制，质量监测人员定期对一台加工机床进行检查，确定这台机床生产的零件直径是否符合标准要求。如果零件的平均直径大于或小于 10 厘米，则表明生产过程不正常，必须进行调整。试陈述用来检验生产过程是否正常的原假设和备择假设。

解：设这台机床生产的所有零件平均直径的真值为 μ。如果 $\mu = 10$ 表明机床的生产过程正常，若 $\mu > 10$ 或 $\mu < 10$ 均表明生产过程不正常，研究者要检测这两种可能情况中的任何一种。因此，研究者想收集证据予以支持的假设应该是"生产过程不正常"(因为如果研究者事先认为生产过程正常，也就没有必要去进行检验了)，应作为备择假设。所以建立的原假设和备择假设应为：

$H_0:\mu = 10$ (生产过程正常)；$H_1:\mu \neq 10$ (生产过程不正常)

例 6.2 某品牌的洗涤剂在其产品说明书中声称：每瓶的"平均净含量不低于 500 克"。从消费者的利益出发，有关研究人员要通过抽检其中的一批产品来验证该产品制造商的说明是否属实。试陈述用于检验的原假设和备择假设。

解：设该品牌洗涤剂平均净含量的真值为 μ。如果抽检的结果发现 $\mu < 500$，则表明该产品说明书中关于其净含量的陈述是不真实的，有关部门应对其采取相应的措施。一般来说，研究者抽检的意图是倾向于证明这种洗涤剂的平均净含量并不符合说明书中的陈述，因为这会损害消费者的利益(如果研究者对产品说明丝毫没有质疑，也就没有抽检的必要了)。所以 $\mu < 500$ 是研究者想要收集证据支持的观点，应作为备择假设。所以，建立的原假设和备择假设应为：

$H_0:\mu \geqslant 500$ (净含量符合说明书)；$H_1:\mu < 500$ (净含量不符合说明书)

例 6.3 一家研究机构估计，某城市中家庭拥有汽车的比例超过 30%。为验证这一估计是否正确，该研究机构随机抽取了一个样本进行检验。试陈述用于检验的原假设和备择假设。

解:设该城市中家庭拥有汽车的比例真值为 π。显然,研究者想收集证据予以支持的假设是"该城市中家庭拥有汽车的比例超过 30%",应作为备择假设。因此,建立的原假设和备择假设应为:

$$H_0:\pi \leqslant 30\%;\ H_1:\pi > 30\%$$

通过上面几个例子可以看出,原假设和备择假设是一个完备事件组,而且相互对立。这意味着,在一项假设检验中,原假设和备择假设必有一个成立,而且只有一个成立。此外,假设的确定带有一定的主观色彩,因为"研究者推翻的假设"和"研究者支持的假设"最终仍取决于研究者本人的意向。所以,即使是对同一个问题,由于研究目的不同,也可能提出截然不同的假设。但无论怎样,只要假设的建立符合研究者的最终目的便是合理的。

6.1.2 做出决策

假设检验是根据样本信息做出拒绝或不拒绝原假设的决策。这就涉及两个问题:一是依据什么做出决策? 二是所作的决策正确吗?

1. 两类错误与显著性水平

研究者总是希望能做出正确的决策,但由于决策是建立在样本信息的基础之上的,而样本又是随机的,因而就有可能犯错误。一般来说,决策结果存在表 6.1 中的四种情形。

表 6.1 统计决策表

真实情况	不能拒绝 H_0	拒绝 H_0
H_0 真实	判断正确	弃真错误(α)
H_0 不真实	存伪错误(β)	判断正确

原假设和备择假设不能同时成立,决策的结果要么拒绝原假设,要么不拒绝原假设。决策时总是希望当原假设正确时没有拒绝它,当原假设不正确时拒绝它,但实际上很难保证不犯错误。一种情况是,原假设是正确的却拒绝了原假设,这时所犯的为弃真错误,被称为第Ⅰ类错误(TypeⅠError),犯第Ⅰ类错误的概率记为 α(因此也称为 α 错误)。另一种情况是,原假设是错误的却没有拒绝原假设,这时所犯的是存伪错误,被称为第Ⅱ类错误(TypeⅡError),犯第Ⅱ类错误的概率记为 β(因此也称为 β 错误)。

在假设检验中,只要做出拒绝原假设的决策,就有可能犯第Ⅰ类错误,只要做出不拒绝原假设的决策,就有可能犯第Ⅱ类错误。从直觉上说,这两类错误的概率之间存在这样的关系:在样本量不变的情况下,要减小 α 就会使 β 增大,而要增大 α 就会使 β 减小,两类错误就像一个跷跷板。人们自然希望犯两类错误的概率都尽可能小,但实际上难以做到。要使 α 和 β 同时减小的唯一办法是增加样本量,但样本量的增加又会受许多因素的限制，所以人们只能在两类错误的发生概率之间进行平衡，以使 α 和 β 控制在能够接受的范围内。那么假设检验中先控制哪类错误呢？一般来说，发生哪一类错误的后果更严重，就应该首要控制哪类错误发生的概率。也就是说，对于一个给定的样本，如果犯第Ⅰ类错误的代价比犯第Ⅱ类错误的代价相对较高，则将犯第Ⅰ类错误的概率定得低些较为合理；反之，则可以将犯第Ⅰ类错误的概率定得高些。但由于犯第Ⅰ类错误的概率可以由研究者事先控制，而犯第Ⅱ类错误的概率相对难以计算，因此在假设检验中，人们往往先控制第Ⅰ类错误的发生概率。

假设检验中犯第Ⅰ类错误的概率 α 也称为显著性水平（Level of Significance），它是人们事先指定的犯第Ⅰ类错误的概率的最大允许值。显著性水平 α 越小，犯第Ⅰ类错误的可能性自然就越小，但犯第Ⅱ类错误的可能性则随之增大。图 6.1 给出了 α 与 β 的关系示意图。实际应用中，究竟确定一个多大的 α 值合适呢？一般情况下，人们认为犯第Ⅰ类错误的后果更严重一些，因此通常会取一个较小的 α 值（一般要求 $\alpha \leqslant 0.1$）。著名的英国统计学家 Ronald Fisher 在他的研究中把小概率的标准定为 0.05，所以人们通常选择显著性水平为 0.05 或更小的概率。实际中常用的显著性水平有 $\alpha=0.01$，$\alpha=0.05$，$\alpha=0.1$ 等。

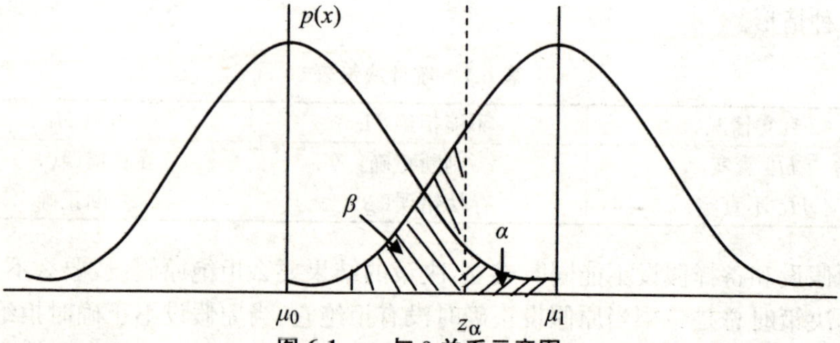

图 6.1　α 与 β 关系示意图

2. 决策依据

在提出具体的假设之后，研究者需要提供可靠的证据来支持他所关注的备择假设。假定在例 6.2 中，如果你想证实产品说明书中的说法不属实，也就是要检验假设：$H_0: \mu \geqslant 500$；$H_1: \mu < 500$，抽取一个样本得到的样本均值为 495 克，你拒绝原假设吗？如果样本均值是 502 克，你拒绝原假设吗？做出拒绝或不拒绝原假设的依据是什么？传统上，做出决策所依据的是样本统计量，现代检验中人们直接使用由统计量算出的犯第Ⅰ类错误的概率，即所谓的 P 值。

（1）依据统计量决策

怎样利用样本信息做出决策呢？首先要根据样本观测结果计算出对原假设做

出决策的检验统计量(Test Statistic)。比如要检验总体均值,我们自然会想到要用样本均值作为判断标准。但样本均值 $\bar{x}$ 是总体均值 μ 的一个点估计量,它并不能直接作为判断的依据,只有将其标准化后,才能用于度量它与原假设的参数值之间的差异程度。对于总体均值和总体比例的检验,在原假设 H_0 为真的条件下,根据点估计量的抽样分布可以得到标准化检验统计量(Standardized Test Statistic):

$$\text{标准化检验统计量} = \frac{\text{点估计量} - \text{假设值}}{\text{点估计量的标准误差}} \tag{6.1}$$

实际中使用的检验统计量都是标准化检验统计量,它反映了点估计量(比如样本均值)与假设的总体参数(比如假设的总体均值)相比相差多少个标准差的距离。虽然检验统计量是一个随机变量,随样本观测结果的不同而变化,但只要已知一组特定的样本观测结果,检验统计量的值也就唯一确定了。

有了检验统计量就可以建立一个决策准则。根据事先给定的显著性水平 α,可以在统计量的分布上找到相应的临界值(Critical Value),由显著性水平和相应的临界值确定的一个区域称为拒绝域(Rejection Region)。如果统计量的值落在拒绝域内就拒绝原假设,否则就不拒绝原假设。拒绝域的大小与给定的显著性水平有关。当样本量固定时,拒绝域随 α 的减小而减小。显著性水平、拒绝域和临界值的关系可用图 6.2 来表示。

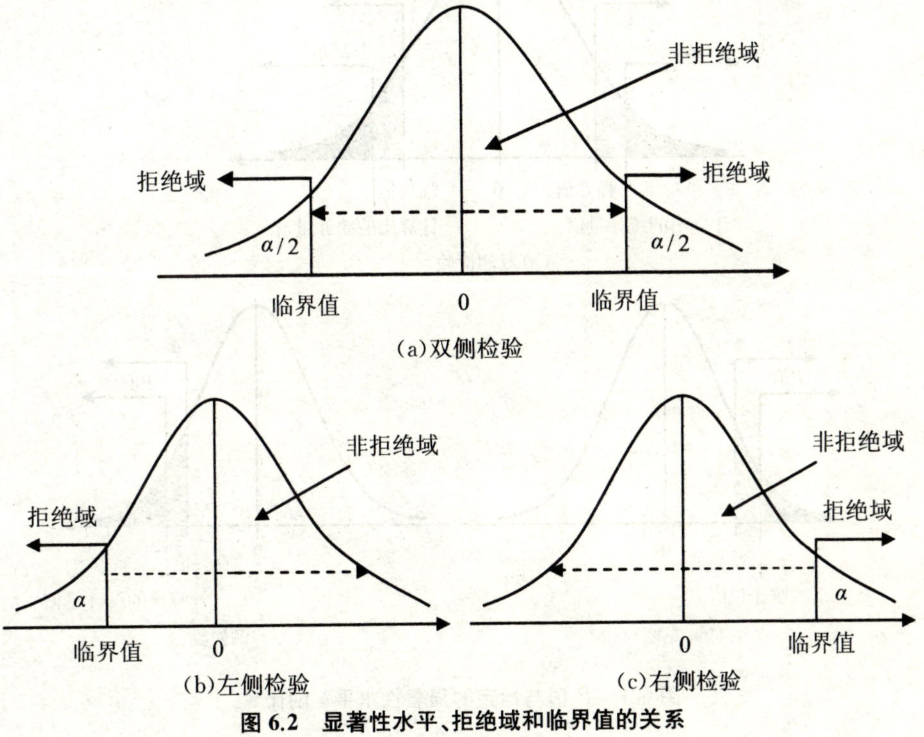

图 6.2　显著性水平、拒绝域和临界值的关系

由图 6.2 可以得出利用统计量进行检验时的决策准则：

双侧检验：|统计量|>临界值，拒绝原假设。

左侧检验：统计量的值<临界值，拒绝原假设。

右侧检验：统计量的值>临界值，拒绝原假设。

(2)依据 P 值决策

统计量检验是根据事先确定的显著性水平 α 确定的拒绝域做出决策，不论检验统计量的值是大还是小，只要它落入拒绝域就拒绝原假设，否则就不拒绝原假设。这样，无论统计量落在拒绝域的什么位置，你也只能说犯第Ⅰ类错误的概率是 α。但实际上，α 是犯第Ⅰ类错误的上限控制值，统计量落在拒绝域的不同位置，决策时所犯第Ⅰ类错误的概率是不同的。如果能把犯第Ⅰ类错误的真实概率算出来，就可以直接用这个概率做出决策，而不需要考虑事先给定的显著性水平 α。这个犯第Ⅰ类错误的真实概率就是 P 值。

用统计的术语来说，如果原假设是正确的，所得到的样本结果会像实际观测结果那么极端或更极端的概率称为 P 值（P-value），也称为观察到的显著性水平（Observed Significance Level）。图 6.3 给出了拒绝原假设时的 P 值与给定 α 的比较示意图。

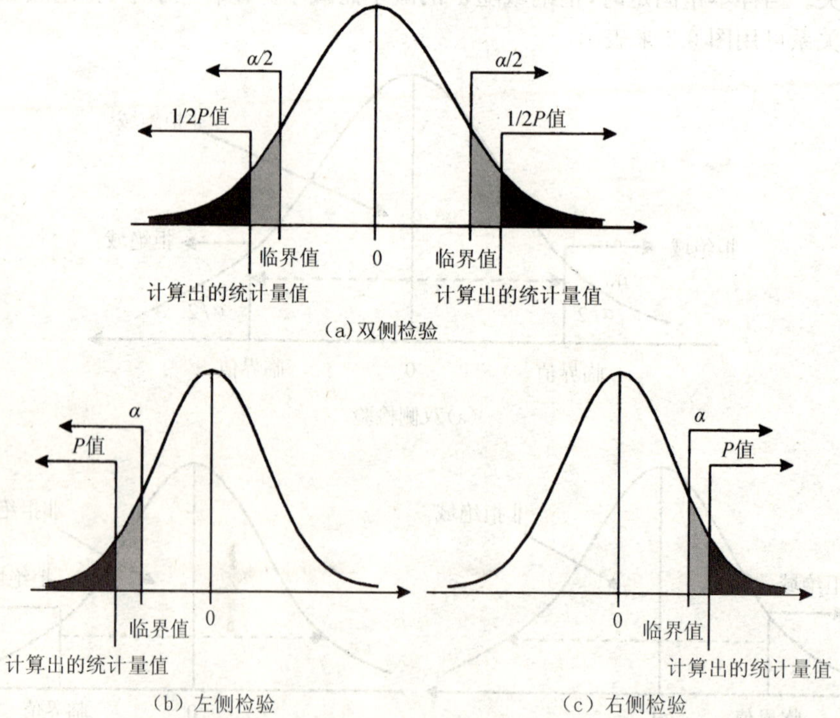

图 6.3　P 值与给定的显著性水平 α 的比较

用 P 值进行决策的规则很简单:如果 $P < \alpha$,拒绝 H_0;如果 $P > \alpha$,不拒绝 H_0(双侧检验将两侧面积的总和定义为 P)。利用 P 值进行决策需要注意以下几点。

① P 值是关于数据的概率,它与原假设正确与否的概率无关。具体地说,P 值反映的是在某个总体的许多样本中某一类数据出现的经常程度,它是当原假设正确时,得到抽出的这个样本数据的概率。比如,要检验全校学生的平均生活费支出是否等于 800 元,检验的假设为:$H_0:\mu = 800$;$H_1:\mu \neq 800$。假定抽出一个样本,计算得样本均值 $\bar{x} = 700$ 元,得到的 P 值为 0.02,这个 0.02 是指如果平均生活费支出真的是 800 元的话,那么,从该总体中抽出一个均值为 700 的样本的概率仅为 0.02。如果你认为这个概率太小了,就可以拒绝原假设,因为如果原假设正确的话,几乎不可能抓到这样的一个样本,既然抓到了,就表明这样的样本不在少数,所以原假设是不对的。显然,P 值越小,你拒绝原假设的理由就越充分。

② P 值要多小才有理由拒绝原假设呢?这要根据两种情况来确定:第一,原假设的可信度有多高?如果原假设所代表的是人们多年来一直相信的看法,就需要很强的证据(小的 P 值)才能说服他们,就应该选择小的 P 值。第二,拒绝原假设的成本有多高?如果拒绝原假设可能会付出很高的成本,就需要选择一个更小的 P 值。比如,备择假设代表要花很多钱把产品包装改换成另一种包装,此时就要有很强的证据显示新包装一定会增加销售量(因为拒绝原假设要花很高的成本)。一般来说,$P < 0.1$ 代表有"一些证据"不利于原假设;$P < 0.05$ 代表有"适度证据"不利于原假设;$P < 0.01$ 代表有"很强证据"不利于原假设。实际上,有了 P 值,也就不用太关心事先给定的显著性水平。只要你认为这么大的 P 值就算是显著了,你就可以在这样的 P 值水平上拒绝原假设了。当然,统计上通常要求 P 值不应大于 0.1。

③ P 值决策优于统计量决策。与传统的统计量决策相比,P 值决策提供了更多的信息。比如,根据事先确定的 α 进行决策时,只要统计量的值落在拒绝域,无论它在哪个位置,拒绝原假设的结论都是一样的(只能说犯第Ⅰ类错误的概率是 α)。但实际上,统计量落在拒绝域不同的地方,实际的显著性是不同的。比如,统计量落在临界值附近与落在远离临界值的地方,实际的显著性就有较大差异。而 P 值给出的是根据实际统计量算出的显著性水平,它告诉我们实际的显著性水平是多少。根据统计量决策,如果拒绝原假设,也仅仅是知道犯错误的可能性是 α 那么大,但究竟是多少却不知道。而 P 值则是算出的犯第Ⅰ类错误的实际概率。从图 6.4 容易看出统计量决策与 P 值决策的差异。

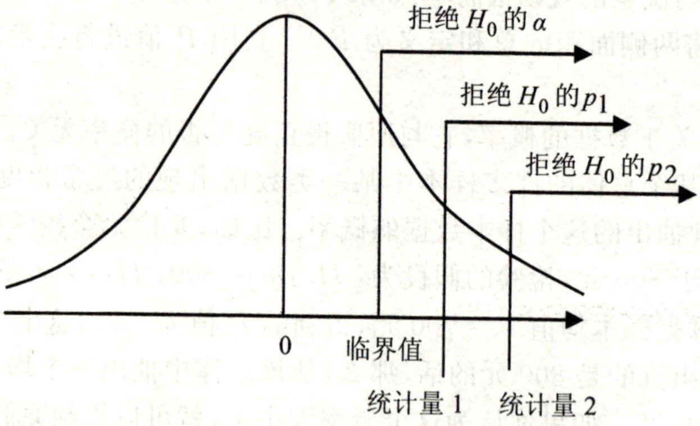

图 6.4　拒绝 H_0 的两个统计量的不同显著性

§6.2　一个总体参数的检验

理解了假设检验的原理，在实际中应用它并不困难。与参数估计类似，当研究一个总体时，要检验的参数主要是总体均值 μ 、总体比例 π 和总体方差 σ^2。

6.2.1　总体均值的检验

在对总体均值进行假设检验时，采用什么检验统计量取决于所抽取的样本是大样本（$n \geqslant 30$）还是小样本（$n < 30$），此外还需要考虑总体是否服从正态分布、总体方差 σ^2 是否已知等几种情况。

1. 大样本情形下的检验

在大样本情形下，样本均值 $\bar{x}$ 的抽样分布近似服从正态分布，其抽样标准差为 $\sigma/\sqrt{n}$ 。将 $\bar{x}$ 经过标准化后即可得到检验的统计量。可以证明，$\bar{x}$ 经标准化后服从标准正态分布，因而采用正态分布的检验统计量。设假设的总体均值为 μ_0，当总体方差 σ^2 已知时，总体均值检验的统计量为：

$$z = \frac{\bar{x} - \mu_0}{\sigma/\sqrt{n}} \tag{6.2}$$

当总体方差 σ^2 未知时，可以用样本方差 s^2 来代替，此时总体均值检验的统计量为：

$$z = \frac{\bar{x} - \mu_0}{s/\sqrt{n}} \tag{6.3}$$

例 6.4　一种罐装饮料采用自动生产线生产，每罐的容量是 255 毫升，标准差为 5 毫升。为检验每罐容量是否符合要求，质检人员在某天生产的饮料中随机抽取 40 罐进行检验,测得每罐平均容量为 255.8 毫升。取显著性水平 $\alpha=0.05$,检验该天生产的饮料容量是否符合标准要求。

解:此时关心的是饮料容量是否符合要求,也就是 μ 是否为 255 毫升,大于或小于 255 毫升都不符合要求,因而属于双侧检验问题。提出的原假设和备择假设为:

$$H_0:\mu=255;H_1:\mu\neq 255$$

本例为大样本且总体方差已知,因此由式(6.2)构造检验统计量,计算结果为:

$$z=\frac{255.8-255}{5/\sqrt{40}}=1.0119$$

检验统计量数值的含义是:样本均值 $\bar{x}$ 与假设的总体均值相比,相差 1.0119 个抽样标准误差。临界值 $Z_{\alpha/2}=Z_{0.025}=1.96$,也就是说,$\bar{x}$ 与假设的 μ 相比,至少要相差 1.96 个抽样标准差,才能拒绝原假设。因为 $|z|=1.0119<Z_{0.025}=1.96$,所以不能拒绝原假设。

如果用 P 值进行决策,则在 Excel 任一单元格输入"=2*(1-NORMSDIST(1.0119))"得到的双尾检验概率 P 值为 0.3116,由于 $P>\alpha=0.05$,不拒绝原假设,表明样本提供的证据还不足以推翻原假设,因此没有证据表明该天生产的饮料不符合标准要求。

例 6.5 一种机床加工的零件尺寸绝对平均误差为 1.35 毫米。生产厂家准备采用一种新的机床进行加工以期进一步降低误差。为检验新机床加工的零件平均误差与旧机床相比是否有显著降低,从新机床生产的零件中随机抽取 50 个,检测得到 50 个零件尺寸的绝对误差 x_i 数据,如表 6.2 所示。检验新机床加工的零件尺寸的平均误差与旧机床相比是否有显著降低。($\alpha=0.01$)

表 6.2 50 个零件尺寸的绝对误差 单位:毫米

1.26	1.19	1.31	0.97	1.81
1.13	0.96	1.06	1.00	0.94
0.98	1.10	1.12	1.03	1.16
1.12	1.12	0.95	1.02	1.13
1.23	0.74	1.50	0.50	0.59
0.99	1.45	1.24	1.01	2.03
1.98	1.97	0.91	1.22	1.06
1.11	1.54	1.08	1.10	1.64
1.70	2.37	1.38	1.60	1.26
1.17	1.12	1.23	0.82	0.86

解:这里关心的是新机床加工的零件尺寸的平均误差与旧机床相比是否有显著降低,也就是关心 μ 是否小于 1.35,属于左侧检验。提出的假设为:

$$H_0:\mu \geqslant 1.35;H_1:\mu < 1.35$$

根据样本数据计算得:$\bar{x}=1.2152$,$s=0.365749$。

本例为大样本且总体方差未知,由式(6.3)构造检验统计量,计算结果为:

$$z=\frac{1.2152-1.35}{0.365749/\sqrt{50}}=-2.6061$$

在 Excel 任一单元格输入"=NORMSINV(0.01)"得到临界值 $Z_\alpha=Z_{0.01}=-2.3264$。因为 $z=-2.6061<Z_{0.01}=-2.3264$,所以拒绝原假设。

若利用 P 值作决策,则在 Excel 任一单元格输入"=NORMSDIST(-2.6061)"得到 P 值为 0.004579,由于 $P<\alpha=0.01$,所以拒绝原假设,表明新机床加工的零件尺寸的平均误差与旧机床相比有显著降低。

上面的决策过程可用图 6.5 来表示。

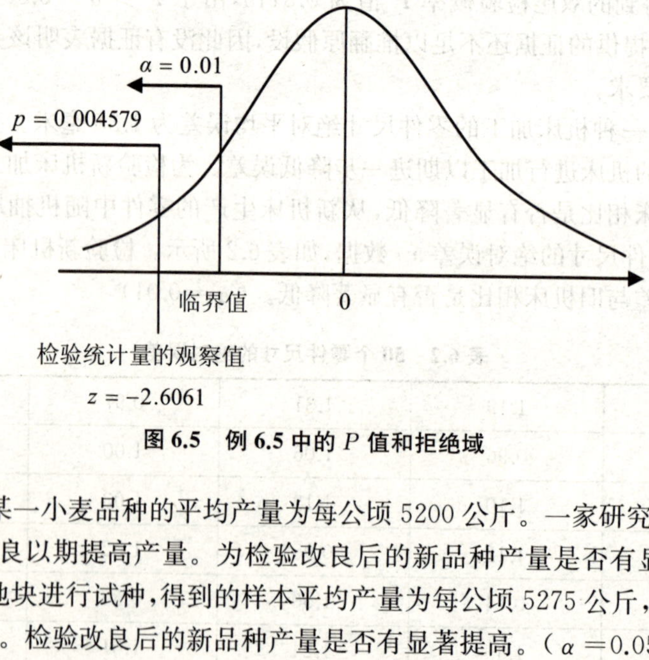

图 6.5 例 6.5 中的 P 值和拒绝域

例 6.6 某一小麦品种的平均产量为每公顷 5200 公斤。一家研究机构对小麦品种进行了改良以期提高产量。为检验改良后的新品种产量是否有显著提高,随机抽取 36 个地块进行试种,得到的样本平均产量为每公顷 5275 公斤,标准差为每公顷 120 公斤。检验改良后的新品种产量是否有显著提高。($\alpha=0.05$)

解:研究机构自然希望新品种产量能提高,因而也就想收集证据支持"产量有显著提高"的假设,也就是关心 μ 是否大于 5200,因此属于右侧检验。提出的假设为:

$$H_0:\mu \leqslant 5200;H_1:\mu > 5200$$

本例为大样本且总体方差未知,由式(6.3)构造检验统计量,计算结果为:

$$z=\frac{5275-5200}{120/\sqrt{36}}=3.75$$

在 $\alpha=0.05$ 时,临界值 $Z_{1-\alpha}=Z_{0.95}=1.65$。因为 $z=3.75>Z_{0.95}=1.65$,所以拒绝原假设。

若利用 P 值作决策,在 Excel 任一单元格输入"=1-NORMSDIST(3.75)"得到 P 值为 0.000088,由于 $P<\alpha=0.05$,拒绝原假设。表明改良后的新品种产量有显著提高。

2. 小样本情形下的检验

在小样本($n<30$)情形下,检验时首先假定总体服从正态分布。[①] 检验统计量的选择与总体方差是否已知有关。

当总体方差 σ^2 已知时,即使是在小样本情况下,样本均值经标准化后仍然服从标准正态分布,此时可按式(6.2)对总体均值进行检验。

当总体方差 σ^2 未知时,需要用样本方差 s^2 代替 σ^2,此时式(6.3)给出的检验统计量不再服从标准正态分布,而是服从自由度为 $(n-1)$ 的 t 分布。因此需要采用 t 分布进行检验。通常称之为"t 检验"。检验的统计量为:

$$t=\frac{\bar{x}-\mu_0}{s/\sqrt{n}} \tag{6.4}$$

例 6.7 一种汽车配件的长度要求为 12 厘米,高于或低于该标准均被认为是不合格的。汽车生产企业在购进配件时,通常是经过招标,然后对中标的配件提供商提供的样品进行检验,以决定是否采购。现对一个配件提供商提供的 10 个样本配件,检测其长度(单位:厘米)结果分别为:12.2,10.8,12.0,11.8,11.9,12.4,11.3,12.2,12.0,12.3。

假定该供货商生产的配件长度服从正态分布,在 0.05 的显著性水平下,检验该供货商提供的配件是否符合要求?

解:依题意建立的原假设和备择假设为:

$$H_0:\mu=12;H_1:\mu\neq 12$$

根据样本数据计算得:$\bar{x}=11.89$,$s=0.4932$。

本例为小样本且总体方差未知,因此由式(6.4)构造检验统计量,计算结果为:

$$t=\frac{11.89-12}{0.4932/\sqrt{10}}=-0.7053$$

在 Excel 任一单元格输入"=TINV(0.05, 9)",得到临界值 $t_{\alpha/2}=t_{0.025}=$

---

① 如果无法确定总体是否服从正态分布,可以考虑将样本量增大到 30 以上,然后按大样本的方法进行检验。当然也可以考虑使用非参数检验方法。

2.2622。因为 $|t|<t_{0.025}=2.2622$，所以不能拒绝原假设。

如果利用 P 值进行决策，在 Excel 任一单元格输入“＝TDIST(0.7053，9，2)”得到双尾 P 值为 0.49847，由于 $P>\alpha=0.05$，不拒绝原假设，没有证据表明该供货商提供的配件是不符合要求的。

图 6.6 给出了一个总体均值检验的基本流程，作为不同情形下检验统计量选择的总结。

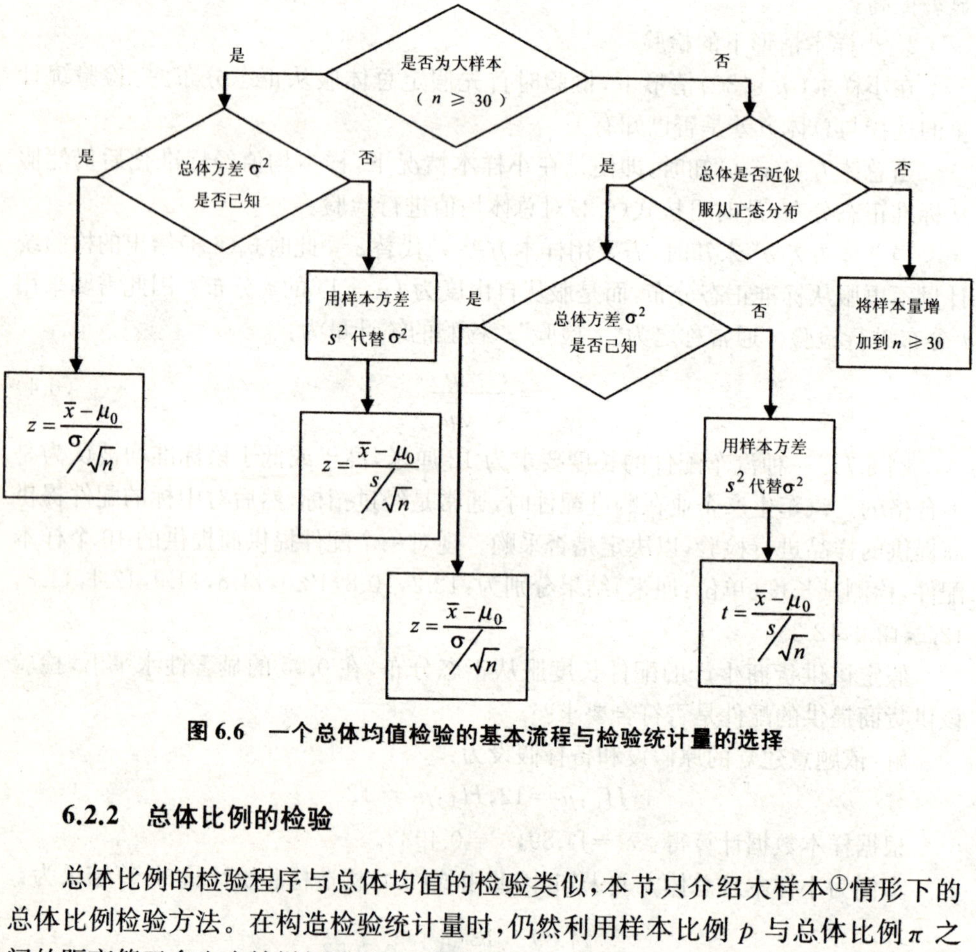

图 6.6　一个总体均值检验的基本流程与检验统计量的选择

6.2.2　总体比例的检验

总体比例的检验程序与总体均值的检验类似，本节只介绍大样本[①]情形下的总体比例检验方法。在构造检验统计量时，仍然利用样本比例 p 与总体比例 π 之间的距离等于多少个抽样标准差 σ_p 来衡量。由于在大样本情形下 p 近似服从正态分布，而 p 标准化后则近似服从标准正态分布，因此检验的统计量为：

---

① 总体比例检验时，确定样本量是否“足够大”的一般经验规则(与总体比例的区间估计一样)是：要求 $np\geqslant 10$ 和 $n(1-p)\geqslant 10$。

$$z=\frac{p-\pi_0}{\sqrt{\frac{\pi_0(1-\pi_0)}{n}}} \tag{6.5}$$

例 6.8　一份以休闲和娱乐为主题的杂志,声称其读者群中有 80%为女性。为验证这一说法是否属实,某研究部门抽取了由 200 人组成的一个随机样本,发现有 146 位女性经常阅读该杂志。分别取显著性水平 $\alpha=0.05$ 和 $\alpha=0.01$,检验该杂志读者群中女性的比例是否为 80%。

解:研究机构想证明的是杂志所声称的说法是否属实,也就是读者中女性比例是否等于 80%,因此提出的原假设和备择假设为:

$$H_0:\pi=80\%;H_1:\pi\neq 80\%$$

根据抽样结果计算得:$p=\frac{146}{200}=73\%$。

由式(6.5)构造检验统计量,计算结果为:

$$z=\frac{0.73-0.8}{\sqrt{\frac{0.8(1-0.8)}{200}}}=-2.475$$

在 $\alpha=0.05$ 时,临界值 $Z_{\alpha/2}=Z_{0.025}=1.96$。因为 $|z|=2.475>Z_{0.025}=1.96$,所以拒绝原假设。

如果用 P 值进行决策,则在 Excel 任一单元格输入"=2*(NORMSDIST(-2.475))"或者"=2*(1-NORMSDIST(2.475))"得到的双尾检验 P 值为 0.013324。由于 $P<\alpha=0.05$,拒绝 H_0,样本提供的证据表明该杂志的说法并不属实;同样的做法应用于显著性水平为 0.01 时,由于 $P>\alpha=0.01$,则不能拒绝 H_0,样本提供的证据表明尚不能推翻原假设,没有证据表明该杂志的说法不属实。

这个例子表明,对于同一个检验,在不同的显著性水平下可能会得出不同的结论。这是自然的,请读者领悟其中的道理。

6.2.3　总体方差的检验

在生产和生活的许多领域,仅仅保证所观测到的样本均值维持在特定水平范围之内并不意味着整个过程就是正常的,方差的大小是否适度是需要考虑的另一个重要因素。一个方差大的产品自然意味着其质量或性能不稳定。相同均值的产品,方差小的自然要好些。与总体方差的区间估计类似,一个总体方差的检验也是使用 χ^2 分布。此外,总体方差的检验,不论样本量 n 是大还是小,都要求总体服从正态分布。检验的统计量为:

$$\chi^2=\frac{(n-1)s^2}{\sigma_0^2} \tag{6.6}$$

对于给定的显著性水平 α，χ^2 检验的临界值和拒绝域如图 6.7 所示。对于双侧检验，拒绝域在分布的两侧的尾部；对于单侧检验，拒绝域在分布的一侧的尾部。

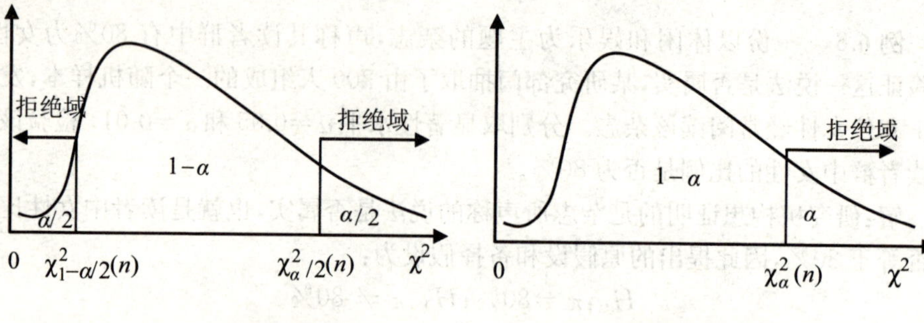

(a)双侧检验 (b)单侧检验

图 6.7 显著性水平为 α 时 χ^2 检验的临界值和拒绝域

例 6.9 啤酒生产企业采用自动生产线灌装啤酒，每瓶的装填量为 640 毫升，但由于受某些不可控因素的影响，每瓶的装填量会有差异。此时，不仅每瓶的平均装填量很重要，装填量的方差 σ^2 同样很重要。如果 σ^2 很大，会出现装填量太多或太少的情况，这样，要么生产企业不划算，要么消费者不满意。假定生产标准规定每瓶装填量的标准差不应超过 4 毫升。企业质检部门抽取了 10 瓶啤酒进行检验，得到的样本标准差为 $s=3.8$ 毫升。试以 0.05 的显著性水平检验装填量的标准差是否符合要求。

解：依题意提出如下假设：

$$H_0: \sigma^2 \leqslant 4^2; H_1: \sigma^2 > 4^2$$

由式(6.6)构造检验统计量，计算结果为：

$$\chi^2 = \frac{(10-1) \times 3.8^2}{4^2} = 8.1225$$

在 Excel 任一单元格输入"=CHIINV(0.05, 9)"得临界值 $\chi^2_\alpha(9) = \chi^2_{0.05}(9) = 16.9190$。因为 $\chi^2 = 8.1225 < \chi^2_\alpha(9) = 16.9190$，所以不能拒绝原假设。

如果用 P 值进行决策，则在 Excel 任一单元格输入"=CHIDIST(8.1225, 9)"得到 χ^2 分布的右尾概率为 0.52185，由于 $P = 0.52185 > 0.05$，不能拒绝原假设。样本提供的证据还不足以推翻原假设，没有证据表明啤酒装填量的标准差不符合要求。

实际应用中，右侧检验是最为常见的总体方差检验形式，因为一般来说，在涉及时间、含量、尺寸等测度的场合，人们总是希望其变化幅度很小，也就是有较小的方差，大的方差往往不被接受。针对这种情况，通常将"总体方差大于某一最大容许值"作为备择假设，其对立面为原假设，再利用右侧检验的检验程序做出决策。

§6.3　两个总体参数的检验

两个总体参数的检验包括两个总体均值之差（$\mu_1-\mu_2$）的检验、两个总体比例之差（$\pi_1-\pi_2$）的检验和两个总体方差比 σ_1^2/σ_2^2 的检验等。检验的程序与一个总体参数的检验类似，但统计量的计算要复杂一些。本节例题均只利用 P 值进行决策。

6.3.1　两个总体均值之差的检验

根据样本获得方式的不同，两个总体均值的检验分为独立样本和配对样本两种情形，而且也有大样本与小样本之分。检验的统计量是以两个样本均值之差（$\bar{x}_1-\bar{x}_2$）的抽样分布为基础构造出来的。对于大样本和小样本两种情形，由于（$\bar{x}_1-\bar{x}_2$）经标准化后的分布不同，检验的统计量也略有差异。

1. 独立大样本情形下的检验

在大样本下，两个样本均值之差（$\bar{x}_1-\bar{x}_2$）的抽样分布近似服从正态分布，而（$\bar{x}_1-\bar{x}_2$）经过标准化后则服从标准正态分布。如果两个总体的方差 σ_1^2 和 σ_2^2 已知，采用下面的检验统计量：

$$z=\frac{(\bar{x}_1-\bar{x}_2)-(\mu_1-\mu_2)}{\sqrt{\dfrac{\sigma_1^2}{n_1}+\dfrac{\sigma_2^2}{n_2}}} \tag{6.7}$$

如果两个总体方差 σ_1^2 和 σ_2^2 未知，可分别用样本方差 s_1^2 和 s_2^2 替代，此时检验统计量为：

$$z=\frac{(\bar{x}_1-\bar{x}_2)-(\mu_1-\mu_2)}{\sqrt{\dfrac{s_1^2}{n_1}+\dfrac{s_2^2}{n_2}}} \tag{6.8}$$

对于来自两个总体的独立大样本，当两个总体的方差已知时，如果有两组样本的原始数据，则可直接利用 Excel“数据分析”工具中的“z-检验：双样本平均差检验”进行两个总体均值之差的假设检验。

例 6.10　某公司对男女职员的平均小时工资进行了调查，独立抽取了具有同类工作经验的男女职员的两个随机样本，并记录下两个样本的均值、方差等数据如表 6.3 所示。在显著性水平为 0.05 的条件下，能否认为男性职员与女性职员的平均小时工资存在显著差异？

表 6.3 两个独立样本的有关计算结果

男性职员	女性职员
$n_1=44$	$n_2=32$
$\bar{x}_1=75$	$\bar{x}_2=70$
$s_1^2=64$	$s_2^2=42.25$

解：设 μ_1 为男性职员的平均小时工资，μ_2 为女性职员的平均小时工资。由于关心的只是男女职员的平均小时工资是否存在差异，因此提出的原假设和备择假设为：

$$H_0:\mu_1-\mu_2=0;H_1:\mu_1-\mu_2\neq 0$$

由于两个总体的方差未知，因此采用式(6.8)给出的统计量，计算结果为：

$$z=\frac{75-70}{\sqrt{\dfrac{64}{44}+\dfrac{42.25}{32}}}=3.0016$$

在 Excel 任一单元格输入"=2＊(1－NORMSDIST(3.0016))"，得到双尾 P 值为 0.002686，由于 $P<\alpha=0.05$，拒绝原假设，表明该公司男女职员的平均小时工资之间存在显著差异。

2. 独立小样本情形下的检验

当两个样本都为独立小样本时，需要假定两个总体都服从正态分布。检验时有以下三种情况。

(1)两个总体方差 σ_1^2 和 σ_2^2 已知时，无论样本量的大小①，两个样本均值之差 $(\bar{x}_1-\bar{x}_2)$ 的抽样分布都服从正态分布，这时可用式(6.7)作为检验的统计量。在这种情况下，如果有两组样本的原始数据，则可直接利用 Excel"数据分析"工具中的"z-检验：双样本平均差检验"进行检验。

(2)两个总体的方差未知但相等时，即 $\sigma_1^2=\sigma_2^2$，则需要用两个样本的方差 s_1^2 和 s_2^2 给出总体方差的合并估计量 s_p^2，计算公式为：

$$s_p^2=\frac{(n_1-1)s_1^2+(n_2-1)s_2^2}{n_1+n_2-2} \tag{6.9}$$

这时，$(\bar{x}_1-\bar{x}_2)$ 经标准化后服从自由度为 (n_1+n_2-2) 的 t 分布，因而采用的检验统计量为：

$$t=\frac{(\bar{x}_1-\bar{x}_2)-(\mu_1-\mu_2)}{s_p\sqrt{\dfrac{1}{n_1}+\dfrac{1}{n_2}}} \tag{6.10}$$

---

① 如果两个总体均服从正态分布且方差已知，两个总体均值之差的假设检验是无须区分样本量大小的。

在这种情况下,如果有两组样本的原始数据,可直接利用 Excel“数据分析”工具中的“t-检验:双样本等方差假设”进行检验。

(3)两个总体的方差未知且不相等时,即 $\sigma_1^2 \neq \sigma_2^2$,$(\bar{x}_1 - \bar{x}_2)$ 经标准化后不再服从自由度为 $(n_1 + n_2 - 2)$ 的 t 分布,而是近似服从自由度为 ν 的 t 分布。这时检验的统计量为:

$$t = \frac{(\bar{x}_1 - \bar{x}_2) - (\mu_1 - \mu_2)}{\sqrt{\dfrac{s_1^2}{n_1} + \dfrac{s_2^2}{n_2}}} \tag{6.11}$$

该统计量的自由度为 ν,其计算公式为:

$$\nu = \frac{\left(\dfrac{s_1^2}{n_1} + \dfrac{s_2^2}{n_2}\right)^2}{\dfrac{\left(\dfrac{s_1^2}{n_1}\right)^2}{n_1 - 1} + \dfrac{\left(\dfrac{s_2^2}{n_2}\right)^2}{n_2 - 1}} \tag{6.12}$$

式(6.12)计算的自由度一般为非整数,需四舍五入后取整数。

在这种情况下,如果有两组样本的原始数据,可直接利用“数据分析”工具中的“t-检验:双样本异方差假设”进行检验。

例 6.11　甲、乙两台机床同时加工某种同类型的零件,已知两台机床加工的零件直径分别服从正态分布 $N(\mu_1, \sigma_1^2)$ 和 $N(\mu_2, \sigma_2^2)$。为比较两台机床的加工精度有无显著差异,分别独立抽取了甲机床加工的 8 个零件和乙机床加工的 7 个零件,通过测量得到的直径(单位:厘米)数据如表 6.4 所示。在 $\alpha = 0.05$ 的显著性水平下,检验两台机床加工的零件直径是否一致:(1)已知 $\sigma_1^2 = \sigma_2^2$;(2) $\sigma_1^2 \neq \sigma_2^2$。

表 6.4　两台机床加工零件的样本数据　　单位:厘米

机床	零件直径							
甲	20.5	19.8	19.7	20.4	20.1	20.0	19.0	19.9
乙	20.7	19.8	19.5	20.8	20.4	19.6	20.2	

解:以 $\sigma_1^2 = \sigma_2^2$ 为例说明检验的过程。

依题意建立的原假设和备择假设为:

$$H_0: \mu_1 - \mu_2 = 0; H_1: \mu_1 - \mu_2 \neq 0$$

由样本数据计算得:$\bar{x}_1 = 19.925$,$\bar{x}_2 = 20.143$,$s_1^2 = 0.2164$,$s_2^2 = 0.2729$。

总体方差的合并估计量为:

$$s_p^2 = \frac{(8-1) \times 0.2164 + (7-1) \times 0.2729}{8 + 7 - 2} = 0.2425$$

根据式(6.10)构造检验统计量,计算结果为:

$$t=\frac{19.925-20.143}{\sqrt{0.2425\left(\frac{1}{8}+\frac{1}{7}\right)}}=\frac{-0.218}{0.2549}=-0.8554$$

根据自由度 $n_1+n_2-2=8+7-2=13$，$\alpha=0.05$，在 Excel 任一单元格输入"=TDIST(0.8554，13，2)"得到的双尾概率 P 值为 0.4078，由于 $P>\alpha=0.05$，不能拒绝原假设。没有证据表明甲、乙两台机床加工的零件直径不一致。

如果利用 Excel"数据分析"工具中的"t-检验：双样本等方差假设"进行检验，得到的检验结果如表 6.5 所示，表中直接给出了两个样本均值、两个样本方差、合并方差、检验统计量 t 值和双尾概率 P 值，与前面计算的结果相近(第一种方法计算过程的舍入误差造成了二者之间细微的差异)。

表 6.5 Excel"t-检验：双样本等方差假设"的输出结果

	A	B	C
1	t-检验：双样本等方差假设		
2			
3		变量 1	变量 2
4	平均	19.925	20.14286
5	方差	0.21643	0.27286
6	观测值	8	7
7	合并方差	0.24247	
8	假设平均差	0	
9	df	13	
10	t Stat	-0.85485	
11	P(T<=t) 单尾	0.20406	
12	t 单尾临界	1.77093	
13	P(T<=t) 双尾	0.40811	
14	t 双尾临界	2.16037	

3. 配对样本情形下的检验

配对样本的检验需要假定两个配对差值构成的总体服从正态分布，而且配对差是由差值总体中随机抽取的。对于小样本情形，配对差值经标准化后服从自由度为 $(n-1)$ 的 t 分布[①]。因此选择的检验统计量为：

$$t=\frac{\bar{d}-(\mu_1-\mu_2)}{s_d/\sqrt{n}} \tag{6.13}$$

式中，$\bar{d}$ 为配对差值的平均数；s_d 为配对差值的标准差。

对于来自两个正态总体的配对样本，可直接利用 Excel"数据分析"工具中的"t-检验：平均值的成对二样本分析"进行检验。

---

① 对于大样本情形，该统计量服从标准正态分布，此时可按正态分布进行检验。

例 6.12 某饮料公司研制出一种新产品,为比较消费者对新旧产品口感的满意程度,该公司随机抽选一组消费者共 8 人,每个消费者先品尝一种饮料,然后再品尝另一种饮料,两种饮料的品尝顺序是随机的,而后每个消费者要对两种饮料分别进行评分(0～10 分),评分结果如表 6.6 所示。取显著性水平 $\alpha=0.05$,检验消费者对两种饮料的评分是否存在显著差异。

表 6.6 两种饮料评分等级的样本数据

消费者编号		1	2	3	4	5	6	7	8
评分等级	旧款饮料	5	4	7	3	5	8	5	6
	新款饮料	6	6	7	4	3	9	7	6

解:设 μ_1 为消费者对旧款饮料的平均评分,μ_2 为消费者对新款饮料的平均评分。

依题意建立的原假设与备择假设为:

$$H_0:\mu_1-\mu_2=0;H_1:\mu_1-\mu_2\neq 0$$

根据样本数据计算得:

$$\bar{d}=\frac{\sum_{i=1}^{n}d_i}{n}=-0.625,\ s_d=\sqrt{\frac{\sum_{i=1}^{n}(d_i-\bar{d})^2}{n-1}}=\sqrt{\frac{11.875}{7}}=1.3025$$

由式(6.13)构造检验统计量,计算结果为:

$$t=\frac{-0.625}{1.3025/\sqrt{8}}=1.3572$$

在 Excel 任一单元格输入"=TDIST(1.3572, 7, 2)"得到的双尾概率 P 值为 0.2169,由于 $P>\alpha=0.05$,不能拒绝原假设,没有证据表明消费者对新旧饮料的评分有显著差异。

如果利用 Excel"数据分析"工具中的"t-检验:平均值的成对二样本分析"进行检验,得到的检验结果如表 6.7 所示,表中直接给出了两个样本均值、两个样本方差、检验统计量 t 值和双尾概率 P 值,与前面计算的结果相近。

表 6.7 Excel“*t*-检验:平均值的成对二样本分析”输出结果

	A	B	C
1	t-检验：成对双样本均值分析		
2			
3		变量 1	变量 2
4	平均	5.375	6
5	方差	2.55357	3.42857
6	观测值	8	8
7	泊松相关系数	0.72421	
8	假设平均差	0	
9	df	7	
10	t Stat	-1.35724	
11	P(T<=t) 单尾	0.10842	
12	t 单尾临界	1.89458	
13	P(T<=t) 双尾	0.21684	
14	t 双尾临界	2.36462	

6.3.2 两个总体比例之差的检验

两个总体比例之差$(\pi_1-\pi_2)$的检验思路与一个总体比例的检验类似,要求两个样本都是大样本。当n_1p_1,$n_1(1-p_1)$,n_2p_2,$n_2(1-p_2)$都大于或等于10时,就可以认为是大样本。根据两个样本比例之差的抽样分布,可以得到两个总体比例之差检验的统计量为:

$$z=\frac{(p_1-p_2)-(\pi_1-\pi_2)}{\sigma_{(p1-p2)}} \tag{6.14}$$

式中,$\sigma_{(p1-p2)}=\sqrt{\pi_1(1-\pi_1)/n_1+\pi_2(1-\pi_2)/n_2}$ 是两个样本比例之差抽样分布的标准差。

由于两个总体的比例π_1和π_2是未知的,需要利用两个样本比例p_1和p_2来估计$\sigma_{(p1-p2)}$,这时有以下两种情况:

1.检验两个总体比例之差是否相等

此时,原假设为$H_0:\pi_1-\pi_2=0$或$H_0:\pi_1=\pi_2$,设$\pi_1=\pi_2=\pi$,π的最佳估计量是将两个样本合并后得到的合并比例p。设x_1表示样本1中具有某种属性的个体数,x_2表示样本2中具有某种属性的个体数,则合并后的比例为:

$$p=\frac{x_1+x_2}{n_1+n_2}=\frac{n_1p_1+n_2p_2}{n_1+n_2} \tag{6.15}$$

这时,$\sigma_{(p1-p2)}$的最佳估计量为:

$$\sigma_{(p_1-p_2)}=\sqrt{\frac{p(1-p)}{n_1}+\frac{p(1-p)}{n_2}} \tag{6.16}$$

将式(6.16)代入式(6.14)中,得到两个总体比例之差检验的统计量为:

$$z=\frac{p_1-p_2}{\sqrt{p(1-p)(\frac{1}{n_1}+\frac{1}{n_2})}} \tag{6.17}$$

2.检验两个总体比例之差等于某个常数

此时,原假设为 $H_0:\pi_1-\pi_2=d_0(d_0\neq 0)$,这时可直接用两个样本的比例 p_1 和 p_2 作为相应两个总体比例 π_1 和 π_2 的估计量,从而得到两个样本比例之差检验的统计量为:

$$z=\frac{(p_1-p_2)-d_0}{\sqrt{\frac{p_1(1-p_1)}{n_1}+\frac{p_2(1-p_2)}{n_2}}} \tag{6.18}$$

例 6.13 一所大学准备采取一项学生在宿舍上网收费的措施,为了解男女学生对这一措施的看法是否存在差异,分别抽取了 200 名男学生和 200 名女学生进行调查,其中的一个问题是:"你是否赞成采取上网收费的措施?"其中男学生表示赞成的比例为 27%,女学生表示赞成的比例为 35%。调查者认为,男学生中表示赞成的比例显著低于女学生。取显著性水平 $\alpha=0.05$,样本提供的证据是否支持调查者的看法?

解:设 π_1 为男学生中表示赞成的比例,π_2 为女学生中表示赞成的比例。依题意提出的原假设与备择假设应为:

$$H_0:\pi_1-\pi_2\geqslant 0;H_1:\pi_1-\pi_2<0$$

两个样本的比例分别为:$p_1=27\%$,$p_2=35\%$。

由于要检验"男学生中表示赞成的比例显著低于女学生"(不是检验二者的差值是多少),因此选择式(6.17)作为检验统计量。首先计算两个样本的合并比例 p:

$$p=\frac{n_1p_1+n_2p_2}{n_1+n_2}=\frac{200\times 0.27+200\times 0.35}{200+200}=0.31$$

检验统计量为:

$$z=\frac{p_1-p_2}{\sqrt{p(1-p)\left(\frac{1}{n_1}+\frac{1}{n_2}\right)}}=\frac{0.27-0.35}{\sqrt{0.31\times(1-0.31)\left(\frac{1}{200}+\frac{1}{200}\right)}}=-1.72976$$

在 Excel 任一单元格输入"=NORMSDIST(-1.72976)"得到检验概率 P 值为 0.041837,由于 $P<\alpha=0.05$,所以拒绝原假设,样本提供的证据是支持调查者的看法的,即男学生中表示赞成的比例显著低于女学生。

例 6.14 有两种方法生产同一种产品，方法 1 的生产成本较高而次品率较低，方法 2 的生产成本较低而次品率则较高。管理人员在选择生产方法时，决定对两种方法的次品率进行比较，如方法 1 比方法 2 的次品率低 8%以上，则采用方法 1，否则就采用方法 2。管理人员从方法 1 生产的产品中随机抽取 300 个，发现有 33 个次品，从方法 2 生产的产品中也随机抽取 300 个，发现有 84 个次品。用显著性水平 $\alpha=0.01$ 进行检验，说明管理人员应决定采用哪种方法进行生产。

解：设 π_1 为方法 1 的次品率，π_2 为方法 2 的次品率。依题意提出的原假设与备择假设为：

$$H_0:\pi_1-\pi_2\geqslant 8\%;H_1:\pi_1-\pi_2<8\%$$

两个样本的比例分别为：$p_1=11\%$，$p_2=28\%$。

因为是要检验“方法 1 的次品率是否比方法 2 低 8%”（不是检验二者的差值是否等于 0），所以选择式(6.18)作为检验统计量。计算结果为：

$$z=\frac{(p_1-p_2)-d_0}{\sqrt{\dfrac{p_1(1-p_1)}{n_1}+\dfrac{p_2(1-p_2)}{n_2}}}$$

$$=\frac{(0.11-0.28)-0.08}{\sqrt{\dfrac{0.11\times(1-0.11)}{300}+\dfrac{0.28\times(1-0.28)}{300}}}=-7.91229$$

在 Excel 任一单元格输入“=NORMSDIST(−7.91229)”得到检验概率 P 值为 1.263E−15，由于 $P<\alpha=0.05$，所以拒绝原假设，表明方法 1 的次品率显著地低于方法 2 达 8%，所以应采用方法 1 进行生产。

6.3.3 两个总体方差比的检验

在对两个总体的方差进行比较时，通常将原假设与备择假设的基本形式表示成两个总体方差比值与数值 1 之间的比较关系。由于两个样本方差比 s_1^2/s_2^2 是两个总体方差比值 σ_1^2/σ_2^2 的理想估计量，当样本量为 n_1 和 n_2 的两个样本分别独立地取自两个正态总体时，检验统计量为：

$$F=\frac{s_1^2}{s_2^2} \tag{6.19}$$

在双侧检验时，通常是用较大的样本方差除以较小的样本方差，这样做是为了能保证拒绝域总发生在 F 分布的右侧，即拒绝域为 $F>F_{\alpha/2}(n_1-1,n_2-1)$。在左侧检验时，也可以将其安排为右侧检验，如果想检验 σ_1^2 是否大于 σ_2^2，备择假设设为 $H_1:\sigma_1^2/\sigma_2^2>1$；如果想检验 σ_1^2 是否小于 σ_2^2，备择假设则可设为 $H_1:\sigma_2^2/\sigma_1^2>1$。对于给定的显著性水平 α，F 右侧检验的临界值和拒绝域如图 6.8 所示。

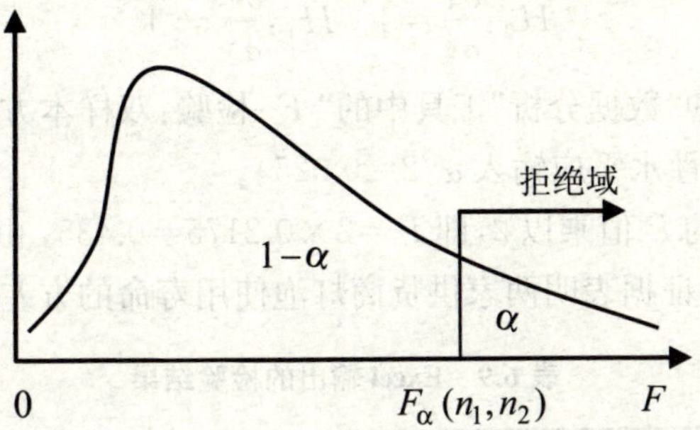

图 6.8　显著性水平 α 下 F 右侧检验的临界值和拒绝域

Excel"数据分析"工具中的"F-检验:双样本方差"也给出了两个总体方差比的单侧检验程序。当 $s_1^2/s_2^2<1$ 时,做的是左侧检验:$H_0:\sigma_1^2\geqslant\sigma_2^2$;$H_1:\sigma_1^2<\sigma_2^2$,拒绝域为 $F<F_{1-\alpha}(n_1-1,n_2-1)$。当 $s_1^2/s_2^2>1$ 时,做的是右侧检验:$H_0:\sigma_1^2\leqslant\sigma_2^2$;$H_1:\sigma_1^2>\sigma_2^2$,拒绝域为 $F>F_\alpha(n_1-1,n_2-1)$。对给定显著性水平为 α 的双侧检验,则只要进行显著性水平为 $\alpha/2$ 的单侧检验即可。

例 6.15　一家房地产开发公司准备购进一批灯泡,公司打算在两个供货商之间选择一家购买,两家供货商生产的灯泡平均使用寿命差别不大,价格也很相近,考虑的主要因素就是灯泡使用寿命的方差大小。如果方差相同,就选择距离较近的一家供货商进货。为此,公司管理人员对两家供货商提供的样品进行了检测,得到的数据(单位:小时)如表 6.8 所示。检验两家供货商灯泡使用寿命的方差是否有显著差异。($\alpha=0.05$)

表 6.8　两家供货商灯泡使用寿命的数据　　单位:小时

供货商 1	650	569	622	630	596
	624	637	628	706	617
	688	563	580	711	480
	632	723	651	569	709
供货商 2	568	681	636	607	555
	562	496	540	539	529
	584	589	646	596	617

解:将供货商 1 作为样本 1,供货商 2 作为样本 2。现在感兴趣的是两个总体方差是否存在显著差异,因而为双侧检验问题。建立的原假设与备择假设为:

$$H_0:\frac{\sigma_1^2}{\sigma_2^2}=1\ ;\ H_1:\frac{\sigma_1^2}{\sigma_2^2}\neq 1$$

使用 Excel 中的“数据分析”工具中的“ F -检验:双样本方差”得到的检验结果如表 6.9 所示(显著性水平应输入 $\alpha/2=0.025$)。

将 Excel 输出的 P 值乘以 2,即 $P=2\times0.2175=0.435$,由于 $P>\alpha=0.05$,不能拒绝原假设,没有证据表明两家供货商灯泡使用寿命的方差有显著差异。

表 6.9 Excel 输出的检验结果

	A	B	C
1	F-检验 双样本方差分析		
2			
3		变量 1	变量 2
4	平均	629.25	583
5	方差	3675.460526	2431.428571
6	观测值	20	15
7	df	19	14
8	F	1.511646515	
9	P(F<=f) 单尾	0.217541513	
10	F 单尾临界	2.860716108	

本章习题

一、思考题

1.假设检验和参数估计有什么联系和区别?

2.说明假设检验的基本原理。

3.解释原假设和备择假设。

4.理解检验统计量的含义。什么是标准化检验统计量?为什么要对统计量进行标准化?

5.怎样理解显著性水平?怎样理解“统计上是显著的”?

6.什么是假设检验中的两类错误?第Ⅰ类错误和第Ⅱ类错误分别是指什么?它们发生的概率大小之间存在怎样的关系?

7.理解显著性水平、临界值和拒绝域的关系。

8.解释假设检验中 P 值。利用 P 值进行检验和利用统计量进行检验有什么不同?

9.在假设检验中,为什么采取“不拒绝原假设”而不采取“接受原假设”的表述方式?

10.为什么说假设检验不能证明原假设正确?

二、练习题

1.一项包括了200个家庭的调查显示,每个家庭每天看电视的平均时间为7.25小时,标准差为2.5小时。据报道,10年前每天每个家庭看电视的平均时间是6.70小时。取显著性水平$\alpha=0.01$,这个调查能否证明“如今每个家庭每天收看电视的平均时间增加了”?

2.为监测空气质量,某城市环保部门每隔几周即对空气烟尘质量进行一次随机测试。已知该城市过去每立方米空气中悬浮颗粒的平均值是82微克。在最近一段时间的检测中,每立方米空气中悬浮颗粒的数值(单位:微克)如下:

81.6	86.6	80.0	85.8	78.6	58.3	68.7	73.2
96.6	74.9	83.0	66.6	68.6	70.9	71.1	71.6
77.3	76.1	92.2	72.4	61.7	75.6	85.5	72.5
74.0	82.5	87.0	73.2	88.5	86.9	94.9	83.0

根据最近的测量数据,当显著性水平$\alpha=0.01$时,能否认为该城市空气中悬浮颗粒的平均值显著低于过去的平均值?

3.安装在一种联合收割机上的金属板的平均重量为25公斤。对某企业生产的20块金属板进行测量,得到的重量(单位:公斤)数据如下:

22.6	27.0	26.2	25.8	22.2
26.6	25.3	30.4	23.2	28.1
23.1	28.6	27.4	26.9	24.2
23.5	24.5	24.9	26.1	23.6

假设金属板的重量服从正态分布,在$\alpha=0.05$显著性水平下,检验该企业生产的金属板是否符合要求。

4.对消费者的一项调查表明,17%的人早餐饮料是牛奶。某城市的牛奶生产商认为,该城市的人早餐饮用牛奶的比例更高。为验证这一说法,生产商从该城市随机抽取550人,调查知其中115人早餐饮用牛奶。在$\alpha=0.05$显著性水平下,检验该生产商的说法是否属实。

5.某生产线是按照两种操作平均装配时间之差为5分钟而设计的,两种装配操作的独立样本产生如下结果:

操作 A	操作 B
$n_1 = 100$	$n_2 = 50$
$\bar{x}_1 = 14.8$ 分钟	$\bar{x}_2 = 10.4$ 分钟
$s_1 = 0.8$ 分钟	$s_2 = 0.6$ 分钟

在 $\alpha = 0.05$ 的显著性水平下检验平均装配时间之差是否等于 5 分钟。

6.某市场研究机构用一组被调查者样本来给某特定商品的潜在购买力打分。样本中每个人都分别在看过该产品的新的电视广告之前与之后打分。潜在购买力的分值为 0～10 分,分值越高表示潜在购买力越高。原假设认为“看后”平均得分小于或等于“看前”平均得分,拒绝该假设就表明广告提高了平均潜在购买力得分。对 $\alpha = 0.05$ 的显著性水平,用下列数据检验该假设,并对该广告给予评价。

个体	购买力得分		个体	购买力得分	
	看后	看前		看后	看前
1	6	5	5	3	5
2	6	4	6	9	8
3	7	7	7	7	5
4	4	3	8	6	6

7.某企业为比较两种方法对员工进行培训的效果,采用方法 1 对 15 名员工进行培训,采用方法 2 对 12 名员工进行培训。培训后的测试分数如下:

方法 1			方法 2		
56	51	45	59	57	53
47	52	43	52	56	65
42	53	52	53	55	53
50	42	48	54	64	57
47	44	44			

两种方法培训得分的总体方差未知且不相等。在 $\alpha = 0.05$ 的显著性水平下,检验两种方法的培训效果是否有显著差异。

8.为研究小企业经理是否认为他们获得了成功,在随机抽取的 100 个小企业的女性经理中,认为自己成功的人数为 24 人;而在对 95 个男性经理的调查中,认为自己成功的人数为 39 人。在 $\alpha = 0.05$ 的显著性水平下,检验男女经理认为自己成功的人数比例是否有显著差异。

9.为比较新旧两种肥料对产量的影响,以便决定是否采用新肥料。研究者选择了面积相等、土壤等条件相同的40块田地,分别施用新旧两种肥料,得到的产量数据如下:

旧肥料					新肥料				
109	101	97	98	100	105	109	110	118	109
98	98	94	99	104	113	111	111	99	112
103	88	108	102	106	106	117	99	107	119
97	105	102	104	101	110	111	103	110	119

取显著性水平 $\alpha=0.05$,检验:

(1)新肥料获得的平均产量是否显著地高于旧肥料?假定条件为:

①两种肥料产量的方差未知但相等,即 $\sigma_1^2=\sigma_2^2$。

②两种肥料产量的方差未知且不相等,即 $\sigma_1^2\neq\sigma_2^2$。

(2)两种肥料产量的方差是否有显著差异?

10.生产工序中的方差是工序质量的一个重要测度,通常较大的方差就意味着要通过寻找减小工序方差的途径来改进工序。某杂志上刊载了关于两部机器生产的袋茶重量(单位:克)的数据如下,检验这两部机器生产的袋茶重量的方差是否存在显著差异。($\alpha=0.05$)

机器1	2.95	3.45	3.50	3.75	3.48	3.26	3.33	3.20
	3.16	3.20	3.22	3.38	3.90	3.36	3.25	3.28
	3.20	3.22	2.98	3.45	3.70	3.34	3.18	3.35
	3.12							
机器2	3.22	3.30	3.34	3.28	3.29	3.25	3.30	3.27
	3.38	3.34	3.35	3.19	3.35	3.05	3.36	3.28
	3.30	3.28	3.30	3.20	3.16	3.33		

第七章 方差分析

方差分析是研究一个或多个分类型自变量对数值型因变量影响的一种常用数据处理方法。20 世纪 20 年代，英国统计学家费歇(N.A.Fisher)为解释设计试验数据创立了该方法，它是工农业生产和科学研究中分析试验数据的一种有效的工具。从形式上看，方差分析是比较多个总体均值是否相等，但本质上它所研究的是变量之间的关系，这与第八章将要介绍的回归分析方法有许多相同之处，但又有本质区别。方差分析是研究一个(或多个)分类型变量与一个数值型变量之间关系的主要方法之一。本章要介绍单因素方差分析、双因素方差分析的基本内容。

§7.1 方差分析概述

7.1.1 方差分析的定义及其有关术语

在统计分析中，比较来自两个总体的样本均值是否有显著差异时，通常采用第六章介绍的两个总体均值比较的假设检验方法。如果需要同时确定两个以上总体的均值是否相等，那么采取两两比较的做法不仅繁琐，而且增加了检验过程中犯第Ⅰ类错误的概率。一般地，随着个体显著性检验次数的增加，偶然因素导致差异的可能性也会增大(并非均值真的存在差异)。

方差分析(Analysis of Variance，缩写为 ANOVA)就是从数据差异入手，通过检验多个总体均值是否相等来判断分类型自变量对数值型因变量是否有显著影响的统计方法。这种方法同时将所有的样本信息结合在一起，不仅检验效率高，而且排除了错误累计的概率，增加了分析的可靠性。

方差分析从形式上看是比较多个总体的均值是否相等，但本质上研究的是变量之间的关系，包括他们之间有没有影响关系、关系的强度如何等。

为了更好地理解方差分析的含义，让我们看一个例子。

例 7.1 某公司想对新进的销售人员进行不同的销售培训。为了比较不同培训方案的效果，在相同年龄及学历水平的销售人员中随机选择了三组销售人员，每组五人，第一组接受 A 课程销售训练，第二组接受 B 课程销售训练，第三组接受 C 课程销售训练。训练课程结束后，收集训练后各组销售人员的销售量记录列于表 7.1 中。

表 7.1　不同培训方案销售人员的销量　　单位:台

观测值	销售培训方案		
	A 课程	B 课程	C 课程
1	15	22	18
2	18	27	24
3	19	18	16
4	22	21	22
5	11	17	15
平均	17	21	19

怎样来分析各种培训方案的效果有无显著性差异呢?

分析三种培训方案的效果是否有显著差异,也就是要判断“培训方案”对“销售量”是否有显著影响,做出这种判断最终被归结为检验这三种培训方案的销售量的均值是否相等。若它们的均值相等,则意味着它们之间的培训效果没有显著差异,即“培训方案”对“销售量”是没有影响的;若均值不全相等,则意味着它们之间的培训效果有显著差异,“培训方案”对“销售量”是有影响的。

在方差分析中,所要检验的对象称为因素(即控制因素)或因子(Factor),是试验中可以控制的影响变量,也称自变量,均为分类型变量。因素的不同表现称为水平(Level)或处理(Treatment),因素的每一个水平可以看作是一个总体。试验中需要观察的变量称为因变量(Dependent),因变量为数值型变量。各个因子水平下观察变量的样本数据称为观测值(Data)。

在例 7.1 中,“培训方案”是要检验的对象,称为因素或因子;A、B、C 三种课程是“培训方案”这一因素的具体表现,称为水平或处理;在每种课程下得到的样本数据(销售量)称为观测值。由于这里只涉及“培训方案”一个因素,因此,称为单因素 3 水平的试验。因素的每一个水平可以看作一个总体,如 A、B、C 三种课程可以看做是 3 个总体,上面的数据可以看做从 3 个总体中抽取的样本数据。

在只有一个因素的方差分析(称为单因素方差分析)中,涉及两个变量:一个是分类型变量,一个是数值型变量。例如上面的例子中,“培训方案”是自变量,是一个分类变量,A、B、C 就是“培训方案”这个自变量的具体取值。“销售量”是因变量,它是一个数值型变量,不同的销售量数据就是因变量的不同取值。方差分析要研究的就是“培训方案”对“销售量”是否有显著影响。

7.1.2　方差分析中的基本思想和原理

1.数据离差的描述与分解

从表 7.1 中的各销售人员的销售量和各组平均销售量数据,可有以下结论和问题：

(1)不同培训方案销售人员的平均销售量存在着差异，说明不同培训方案下的效果不一致；

(2)在同一培训方案下，不同销售人员的销量也有差异，显然这个差异不是由培训方案引起的；

(3)由于有(2)的结论，自然就会对(1)的结论产生怀疑：不同培训方案下平均销售量的差异，是否显著到足以说明培训方案效果的差异，也即这种差异究竟是培训方案带来的，还是其他因素造成的。

这就需要有更准确的方法来检验这种差异是否显著，也就是进行方差分析。之所以叫方差分析，是因为虽然感兴趣的是均值，但在判断均值之间是否有差异时需要借助于方差。这个名字也表示：它是通过对数据误差来源的分析来判断不同总体的均值是否相等，进而分析自变量对因变量是否有显著影响。因此，进行方差分析时，需要考察(观测值)数据误差的来源。

方差分析认为导致样本各观测值发生变化的因素有两类：第一类是控制因素取不同水平所产生的影响，称为系统误差；第二类是随机因素所产生的影响，称为随机误差。这里随机因素是指那些人为很难控制的因素，主要是指试验过程中的抽样误差。方差分析认为，如果控制因素的不同水平对观测变量产生了显著影响，那么，它和随机因素共同作用必然使得观测值有显著变动；反之，如果因素的不同水平没有对观测变量产生显著影响，那么，观测值的变动就不明显，其变动可以归结为随机因素影响造成的。换句话说，如果样本各观测值在控制因素的各个水平中出现了明显波动，则认为该因素是影响观测变量的主要因素。反之，如果样本各观测值在某控制因素的各个水平中没有出现明显波动，则认为该因素没有对观测变量产生重要影响，其数据的波动是随机误差造成的。方差分析方法就是从对全部数据的总离差平方和进行分解，追溯到指定来源的部分离差平方和。

方差分解的过程是：在可比较的数组中，把样本各观测值间总的“变差”按变差来源分解为组间误差和组内误差。组间误差指控制因素的不同水平下各组观测值之间的误差，既包含控制因素的影响，也包含随机因素的影响。组内误差指控制因素的同一水平下样本观测值之间的误差，仅包含随机因素的影响。

如何度量观测值数据的各类误差呢？方差分析中，对数据误差的度量是采用数据离差平方和来表示的。

反映全部数据误差大小的平方和称为总平方和，记为 SST 。例如所抽取的全部 15 名销售人员的销售量之间的误差平方和就是总平方和，它反映了全部观测值的离散状况。

反映组内误差大小的平方和称为组内离差平方和或残差平方和，简称为组内平方和，记为 SSE 。例如，每个样本内部(每种课程内部)的数据离差平方和加在一起就是组内平方和，它反映了每个样本内各观测值的离散状况。

反映组间误差大小的平方和称为因素平方和，简称为组间平方和，记为 SSA 。例如，三种培训课程下销售量之间的误差平方和就是组间平方和，它反映了样本均值之间的差异程度。

2.数据误差分析

如果不同的培训方案对销售人员的销售量没有影响，那么在组间误差中只包含随机误差，而没有系统误差。这时，组间误差与组内误差经过平均后的数值(称为均方或方差)就应该很接近，它们的比值就会接近 1。反之，如果不同的培训方案对销售量有影响，在组间误差中除了包含随机误差，还会包含系统误差，这时组间误差平均后的数值就会大于组内误差平均后的数值，它们之间的比值就会大于 1。当这个比值大到某种程度时，就可以认为因素的不同水平之间存在着显著的差异，也就是自变量对因变量有显著的影响。因此，判断“培训方案”对“销售量”是否有显著影响这一问题，实际上也就是检验“销售量”的差异主要是什么原因所引起的。如果这种差异主要是系统误差，就认为不同培训方案对销售量有显著影响。在方差分析的假定前提下(见下面的介绍)，要检验不同培训方案(分类型自变量)对销售量(数值型因变量)是否有显著影响，在形式上也就转化为检验三个培训方案下的销售量的均值是否相等的问题。

7.1.3 方差分析中的基本假定

方差分析是一种参数检验方法，要求参与分析的总体及观测值必须具备以下三个基本假定：

1.每个总体均服从正态分布。即有：

$$x_i \sim N(\mu_i, \sigma_i^2) \qquad i = 1, 2, \cdots, m$$

也就是说，对于因素中的每一个水平，其观测值是来自正态分布总体的简单随机样本。例如，例 7.1 中，要求每门培训课程下的销售量必须服从正态分布。

2.每个总体的方差都相同。即：

$$\sigma_1^2 = \sigma_2^2 = \cdots = \sigma_m^2$$

也就是说，各组观测数据是从具有相同方差的正态总体中抽取的。在例 7.1 中，要求每个销售人员的销售量的方差都相同。

3.各水平下的观测值相互独立。在例 7.1 中，要求每个被抽中的销售人员的销售量都与其他人员的销售量相互独立。

值得注意的是，方差分析仅在基本假定满足的情况下才有意义。判断假定是否满足，一般从试验条件上判断，也可以运用统计上的总体分布卡方检验

(χ^2-test)和巴特莱(Battle)方差齐性检验。

7.1.4 问题的一般描述

设因素有 m 个水平,每个水平的均值分别用 $\mu_1,\mu_2,\cdots,\mu_m$ 表示,要检验 m 个水平的均值是否相等,需要提出如下假设:

$H_0:\mu_1=\mu_2=\cdots=\mu_m$　　自变量对因变量没有显著影响

$H_1:\mu_1,\mu_2,\cdots,\mu_m$ 不全相等　自变量对因变量有显著影响

对于例 7.1,为检验"培训方案"对"销售量"是否有显著影响,需要提出如下假设:

$H_0:\mu_1=\mu_2=\mu_3$　　不同培训方案的销售量没有显著差异

$H_1:\mu_1,\mu_2,\mu_3$ 不全相等　不同培训方案的销售量有显著差异

当 H_0 为真时,则数据的总离差平方和表示是由随机因素引起的变差,即认为培训方案的不同对销售人员的销售量总体均值无显著影响,可认为 $\mu_1=\mu_2=\mu_3$;如果 H_0 不真,则总离差平方和中除了由随机因素引起的试验误差外,还包含了由培训方案不同而造成的系统误差部分,这时我们就设法将总离差平方和中由随机因素所引起的随机变差与培训方案不同造成的系统变差分开,然后相互比较。

使用的检验方法是 F 检验。根据所分析的分类自变量,即控制因素个数的多少,可以将方差分析分为单因素方差分析、双因素方差分析以及多因素方差分析。

§7.2 单因素方差分析

当方差分析中只涉及一个分类型自变量时,称之为单因素方差分析(Ono-way Analysis of Variance)。例如要检验不同培训方案实现的销售量的均值是否相等,这里只涉及"培训方案"这一个因素,所以是单因素方差分析,它只研究一个分类型自变量对一个数值型因变量的影响。

7.2.1 单因素方差分析的基本步骤

1.数据结构

一般地,在单因素方差分析时,用 A 表示因素,因素 A_j 的 m 个水平(总体)分别用 $A_1,A_2,\cdots,A_m$ ($j=1,2,\cdots,m$)表示;观测结果记为 x_{ij},x_{ij} 表示在因素 A_j ($j=1,2,\cdots,m$)水平下进行第 i 次($i=1,2,\cdots,n_j$)观察得到的观测值。各水平下的观测次数分别为 $n_1,n_2,\cdots,n_m$,则观测值总数 n 可表示为:

$$n=n_1+n_2+\cdots+n_m=\sum_{j=1}^{m}n_j$$

观测结果的一般数据结构列于表 7.2。

表 7.2　单因素方差分析的数据结构

试验(i)	因素水平(m_j)						行平均
	A_1	A_2	…	A_j	…	A_m	
1	x_{11}	x_{12}	…	x_{1j}	…	x_{1m}	$\bar{x}_{1\cdot}$
2	x_{21}	x_{22}	…	x_{2j}	…	x_{2m}	$\bar{x}_{2\cdot}$
⋮	⋮	⋮		⋮		⋮	⋮
i	x_{i1}	x_{i2}	…	x_{ij}	…	x_{im}	$\bar{x}_{i\cdot}$
⋮	⋮	⋮		⋮		⋮	⋮
n_j	x_{n11}	x_{n22}	…	x_{njj}	…	x_{nmm}	$\bar{x}_{r\cdot}$
列平均	$\bar{x}_{\cdot 1}$	$\bar{x}_{\cdot 2}$	…	$\bar{x}_{\cdot j}$	…	$\bar{x}_{\cdot m}$	$\bar{X}$

2.分析步骤

第 1 步:提出假设。

由于在固定水平下所做的重复试验只是偶然因素在起作用,从而知道各水平下(各列)的随机变量均服从正态分布 $N(\mu_j, \sigma_j^2)(j=1,2,\cdots,m)$,且具有相同的方差 $\sigma_1^2=\sigma_2^2=\cdots=\sigma_m^2$ 。检验因素的 m 个水平的均值是否相等,需要提出如下形式的假设:

$H_0: \mu_1=\mu_2=\cdots=\mu_m$　　　　自变量对因变量没有显著影响

$H_0: \mu_1,\mu_2,\cdots,\mu_m$ 不全相等　　　自变量对因变量有显著影响

第 2 步:构造检验统计量。

为检验 H_0 是否成立,需要确定检验的统计量。

(1)计算各样本的均值。

假定从第 j 个总体中抽取一个容量为 n_j 的简单随机样本,令 $\bar{x}_{\cdot j}$ 为第 j 个总体的样本均值,则有

$$\bar{x}_{\cdot j}=\frac{1}{n_j}\sum_{i=1}^{n_j} x_{ij} \tag{7.1}$$

式中, n_j 为第 j 个总体的样本容量; $\bar{x}_{ij}$ 为第 j 个总体的第 i 个观测值。

(2)计算全部观察值的总均值。

它是全部观测值的总和除以观测值的总个数,令总均值为 $\bar{X}$,则有

$$\bar{X}=\frac{1}{n}\sum_{j=1}^{m}\sum_{i=1}^{n_j} x_{ij}=\frac{1}{m}\sum_{j=1}^{m}\bar{x}_{\cdot j} \tag{7.2}$$

式中, $n=n_1+n_2+\cdots+n_m$ 。

(3)计算各离差平方和。

为构造检验统计量,在方差分析中,需要计算三个误差平方和,它们是总离差

平方和 SST (Sum of Squares for Total),进一步分解为组间离差平方和 SSA (Sum of Squares for factor A)与组内离差平方和 SSE (Sum of Squares for Error)。

总离差平方和 SST 是全部观察值 x_{ij} 与总平均值 $\bar{X}$ 的误差平方和,反映了全部观察值的离散状况。其计算公式为:

$$\begin{aligned}SST &= \sum_{j=1}^{m}\sum_{i=1}^{nj}(x_{ij}-\bar{X})^2 \\ &= \sum_{j=1}^{m}\sum_{i=1}^{nj}[(x_{ij}-\bar{x}_{\cdot j})+(\bar{x}_{\cdot j}-\bar{X})]^2 \\ &= \sum_{j=1}^{m}\sum_{i=1}^{nj}[(x_{ij}-\bar{x}_{\cdot j})^2+(\bar{x}_{\cdot j}-\bar{X})^2+2(x_{ij}-\bar{x}_{\cdot j})(\bar{x}_{\cdot j}-\bar{X})] \\ &= \sum_{j=1}^{m}\sum_{i=1}^{nj}(x_{ij}-\bar{x}_{\cdot j})^2+\sum_{j=1}^{m}n_j\ (\bar{x}_{\cdot j}-\bar{X})^2 \end{aligned} \tag{7.3}$$

其中:

$$\sum_{j=1}^{m}\sum_{i=1}^{nj}(x_{ij}-\bar{x}_{\cdot j})(\bar{x}_{\cdot j}-\bar{X})=\sum_{j=1}^{m}[(\bar{x}_{\cdot j}-\bar{X})\sum_{i=1}^{nj}(x_{ij}-\bar{x}_{\cdot j})]=0$$

式(7.3)中,$\sum_{j=1}^{m}\sum_{i=1}^{nj}(x_{ij}-\bar{x}_{\cdot j})^2$ 是组内离差平方和,反映的是每个水平内部各样本观察值与其组平均值的差异情况(在基本假定满足的情况下仅有随机差异),又称为误差项平方和,简记为 SSE 。即有:

$$SSE=\sum_{j=1}^{m}\sum_{i=1}^{nj}(x_{ij}-\bar{x}_{\cdot j})^2 \tag{7.4}$$

$\sum_{j=1}^{m}n_j\ (\bar{x}_{\cdot j}-\bar{X})^2$ 是组间离差平方和,反映的是不同水平均值与总平均值之间的差异状况(既有系统差异,也有随机差异),又称为水平项离差平方和,简记为 SSA 。即有:

$$SSA=\sum_{j=1}^{m}n_j\ (\bar{x}_{\cdot j}-\bar{X})^2 \tag{7.5}$$

上述三个离差平方和的关系为:

$$SST=SSE+SSA \tag{7.6}$$

显而易见,在总离差平方和 SST 中,如果组间离差平方和 SSA 所占比例较大,则说明观测变量(因变量)的变差主要是由控制变量(因素或自变量)的变差引起的,可以主要由控制变量来解释,分类型自变量给数值型自变量带来了显著影响;反之如果组间离差平方和 SSA 所占比例较小,则说明观测变量(因变量)的变差不是主要由控制变量(因素或自变量)的变差引起的,不可以主要由控制变量(分类型自变量)来解释,分类型自变量没有给因变量带来显著影响,因变量的变动是由随机因素引起的。

特别地,当各水平下的观测次数 $n_1, n_2, \cdots, n_m$ 都相等,均为 r 次时,三个离差平方和可分别表示为:

$$SST=\sum_{j=1}^{m}\sum_{i=1}^{r}(x_{ij}-\bar{X})^2 \tag{7.7}$$

$$SSE=\sum_{j=1}^{m}\sum_{i=1}^{r}(x_{ij}-\bar{x}_{\cdot j})^2 \tag{7.8}$$

$$SSA=r\sum_{j=1}^{m}(\bar{x}_{\cdot j}-\bar{X})^2 \tag{7.9}$$

(4)计算统计量。

由于各离差平方和的大小与观测值的个数(即样本的容量)有关,要将这一影响剔除,需要计算均方(Mean of Squares),也就是用各平方和除以它们的自由度,或也称为方差。平方和的自由度是指平方和公式中独立变量的项数。由此,SST,SSE 和 SSA 所对应的自由度分别是:

SST 的自由度 df_T 为 $n-1$,其中 n 为全部观察值个数;

SSA 的自由度 df_A 为 $m-1$,其中 m 为因素水平(总体)的个数;

SSE 的自由度 df_E 为 $n-m$ 。

容易看出,自由度之间也有类似于(7.6)的分解式,即有

$$df_T=df_A+df_E$$

计算平方和的均方 MS:

$$MS=\frac{SS}{df} \tag{7.10}$$

由于方差分析中主要是比较组间均方与组内均方之间的差异,因此通常只计算 SSE 的均方和 SSA 的均方。SSE 和 SSA 对应的均方分别为:

$$MSA=\frac{SSA}{df_A}=\frac{SSA}{m-1}, \quad MSE=\frac{SSE}{df_E}=\frac{SSE}{n-m}$$

根据 F 分布(χ^2 变量均方比分布)的定义,显然

$$F=\frac{MSA}{MSE}=\frac{SSA/(m-1)}{SSE/(n-m)}\sim F(m-1,n-m) \tag{7.11}$$

我们就是利用统计量 F 作检验统计量,进行方差分析。方差分析表如表 7.3 所示。

表 7.3 方差分析表

变差来源	离差平方和 SS	自由度 df	均方 MS	检验统计量 F	P 值	F 临界值
组间(因素) 组内(随机)	SSA SSE	$m-1$ $n-m$	$MSA=SSA/m-1$ $MSE=SSE/n-m$	$F=MSA/MSE$		
总　和	SST	$n-1$				

第 3 步:统计决策。

根据给定的显著性水平 α,在 F 分布表中查找与第一自由度 $df_1=m-1$、第二自由度 $df_2=n-m$ 相应的临界值 F_α 。将统计量的值 F 与给定的显著性水平 α 的临界值 F_α 进行比较,做出对原假设 H_0 的决策。图 7.1 描述了 F 统计量的抽样分布以及显著性水平 α 下的拒绝域。

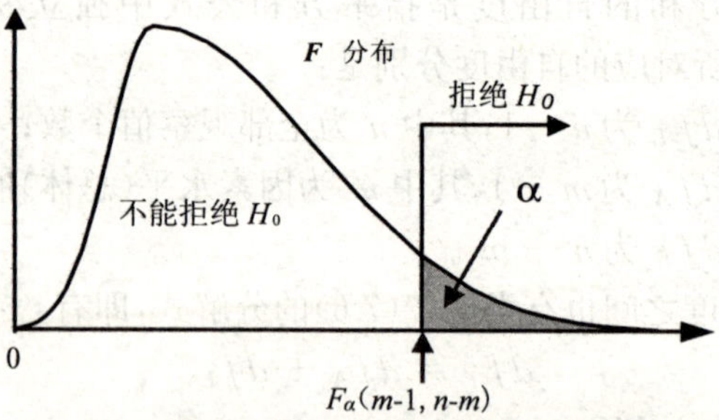

图 7.1 统计量 F 的抽样分布及拒绝域

若 $F>F_\alpha$,则拒绝原假设 H_0,表明均值之间的差异是显著的,所检验的因素对观察变量有显著影响;若 $F<F_\alpha$,则不能拒绝原假设 H_0,表明所检验的因素对观察变量没有显著影响。

也可以用给定的显著性水平 α 与检验统计量的显著概率 p 值作比较。如果 $p<\alpha$,则拒绝原假设 H_0,表明均值之间的差异是显著的,所检验的因素对观察变量有显著影响;若 $p>\alpha$,则不能拒绝原假设 H_0,表明所检验的因素对观察变量没有显著影响。

7.2.2 单因素方差分析的实例

例 7.2 数据资料见例 7.1。试判断不同培训方案的销售效果有无显著差异? $\alpha=0.05$

解:第 1 步:提出假设。

$H_0:\mu_1=\mu_2=\mu_3$　　　　不同培训方案的销售量没有显著差异

$H_1:\mu_1,\mu_2,\mu_3$ 不全相等　不同培训方案的销售量有显著差异

第 2 步：计算统计量。

$$\bar{X}=\frac{1}{n}\sum_{j=1}^{3}\sum_{i=1}^{5}x_{ij}=\frac{17+21+19}{3}=19$$

$$SSA=r\sum_{j=1}^{3}(\bar{x}_{\cdot j}-\bar{X})^2=5\times[(17-19)^2+(21-19)^2+(19-19)^2]=40$$

$$\begin{aligned}SSE=\sum_{j=1}^{3}\sum_{i=1}^{5}(x_{ij}-\bar{x}_{\cdot j})^2&=[(15-17)^2+(18-17)^2+(19-17)^2\\&+(22-17)^2+(11-17)^2]+[(22-21)^2+(27-21)^2\\&+(18-21)^2+(21-21)^2+(17-21)^2]+[(18-19)^2\\&+(24-19)^2+(16-19)^2+(22-19)^2+(15-19)^2]=192\end{aligned}$$

由于　$df_A=m-1=3-1=2$

$df_E=n-m=3\times5-3=12$

则　$MSA=\frac{SSA}{df_A}=\frac{40}{2}=20$　　$MSE=\frac{SSE}{df_E}=\frac{192}{12}=16$

$F=\frac{MSA}{MSE}=\frac{20}{16}=1.25$　　$F\sim F(2,12)$

也可使用 Excel 进行方差分析，得到方差分析表如表 7.4 所示。

表 7.4　方差分析表

变差来源	离差平方和 SS	自由度 df	均方 MS	检验统计量 F
组间	40	2	20	1.25
组内	192	12	16	
总和	232	14	—	—

第 3 步：做出决策。

给定显著性水平 $\alpha=0.05$，第一自由度为 2，第二自由度为 12，查 F 分布表，得 $F_\alpha=3.89$。由于 $F=1.25<F_\alpha=3.89$，落在接受域，所以不能拒绝 $H_0:\mu_1=\mu_2=\mu_3$。即认为三种培训方案的销售效果无显著差异，不同的培训方案对销售量不存在显著影响。

例 7.3　试验四种不同农药的杀虫效果，试验结果见表 7.5 所示。试分析它们在杀虫率方面有无显著的不同。$\alpha=0.05$

第 1 步：提出假设。

$$H_0:\mu_1=\mu_2=\mu_3=\mu_4\qquad H_1:\mu_1,\mu_2,\mu_3,\mu_4\ \text{不全相等}$$

第 2 步：计算统计量。

$$\bar{X}=\frac{1}{n}\sum_{j=1}^{4}\sum_{i=1}^{nj}x_{ij}=69.697$$

$$SSA=\sum_{j=1}^{4}n_j\ (\bar{x}_{.j}-\bar{x})^2=4214.32$$

$$SSE=\sum_{j=1}^{m}\sum_{i=1}^{nj}(x_{ij}-\bar{x}_{.j})^2=1111.2$$

$$MSA=\frac{SSA}{df_A}=\frac{4214.32}{3}=1404.773 \qquad MSE=\frac{SSE}{df_E}=\frac{1111.2}{14}=79.3714$$

$$F=\frac{MSA}{MSE}=17.6987 \qquad F\sim F(3,14)$$

表 7.5 四种不同农药的试验结果

试验序号	甲农药	乙农药	丙农药	丁农药
1	87.4	90.5	56.2	55.0
2	85.0	88.5	62.4	48.2
3	80.2	87.3	45.7	36.8
4	78.2	94.7		58.6
5	65.8			71.2
6				56.9

使用 Excel 进行方差分析，可得到如表 7.6 所示的方差分析表。

表 7.6 方差分析表

变差来源	SS	df	MS	F	P 值	F 临界值
组间	4214.32	3	1404.773	17.69873	4.89E−05	3.343885
组内	1111.2	14	79.3714			
总和	5325.52	17				

第 3 步：做出决策。给定 $\alpha=0.05$，查 F 分布表，得 $F_\alpha(3,14)=3.343$。由于 $F=17.69873>F_\alpha=3.89$，落在拒绝域，所以，拒绝了各种农药平均杀虫率都相等的假设，即认为不同农药的杀虫率之间有显著差异。

上述决策也可以通过 P 值做出。由于 $P=4.89\text{E}-05<\alpha=0.05$，同样是拒绝各种农药平均杀虫率都相等的原假设，认为不同农药的杀虫率之间是有显著差异的。

7.2.3　关系强度的测量

表 7.3 中给出了自变量的离差平方和 SSA（组间 SS），它度量了自变量对因变量的影响效应。事实上，只要自变量的离差平方和 SSA 不等于 0，就表明自变量和因变量之间有关系（只是关系是否显著的问题）。当自变量的离差平方和 SSA 比残差平方和 SSE（组内 SS）大，并且大到一定程度时，就意味着两个变量的关系显著，大得越多，表明它们之间的关系就越强。反之就越弱。

现在的关键问题是如何度量它们这种关系的强度。我们可以用自变量的平方和 SSA（组间 SS）及残差平方和 SSE（组内 SS）占总平方和 SST 的比重大小来度量。其中，我们把自变量的平方和 SSA（组间 SS）占总平方和 SST 的比重定义为 R^2（第八章中我们将其定义为判定系数），即

$$R^2=\frac{SSA}{SST} \tag{7.12}$$

对于例 7.3，依据计算结果可得：

$$R^2=\frac{SSA}{SST}=\frac{4214.32}{5325.52}=0.791344$$

这表明，四种不同的农药对杀虫率的影响效应占总效应的 79.1344312%，而残差效应却占不到 21%。也就是说不同农药的杀虫率之间的差异较大。

7.2.4　方差分析中的多重比较

例 7.3 的结果表明四种不同农药的杀虫率之间是不完全相同的。但究竟哪些农药的杀虫率不相等呢？也就是说，μ_1 与 μ_2；μ_1 与 μ_3；μ_1 与 μ_4；μ_2 与 μ_3；μ_2 与 μ_4；μ_3 与 μ_4 之间究竟是哪两种农药的杀虫率不同呢？还需做进一步的分析。做进一步的分析所使用的方法就是多重比较法。

多重比较法有多种，这里我们就介绍由 Fisher 提出的最小显著差异方法（Least Significant Difference，简记为 LSD）。其具体步骤为：

第 1 步：提出假设 $H_0:\mu_i=\mu_j$；　$H_1:\mu_i\neq\mu_j$

第 2 步：计算检验统计量：$\bar{x}_i-\bar{x}_j$

第 3 步：计算 LSD；其计算公式为：

$$\text{LSD}=t_{\frac{\alpha}{2}}(n-m)\sqrt{MSE\left(\frac{1}{n_i}+\frac{1}{n_j}\right)} \tag{7.13}$$

式中 $t_{\frac{\alpha}{2}}(n-m)$ 为 t 分布的临界值，$n-m$ 为自由度，m 是因素中水平的个数；MSE 为组内均方；n_i 和 n_j 是第 i 个样本和第 j 个样本的容量。

第 4 步：根据显著水平 α 做出统计决策。若 $|\bar{x}_i-\bar{x}_j|\geqslant \text{LSD}$，则拒绝 H_0；若

$|\bar{x}_i - \bar{x}_j| \leqslant \text{LSD}$，则不能拒绝 H_0。

例 7.4 以例 7.3 的资料为例，对四种不同农药的杀虫率做多重比较。$\alpha = 0.05$

第 1 步：提出假设 $H_0: \mu_i = \mu_j$； $H_1: \mu_i \neq \mu_j$

假设 1：$H_0: \mu_1 = \mu_2$； $H_1: \mu_1 \neq \mu_2$

假设 2：$H_0: \mu_1 = \mu_3$； $H_1: \mu_1 \neq \mu_3$

假设 3：$H_0: \mu_1 = \mu_4$； $H_1: \mu_1 \neq \mu_4$

假设 4：$H_0: \mu_2 = \mu_3$； $H_1: \mu_2 \neq \mu_3$

假设 5：$H_0: \mu_2 = \mu_4$； $H_1: \mu_2 \neq \mu_4$

假设 6：$H_0: \mu_3 = \mu_4$； $H_1: \mu_3 \neq \mu_4$

第 2 步：计算检验统计量：$\bar{x}_i - \bar{x}_j$

检验统计量 1：$|\bar{x}_1 - \bar{x}_2| = |79.32 - 90.25| = 10.93$

检验统计量 2：$|\bar{x}_1 - \bar{x}_3| = |79.32 - 54.76667| = 24.55333$

检验统计量 3：$|\bar{x}_1 - \bar{x}_4| = |79.32 - 54.45| = 24.87$

检验统计量 4：$|\bar{x}_2 - \bar{x}_3| = |90.25 - 54.76667| = 35.48333$

检验统计量 5：$|\bar{x}_2 - \bar{x}_4| = |90.25 - 54.45| = 35.8$

检验统计量 6：$|\bar{x}_3 - \bar{x}_4| = |54.76667 - 54.45| = 0.31667$

第 3 步：计算 LSD

$$\text{LSD}_1 = t_{0.05/2}(18-4)\sqrt{MSE\left(\frac{1}{n_1} + \frac{1}{n_2}\right)}$$

$$= 2.144788596 \times \sqrt{79.3714 \times \left(\frac{1}{5} + \frac{1}{4}\right)} = 12.81807$$

$$\text{LSD}_2 = t_{0.05/2}(18-4)\sqrt{MSE\left(\frac{1}{n_1} + \frac{1}{n_3}\right)}$$

$$= 2.144788596 \times \sqrt{79.3714 \times \left(\frac{1}{5} + \frac{1}{3}\right)} = 13.95455$$

$$\text{LSD}_3 = t_{0.05/2}(18-4)\sqrt{MSE\left(\frac{1}{n_1} + \frac{1}{n_4}\right)}$$

$$= 2.144788596 \times \sqrt{79.3714 \times \left(\frac{1}{5} + \frac{1}{6}\right)} = 11.5705$$

$$\text{LSD}_4 = t_{0.05/2}(18-4)\sqrt{MSE\left(\frac{1}{n_2} + \frac{1}{n_3}\right)}$$

$$= 2.144788596 \times \sqrt{79.3714 \times \left(\frac{1}{4} + \frac{1}{3}\right)} = 14.59402$$

$$\mathrm{LSD}_5 = t_{0.05/2}(18-4)\sqrt{MSE\left(\frac{1}{n_2}+\frac{1}{n_4}\right)}$$

$$=2.144788596\times\sqrt{79.3714\times\left(\frac{1}{4}+\frac{1}{6}\right)}=12.3342$$

$$\mathrm{LSD}_6 = t_{0.05/2}(18-4)\sqrt{MSE\left(\frac{1}{n_3}+\frac{1}{n_4}\right)}$$

$$=2.144788596\times\sqrt{79.3714\times\left(\frac{1}{3}+\frac{1}{6}\right)}=13.51144$$

第 4 步:做出统计决策

由于 $|\bar{x}_1-\bar{x}_2|=10.93<12.81807$,所以不能拒绝 H_0。我们认为甲、乙两种农药的杀虫率没有显著差异。

由于 $|\bar{x}_1-\bar{x}_3|=24.55333>13.95455$,所以拒绝 H_0。我们认为甲、丙两种农药的杀虫率有显著差异。

由于 $|\bar{x}_1-\bar{x}_4|=24.87>11.5705$,所以拒绝 H_0。我们认为甲、丁两种农药的杀虫率有显著差异。

由于 $|\bar{x}_2-\bar{x}_3|=35.48333>14.59402$,所以拒绝 H_0。我们认为乙、丙两种农药的杀虫率有显著差异。

由于 $|\bar{x}_2-\bar{x}_4|=35.8>12.3342$,所以拒绝 H_0。我们认为乙、丁两种农药的杀虫率有显著差异。

由于 $|\bar{x}_3-\bar{x}_4|=0.31667<13.51144$,所以不能拒绝 H_0。我们认为丙、丁两种农药的杀虫率没有显著差异。

§7.3　无交互作用的双因素方差分析

在实际问题的研究中,有时需要考虑两个因素对试验结果的影响。如研究工资的高低,我们既想了解学历是否对工资的高低有影响,又想了解不同的就业领域是否对工资有影响,这就需要用两因素的方差分析(Double Factors ANOVA)方法。

双因素方差分析有两种类型,一种是无交互作用的双因素方差分析,它假定因素 A 与因素 B 之间是相互独立的,不存在相互影响的关系;另一种是有交互影响的双因素方差分析,它假定因素 A 和因素 B 相互结合会产生一种新的效应。本节只介绍无交互作用的方差分析。

7.3.1　数据结构与假设陈述

双因素方差分析的数据结构如表 7.7 所示。

表 7.7 双因素方差分析的数据结构

		因素 A				$\bar{x}_{i\cdot}$
		A_1	A_2	…	A_m	
因素 B	B_1	x_{11}	x_{12}	…	x_{1m}	$\bar{x}_{1\cdot}$
	B_2	x_{21}	x_{22}	…	x_{2m}	$\bar{x}_{2\cdot}$
	⋮	⋮	⋮		⋮	⋮
	B_k	x_{k1}	x_{k2}	…	x_{km}	$\bar{x}_{k\cdot}$
	$\bar{x}_{\cdot j}$	$\bar{x}_{\cdot 1}$	$\bar{x}_{\cdot 2}$	…	$\bar{x}_{\cdot m}$	$\bar{\bar{X}}$

表 7.7 中，因素 A 位于列的位置，共有个 m 水平，$\bar{x}_{\cdot j}$ 代表因素 A 的第 j 种水平的样本均值；因素 B 位于行的位置，共有 k 个水平，$\bar{x}_{i\cdot}$ 代表因素 B 的第 i 种水平的样本均值。$\bar{\bar{X}}$ 是总样本均值，样本容量 $n = m \times k$ 。

每一个观测值 x_{ij} 可以被看作是由因素 A 的 m 个水平和因素 B 的 k 个水平所组成的 $m \times k$ 个总体中抽取的样本容量为 1 的独立随机样本。这 $m \times k$ 个总体中的每一个总体均服从正态分布，且具有相同的方差。这是进行双因素方差分析的基本假定。

由于有两个影响因素，且两者之间无交互作用，所以检验要提出两个假设：

对行因素提出假设：

$H_0: \mu_1 = \mu_2 = \cdots = \mu_i = \cdots = \mu_k$ ，即行因素对因变量没有显著影响；

$H_1: \mu_1, \mu_2, \cdots, \mu_i, \cdots, \mu_k$ 不全相等，即行因素对因变量有显著影响。

对列因素提出假设：

$H_0: \mu_1 = \mu_2 = \cdots = \mu_j = \cdots = \mu_m$ ，即列因素对因变量没有显著影响；

$H_1: \mu_1, \mu_2, \cdots, \mu_j, \cdots, \mu_m$ 不全相等，即列因素对因变量有显著影响。

7.3.2 构造检验统计量

与单因素方差分析类似，进行双因素方差分析，需要将总离差平方和 SST 进行分解。二者的区别在于，这里需要将离差平方和分解为三个组成部分，即 SSA 、SSB 和 SSE ，以分别反映因素 A 、因素 B 的组间差异和随机误差 SSE 的离散状况。

总误差平方和，简记为 SST ，是全部样本观察值 x_{ij}（$i=1,2,\cdots,k$ ，$j=1,2,\cdots,m$ ）与总的样本平均值 $\bar{\bar{X}}$ 之间的误差平方和。计算公式为：

$$SST = \sum_{j=1}^{m} \sum_{i=1}^{k} (x_{ij} - \bar{\bar{X}})^2 \tag{7.14}$$

A 因素产生的误差平方和，简记为 SSA，是 A 因素各水平均值 $\bar{x}_{\cdot j}$ 与总平均值 $\bar{\bar{X}}$ 之间的误差平方和。计算公式为：

$$SSA=\sum_{j=1}^{m}\sum_{i=1}^{k}(\bar{x}_{\cdot j}-\bar{\bar{X}})^2=\sum_{j=1}^{m}k(\bar{x}_{\cdot j}-\bar{\bar{X}})^2 \tag{7.15}$$

B 因素产生的误差平方和，简记为 SSB，是 B 因素各水平平均值 $\bar{x}_{i\cdot}$ 与总平均值 $\bar{\bar{X}}$ 之间的误差平方和。计算公式为：

$$SSB=\sum_{i=1}^{k}\sum_{j=1}^{m}(\bar{x}_{i\cdot}-\bar{\bar{X}})^2=\sum_{i=1}^{k}m(\bar{x}_{i\cdot}-\bar{\bar{X}})^2 \tag{7.16}$$

随机误差项平方和，是指除 A 因素和 B 因素之外，由剩余因素影响产生的误差平方和，简记为 SSE。计算公式为：

$$SSE=\sum_{i=1}^{k}\sum_{j=1}^{m}(x_{ij}-\bar{x}_{i\cdot}-\bar{x}_{\cdot j}+\bar{\bar{X}})^2 \tag{7.17}$$

上述各平方和之间的关系式为：

$$SST=SSA+SSB+SSE$$

各个离差平方和对应的自由度分别是：

总离差平方和 SST 的自由度 df_T 为 $n-1=mk-1$；

A 因素产生的误差平方和 SSA 的自由度 df_A 为 $m-1$；

B 因素产生的误差平方和 SSB 的自由度 df_B 为 $k-1$；

随机误差项平方和 SSE 的自由度 df_E 为 $(m-1)\times(k-1)=n-m-k+1$。

由离差平方和和自由度可以算出均方差：

对因素 A 而言：$MSA=\dfrac{SSA}{m-1}$

对因素 B 而言：$MSB=\dfrac{SSB}{k-1}$

对随机误差而言：$MSE=\dfrac{SSE}{n-m-k+1}$

因此，A 因素对因变量影响显著性的检验统计量为：

$$F_A=\frac{MSA}{MSE}\sim F(k-1,n-m-k+1)$$

B 因素对因变量影响显著性的检验统计量为：

$$F_B=\frac{MSB}{MSE}\sim F(m-1,n-m-k+1)$$

因此，列出双因素方差分析表如表 7.8 所示。

表 7.8 方差分析表

误差来源	离差平方和	自由度	均方差	F 值
因素 A	SSA	$m-1$	$MSA=SSA/(m-1)$	$F_A=MSA/MSE$
因素 B	SSB	$k-1$	$MSB=SSB/(k-1)$	$F_B=MSB/MSE$
误 差	SSE	$n-m-k-1$	$MSE=SSE/(n-m-k-1)$	
合 计	SST	$n-1$	—	—

7.3.3 计算实例

例 7.5 某商品有五种不同的包装方式(因素 A),在四个不同地区销售(因素 B)。现从每个地区随机抽取一个规模相同的百货商店,得到该商品不同包装方式下的销售资料,如表 7.9。试检验销售地区和包装方式是否对销售量有显著性影响。($\alpha=0.05$)

表 7.9 某种商品不同地区不同包装的销售资料

销售地区	包装方式					行平均
	A_1	A_2	A_3	A_4	A_5	
B_1	20	12	20	10	14	15.2
B_2	22	10	20	12	6	14.0
B_3	24	14	18	18	10	16.8
B_4	16	4	8	6	18	10.4
列平均	20.5	10.0	16.5	11.5	12.0	14.1

第 1 步:提出假设。

对因素 A:$H_0:\mu_1=\mu_2=\mu_3=\mu_4=\mu_5$(不同包装方式的销售量之间无差别);

$H_1:\mu_1,\mu_2,\mu_3,\mu_4,\mu_5$ 不全相等(不同包装方式的销售量之间有差别)。

对因素 B:$H_0:\mu_1=\mu_2=\mu_3=\mu_4$(不同地区的销售量之间无差别);

$H_1:\mu_1,\mu_2,\mu_3,\mu_4$ 不全相等(不同地区的销售量之间有差别)。

第 2 步:计算统计量。

首先,计算离差平方和如下:

$$SST=\sum_{i=1}^{k}\sum_{j=1}^{m}(x_{ij}-\bar{\bar{X}})^2=(20-14.1)^2+\cdots+(10-14.1)^2=643.8$$

$$SSA=\sum_{i=1}^{k}\sum_{j=1}^{m}(\bar{x}_{\cdot j}-\bar{\bar{X}})^2=\sum_{j=1}^{m}k(\bar{x}_{\cdot j}-\bar{X})^2$$
$$=5\times[(20.5-14.1)^2+\cdots+(12-14.1)^2]=298.8$$

$$SSB=\sum_{i=1}^{k}\sum_{j=1}^{m}(\bar{x}_{i\cdot}-\bar{\bar{X}})^2=\sum_{i=1}^{k}m(\bar{x}_{i\cdot}-\bar{X})^2$$

$=4\times[(15.2-14.1)^2+\cdots+(10.4-14.1)^2]=111$

$SSE=SST-SSA-SSB=643.8-298.8-111=234$

其次，计算均方差如下：

$MSA=298.8/(5-1)=74.7$

$MSB=111/(4-1)=37$

$MSE=234/(20-5-4+1)=19.5$

最后，计算 F 统计量：

$$F_A=\frac{MSA}{MSE}=74.7/19.5=3.830769$$

$$F_B=\frac{MSB}{MSE}=37/19.5=1.897436$$

方差分析的结果见表 7.10。

表 7.10　方差分析表

误差来源	SS	自由度	均方差	F 值	F 临界值	P 值
因素 A	298.8	4	74.7	3.830769	3.259167	0.031324
因素 B	111	3	37	1.897436	3.490295	0.183889
误　差	234	12	19.5			
合　计	643.8	19	—			

第 3 步：给出检验结论。

给定显著性水平 $\alpha=0.05$，查 F 分布表，得 $F_\alpha(4,12)=3.259167$，$F_\alpha(3,12)=3.490295$。

对于因素 A，因为 $F_A=3.830769>F_\alpha=3.259167$，落在拒绝域，所以，应拒绝 H_0，接受 H_1：$\mu_1,\mu_2,\mu_3,\mu_4,\mu_5$ 不全相等，认为不同包装方式对销售量有显著影响；

对于因素 B，因为 $F_B=1.897436<F_\alpha=3.490295$，落在接受域，所以，不能拒绝 H_0：$\mu_1=\mu_2=\mu_3=\mu_4$。即认为不同销售地区对商品销售量没有显著影响。

7.3.4　关系强度的测量

上面的方差分析结果显示，不同销售地区对商品销售量没有显著影响，不同包装方式对销售量有显著影响。那么，两个变量(不同销售地区和不同包装方式)合起来与销售量之间的关系强度如何呢？

前面计算出了行 SSA 、SSB 及 SST 。其中，SSA 度量了不同包装方式对销售量的影响效应，SSB 度量了不同销售地区对销售量的影响效应。SSA 、SSB 加在一起度量了不同销售地区和不同包装方式两个自变量对销售量因变量的联合影响效应，联合效应占总效应（即离差总平方和 SST ）的比重我们定义为 R^2，作为衡量关联强度的度量指标。即

$$R^2=\frac{SSA+SSB}{SST}$$

对于例 7.4，依据表 7.10 计算得：

$$R^2=\frac{SSA+SSB}{SST}=\frac{298.8+111}{643.8}=63.6533\%$$

这表明，不同销售地区和不同包装方式两个自变量对销售量因变量的联合影响效应，占总效应的 63.6533%，而残差效应占到 36.3467%。也就是说不同销售地区和不同包装方式两个自变量对销售量因变量之间有较强的关系（$R=0.79783$）。

附录 Excel 的应用

一、单因素方差分析

第 1 步：选择[工具]下拉菜单，并选择[数据分析]选项。

第 2 步：在分析工具中选择[单因素方差分析]，然后单击[确定]。

第 3 步：当对话框出现时：在[输入区域]方框内输入数据单元格区域，如下例的区域是 B2:E7；在[α]方框内输入 0.05（可根据需要确定）；在[输出选项]中选择输出区域（这里选新工作表组）。

以例 7.3 为例，说明在 Excel 中进行单因素方差分析的方法。

1.建立如表 7.11 所示的 Excel 数据文件。

表 7.11 四种不同农药的试验结果

	A	B	C	D	E
1	试验序号	甲农药	乙农药	丙农药	丁农药
2	1	87.4	90.5	56.2	55
3	2	85	88.5	62.4	48.2
4	3	80.2	87.3	45.7	36.8
5	4	78.2	94.7		58.6
6	5	65.8			71.2
7	6				56.9

2.选择菜单:[工具]→[数据分析]→[方差分析:单因素方差分析],按图 7.2 所示设定有关选项,点击“确定”。

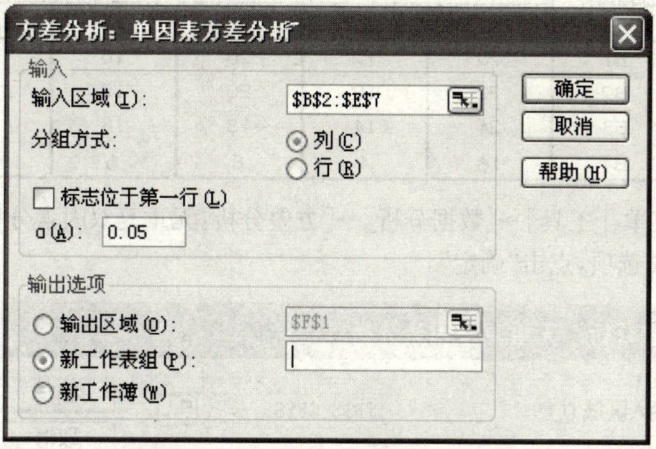

图 7.2　方差分析:单因素方差分析

3.Excel 的输出结果如表 7.12 所示。结果表明,在原假设成立的条件下,F 统计量大于 17.69873 的概率几乎为 0。或者说由于 $F=17.69873$ 大于 F 检验 5% 的临界值(F crit=3.343885),所以,拒绝了各种农药平均杀虫率都相等的假设,即认为不同农药的杀虫率之间是有所差异的。

表 7.12　单因素方差分析输出结果

	A	B	C	D	E	F	G
1	方差分析：单因素方差分析						
2	组	观测数	求和	平均	方差		
3	列 1	5	396.6	79.32	70.592		
4	列 2	4	361	90.25	10.543333		
5	列 3	3	164.3	54.766667	71.263333		
6	列 4	6	326.7	54.45	130.935		
7	方差分析						
8	差异源	SS	df	MS	F	P-value	F crit
9	组间	4214.3203	3	1404.7734	17.698735	4.891E-05	3.3438887
10	组内	1111.1997	14	79.371405			
11	总计	5325.52	17				

二、无交互作用的双因素方差分析

以例 7.5 为例,说明在 Excel 中进行无交互作用的双因素方差分析的方法。

1.建立如表 7.13 所示的 Excel 数据文件。

表 7.13 四种不同农药的试验结果

	A	B	C	D	E	F
1	销售地区	包装方式				
2		A1	A2	A3	A4	A5
3	B1	20	12	20	10	14
4	B2	22	10	20	12	6
5	B3	24	14	18	18	10
6	B4	16	4	8	6	18

2.选择菜单:[工具]→[数据分析]→[方差分析:无重复双因素分析],按图 7.3 所示设定有关选项,点击“确定”。

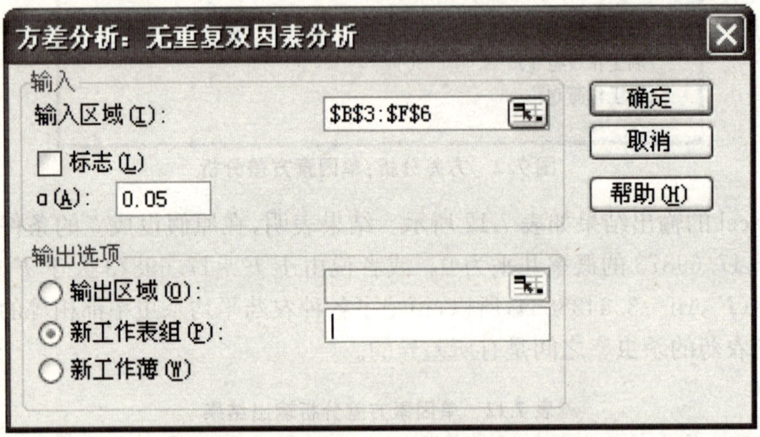

图 7.3 方差分析:无重复双因素方差分析

表 7.14 无重复双因素方差分析输出结果

	A	B	C	D	E	F	G
1	方差分析：无重复双因素分析						
2	SUMMARY	观测数	求和	平均	方差		
3	行 1	5	76	15.2	21.2		
4	行 2	5	70	14	46		
5	行 3	5	84	16.8	27.2		
6	行 4	5	52	10.4	38.8		
7	列 1	4	82	20.5	11.666667		
8	列 2	4	40	10	18.666667		
9	列 3	4	66	16.5	33		
10	列 4	4	46	11.5	25		
11	列 5	4	48	12	26.666667		
12	方差分析						
13	差异源	SS	df	MS	F	P-value	F crit
14	行	111	3	37	1.8974359	0.1838887	3.4902948
15	列	298.8	4	74.7	3.8307692	0.0313242	3.2591667
16	误差	234	12	19.5			
17	总计	643.8	19				

3.Excel 的输出结果如表 7.14 所示。从输出结果看,行(B 因素)的 P-value 为 0.103195,大于 0.05,列(A 因素)的 P-value 为 0.021886,小于 0.05,所以,不同销售地区对商品销售量没有显著影响,不同包装方式对销售量有显著影响。这与前面的检验结果完全相同。

本章习题

一、思考题

1.什么是方差分析?它研究的是什么?

2.要检验多个总体均值是否相等时,为什么不作两两比较,而用方差分析法?

3.方差分析包括哪些类型?它们有何区别?

4.方差分析中有哪些基本假定?

5.简述方差分析的基本思想。

6.解释因子和处理的含义。

7.解释组内误差和组间误差的含义。

8.解释组内方差和组间方差的含义。

9.简述方差分析的基本步骤。

10.方差分析中多重比较的作用是什么?

11.什么是交互作用的双因素方差分析?

12.解释 R^2 的含义和作用。

二、练习题

1.从某市的三个小学中分别抽若干名 5 年级男生,测量其身高(单位:cm),数据如下:

小　学	身高						
大成小学	128	135	148	152	146	135	148
平明小学	145	156	162	157	136		
师范附小	145	136	139	148	164	142	

试检验不同小学 5 年级男生身高有无显著差别。($\alpha=0.05$)

2.某家电制造公司准备购进一批 5 号电池,现有 A、B、C 三个电池生产企业愿意供货,为比较它们生产的电池质量,从每个企业各随机抽取 5 只电池,经试验得其寿命(单位:小时)数据见下表:

试验号	电池生产企业		
	A	B	C
1	50	32	45
2	50	28	42
3	43	30	38
4	40	34	48
5	39	26	40

试分析三个企业生产的电池的平均寿命之间有无显著差异？如果有差异，用LSD方法检验哪些企业之间有差异？（$\alpha=0.05$）

3. 某企业准备用三种方法组装一种新的产品，为确定哪种方法每小时生产的产品数量最多，随机抽取了30名工人，平均分为三组，并指定每组使用其中的一种方法。通过对每个工人生产的产品数进行方差分析得到下面的结果。

差异源	*SS*	*df*	*MS*	*F*	*P*-value	*F* crit
组　间			210		0.245946	3.354131
组　内	3836			—	—	—
合　计		29		—	—	—

要求：

(1)完成上面的方差分析表。

(2)检验三种方法组装的产品数量之间是否有显著差异？（$\alpha=0.05$）

4. 某农场在不同的地块试种四个品种的谷子，试验数据（单位：千克/亩）如下，试检验地块类型和谷子品种是否对平均亩产量有影响。（$\alpha=0.05$）

	太行2号	冀丰2号	冀丰3号	农科9号	农科12号
洼地	225	210	198	152	205
坡地	156	198	265	210	236
平地	320	351	298	302	261

5. 为研究食品的包装和销售地区对其销售量是否有影响，在某周的3个不同地区中用3种不同包装方法进行销售，获得的销售量数据见下表：

销售地区(A)	包装方法(B)		
	B1	B2	B3
A1	45	75	30
A2	50	50	40
A3	35	65	50

检验不同的地区和不同的包装方法对该食品的销售量是否有显著影响？（$\alpha=0.05$）

第八章　相关与回归分析

§8.1　相关分析

8.1.1　相关的涵义

在经济生活中，普遍存在着变量之间的关系。统计分析的目的在于如何根据统计数据认识变量之间的关系形态及其关联程度，并探索其内在的数量规律性。

变量间的关系一般来说可以分为确定性和非确定性两种。确定性关系是指存在某种函数关系。然而，变量之间更常见的是表现出某种不确定性，这种既有关联、又不存在确定性的关系，就称为相关关系。

确定性关系就是能够用确定的函数关系式表达变量之间的关系，即人们所熟悉的函数关系。函数关系是指现象（变量）之间存在着的一种固定的、严格的数量依存关系，即当一个现象（自变量）数值的变动，就会有另一个现象（因变量）完全确定的数值与之对应的变量之间的相互依存关系。

设有两个变量 X 和 Y，变量 Y 随着变量 X 的变化而变化，并完全依赖于 X，当变量 X 取一定值时，Y 可以依确定的关系取相应的值，则 Y 是 X 的函数。记为 $Y=f(X)$，其中 X 称为自变量，Y 称为因变量。

例如某商品的销售额 Y 与销售量 X 之间的关系可用 $Y=PX$ 来表示，即在销售单价 P 确定时，给出销售量 X 便可以唯一地确定该商品的销售额 Y，这时 Y 与 X 是一一对应的确定性关系。

1.相关关系的概念

在现实生活中，变量间的关系往往不那么简单，无法用确定的函数关系式表达。对于一个变量的某一个值，往往有另一个变量的许多可能值相对应。例如，家庭的消费支出与收入之间的关系，收入确定后，消费支出并不随之而定。收入高的家庭一般来说消费支出水平也高，但对于收入水平相同的家庭，其消费支出并不一定相同。这种变量间存在的不确定性数量关系，称为相关关系。其特点是：一个变量的取值不能由另一个变量唯一确定。对这种不确定性变量间的关系显然不能用函数关系进行描述，但是通过对大量样本数据资料的观察与研究，就会发现许多变量之间确实存在着一定的客观规律性。相关与回归分析正是描述与探索不确定变量之间关系及其规律的统计方法。

2.相关关系的类型

根据变量之间的关系形态、影响方向和影响程度等,相关关系可以分为不同类型。

(1)根据所研究变量的个数不同,相关关系可分为单相关、复相关和偏相关。单相关是指研究两个变量的相关关系;复相关是指研究一个变量对两个或两个以上变量的相关关系;偏相关是指在研究多个变量之间的相关关系时,假定其他变量不变,只研究其中两个变量的相关关系。

(2)根据相关关系的表现形式来分,有线性相关和非线性相关。线性相关是指变量间的关系近似地表现为一条直线;非线性相关是指变量之间的关系近似地表现为一条曲线。

(3)根据变量之间的相关方向分为正相关和负相关。

在线性相关中,若两个变量的变动方向相同,即一个变量的数量增加(或减少)时,另一个变量的数量也随之增加(或减少),称之为正相关;当一个变量的数量增加(或减少)时,另一个变量的数量也随之减少(或增加),则称为负相关。

(4)根据变量之间的相关程度分为完全相关、完全不相关和不完全相关三类。完全相关,就是变量之间的一种确定性的函数关系;完全不相关是指变量之间彼此互不影响,其数量变化各自独立;不完全相关是介于完全相关和完全不相关之间。一般的相关关系都是指不完全相关。

8.1.2 相关分析

1.基本原理

相关分析(Correlation Analysis)是根据实际观察的数据资料,对两个变量之间的关系进行描述和度量,它要解决的问题包括:

(1)变量之间是否存在关系?

(2)如果存在关系,它们之间是什么样的关系?

(3)变量之间的关系强度如何?

(4)样本所反映的变量之间的关系能否代表总体变量之间的关系?

为解决这些问题,在进行相关分析时,对总体主要有以下两个假定:

其一:两个变量之间是线性关系。

其二:两个变量都是随机变量。

在进行相关分析时,首先需要通过绘制散点图来判断变量之间的关系形态,如果是线性关系,则可以利用相关系数来测度变量之间的关系强度,然后对相关系数进行显著性检验,以判断样本数据所反映的关系能否代表变量总体的关系。

(1)散点图

对于两个变量 X 和 Y,通过观察或试验可以得到若干组数据,记为 (x_i, y_i) $(i=1,2,\cdots,n)$。用坐标的横轴代表变量 X,纵轴代表变量 Y,每组数据 (x_i, y_i) 在坐标系中用一个点表示,n 组数据在坐标中形成的 n 个点,称为散点,由坐标及其散点形成的二维数据图称为散点图(Scatter Plots)。

散点图是研究变量间关系的一种直观工具,一般在进行定量分析前,可以利用它对变量之间存在的相关关系的方向、形式和密切程度进行大致判断。图 8.1 就是不同形态的散点图。

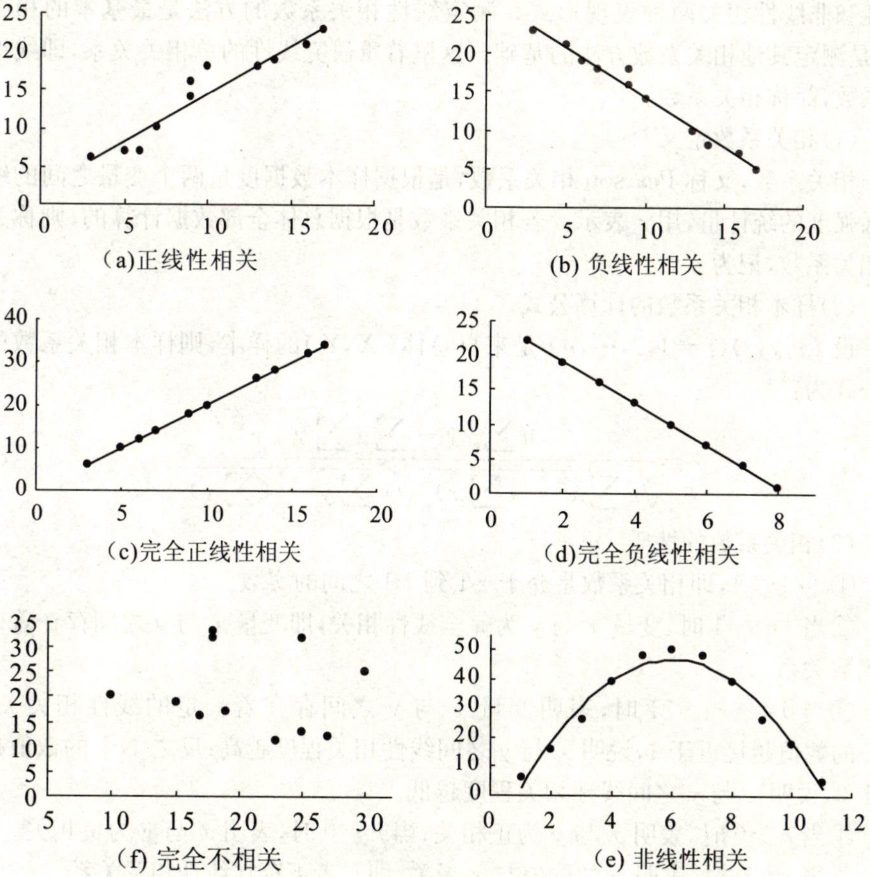

图 8.1 不同形态的散点图

2.相关系数(Correlation Coefficient)

通过散点图可以判断两个变量之间有无相关关系,并对变量间的关系形态和密切程度做出大致的描述,但不能准确反映变量之间的关系强度。因此,要确切地反映变量间的关系强度,还需计算相关系数。

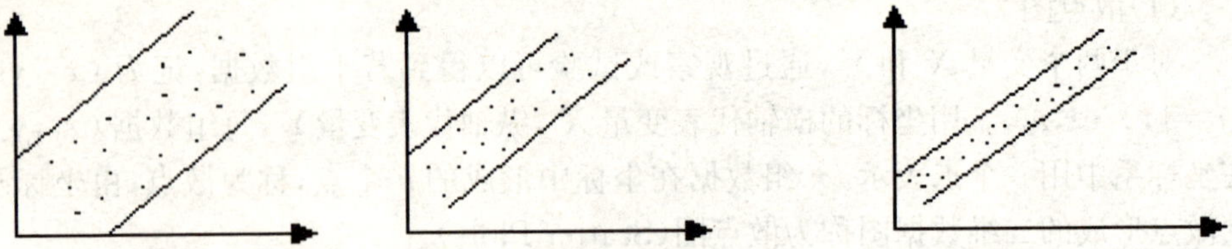

(a)关系比较松散 (b)关系比较紧密 (c)关系很紧密

图 8.2 相关关系的密切程度

在各种相关类型中，单相关是基本的相关关系，它是复相关的基础。单相关有线性和非线性相关两种表现形式。测定线性相关系数的方法是最基本的相关分析，是测定其他相关系数方法的基础。这里着重研究线性的单相关关系，即线性相关系数，简称相关系数。

(1)相关系数定义

相关系数，又称 Pearson 相关系数，是根据样本数据度量两个变量之间的线性关系强度的统计量，用 r 表示。若相关系数是根据总体全部数据计算的，则称为总体相关系数，记为 ρ 。

(2)样本相关系数的计算公式

设 $(x_i, y_i)(i=1,2,\cdots,n)$ 是来自总体 (X,Y) 的样本，则样本相关系数的计算公式为：

$$r=\frac{n\sum xy-\sum x\sum y}{\sqrt{n\sum x^2-(\sum x)^2}\sqrt{n\sum y^2-(\sum y)^2}} \tag{8.1}$$

(3)相关系数的性质

① $|r|\leqslant 1$，即相关系数是介于 -1 到 $+1$ 之间的实数。

②当 $|r|=1$ 时，变量 x 与 y 为完全线性相关，即变量 x 与 y 之间存在着确定的函数关系。

③当 $0<|r|<1$ 时，表明变量 x 与 y 之间存在着一定的线性相关关系。$|r|$ 的数值越接近于 1，说明 x 与 y 之间线性相关程度越高；反之 $|r|$ 的数值越接近于 0，说明 x 与 y 之间线性相关程度越低。

④当 $r>0$ 时，表明 x 与 y 为正相关；当 $r<0$ 时，表明 x 与 y 为负相关。

⑤当 $r=0$ 时，表明 y 的取值与 x 无关，即二者不存在线性相关关系。

⑥ r 具有对称性。x 与 y 之间的相关系数 r_{xy} 和 y 与 x 的之间的相关系数 r_{yx} 相等，即 $r_{xy}=r_{yx}$。

r 虽然是两个变量之间的线性关系的度量，却不一定意味着二者一定有因果关系。

了解相关系数的性质有助于对其实际意义的解释。但根据实际数据计算出的 r，其取值一般在 -1 到 $+1$ 之间，对于一个具体的 r 的取值，根据经验可将相关程度划分成几种等级提供参考(见表 8.1),但是这种参考必须建立在相关系数通过显著性检验的基础之上。

表 8.1 相关系数等级划分

r 的取值	$\|r\|<0.3$	$0.3\leqslant\|r\|<0.5$	$0.5\leqslant\|r\|<0.8$	$\|r\|\geqslant0.8$
相关关系	不线性相关	低度线性相关	中度线性相关	高度线性相关

(4)相关系数检验

计算样本相关系数是为了说明总体的相关程度,但由于 r 是根据样本数据计算出来的一个随机变量,存在抽样的随机性和样本数量较少等原因,能否根据样本相关系数 r 作为总体相关系数 ρ 的估计值,就需要考察样本相关系数的可靠性,进行显著性检验。

① r 的抽样分布

为了对样本相关系数 r 进行显著性检验,需要考察 r 的抽样分布。r 的抽样分布随着总体相关系数 ρ 和样本量 n 的大小而变化。当样本数据来自正态总体时,随着 n 的增大,r 的抽样分布趋于正态分布,尤其是在总体相关系数 ρ 很小或接近 0 时,r 趋于正态分布的趋势非常明显。而当 ρ 远离 0 时,除非 n 很大,否则 r 的抽样分布呈现一定的偏态。即当 ρ 为较大的正值时,r 呈现左偏分布;当 ρ 为较大负值时,r 呈现右偏分布。

由于以样本 r 来估计总体 ρ 时,假设 r 为正态分布具有很大的风险。因此,通常情况下不采用正态检验,而采用 Fisher 提出的 t 检验,该检验可以用于小样本,也可用于大样本。

②相关系数的检验步骤

第 1 步,提出假设。

原假设 $H_0:\rho=0$;备择假设 $H_1:\rho\neq0$

第 2 步,计算检验统计量。

$$t=|r|\sqrt{\frac{n-2}{1-r^2}}\sim t(n-2) \tag{8.2}$$

第 3 步,给定显著性水平 α,查表确定临界值 $t_{\alpha/2}(n-2)$。

第 4 步,做出统计决策。若 $t\geqslant t_{\alpha/2}(n-2)$,则拒绝原假设,说明总体的两个变量线性关系显著;否则,认为两变量总体之间线性相关关系不显著。[①]

① 需要注意的是:即使统计检验表明相关系数在统计上是显著的,也不一定意味着两个变量之间就存在重要的相关性。因为在大样本情况下,几乎总是导致相关系数显著。比如,$r=0.1$,在大样本情况下,也可能使得 r 通过检验,但实际上,一个变量取值的差异能由另一个变量的取值来解释的比例只有 10%,

例 8.1 为研究我国居民的收入与消费的相关关系，表 8.2 是 2011 年全国 20 个省市城镇居民家庭年人均可支配收入以及家庭人均消费性支出的有关统计数据，要求计算城镇居民家庭年人均可支配收入与人均消费支出的相关系数并进行显著性检验。

解：(1)绘制散点图。应用 Excel 绘制散点图功能，可得到 2011 年全国 20 个省市城镇居民家庭年人均可支配收入与人均消费的散点图，如图 8.3 所示。

由图 8.3 可以看出，城镇居民家庭年人均可支配收入与人均消费支出呈现明显的线性关系。

表 8.2 2011 年中国 20 个省市城镇居民家庭年人均可支配收入与人均消费性支出数据

单位：千元

省 市	可支配收入	消费支出	省 市	可支配收入	消费支出
北 京	32.90	21.98	浙 江	30.97	20.44
天 津	26.93	18.42	福 建	24.91	16.66
上 海	36.23	25.10	江 苏	26.34	16.78
重 庆	20.25	14.97	广 东	26.90	20.25
河 北	18.29	11.61	湖 南	18.84	13.40
山 西	18.12	11.35	江 西	17.49	11.75
辽 宁	20.47	14.79	四 川	17.90	13.70
内蒙古	30.97	15.88	宁 夏	12.90	17.58
黑龙江	15.70	12.05	广 西	18.85	12.85
新 疆	15.51	11.84	贵 州	16.50	11.35

资料来源：《中国统计年鉴 2012》。

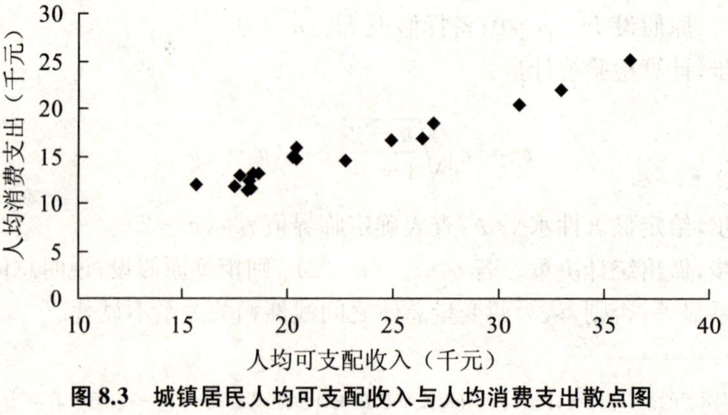

图 8.3 城镇居民人均可支配收入与人均消费支出散点图

(2)计算相关系数并进行显著性检验。

样本相关系数的计算过程见表 8.3。

表 8.3 城镇居民家庭年人均可支配收入与人均消费支出相关系数辅助计算表

省 市	可支配收入 x	消费支出 y	x^2	y^2	xy
北 京	32.90	21.98	1082.41	483.12	723.14
天 津	26.93	18.42	725.22	339.30	496.05
上 海	36.23	25.10	1312.62	630.01	909.37
重 庆	20.25	14.97	410.06	224.10	303.14
河 北	18.29	11.61	334.52	134.79	212.35
山 西	18.12	11.35	328.33	128.82	205.66
辽 宁	20.47	14.79	419.02	218.74	302.75
内蒙古	30.97	15.88	959.14	252.17	491.80
黑龙江	15.70	12.05	246.49	145.20	189.19
新 疆	15.51	11.84	240.56	140.19	183.64
浙 江	30.97	20.44	959.14	417.79	633.03
福 建	24.91	16.66	620.51	277.56	415.00
江 苏	26.34	16.78	693.80	281.57	441.99
广 东	26.90	20.25	723.61	410.06	544.73
湖 南	18.84	13.40	354.95	179.56	252.46
江 西	17.49	11.75	305.90	138.06	205.51
四 川	17.90	13.70	320.41	187.69	245.23
宁 夏	12.90	17.58	166.41	309.06	226.78
广 西	18.85	12.85	355.32	165.12	242.22
贵 州	16.50	11.35	272.25	128.82	187.28
合 计	446.97	312.75	10830.67	5191.73	7411.32

由表 8.3 计算结果得，

$$\sum x = 446.97,\quad \sum y = 312.75,\quad \sum xy = 7411.32,$$

$$\sum x^2 = 10830.67,\quad \sum y^2 = 5191.73$$

根据式(8.1)，

$$r = \frac{n\sum xy - \sum x \sum y}{\sqrt{n\sum x^2 - \left(\sum x\right)^2}\sqrt{n\sum y^2 - \left(\sum y\right)^2}}$$

$$= \frac{20 \times 7411.32 + 446.97 \times 312.75}{\sqrt{20 \times 10830.67 - 446.97^2} \times \sqrt{20 \times 5191.73 - 312.75^2}} = 0.838$$

即 2011 年全国城镇居民家庭年人均可支配收入与人均消费支出之间的相关系数为 0.838，说明二者之间存在高度的正相关关系。

相关系数的显著性检验如下：

第 1 步，提出假设。

原假设 $H_0:\rho=0$；备择假设 $H_1:\rho\neq0$

第 2 步，计算检验统计量。

$$t=|r|\sqrt{\frac{n-2}{1-r^2}}=\frac{0.838\times\sqrt{20-2}}{\sqrt{1-0.838^2}}=6.5155$$

第 3 步，给定显著性水平 $\alpha=0.05$，查表确定临界值 $t_{0.05/2}(20-2)=2.101$。

第 4 步，做出统计决策。由于 $t\geqslant t_{0.025}(18)$，则拒绝原假设，说明城镇居民的家庭年人均可支配收入与人均消费支出之间的线性关系显著。

§8.2 一元线性回归分析

8.2.1 回归分析的概述

1.回归分析的定义

通过相关分析，知道了变量间是否存在相关关系以及相关程度是否密切，若想进一步揭示变量间的变动规律，则需要用回归分析的方法来解决。回归分析侧重于考察变量间的数量关系，并通过一定的数学表达式将这种关系描述出来，进而确定一个或几个变量(自变量)的变化对另一个特定变量(因变量)的影响程度。回归分析是寻找具有相关关系的变量间的数学表达式，并进行统计推断的一种统计方法。

具体来说，回归分析主要解决以下几个方面的问题：

(1)从一组样本数据出发，确定变量之间的数学关系式。

(2)对这些关系式的可信程度进行各种统计检验，并从影响某一特定变量的诸多变量中找出哪些变量的影响是显著的，哪些是不显著的。

(3)利用所求的关系式，根据一个或几个变量的取值来估计或预测另一特定变量的取值，并给出这种估计或预测的可靠程度说明。

2.回归分析的分类

按照不同的分类方法，可以将回归分析划分为多种类型。根据所处理的自变量的个数，可将其划分为一元回归和多元回归分析。如果研究的是一个自变量与因变量之间的关系，则称为一元回归分析；如果研究的是两个或两个以上自变量与因变量之间的关系，则称为多元回归分析。根据所建立的回归方程的形式，可将其划分为线性回归分析和非线性回归分析。线性回归分析是回归分析最基本的内容，而一元线性回归分析又是线性回归的基础。因此，本章重点讨论一元线性回归的问题。

8.2.2 一元线性回归模型

1.回归模型的一般形式

进行回归分析时，首先需要确定哪个变量是自变量，哪个变量是因变量。在回归分析中，被预测或被解释的变量称为因变量(Dependent Variable)，用 Y 表示。用来预测或解释因变量的一个或多个变量称为自变量(Independent Variable)，用 X 表示。对于自变量可以是预先固定，可控制的，也可以是随机的，但固定自变量的情况比较容易描述，因此，在本章中自变量是固定的。

描述因变量 Y 如何依赖于自变量 X 和误差项 ε 变动的方程称为回归模型(Regression Model)。若 X 与 Y 确有因果关系，则称 $Y=f(X)+\varepsilon$ 为回归模型，其中 ε 为随机项，是没有包含在模型中的自变量和其他一些随机因素对 Y 的总影响。

一般说来，随机项 ε 来自以下几个方面：

(1)自变量的省略。由于人们认识的局限，不能穷尽所有的影响因素，或由于受时间、费用、数据质量等制约，使得一些自变量没有明显被引入模型中，对因变量 Y 又有一定影响而被忽略掉，所造成的误差。

(2)统计误差。在数据搜集过程中，由于计量、计算、记录等导致的登记误差；或由样本信息推断总体信息时产生的代表性误差。

(3)模型的设定误差。如在模型构造时，非线性关系用线性模型描述了、复杂关系用简单模型描述了、此非线性关系用彼非线性模型描述了等等，所产生的误差。

(4)随机误差。被解释变量还受一些不可控制的、众多的、细小的偶然因素影响所产生的误差。

2.一元线性回归模型

对于只涉及一个自变量的、具有线性关系的两个变量，可以用一个线性方程来表示它们之间的关系。即一元线性回归模型，表示为：

$$Y=\beta_0+\beta_1 X+\varepsilon \tag{8.3}$$

在一元线性回归模型中，Y 是 X 的线性函数($\beta_0+\beta_1 X$)部分加上误差项 ε 。$\beta_0+\beta_1 X$ 反映了由于 X 的变化而引起 Y 的线性变化；ε 是被称为误差项的随机变量，反映了除 X 和 Y 之间的线性关系之外的随机因素对 Y 的影响，是不能由 X 和 Y 之间的线性关系所解释的变异性。

式(8.3)称为理论回归模型，对这一模型，有以下几个主要假定：

(1)因变量 Y 与自变量 X 之间具有线性关系。

(2)在重复抽样中,自变量 X 的取值是固定的,即假定 X 是非随机的。

在这两个假定下,对于任何一个给定的 X 值,Y 有不同的取值,都对应着一个分布。

(3)误差项 ε 是一个期望值为 0 的随机变量,即 $E(\varepsilon)=0$。式中 β_0 和 β_1 都是常数,所以对于一个给定的 X 值,Y 的期望值为 $E(Y)=\beta_0+\beta_1 X$。这实际上等于假定模型的形式为一条直线。

(4)对于所有的 X 值,ε 的方差 σ^2 都相同。这意味着对于一个特定的 X 值,Y 的方差也都等于 σ^2。

(5)误差项 ε 是一个服从正态分布的随机变量,且独立,即 $\varepsilon \sim N(0,\sigma^2)$。独立性意味着对于一个特定的 X 值,它所对应的 ε 与其他值所对应的 ε 不相关。否则,如果 X 和 ε 两者相关,就不可能把 X 对 Y 的影响和 ε 对 Y 的影响区分开来。因此,在 X 取某个确定值的情况下,Y 的变化由误差项 ε 的方差 σ^2 来决定。当 σ^2 较小时,Y 的观测值非常靠近直线,当 σ^2 较大时,Y 的观测值将偏离直线。即对于任何一个给定的 X 值,Y 都服从于期望值为 $\beta_0+\beta_1 X$,方差为 σ^2 的正态分布,且对于不同的 X 值都具有相同的方差。

3.一元线性样本回归方程

根据回归模型中的假定,ε 的期望值等于 0,因此 Y 的期望值 $E(Y)=\beta_0+\beta_1 X$,也就是说,Y 的期望值是 X 的线性函数。所以把描述 Y 的期望值如何依赖于自变量 X 变动的方程,称为回归方程(Regression Equation)。一元线性回归方程的形式为:

$$E(Y)=\beta_0+\beta_1 X \tag{8.4}$$

一元线性回归方程的图示是一条直线,因此也称为直线回归方程。其中 β_0 是回归直线在 y 轴上的截距,是当 $X=0$ 时 Y 的期望值;β_1 是直线的斜率,它表示当 X 每变动一个单位时,Y 的平均变动值。

由于回归方程中的总体参数 β_0 和 β_1 是未知的,必须利用样本数据去估计它们。用样本统计量 $\hat{\beta}_0$ 和 $\hat{\beta}_1$ 代替回归方程中的未知参数,可以得到估计的回归方程。于是,估计的一元线性回归方程的形式为:

$$\hat{y}=\hat{\beta}_0+\hat{\beta}_1 x \tag{8.5}$$

式中,$\hat{\beta}_0$ 是估计的回归直线在 y 轴上的截距;$\hat{\beta}_1$ 是直线的斜率,表示 x 每变动一个单位时,y 的平均变动值。

4.参数的最小二乘估计

估计的回归方程可表示为:

$$\hat{y}_i=\hat{\beta}_0+\hat{\beta}_1 x_i \tag{8.6}$$

对于 X 和 Y 的 n 对观测值,用于描述其关系的直线有很多条,究竟用哪条直线来代表两个变量之间的关系，需要有一个明确的原则。自然会想到距离各观测点最近的一条直线，用它来代表 X 与 Y 之间的关系与实际数据的误差比其他任何直线都小。德国科学家卡尔·高斯(Karl Gauss，1777－1855 年)提出用最小化图(见图 8.4)中的垂直方向的离差平方和来估计参数 β_0 和 β_1，根据这方法确定模型参数 β_0 和 β_1 的方法称为最小二乘法，也称最小平方法(Method of Least Squares)，它是通过使因变量的观测值 y_i 与估计值 $\hat{y}_i$ 之间的离差平方和达到最小来估计 β_0 和 β_1 的方法。最小二乘估计的思想可用图 8.4 表示。

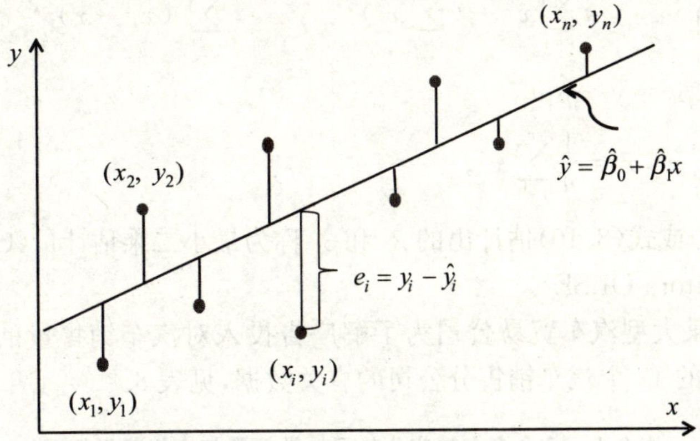

图 8.4 最小二乘法示意图

用最小二乘法拟合的直线具有一些优良的性质。首先，根据最小二乘法得到的回归直线能使离差平方和达到最小。其次，由最小二乘法求得的回归直线可知 β_0 和 β_1 的估计量的抽样分布。最后，在某些条件下，β_0 和 β_1 的最小二乘估计量同其他估计量相比，其抽样分布具有较小的标准差。正是基于上述性质，最小二乘估计法被广泛用于回归模型参数的估计。

最小二乘准则是使全部观测值的离差平方和为最小，即

$$\sum(y_i-\hat{y}_i)^2=\sum(y_i-\hat{\beta}_0-\hat{\beta}_1 x_i)^2=\min \tag{8.7}$$

令 $Q=\sum(y_i-\hat{y}_i)^2=\sum(y_i-\hat{\beta}_0-\hat{\beta}_1 x_i)^2$，在给定了样本数据后，$Q$ 是 $\hat{\beta}_0$ 和 $\hat{\beta}_1$ 的函数，且最小值总是存在。由微分极值原理知，要使 Q 达到最小，必要条件是：Q 对 $\hat{\beta}_0$ 和 $\hat{\beta}_1$ 的一阶偏导数等于零。依据必要条件，$\hat{\beta}_0$ 和 $\hat{\beta}_1$ 应满足下列方程组：

$$\begin{cases}\dfrac{\partial Q}{\partial\hat{\beta}_0}=-2\sum_{i=1}^{n}(y_i-\hat{\beta}_0-\hat{\beta}_1 x_i)=0\\[2ex]\dfrac{\partial Q}{\partial\hat{\beta}_1}=-2\sum_{i=1}^{n}(y_i-\hat{\beta}_0-\hat{\beta}_1 x_i)x_i=0\end{cases} \tag{8.8}$$

经整理后得正规方程组

$$\begin{cases}\sum_{i=1}^{n} y_i = n\hat{\beta}_0 + \hat{\beta}_1 \sum_{i=1}^{n} x_i \\ \sum_{i=1}^{n} x_i y_i = \hat{\beta}_0 \sum_{i=1}^{n} x_i + \hat{\beta}_1 \sum_{i=1}^{n} x_i^2\end{cases} \tag{8.9}$$

解得：

$$\begin{cases}\hat{\beta}_1 = \dfrac{n\sum_{i=1}^{n} x_i y_i - \sum_{i=1}^{n} x_i \sum_{i=1}^{n} y_i}{n\sum_{i=1}^{n} x_i^2 - (\sum_{i=1}^{n} x_i)^2} = \dfrac{\sum_{i=1}^{n}(x_i - \bar{x})(y_i - \bar{y})}{\sum_{i=1}^{n}(x_i - \bar{x})^2} \\ \hat{\beta}_0 = \bar{y} - \hat{\beta}_1 \bar{x}\end{cases} \tag{8.10}$$

其中 $\bar{y} = \frac{1}{n}\sum_{i=1}^{n} y_i, \bar{x} = \frac{1}{n}\sum_{i=1}^{n} x_i$。

由式(8.9)或式(8.10)估计出的 $\hat{\beta}_0$ 和 $\hat{\beta}_1$ 称为最小二乘估计量(Ordinary Least Square Estimators-OLSE)。

例 8.2 某大型汽车贸易公司为了解广告投入对汽车销售量的影响效果，随机抽取了下属的 12 个汽车销售分公司的有关数据，见表 8.4。

表 8.4 12 个汽车销售分公司的销售量与广告费用数据

分公司名称	汽车销售量(辆) y	广告费(万元) x
A	1000	357
B	1100	385
C	1250	420
D	1280	406
E	1360	490
F	1480	525
G	1500	602
H	1720	651
I	1800	735
J	1890	721
K	2100	840
L	2200	924

试求汽车销售量对广告费用的回归方程。

解：(1)绘制散点图，如图 8.5

从散点图 8.5 可初步判断，该公司的汽车销售量与广告费用之间为线性相关关系。

(2)设直线回归方程为：$\hat{y}_i=\hat{\beta}_0+\hat{\beta}_1 x_i$

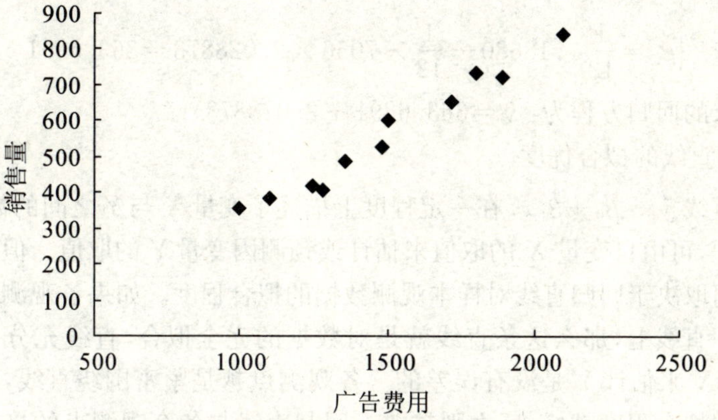

图 8.5　销售量与广告费用的散点图

表 8.5　回归系数的辅助计算表

分公司名称	汽车销售量（辆）y	广告费（万元）x	x^2	xy	y^2
A	1000	357	127449	357000	1000000
B	1100	385	148225	423500	1210000
C	1250	420	176400	525000	1562500
D	1280	406	164836	519680	1638400
E	1360	490	240100	666400	1849600
F	1480	525	275625	777000	2190400
G	1500	602	362404	903000	2250000
H	1720	651	423801	1119720	2958400
I	1800	735	540225	1323000	3240000
J	1890	721	519841	1362690	3572100
K	2100	840	705600	1764000	4410000
L	2200	924	853776	2032800	4840000
合计	18680	7056	4538282	11773790	30721400

根据表 8.5 中的相关计算数据，得

$$n=12 \qquad \sum_{i=1}^{12} x_i=7056 \qquad \sum_{i=1}^{12} y_i=18680$$

$$\sum_{i=1}^{12} x_i^2=4538282 \qquad \sum_{i=1}^{12} x_i y_i=11773790 \qquad \sum_{i=1}^{12} y_i^2=30721400$$

代入式(8.10)得

$$\begin{cases}\hat{\beta}_1=\dfrac{12\times11773790-7056\times18680}{12\times4538282-7056\times7056}=2.028873\\ \hat{\beta}_0=\dfrac{1}{12}\times18680-\dfrac{1}{12}\times7056\times2.028873=363.6891\end{cases}$$

故所求的回归方程为：$\hat{y}=363.6891+2.028873x$

5.回归直线的拟合优度

回归直线 $\hat{y}_i=\hat{\beta}_0+\hat{\beta}_1x_i$ 在一定程度上描述了变量 X 与 Y 之间的数量关系，根据这一方程，可由自变量 X 的取值来估计或预测因变量 Y 的取值。但估计或预测的精度如何取决于回归直线对样本观测数据的拟合程度。如果各观测数据的散点都落在这一直线上，那么这条直线就是对数据的完全拟合，直线充分代表了各个点，此时用 X 来估计 Y 是没有误差的。各观测点越是紧密围绕直线，说明直线对观测数据的拟合程度越好，反之则越差。回归直线与各个观测点的接近程度称为回归直线对数据的拟合优度(Goodness of Fit)。为说明直线的拟合优度，需要计算判定系数。

(1)判定系数

判定系数是对估计的回归方程拟合优度的度量。为说明其含义，需要对因变量 Y 取值的变差进行研究。

因变量 Y 的取值是不同的，Y 取值的这种波动称为变差。变差的产生，来自两个方面：一是由自变量 X 的取值不同造成的；二是除 X 以外的其他因素(如 X 对 Y 的非线性影响、测量误差等)造成的。对于一个具体的观测值来说，变差的大小可以用实际观测值 Y 与其均值 $\bar{Y}$ 的差来表示。而 n 次观测值的总变差可由这些离差的平方和来表示，称为总离差平方和，记为 SST，即

$$SST=\sum_{i=1}^{n}(y_i-\bar{y})^2$$

从图 8.6 可以看出，每个观测点的离差都可以分解为：

$$y_i-\bar{y}=(y_i-\hat{y}_i)+(\hat{y}_i-\bar{y}) \tag{8.11}$$

对上式两边求平方和，可以得到下式：

$$\sum_{i=1}^{n}(y_i-\bar{y})^2=\sum_{i=1}^{n}(y_i-\hat{y}_i)^2+\sum_{i=1}^{n}(\hat{y}_i-\bar{y})^2+2\sum_{i=1}^{n}(y_i-\hat{y}_i)(\hat{y}_i-\bar{y}) \tag{8.12}$$

可以证明 $2\sum_{i=1}^{n}(y_i-\hat{y}_i)(\hat{y}_i-\bar{y})=0$，因此

$$\sum_{i=1}^{n}(y_i-\bar{y})^2=\sum_{i=1}^{n}(y_i-\hat{y}_i)^2+\sum_{i=1}^{n}(\hat{y}_i-\bar{y})^2 \tag{8.13}$$

式(8.13)的左边称为总离差平方和(SST，Total Sum of Squares)，可以分为

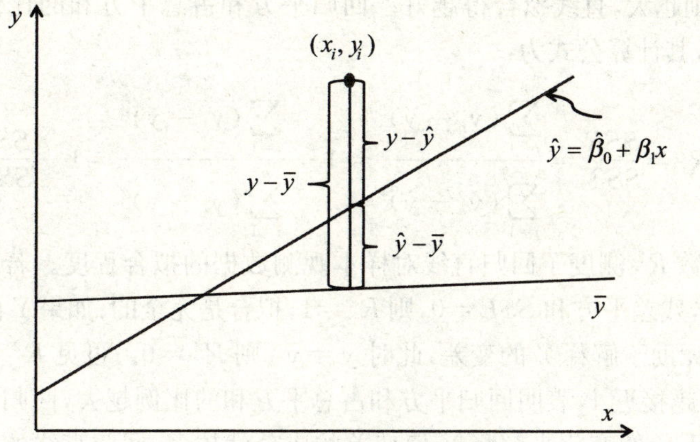

图 8.6 因变量取值的变差分解图

两部分:其中 $\sum_{i=1}^{n}(\hat{y}_i-\bar{y})^2$ 是回归值 $\hat{y}_i$ 与均值 $\bar{y}$ 之间的离差平方和。根据估计的回归方程,估计值 $\hat{y}_i=\hat{\beta}_0+\hat{\beta}_1 x_i$,因此,可以把 $(\hat{y}_i-\bar{y})$ 看作是由于自变量 X 的变化引起 Y 的变化,而其平方和 $\sum_{i=1}^{n}(\hat{y}_i-\bar{y})^2$ 则反映了 Y 的总变差中由于 X 与 Y 之间的线性关系引起的 Y 的变化部分,它是可以由回归直线来解释 y_i 的变差部分,称为回归平方和,或可解释平方和(Explaned Sum of Squares),记为 SSR 。另一部分 $\sum_{i=1}^{n}(y_i-\hat{y}_i)^2$ 是各实际观测点 y_i 与回归值 $\hat{y}_i$ 的离差 $(y_i-\hat{y}_i)$ 平方和,它是除了 X 对 Y 的线性影响之外的其他因素引起 Y 的变化部分,是不能由回归直线来解释的 y_i 的变差部分,称为残差平方和或误差平方和(Residual of Squares),记为 SSE 。

三个平方和的关系为:

$$SST=SSR+SSE \tag{8.14}$$

其中,

$$SST=\sum_{i=1}^{n}(y_i-\bar{y})^2=\sum_{i=1}^{n}y_i^2-n\bar{y}^2 \tag{8.15}$$

$$SSR=\sum_{i=1}^{n}(\hat{y}_i-\bar{y})^2=\hat{\beta}_0\sum_{i=1}^{n}y_i+\hat{\beta}_1\sum_{i=1}^{n}x_i y_i-n\bar{y}^2 \tag{8.16}$$

$$SSE=\sum_{i=1}^{n}(y_i-\hat{y})^2=\sum_{i=1}^{n}y_i^2-\hat{\beta}_0\sum_{i=1}^{n}y_i-\hat{\beta}_1\sum_{i=1}^{n}x_i y_i \tag{8.17}$$

回归直线拟合的好坏取决于 SSR 及 SSE 的大小,或者说取决于回归平方和 SSR 占总平方和 SST 的比例(SSR/SST)的大小。各观测值点越是靠近直线,

SSR/SST 则越大，直线拟合得越好。回归平方和占总平方和的比例称为判定系数，记为 R^2，其计算公式为：

$$R^2=\frac{SSR}{SST}=\frac{\sum_{i=1}^{n}(\hat{y}_i-\bar{y})^2}{\sum_{i=1}^{n}(y_i-\bar{y})^2}=1-\frac{\sum_{i=1}^{n}(y_i-\hat{y})^2}{\sum_{i=1}^{n}(y_i-\bar{y})^2}=1-\frac{SSE}{SST} \tag{8.18}$$

判定系数 R^2 测度了回归直线对样本观测数据的拟合程度。若所有观测点都落在直线上，残差平方和 $SSE=0$，则 $R^2=1$，拟合是完全的；如果 Y 的变化与 X 无关，X 完全无助于解释 Y 的变差，此时 $\hat{y}=\bar{y}$，则 $R^2=0$。可见 R^2 的取值范围是 $[0,1]$。R^2 越接近 1，表明回归平方和占总平方和的比例越大，回归直线与各观测点越接近，用 X 的变化来解释 Y 值变差的成分就越多，回归直线的拟合程度就越好；反之，R^2 越接近 0，回归直线的拟合程度就越差。

在一元线性回归中，相关系数 r 实际上是判定系数的平方根，根据这一结论，不仅可以由相关系数直接计算判定系数 R^2，也可以进一步理解相关系数的意义。相关系数与回归系数 $\hat{\beta}_1$ 的正负号是相同的，实际上，相关系数 r 也从另外一个角度说明了回归直线的拟合优度。$|r|$ 接近 1，表明回归直线对观测数据的拟合程度就越高。但用 r 说明回归直线的拟合优度要慎重，因为 r 的值总是大于 R^2 的值（除非 $r=0$ 或 $|r|=1$）。比如，当 $r=0.5$ 时，表面上看相关程度近似接近一半，但 $R^2=0.25$，实际上这只能解释总变差的 25%。$r=0.7$ 才能解释近一半的变差，$r<0.3$ 意味着只有很少一部分变差可由回归直线来解释。

(2)估计标准误差

因变量 Y 总变差的另一部分，残差平方和则可以说明实际观测值 y_i 与回归估计值 $\hat{y}_i$ 之间的差异程度。估计标准误差（Standard Error of Estimate）就是度量各实际观测点在直线周围的散布状况的一个统计量，它是均方残差（MSE）的平方根，用 s_e 来表示，其计算公式为：

$$s_e=\sqrt{\frac{\sum(y_i-\hat{y}_i)^2}{n-2}}=\sqrt{\frac{SSE}{n-2}}=\sqrt{MSE} \tag{8.19}$$

估计标准误差是对误差项 ε 的标准 σ 差的估计，它可以看作是在排除了 X 对 Y 的线性影响后，Y 随机波动大小的一个估计量。从估计标准误差的实际意义看，它反映了用估计的回归方程预测因变量 Y 时预测误差的大小。若各观测点越靠近直线，s_e 越小，回归直线对各观测点的代表性就越好，根据所估计的回归方程进行预测也就越准确。若各观测点全部落在直线上，则 $s_e=0$，此时用自变量来预测因变量时没有误差的，可见 s_e 也从另一个角度说明了回归直线的拟合优度。

例 8.3 在例 8.2 的基础上，计算判定系数及估计标准误差。

(1)计算判定系数。

根据例 8.2 的计算结果，对因变量 Y 的变差进行方差分解如下：

$$SST=\sum_{i=1}^{n}(y_i-\bar{y})^2=\sum_{i=1}^{n}y_i^2-n\bar{y}^2=1642866.7$$

$$SSR=\sum_{i=1}^{n}(\hat{y}_i-\bar{y})^2=\hat{\beta}_0\sum_{i=1}^{n}y_i+\hat{\beta}_1\sum_{i=1}^{n}x_iy_i-n\bar{y}^2=1602708.6$$

$$SSE=\sum_{i=1}^{n}(y_i-\hat{y})^2=SST-SSR=40158.071$$

$$R^2=\frac{SSR}{SST}=1-\frac{SSE}{SST}=0.987$$

判定系数 $R^2=0.987$ 的实际意义：估计回归方程解释了总变差的 98.7%，即在汽车销售量的变动中，有 98.7% 是由所投入的广告费用的多少不同所决定的。可见，二者之间有较强的线性关系。

(2)计算估计标准误差。

根据式(8.19)，$s_e=\sqrt{\dfrac{\sum(y_i-\hat{y}_i)^2}{n-2}}=\sqrt{\dfrac{SSE}{n-2}}=\sqrt{\dfrac{40158.071}{12-2}}=63.3704$

估计标准误差 $s_e=63.3704$，表明根据所投入的广告费用来预测销售量时，平均的估计误差为 63.3704 辆。

6.显著性检验

回归分析的主要目的是根据所建立的估计方程，用自变量来估计或预测因变量的值。当给定 X 和 Y 的 n 次样本观测值$(x_i,y_i)(i=1,2,\cdots,n)$，采用最小平方法进行参数估计，并建立了估计回归方程 $\hat{y}=\hat{\beta}_0+\hat{\beta}_1x$ 后，还不能马上用它进行估计或预测。因为 OLSE(即 $\hat{\beta}_0,\hat{\beta}_1$)取决于样本数据，而样本是随机抽取的。所以，$\hat{y}=\hat{\beta}_0+\hat{\beta}_1x$ 是否真正反映了变量 X 与 Y 之间的关系，或变量 X 与 Y 之间的关系是否显著，需要通过进行统计显著性检验，才能做出回答或判定。

根据样本数据拟合方程时，实际上已经假定 X 与 Y 之间存在着线性关系，即 $Y=\beta_0+\beta_1X+\varepsilon$，并假定误差项 ε 是一个服从正态分布的随机变量，且对不同的 X 具有相同的方差，但这些假定是否成立，需要通过检验才能证实。

回归分析中的显著性检验主要包括两个方面的内容：一是线性关系的检验；二是回归系数的检验。

(1)线性关系的检验——F 检验

线性关系检验是检验自变量 X 和因变量 Y 之间的线性关系是否显著，或者说，它们之间能否用一个线性模型 $Y=\beta_0+\beta_1X+\varepsilon$ 来表示。为检验两个变量之间的线性关系是否显著，需要构造用于检验的统计量。该统计量的构造是以回归平

方和 SSR 和残差平方和 SSE 为基础的。将 SSR 除以其相应的自由度（SSR 的自由度是自变量的个数，一元线性回归中自由度为1）后的结果称为回归均方差，记为 MSR；将 SSE 除以其相应的自由度（SSE 的自由度为 $n-k-1$，一元线性回归中自由度为 $n-2$）后的结果称为残差均方差，记为 MSE。如果原假设成立（H_0：$\beta_1=0$，两个变量之间的线性关系不显著），则比值 MSR/MSE 的抽样分布服从于分子自由度为1、分母自由度为 $n-2$ 的 F 分布，即

$$F=\frac{SSR/1}{SSE/(n-2)}=\frac{MSR}{MSE}\sim F(1,n-2) \tag{8.20}$$

所以当原假设 $H_0:\beta_1=0$ 成立时，MSR/MSE 的值应接近1，但如果原假设 $H_0:\beta_1=0$ 不成立，MSR/MSE 的值将变得无穷大。因此，较大的 MSR/MSE 值将导致拒绝原假设 H_0，此时就可以断定变量 X 与 Y 之间存在着显著的线性关系。

线性关系检验的具体步骤如下：

第1步：提出假设。

原假设 $H_0:\beta_1=0$，线性关系不显著；

备择假设 $H_1:\beta_1\neq 0$，线性关系显著。

第2步：计算检验统计量 F。

$$F=\frac{SSR/1}{SSE/(n-2)}=\frac{MSR}{MSE}$$

第3步：做出决策。确定显著性水平 α，并根据分子自由度 $df_1=1$ 和分母自由度 $df_2=n-2$ 查 F 分布表，找到相应的临界值 $F_\alpha(1,n-2)$。若 $F>F_\alpha$，拒绝 H_0，表明两个变量的线性关系是显著的；若 $F<F_\alpha$，不拒绝 H_0，没有证据表明两个变量之间的线性关系显著。

(2)回归系数显著性检验——t 检验

回归系数的显著性检验，是要检验自变量对因变量的影响是否显著。在一元线性回归模型 $Y=\beta_0+\beta_1X+\varepsilon$ 中，如果回归系数 $\beta_1=0$，则回归线是一条水平线，表明因变量 Y 的取值不依赖于自变量 X，即两个变量之间没有线性关系。如果回归系数 $\beta_1\neq 0$，也不能得出两个变量之间存在线性关系的结论，这要看这种关系是否具有统计意义上的显著性。回归系数的显著性检验就是检验回归系数 β_1 是否等于0，为检验原假设 $H_0:\beta_1=0$ 是否成立，需要构造用于检验的统计量。为此，需要研究所估计的回归系数 $\hat{\beta}_1$ 的抽样分布。

估计回归方程 $\hat{y}_i=\hat{\beta}_0+\hat{\beta}_1x_i$ 中的 $\hat{\beta}_0$ 和 $\hat{\beta}_1$ 是根据样本数据用最小二乘法得到的，都是随机变量，也都有自己的分布。根据检验的需要，这里只讨论 $\hat{\beta}_1$ 的分布。统计证明，$\hat{\beta}_1$ 服从正态分布，其数学期望为 $E(\hat{\beta}_1)=\beta_1$，标准差为：

$$\sigma_{\hat{\beta}_1}=\frac{\sigma}{\sqrt{\sum x_i^2-\frac{1}{n}(\sum x_i)^2}} \tag{8.21}$$

式中，σ 是误差项 ε 的标准差。

由于 σ 未知，用 σ 的估计量 s_e 带入式(8.21)，得到 $\sigma_{\hat{\beta}_1}$ 的估计量，即 $\hat{\beta}_1$ 的估计标准差为：

$$s_{\hat{\beta}_1}=\frac{s_e}{\sqrt{\sum x_i^2-\frac{1}{n}(\sum x_i)^2}}$$

故此，构造出回归系数 β_1 的检验统计量为：

$$t=\frac{\hat{\beta}_1-\beta_1}{s_{\hat{\beta}_1}} \tag{8.22}$$

该统计量服从自由度为 $n-2$ 的 t 分布。

若原假设成立，检验统计量则为：

$$t=\frac{\hat{\beta}_1}{s_{\hat{\beta}_1}} \tag{8.23}$$

回归系数显著性检验的具体步骤如下：

第 1 步：提出假设。

原假设 $H_0:\beta_1=0$；备择假设 $H_1:\beta_1\neq 0$。

第 2 步：计算检验的统计量。

$$t=\frac{\hat{\beta}_1}{s_{\hat{\beta}_1}}$$

第 3 步：做出决策。确定显著水平 α，根据自由度 $df=n-2$ 查 t 分布表，找到相应的临界值 $t_{\alpha/2}(n-2)$。若 $|t|\geqslant t_{\alpha/2}(n-2)$，拒绝原假设，认为 β_1 显著不为零，说明自变量 X 对因变量 Y 的影响是显著的，即两个变量之间存在着显著的线性关系；若 $|t|<t_{\alpha/2}(n-2)$，不能拒绝原假设，没有证据表明自变量 X 对因变量 Y 的影响显著，或者说二者之间尚不存在显著的线性关系。

例 8.4 在例 8.2 和例 8.3 的基础上，试对广告费用与销售量之间的线性关系以及回归系数的显著性进行检验。($\alpha=0.05$)

解：(1)广告费用与销售量之间的线性关系显著性检验。

第 1 步：提出假设。

原假设 $H_0:\beta_1=0$，两个变量之间的线性关系不显著；

备择假设 $H_1:\beta_1\neq 0$，两个变量之间的线性关系显著。

第 2 步：计算检验统计量 F。

$$F=\frac{SSR/1}{SSE/(n-2)}=\frac{1602708.6/1}{40158.071/(12-2)}=399.1$$

第 3 步：做出决策。确定显著性水平 $\alpha=0.05$，并根据分子自由度 $df_1=1$，分母自由度 $df_2=n-2=12-2=10$，查 F 分布表，找到相应的临界值 $F_{0.05}(1,10)=4.96$。由于 $F>F_{0.05}(1,10)$，拒绝 H_0，表明广告费用与销售量之间的线性关系是显著的。

(2)回归系数的显著性检验。

第 1 步：提出假设。

原假设 $H_0:\beta_1=0$；备择假设 $H_0:\beta_1\neq 0$。

第 2 步：计算检验的统计量。

$$s_{\hat{\beta}_1}=\frac{s_e}{\sqrt{\sum x_i^2-\frac{1}{n}(\sum x_i)^2}}=\frac{63.3704}{\sqrt{389354}}=0.101558$$

$$t=\frac{\hat{\beta}_1}{s_{\hat{\beta}_1}}=\frac{2.028873}{0.101558}=19.977487$$

第 3 步：做出决策。确定显著水平 $\alpha=5\%$，根据自由度 $df=n-2$ 查 t 分布表，找到相应的 t 分布临界值 $t_{0.05/2}(10)=2.228$，$t>t_{\alpha/2}(n-2)$，拒绝原假设，说明自变量广告费用对因变量销售量的影响是显著的。

8.2.3 利用回归方程进行预测

回归模型经过各种检验并表明符合预定要求后，就可以利用它来预测因变量了。所谓预测是指通过自变量 X 的取值来预测因变量 Y 的取值。

1.点预测

利用估计的回归方程，对于 X 的一个特定值 x_0，求出 Y 的一个估计值就是点预测。

点预测分为两种：一是平均值的点预测，二是个别值的点预测。

平均值的点预测是利用估计的回归方程，对于 X 的一个固定值 x_0，推算出 Y 平均值的一个估计值 $E(y_0)$，即对于给定的 x_0，$E(y_0)=\beta_0+\beta_1 x_0$。

例 8.5 根据例 8.2 所求得的估计回归方程，若广告费用 $x_0=1000$ 万元时，所有 12 个汽车销售分公司的汽车销售量的平均数，即平均销售量为 $E(y_0)=363.6891+2.0288\times 1000=2392$(辆)，就是平均值的点预测。

若要估计广告费用为 602 万元的 G 公司的销售量，那么这个分公司的销售量就属于个别值的点预测。即当 $x_0=602$ 时，$\hat{y}_0=363.6891+2.0288\times 602=1585$(辆)，这是说，广告费为 602 万元的 G 公司的销售量估计值为 1585 辆。

2.区间预测

区间预测是指利用估计的回归方程，对于 X 的一个特定值 x_0，求出 Y 的一个估计值区间。

区间预测也分为两种：一种是平均值的区间预测，它是对 X 的一个特定值 x_0，求出 Y 的平均值的预测区间，也称置信区间估计。另一种是个别值的区间预测，它是对 X 的一个特定值 x_0，求出 Y 的个别值的预测区间，也称预测区间估计。

(1) Y 的平均值的置信区间估计

置信区间估计(Confidence Interval Estimate)是对 X 的一个给定值 x_0，对 Y 平均值进行区间估计。

设 x_0 为自变量 X 的一个特定值或给定值；$E(y_0)$ 为给定 x_0 时因变量的平均值或期望值。即当 $X=x_0$ 时，$\hat{y}_0=\hat{\beta}_0+\hat{\beta}_1x_0$ 为 $E(y_0)$ 的估计值。

一般来说，不能期望估计值 $\hat{y}_0$ 精确地等于 $E(y_0)$。因此，要想用 $\hat{y}_0$ 推断 $E(y_0)$，必须考虑根据估计的回归方程得到的 $\hat{y}_0$ 的方差。对于给定的 x_0，统计学家给出了估计 $\hat{y}_0$ 的标准差的公式，用 $s_{\hat{y}0}$ 表示 $\hat{y}_0$ 的标准差的估计量，其计算公式为：

$$s_{\hat{y}0}=s_e\sqrt{\frac{1}{n}+\frac{(x_0-\bar{x})^2}{\sum_{i=1}^{n}(x_i-\bar{x})^2}} \tag{8.24}$$

有了 $\hat{y}_0$ 的标准差后，对于给定的 x_0，$E(y_0)$ 在 $1-\alpha$ 置信水平下的置信区间可表示为：

$$\hat{y}_0\pm t_{\frac{\alpha}{2}}(n-2)s_e\sqrt{\frac{1}{n}+\frac{(x_0-\bar{x})^2}{\sum_{i=1}^{n}(x_i-\bar{x})^2}} \tag{8.25}$$

由置信区间预测公式可以看出，对于给定的显著水平 α，当样本容量 n 越大，$\sum_{i=1}^{n}(x_i-\bar{x})^2$ 就越大，且 x_0 越靠近 $\bar{x}$ 时，则置信区间长度就越短，此时的预测精度就高。所以，为了提高预测精度，样本容量 n 应越大越好，所给定的 x_0 不能偏离 $\bar{x}$ 太大。当 $x_0=\bar{x}$ 时，预测结果精度最高；当 $|x_0-\bar{x}|$ 很大时，预测效果就差。

例 8.6 根据例 8.5 所求的汽车销售量的点估计值：$E(y_0)=2392$ 辆，若投入的广告费用为 1000 万元，试建立销售量的 95%的置信区间。

解：根据前面的计算结果，已知 $n=12$，$s_e=63.3704$，查表得

$$t_{0.05/2}(n-2)=t_{0.05/2}(12-2)=2.228,\ \bar{x}=\frac{\sum x}{12}=\frac{7056}{12}=588,$$

$$\sum_{i=1}^{n}(x-\bar{x})^2=\sum x^2-\frac{1}{n}\left(\sum x\right)^2=389354$$

由式(8.25)，汽车销售量 95%的置信区间为：

$$2392 \pm 2.228 \times 63.3704 \times \sqrt{\frac{1}{12}+\frac{(1000-588)^2}{389354}} = 2392 \pm 101.7441$$

即 $2290 \leqslant E(y_0) \leqslant 2494$。这就是说，当广告费为 1000 万元时，各汽车销售分公司的平均销售量在 2290～2494 辆之间。

(2) Y 个别值的预测区间估计

预测区间估计(Prediction Interval Estimate)是对 X 的一个给定值 x_0，求出 Y 的一个个别值的区间估计。

为求出预测区间，也首先必须知道用于估计的标准差。统计学家已给出了 Y 的一个个别估计值 $\hat{y}_0$ 的标准差的估计量，用 s_d 表示，其计算公式为：

$$s_d = s_e \sqrt{1+\frac{1}{n}+\frac{(x_0-\bar{x})^2}{\sum_{i=1}^{n}(x_i-\bar{x})^2}} \tag{8.26}$$

因此，对于给定的 x_0，Y 的一个个别值 y_0 在 $1-\alpha$ 置信水平下的预测区间可表示为：

$$\hat{y}_0 \pm t_{\frac{\alpha}{2}}(n-2) s_e \sqrt{1+\frac{1}{n}+\frac{(x_0-\bar{x})^2}{\sum_{i=1}^{n}(x_i-\bar{x})^2}} \tag{8.27}$$

注意两个区间的宽度不一样，Y 的一个个别值的预测区间要宽一些。二者的差别表明，估计 Y 的平均值要比预测 Y 的一个特定值或个别值更精确。同样，当 $x_0=\bar{x}$ 时，预测区间也是最精确的。图 8.7 给出了两个区间的示意图。

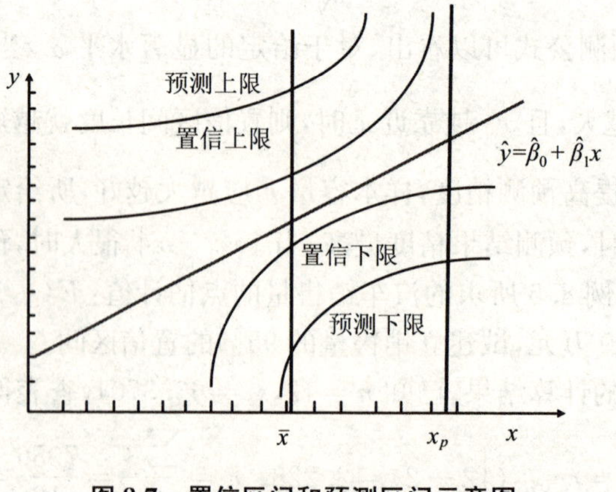

图 8.7　置信区间和预测区间示意图

利用回归直线方程进行估计或预测时，还应注意要用样本数据以内的 X 值去

预测相对应的 Y 值。因为在建立一元线性回归模型时，总是假定两个变量之间存在线性关系，但在实际应用中，它们之间的关系可能是某种曲线关系。如果 X 的取值范围在其最小值 x_L 和最大值 x_U 之间进行内推预测较为适宜。若要用超出 $x_L \sim x_U$ 之外 X 的值进行外推预测或估计，其效果就会很不理想。

例 8.7　根据例 8.5 所求的广告费用为 602 万元的 G 公司的销售量的点估计值为 $\hat{y}_0 = 1585$ 辆，试建立该公司销售量的 95%的预测区间。

解：广告费用为 602 万元的 G 公司的汽车销售量区间预测为：

$$1585 \pm 2.228 \times 63.3704 \times \sqrt{1 + \frac{1}{12} + \frac{(1000-588)^2}{389354}} = 1585 \pm 1.2326$$

即 $1411 \leqslant \hat{y}_0 \leqslant 1759$。这说明，广告费用为 602 万元的 G 分公司，其汽车销售量 95%的预测区间在 1411～1759 辆之间。

§8.3　多元线性回归分析

在许多实际问题中，还会遇到一个因变量和多个自变量的线性相关问题，这需要用多元线性回归分析的方法来解决。多元线性回归模型是一元线性回归模型的扩展，其基本原理与一元线性回归分析类似。因此，本节对于二者相类似的内容，仅给出结论，而对于某些不同之处则做比较详细的说明。

8.3.1　多元线性回归模型

1.多元线性回归模型与回归方程

设因变量 Y 与 k 个自变量 $X_1, X_2, \cdots, X_k$ 之间存在线性相关关系，那么描述因变量 Y 与 k 个自变量 $X_1, X_2, \cdots, X_k$ 以及误差项 ε 的线性方程称为多元线性回归模型。其一般形式可表示为：

$$Y = \beta_0 + \beta_1 X_1 + \beta_2 X_2 + \cdots + \beta_k X_k + \varepsilon \tag{8.28}$$

其中，$\beta_0, \beta_1, \beta_2, \cdots, \beta_k$ 是模型的参数，又称为偏回归系数；ε 是随机误差项。

在多元线性回归模型中，Y 是自变量 $X_1, X_2, \cdots, X_k$ 的线性函数（$\beta_0 + \beta_1 X_1 + \beta_2 X_2 + \cdots + \beta_k X_k$）部分加上误差项 ε。误差项 ε 反映了除 $X_1, X_2, \cdots, X_k$ 和 Y 之间的线性关系之外的随机因素对 Y 的影响，是不能由 $X_1, X_2, \cdots, X_k$ 和 Y 之间的线性关系所解释的变异性。

与一元线性回归类似，多元线性回归模型，对误差项 ε 同样有三个基本假定：

(1)误差项 ε 是一个期望值为 0 的随机变量，即 $E(\varepsilon) = 0$。这意味着对于给定 $X_1, X_2, \cdots, X_k$ 的值，Y 的期望值为 $E(Y) = \beta_0 + \beta_1 X_1 + \beta_2 X_2 + \cdots + \beta_k X_k$。

(2)对于自变量所有的 X 值，ε 的方差 σ^2 都相同。

(3)误差项 ε 是一个服从正态分布的随机变量,且相互独立,即 $\varepsilon \sim N(0,\sigma^2)$。独立性意味着对于自变量 $X_1, X_2, \cdots, X_k$ 一组特定值所对应的 ε 与 $X_1, X_2, \cdots, X_k$ 任意一组其他值所对应的 ε 不相关。正态性意味着对于给定的 $X_1, X_2, \cdots, X_k$ 值,Y 也是服从正态分布的随机变量。

基于上述的假定,可以得到

$$E(Y)=\beta_0+\beta_1 X_1+\beta_2 X_2+\cdots+\beta_k X_k \tag{8.29}$$

式(8.29)称为多元线性回归方程(Multiple Regression Equation),它描述了因变量 Y 的期望值或平均值与自变量 $X_1, X_2, \cdots, X_k$ 之间的关系。

2.估计的多元回归方程

多元回归方程中的参数 $\beta_0,\beta_1,\beta_2,\cdots,\beta_k$ 是未知的,需要利用样本数据去估计它们。当用样本统计量 $\hat{\beta}_0,\hat{\beta}_1,\hat{\beta}_2,\cdots,\hat{\beta}_k$ 去估计回归方程中的未知参数 $\beta_0,\beta_1,\beta_2,\cdots,\beta_k$ 时,就得到了估计的多元回归方程(Estimated Multiple Regression Equation),其一般形式为:

$$\hat{y}=\hat{\beta}_0+\hat{\beta}_1 x_1+\hat{\beta}_2 x_2+\cdots+\hat{\beta}_k x_k \tag{8.30}$$

式中,$\hat{\beta}_0,\hat{\beta}_1,\hat{\beta}_2,\cdots,\hat{\beta}_k$ 是参数 $\beta_0,\beta_1,\beta_2,\cdots,\beta_k$ 的估计值;$\hat{y}$ 是因变量 Y 的估计值。其中的 $\hat{\beta}_0,\hat{\beta}_1,\hat{\beta}_2,\cdots,\hat{\beta}_k$ 称为偏回归系数。$\hat{\beta}_1$ 表示当 $X_2, X_3\cdots, X_k$ 不变时,X_1 每变动一个单位因变量 Y 的平均变动量;$\hat{\beta}_2$ 表示当 $X_1, X_3, \cdots, X_k$ 不变时,X_2 每变动一个单位因变量 Y 的平均变动量;其余偏回归系数的含义类似。

8.3.2 参数的最小二乘估计

多元线性回归分析同样采用最小二乘法来估计待定的未知参数 $\hat{\beta}_0,\hat{\beta}_1,\hat{\beta}_2,\cdots,\hat{\beta}_k$,也就是使

$Q=\sum_{i=1}^{n}(y_i-\hat{y}_i)^2=\sum_{i=1}^{n}(y_i-\hat{\beta}_0-\hat{\beta}_1 x_{1i}-\hat{\beta}_2 x_{2i}-\cdots-\hat{\beta}_k x_{ki})^2$ 达到最小。

根据微分极值原理知,可以得到求解 $\hat{\beta}_0,\hat{\beta}_1,\hat{\beta}_2,\cdots,\hat{\beta}_k$ 的方程组

$$\begin{cases} \dfrac{\partial Q}{\partial \hat{\beta}_0}=0 \\ \dfrac{\partial Q}{\partial \hat{\beta}_j}=0 \qquad j=1,2,\cdots,k \end{cases} \tag{8.31}$$

展开得:

$$\begin{cases}\dfrac{\partial Q}{\partial\hat{\beta}_0}=-2\sum_{i=1}^{n}(y_i-\hat{\beta}_0-\hat{\beta}_1x_{1i}-\hat{\beta}_2x_{2i}-\cdots-\hat{\beta}_kx_{ki})=0\\ \dfrac{\partial Q}{\partial\hat{\beta}_1}=-2\sum_{i=1}^{n}(y_i-\hat{\beta}_0-\hat{\beta}_1x_{1i}-\hat{\beta}_2x_{2i}-\cdots-\hat{\beta}_kx_{ki})x_{1i}=0\\ \cdots\cdots\\ \dfrac{\partial Q}{\partial\hat{\beta}_k}=-2\sum_{i=1}^{n}(y_i-\hat{\beta}_0-\hat{\beta}_1x_{1i}-\hat{\beta}_2x_{2i}-\cdots-\hat{\beta}_kx_{ki})x_{ki}=0\end{cases}\tag{8.32}$$

整理后得到标准方程组：

$$\begin{cases}\sum_{i=1}^{n}y_i=n\hat{\beta}_0+\hat{\beta}_1\sum_{i=1}^{n}x_{1i}+\hat{\beta}_2\sum_{i=1}^{n}x_{2i}+\cdots+\hat{\beta}_k\sum_{i=1}^{n}x_{ki}\\ \sum_{i=1}^{n}x_{1i}y_i=\hat{\beta}_0\sum_{i=1}^{n}x_{1i}+\hat{\beta}_1\sum_{i=1}^{n}x_{1i}^2+\hat{\beta}_2\sum_{i=1}^{n}x_{1i}x_{2i}+\cdots+\hat{\beta}_k\sum_{i=1}^{n}x_{1i}x_{ki}\\ \cdots\cdots\\ \sum_{i=1}^{n}x_{ki}y_i=\hat{\beta}_0\sum_{i=1}^{n}x_{ki}+\hat{\beta}_1\sum_{i=1}^{n}x_{1i}x_{ki}+\hat{\beta}_2\sum_{i=1}^{n}x_{2i}x_{ki}+\cdots+\hat{\beta}_k\sum_{i=1}^{n}x_{ki}^2\end{cases}\tag{8.33}$$

求解上述方程组需要借助于计算机，可直接由 Excel 给出回归结果。

8.3.3　多元线性回归方程的拟合优度

1.多重判定系数

在多元线性回归分析中，需要用多重判定系数来评价其拟合程度。与一元线性回归一样，多元回归总离差平方和 SST ，可以分解为回归平方和 SSR 与残差平方和 SSE 。同样有

$$SST=SSR+SSE\tag{8.34}$$

式中，$SST=\sum_{i=1}^{n}(y_i-\bar{y})^2$ 为总平方和　(8.35)

$SSR=\sum_{i=1}^{n}(\hat{y}_i-\bar{y})^2$ 为回归平方和　(8.36)

$SSE=\sum_{i=1}^{n}(y_i-\hat{y}_i)^2$ 为残差平方和　(8.37)

与一元回归类似，多重判定系数(Multiple Coefficient Determination) R^2 仍定义为回归平方和占总平方和的比，即

$$R^2=\frac{SSR}{SST}=1-\frac{SSE}{SST}\tag{8.38}$$

它是度量多元线性回归方程拟合优度的一个统计量，反映了因变量 Y 的变差被估计的回归方程所解释的比例程度。

这里要注意与一元线性回归分析不同的是，在多元回归分析中，自变量个数的增加将会影响到因变量中被估计的回归方程所解释的变差数量。当增加自变量时，会使预测误差变得较小，从而减少残差平方和 SSE 。由于回归平方和 $SSR = SST - SSE$ ，当 SSE 变小时，SSR 就会变大，从而使 R^2 变大。如果模型中增加一个自变量，即使这个自变量在统计上并不显著，R^2 也会变大。因此，为避免增加自变量而高估 R^2，统计学家提出用样本量 n 和自变量的个数 k 去调整 R^2，计算出的调整或修正的多重判定系数(Adjusted Multiple Coefficient Eetermination)，记为 $\bar{R}^2$，其计算公式为：

$$\bar{R}^2 = 1 - (1 - R^2)\frac{n-1}{n-k-1} \tag{8.39}$$

$\bar{R}^2$ 的取值范围和意义与 R^2 一样。不同的是，$\bar{R}^2$ 考虑了样本量和模型中自变量个数的影响，这就使得 $\bar{R}^2$ 的值总是小于 R^2，而且 $\bar{R}^2$ 的值不会由于模型中自变量个数的增加而越来越接近 1，因此，在多元线性回归分析中，通常用调整或修正的多重判定系数反映回归方程的拟合优度。

2.估计标准误差

多元回归分析中，估计标准误差仍然是对随机误差 ε 的标准差的一个估计值。它在衡量多元线性回归分方程拟合优度方面也起着重要作用。估计标准误差的计算公式为；

$$s_e = \sqrt{\frac{\sum (y_i - \hat{y}_i)^2}{n-k-1}} = \sqrt{\frac{SSE}{n-k-1}} = \sqrt{MSE} \tag{8.40}$$

式中，k 为自变量的个数。

多元回归分析中对 s_e 的解释与一元回归类似。由于 s_e 所估计的是预测误差的标准差，其含义是根据自变量 X_1，X_2，…，X_k 来预测因变量 Y 时的平均预测误差。

8.3.4 多元线性回归分析的显著性检验

在一元线性回归分析中，线性关系的 F 检验与回归系数的 t 检验是等价的。但在多元线性回归分析中，这两种检验不再等价。线性关系检验主要是检验因变量同多个自变量的线性关系是否显著，在 k 个自变量中，只要有一个自变量与因变量的线性关系显著，F 检验就能通过，但这不一定意味着每个自变量与因变量的关系都显著。回归系数的检验则是对每一个回归系数分别进行单独检验，它主要用于检验每个自变量对因变量的影响是否显著。如果某个自变量没有通过检验，就意味着这个自变量对因变量的影响不显著，也许就没有必要将这个自变量放进回归模型中。

1.线性关系检验—— F 检验

线性关系的 F 检验是检验因变量 Y 与 k 个自变量之间的关系是否显著，即总体回归方程的显著性检验。其检验步骤为：

第 1 步：提出假设。

原假设 $H_0:\beta_1=\beta_2=\cdots=\beta_k=0$；备择假设 $H_1:\beta_j(j=1,2,\cdots,k)$ 不全为 0。

第 2 步：计算检验的 F 统计量。

$$F=\frac{SSR/k}{SSE/(n-k-1)}\sim F(k,n-k-1) \tag{8.41}$$

F 统计量的计算一般通过下列方差分析表进行。

表 8.6 方差分析表

变差来源	平方和	自由度	均值	F 统计量
回归 残差	SSR SSE	k $n-k-1$	$SSR/k=MSR$ $SSE/n-k-1=MSR$	$F=\dfrac{MSR}{MSE}$
总变差	SST	$n-1$	$SST/n-1=S_y^2$	—

第 3 步：做出统计决策。给定显著水平 α，查 F 分布表，得到临界值 $F_\alpha(k,n-k-1)$。

若 $F\geqslant F_\alpha(k,n-k-1)$，拒绝原假设 H_0，则认为回归方程显著；若 $F<F_\alpha(k,n-k-1)$，不能拒绝原假设，则认为回归方程不显著。

或者根据计算机输出的结果，直接利用 P 值做出决策：若 $P<\alpha$，则拒绝原假设；若 $P>\alpha$，则不拒绝原假设。

2.回归系数的显著性检验——t 检验

t 检验属于回归系数的统计显著性检验，是对于各个回归系数 β_i 有选择地进行一次或多次检验。

具体步骤如下：

第 1 步：提出假设。

原假设 $H_0:\beta_j=0$；备择假设 $H_1:\beta_j\neq 0(j=1,2,\cdots,k)$不全为 0。

第 2 步：计算检验的 t 统计量。

$$t_j=\frac{\hat{\beta}_j}{s_{(\hat{\beta}_j)}}\sim t(n-k-1) \tag{8.42}$$

式(8.42)中：$s_{(\hat{\beta}_j)}$ 为回归系数 $\hat{\beta}_j$ 标准差的抽样估计值，计算公式为：

$$s_{(\hat{\beta}_j)}=\frac{s_e}{\sqrt{\sum x_i^2-\frac{1}{n}(\sum x_i)^2}} \tag{8.43}$$

第 3 步：做出统计决策。给定显著水平 α，查 t 分布临界值 $t_{\alpha/2}(n-k-1)$。当 $|t_j|\geqslant t_{\alpha/2}$ 时，拒绝原假设，认为 β_j 显著不为零。说明某个自变量 X_i 对因

变量Y的作用或影响显著；当$|t_j|<t_{\alpha/2}$时，则不拒绝原假设H_0，说明某个自变量X_i对因变量Y的作用或影响不显著。

在对各回归系数进行检验时，有可能造成某一个或几个回归系数无法通过检验，但这并不一定意味着没通过检验的那些自变量对因变量的影响就不显著。这可能是由于自变量之间的相关所造成，即在统计上称为多重共线性问题。在处理多重共线性问题以及建立多元回归模型时，还会涉及到自变量的选择问题。

有关多重共线性的检测判别处理方法，以及自变量的选择问题超出本书范围，感兴趣的读者可以参考有关回归方面的书籍。

8.3.5 利用回归方程进行预测

关于多元线性回归，同样可以利用给定的k个自变量，求出因变量Y的平均值的置信区间和个别值的预测区间．但是置信区间和预测区间的计算公式复杂，本书不过多讨论。由于多元回归参数估计和假设检验的计算量很大，所以，一般用计算机统计软件完成。

§8.4 非线性回归分析

8.4.1 非线性回归分析概述

在实际问题中，有时自变量之间的关系不是线性关系，根据专业知识或从数据的散点图，可以看出是某种类型的曲线关系。这时，可以选择一条相近的函数曲线与之拟合，这就是非线性回归所要解决的问题。

对于非线性回归问题，一部分可以转化为线性回归问题来求解。其基本过程是先对非线性回归模型进行适当的变换，使其转化为线性回归模型；然后对转换的新变量进行线性回归分析，采用最小二乘法建立线性回归方程，并进行统计检验；最后将新变量还原为原变量，得出原变量的曲线回归方程。

若毫无专业经验，选择相关类型往往是比较困难的。一个可行的方法就是在绘制散点图的基础上，观察实际观测点的分布趋势与哪一类已知的函数曲线最接近，然后再选择用该函数关系来拟合实测点。绘制散点图以及曲线拟合，可以借助于各种计算机统计软件完成。

8.4.2 非线性回归模型及其线性化方法

1.解释变量可直接替换的非线性回归模型

对于自变量(解释变量)是非线性的，但参数之间是线性的模型，可以利用变量直接代换的方法将模型线性化。

(1)多项式函数模型

对于多项式模型

$$y=\beta_0+\beta_1 x+\beta_2 x^2+\cdots+\beta_k x^k+\varepsilon \tag{8.44}$$

令 $z_1=x,z_2=x^2,z_k=x^k$,原模型可化为线性形式

$$y=\beta_0+\beta_1 z_1+\beta_2 z_2+\cdots+\beta_k z_k+\varepsilon \tag{8.45}$$

即可利用多元线性回归分析的方法处理了。

这类模型广泛地用于生产和成本函数。例如总成本函数可表示为:

$$y_i=\beta_0+\beta_1 x_i+\beta_2 x_i^2+\beta_3 x_i^3 \tag{8.46}$$

其中,y 表示总成本,x 表示产出。

(2)双曲线(倒数)模型

对于双曲线模型

$$Y=\beta_0+\beta_1\frac{1}{X}+\varepsilon \tag{8.47}$$

令 $Z=\dfrac{1}{X}$,原模型可化为线性函数形式

$$Y=\beta_0+\beta_1 Z+\varepsilon \tag{8.48}$$

即可利用一元线性回归分析的方法处理。

在社会经济变量中,如工资变化率与失业率之间(菲利普斯曲线)、平均固定成本与产量之间(平均固定成本曲线)等都存在双曲线这种类型的依存关系。

(3)双对数函数模型和半对数函数模型

①双对数函数模型

对于双对数函数模型

$$\ln y=\beta_0+\beta_1\ln x+\varepsilon \tag{8.49}$$

令 $y^*=\ln y,x^*=\ln x$,于是原模型可化为标准线性模型

$$y^*=\beta_0+\beta_1 x^*+\varepsilon \tag{8.50}$$

变换后的模型不仅参数是线性的,而且变换后的解释变量也是线性的。

在实际工作中,双对数模型的应用非常广泛。其原因在于,由于回归线是一条直线(Y 和 X 都是对数形式),所以它的斜率(β_1)为一常数。对于这个模型其斜率度量了 Y 关于 X 的弹性(系数),因为

$$\beta_1=\frac{dy^*}{dx^*}=\frac{d(\ln y)}{d(\ln x)}=\frac{\Delta y/y}{\Delta x/x}=E \tag{8.51}$$

所以弹性为一常数。它表示 X 变动 1%,Y 变动了 β_1%。由于这个特殊的性质,双对数模型又称为不变弹性模型。

弹性(如需求函数中的价格弹性、收入弹性,生产函数中的资金弹性、劳动力弹

性等)是经济分析中的重要指标,如果所研究的经济现象能用双对数模型来描述,则参数估计后就可以直接利用回归系数进行弹性分析了。

当社会经济变量观测值的对数散点图,近似一条直线时,就可以双对数模型来描述或拟合。

②半对数函数模型

我们把函数形式为 $\ln y=\beta_0+\beta_1 x+\varepsilon$ (对数—线性模型)或 $y_0=\beta_1+\beta\ln x+\varepsilon$ (线性—对数模型)称为半对数模型。

对于对数—线性模型

$$\ln y=\beta_0+\beta_1 x+\varepsilon \tag{8.52}$$

$$\beta_1=\frac{dy^*}{dx}=\frac{d(\ln y)}{dx}=\frac{\Delta y/y}{\Delta x},\ \frac{\Delta y}{y}=\beta_1\Delta x$$

它表示 X 变动一个单位,Y 将变动 β_1%的百分比。即 Y 的相对变动百分比等于 β_1 乘以 X 的绝对变化量。

对于线性—对数模型

$$y=\beta+\beta\ln x+\varepsilon \tag{8.53}$$

$$\beta_1=\frac{dy}{dx^*}=\frac{dy}{d(\ln x)}=\frac{\Delta y}{\Delta x/x},\ \Delta y=\beta_1\frac{\Delta x}{x}$$

它表示 X 变动1%,Y 将变动 β_1 个单位的绝对量。即 Y 的绝对变化量等于 β_1 乘以 X 相对变化量。

半对数模型通常用于测度经济变量的增长率,如测定人口增长率、劳动力增长率、货币供应量增长率、GDP 增长率、商品需求量增长率、进出口贸易增长率等等,所以半对数模型又称为增长模型。

2.解释变量需间接替换的非线性回归模型

(1)指数曲线模型

在研究经济问题时,我们常遇到如下的指数函数模型

$$y=\beta_0 x_1^{\beta_1}x_2^{\beta_2}e^{\varepsilon}$$

其中,ε 为随机项,β_0,β_1,β_2 为模型参数,很容易看出,模型中参数也是非线性的,因此不能直接进行变量的代换化为线性形式。

两边取对数(自然对数)可得

$$\ln y=\ln\beta_0+\beta_1\ln x_1+\beta_2\ln x_2+\varepsilon$$

此时,可利用变量直接代换化为线性形式。这种先取对数再进行变量代换的方法称为间接代换法。

著名的柯布—道格拉斯(Cobb—Douglas)生产函数模型就是这类模型的一个典型。

$$Q=AK^{\alpha}L^{\beta}e^{\varepsilon} \tag{8.54}$$

其中，Q 表示产出，K 表示资本，L 表示劳动力，A、α 和 β 为待定参数。

对柯布—道格拉斯生产函数模型两边取对数有：

$$\ln Q = \ln A + \alpha \ln K + \beta \ln L + \varepsilon$$

$$\alpha = \frac{d(\ln Q)}{d(\ln K)} = \frac{\Delta Q/Q}{\Delta K/K} = E_K,\ \beta = \frac{d(\ln Q)}{d(\ln L)} = \frac{\Delta Q/Q}{\Delta L/L} = E_L$$

很显然，α 为资本弹性系数，β 为劳动力弹性系数。

$\alpha+\beta=1$，表示规模报酬不变(即资本和劳动力增长 1%，产出也增长 1%)；

$\alpha+\beta<1$，表示规模报酬递减(即资本和劳动力增长 1%，产出将低于 1%的速度增长)；

$\alpha+\beta>1$，表示规模报酬递增(即资本和劳动力增长 1%，产出将超过 1%的速度增长)。

(2)逻辑增长曲线模型

逻辑增长曲线模型的一般表达式为：

$$y_t = \frac{K}{1+e^{f(t)}}$$

其中，$f(t)=a_0+a_1t+a_2t^2+\cdots+a_kt^k$。

逻辑增长曲线模型的简化表达式为：

$$y_t = \frac{K}{1+b_0e^{-b_1t}} \tag{8.55}$$

其中，K、b_0、b_1 是待定参数。

逻辑增长曲线因其函数图形如 S 形状，又称 S 增长曲线。逻辑增长曲线有两个特点：一是 y 的最小值为零，最大值为 K；二是逻辑增长曲线有一个拐点，在该点之前，y 的增长速度逐渐加快，在该点之后，y 的增长速度逐渐变慢，

将逻辑增长曲线模型的简化式两边同时取倒数整理再取对数得：

$$\ln\left(\frac{1}{y}-\frac{1}{K}\right)=\ln\left(\frac{b_0}{K}\right)-b_1t$$

令 $y^*=\ln\left(\frac{1}{y}-\frac{1}{K}\right)$，$\beta_0=\ln\left(\frac{b_0}{K}\right)$，$\beta_1=-b_1$，则上式可表示为：

$$y^*=\beta_0+\beta_1t$$

此时，就可以应用普通最小平方法对其进行参数估计了。

对上式进行参数估计的关键是事先确定 K 的值。实际中 K 的取值可以依据理论或经验事先确定或推算。如小汽车的家庭普及率最高为 100%；某种消费品的最大需求量可以根据人口及消费水平等等。

(3)龚珀兹增长曲线模型

龚珀兹增长曲线模型的表达式为：

$$y_t = e^{K+b_0b_1^t} \tag{8.56}$$

式中，K、b_0、b_1 是待定参数。

龚珀兹增长曲线与逻辑增长曲线图形相似，只是拐点位置不同。

对龚珀兹增长曲线模型两边取对数整理再取对数得：

$$\ln(\ln y - K) = \ln b_0 + t\ln b_1$$

令 $y^* = \ln(\ln y - K)$，$\beta_0 = \ln b_0$，$\beta_1 = \ln b_1$，则上式可表示为：

$$y^* = \beta_0 + \beta_1 t$$

此时，就可以应用普通最小平方法对其进行参数估计了。

附录　Excel 的应用

以例 8.2 为例，说明 Excel 在相关回归分析中的应用。

首先建立数据文件如下：

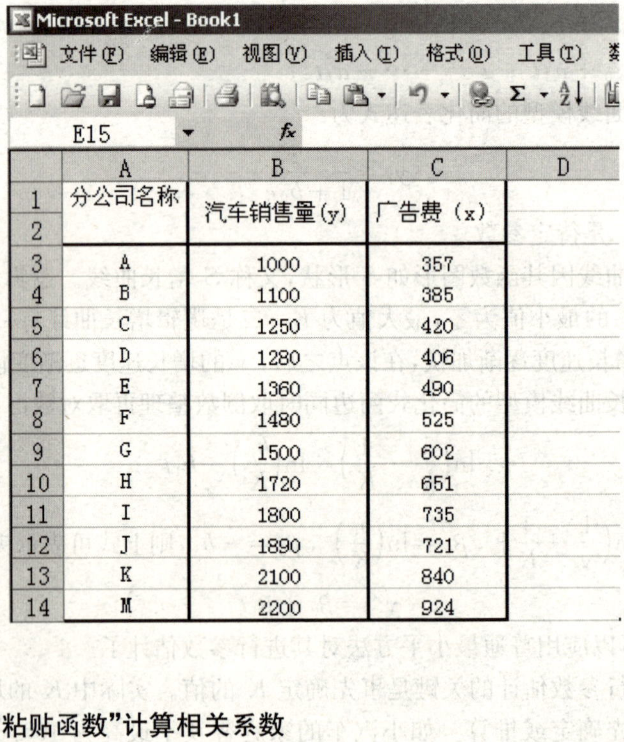

	A	B	C	D
1	分公司名称	汽车销售量(y)	广告费（x）	
2				
3	A	1000	357	
4	B	1100	385	
5	C	1250	420	
6	D	1280	406	
7	E	1360	490	
8	F	1480	525	
9	G	1500	602	
10	H	1720	651	
11	I	1800	735	
12	J	1890	721	
13	K	2100	840	
14	M	2200	924	

一、利用"粘贴函数"计算相关系数

单击"粘贴函数"→"统计函数"→"CORREL"，进行设置，得到相关系数 0.987：

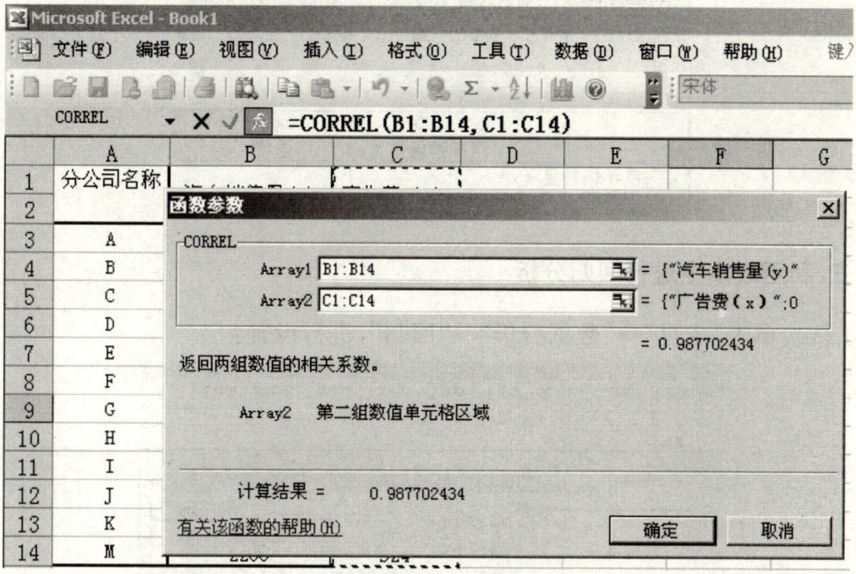

二、用宏命令进行相关分析

依次单击“工具”→“数据分析”→“相关系数”，进行设置如下：

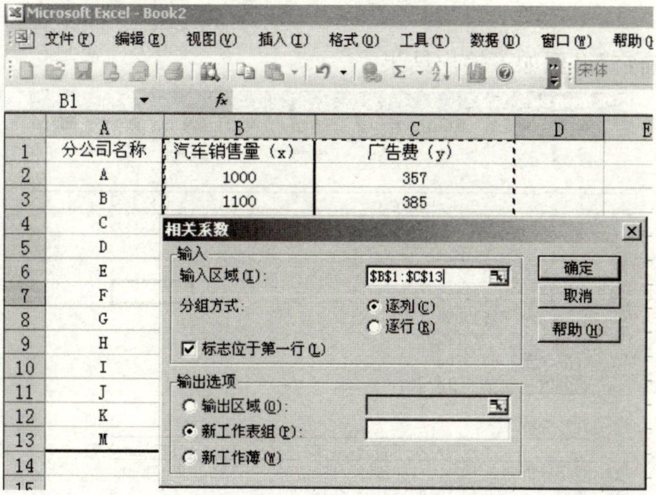

单击“确定”，得到相关系数如下：

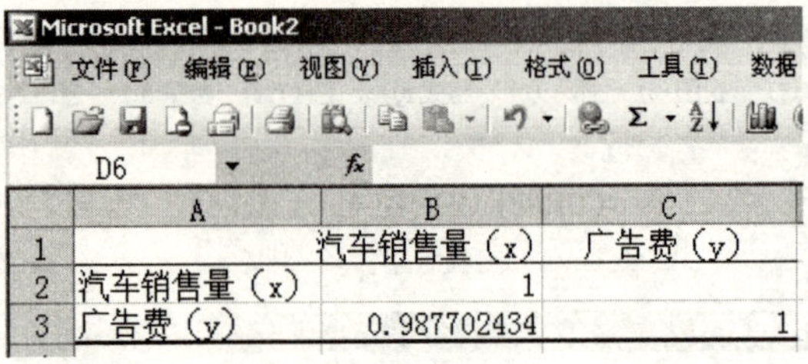

	A	B	C
1		汽车销售量（x）	广告费（y）
2	汽车销售量（x）	1	
3	广告费（y）	0.987702434	1

三、利用宏命令进行回归分析

1.依次单击“工具”→“数据分析”→“回归”，进行设置：

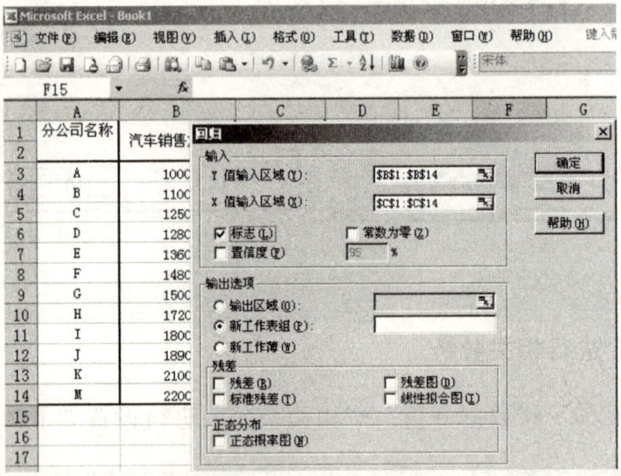

2.单击“确定”得到如下输出结果：

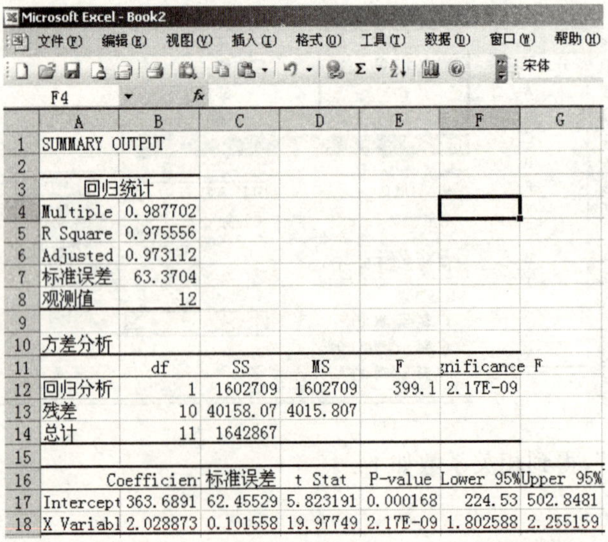

	A	B	C	D	E	F	G
1	SUMMARY OUTPUT						
2							
3	回归统计						
4	Multiple	0.987702					
5	R Square	0.975556					
6	Adjusted	0.973112					
7	标准误差	63.3704					
8	观测值	12					
9							
10	方差分析						
11		df	SS	MS	F	gnificance F	
12	回归分析	1	1602709	1602709	399.1	2.17E-09	
13	残差	10	40158.07	4015.807			
14	总计	11	1642867				
15							
16		Coefficien	标准误差	t Stat	P-value	Lower 95%	Upper 95%
17	Intercept	363.6891	62.45529	5.823191	0.000168	224.53	502.8481
18	X Variabl	2.028873	0.101558	19.97749	2.17E-09	1.802588	2.255159

Excel 输出的回归结果的内容及其解读。

Excel 输出的回归结果包括以下几个部分：

第一部分是"回归统计"，这部分给出了回归分析中的一些常用统计量，包括相关系数（Multiple r）、判定系数（R^2）、调整的（或修正的）判定系数（Adjusted r）、标准差、观测值的个数等。

对于本例，相关系数 Multiple $r=0.987702$；判定系数 $R^2=0.975556$；调整的（或修正的）判定系数 Adjusted $R^2=0.973112$（一元线性回归不用此统计量）；标准差为 63.3704；观测值的个数为 12。

第二部分是"方差分析"，这部分给出的是回归分析的方差分析表，包括自由度（df）、回归平方和、残差平方和、总平方和（SS）、回归和残差分析的均方（MS）、检验统计量（F）、F 检验的显著性水平（Significance F）。"方差分析"部分的主要作用是对回归方程的线性关系进行显著性检验。

对于本例，回归平方和对应的自由度 df 为 1，残差平方和对应的自由度为 10，总离差平方和对应的自由度为 11。回归平方和，即 $SSR=1602709$，残差平方和，即 $SSE=40158.07$，总离差平方和，即 $SST=1642867$。回归的均方，即 $MSR=SSR/1=1602709$，残差的均方，即 $MSE=SSE/10=4015.807$。

检验统计量 $F=\dfrac{SSR/1}{SSE/(n-2)}=399.1$，F 检验的显著性水平（Significance F）为 2.17×10^{-9}。

第三部分是回归参数估计的有关内容。包括回归方程的截距（Itercept）、斜率（X Variable 1）、截距和斜率的标准误差、用于检验回归系数的 t 统计量（t Stat）和 P 值（P -value），以及截距和斜率的置信区间（Lower 95%和 Upper 95%）等。

对于本例，回归的截距（Itercept），即 $\hat{\beta}_0=363.6891$；斜率（X Variable 1），即 $\hat{\beta}_0=2.028873$；

斜率的标准误差 $s_{\hat{\beta}_1}=\dfrac{s_e}{\sqrt{\sum x_i^2-\dfrac{1}{n}(\sum x_i)^2}}=0.101558$；

回归系数的 t 检验统计量（t Stat）$t=\dfrac{\hat{\beta}_1}{S_{\hat{\beta}_1}}=19.97749$；

截距的置信区间（Lower 95%和 Upper 95%）为（224.53，502.8481）；

斜率的置信区间（Lower 95%和 Upper 95%）为（1.802588，2.255159）。

此外，还有"残差分析"部分，本书不涉及。

本章习题

一、思考题

1.解释相关关系的含义,说明相关关系的特点。

2.相关分析主要解决哪些问题?

3.相关分析中有哪些基本假定?

4.简述相关系数的性质。

5.什么要对相关系数进行显著性检验?

6.简述相关系数检验的步骤。

7.解释回归模型、回归方程、估计的回归方程的含义。

8.一元线性回归模型中有哪些基本假定?

9.简述最小二乘估计法的基本原理。

10.解释总平方和、回归平方和、残差平方和的含义,并说明它们之间的关系。

11.简述判定系数的含义和作用。

12.在回归分析中,F 检验和 t 检验各有什么作用?

13.简述线性关系检验和回归系数检验的具体步骤。

14.什么是置信区间估计和预测区间估计?二者有何区别?

15.解释多元线性回归模型、多元回归方程、估计的回归方程的含义。

16.多元线性回归模型中有哪些基本假定?

17.解释多重判定系数和调整的多重判定系数的含义和作用。

二、练习题

1.从某一行业中随机抽取 12 家企业,所得产量与生产费用的数据如下:

企业编号	产量(台)	生产费用(万元)	企业编号	产量(台)	生产费用(万元)
1	40	130	7	84	165
2	42	150	8	100	170
3	50	155	9	116	167
4	55	140	10	125	180
5	65	150	11	130	175
6	78	154	12	140	185

要求:

(1)绘制产量与生产费用的散点图,判断二者之间的关系形态;

(2)计算产量与生产费用之间的相关系数；

(3)对相关系数的显著性进行检验($\alpha=0.05$)，并说明二者之间的关系强度。

2.设 $SSR=36$，$SSE=4$，$n=18$。要求：

(1)计算判定系数 R^2，并解释其意义；

(2)计算估计标准误差 s_e，并解释其意义。

3.一家物流公司的管理人员想研究货物的运送距离和运送时间的关系，为此，抽出了公司最近10辆卡车运货记录的随机样本，得到运送距离(单位：公里)和运送时间(单位：天)的数据如下：

运送距离 x	825	215	1070	550	480	920	1350	325	670	1215
运送时间 y	3.5	1.0	4.0	2.0	1.0	3.0	4.5	1.5	3.0	5.0

要求：

(1)绘制运送距离和运送时间的散点图，判断二者之间的关系形态；

(2)计算相关系数，说明两个变量之间的关系强度；

(3)利用最小二乘法求出估计的回归方程，并解释回归系数的实际意义；

(4)计算判定系数，并解释其意义；

(5)检验回归方程的线性关系($\alpha=0.05$)；

(6)如果运送距离为1000公里，预测其运送时间；

(7)求运送距离为1000公里时，运送时间的95%的置信区间和预测区间。

4. 美国各航空公司业绩的统计数据公布在《华尔街日报1999年年鉴》(The Wall Street Journal Almanac 1999)上。航班正点到达的比率和每10万名乘客投诉的次数的数据如下：

航空公司名称	航班正点率(%)	投诉率(次/10万名乘客)
西南(Southwest)航空公司	81.8	0.21
大陆(Continental)航空公司	76.6	0.58
西北(Northwest)航空公司	76.6	0.85
美国(US Airways)航空公司	75.7	0.68
联合(United)航空公司	73.8	0.74
美洲(American)航空公司	72.2	0.93
德尔塔(Delta)航空公司	71.2	0.72
美国西部(Americawest)航空公司	70.8	1.22
环球(TWA)航空公司	68.5	1.25

资料来源：(美)David R. Anderson等，《商务与经济统计》，第405页，机械工业出版社。

要求：

(1)绘制散点图，说明二者之间的关系形态；

(2)用航班正点率作自变量，顾客投诉次数作因变量，建立估计的回归方程，并解释回归系数的意义；

(3)检验回归系数的显著性($\alpha=0.05$)；

(4)如果航班正点率为80%，估计每10万名乘客投诉的次数；

(5)求航班正点率为80%时，顾客投诉次数95%的置信区间和预测区间。

5. 某公司想了解广告支出对销售收入的影响，收集了12年的有关数据。计算得到方差分析表结果：

变差来源	*df*	*SS*	*MS*	*F*	Significance *F*
回归	( )	( )	( )	( )	2.17E−09
残差	( )	40158.07	( )	—	—
总计	11	1642866.67	—	—	—

参数估计表

	Coefficient	标准误差	*t* Stat	*P*-value
Intercept	363.6891	62.45529	5.823191	0.000168
X Variable 1	1.420211	0.071091	19.97749	2.17E−09

要求：

(1)完成上面的方差分析表；

(2)销售收入的变差中有百分之多少是由于广告支出的变动引起的?

(3)销售收入与广告支出之间的相关系数是多少?

(4)写出估计的回归方程并解释回归系数的实际意义；

(5)检验线性关系的显著性($\alpha=0.05$)。

6.一家家用电器产品销售公司在30个地区设有销售分公司。为研究产品彩电销售量(台)与该公司的销售价格(百元)、各地区的年人均收入(百元)、广告费用(百元)之间的关系，搜集到30个地区的有关数据。设彩电销售量为y，销售价格为x_1，年人均收入为x_2，广告费用为x_3，利用Excel得到下页的回归结果。

相关系数表

	A	B	C	D	E
1		y	X_1	X_2	X_3
2	y	1			
3	X_1	-0.46922	1		
4	X_2	0.74095	0.07837	1	
5	X_3	0.87595	-0.4688	0.60454	1

要求：

(1)将方差分析表中的所缺数值补齐；

(2)写出销量与销售价格、年人均收入、广告费用的多元线性回归方程，并解释各回归系数的意义；

(3)若显著水平 $\alpha=0.05$，回归方程的线性关系是否显著？

(4)若显著水平 $\alpha=0.05$，各回归系数是否显著？

(5)销售量 y 的变差中被回归方程所解释的百分比是多少？

回归输出结果

	A	B C	D E	F G	H I	J K
1	方差分析					
2		Df	SS	MS	F	Significance F
3	回归分析			4008924.7		8.88E-13
4	残差					
5	总计		13458586.7	—	—	—

	A	Coefficients	标准误差	t Stat	P-value
6	参数估计表				
7		Coefficients	标准误差	t Stat	P-value
8	Intercept	7589.1025	2445.0213	3.1039	0.00457
9	X Variable 1	-117.8861	31.8974	-3.6958	0.00103
10	X Variable 2	80.6107	14.7676	5.4586	0.00001
11	X Variable 3	0.5012	0.1259	3.9814	0.00049

第九章 时间序列分析

任何事物总是随着时间的推移而不断发生变化，按时间顺序观测得到的数据，能够表现其发展变化的过程。因此，为了全面了解和认识客观现象，不仅需要从静态上分析现象的特征、内部结构以及相互关联关系，而且还需要从动态上研究其发展变化的过程和规律。时间序列分析就是一种从动态角度认识事物发展变化过程及其规律的分析方法。通过时间序列分析，人们能够认识事物的量变过程、揭示事物的变化趋势和规律、预测事物的未来变化方向。时间序列分析就其发展的历史阶段和所使用的统计分析方法来看，有传统的时间序列分析和现代时间序列分析两种。现代时间序列分析主要研究 AR 模型、MA 模型和 ARMA 模型。而本章主要介绍传统的时间序列分析方法，内容主要包括时间序列的描述性分析和时间序列的构成因素分析等。

§9.1 时间序列的基本问题

9.1.1 时间序列的概念

为了研究客观现象在不同时间的发展状况，人们通常需要对事物的变化情况做跟踪观测，并记录客观现象随着时间推移而变化的统计数据。例如要了解我国 2000 年以来国内生产总值的变动情况，就需要把 2000 年以来我国国内生产总值的数据按年度顺序排列起来，从而形成时间序列。表 9.1 所列出的就是中国 2000 ～2010 年国内生产总值等指标的时间序列。

不难看出，时间序列(Time Series)就是客观现象发展变化的某一统计数据按时间先后顺序排列而成的序列。由于时间序列从动态上反映客观现象的数量发展变化，所以也称为动态数列或时间数列。

由表 9.1 可以看出，任何一个时间序列都有两个基本要素：一是现象所属的时间，称为时间要素；二是现象在不同时间条件下的统计数据，称为数据要素。现象所属的时间可以是一段时期，也可以是某一时刻，现实生活中通常表现为年份、季度、月份、天或其相应的时点。数据要素的表现可以是总量数据，也可以是相对数据或平均数据。

表 9.1 中国国内生产总值等指标的时间序列

年份	国内生产总值（2000 年不变价）（亿元）	年末总人口（万人）	第三产业增加值比重（%）	城镇居民家庭人均可支配收入（元）
2000	99214.6	126743	39.0	6280.0
2001	107449.7	127627	40.5	6859.6
2002	117208.3	128453	41.5	7702.8
2003	128958.9	129227	41.2	8472.2
2004	141964.5	129988	40.4	9421.6
2005	158020.7	130756	40.5	10493.0
2006	178052.2	131448	40.9	11759.5
2007	203268.7	132129	41.9	13785.8
2008	222853.0	132802	41.8	15780.8
2009	243387.1	133450	43.4	17174.7
2010	268813.7	134091	43.2	19109.4

资料来源：http://www.stats.gov.cn.

时间序列是客观现象发展变化过程的历史记录，这对统计分析工作来说，具有十分重要的意义。首先，编制时间序列，可以描述客观现象的发展状态、发展趋势和结果；其次，通过对时间序列的分析，可以掌握客观现象发展变化的规律性；再次，时间序列可用来对客观现象的发展方向和速度进行预测。

9.1.2 时间序列的种类

时间序列按其数据要素的表现形式不同，分为绝对数时间序列、相对数时间序列和平均数时间序列三种。其中绝对数时间序列是基础序列，相对数和平均数时间序列则是派生序列。

1.绝对数时间序列

把反映客观现象总规模或总水平的一系列总量数据按时间先后顺序排列而成的数列，称为绝对数时间序列，它反映了现象在所属时间达到的绝对水平。例如表 9.1 中的国内生产总值和年末总人口数时间序列都是绝对数时间序列。绝对数时间序列是编制相对数时间序列和平均数时间序列的基础。

总量数据按其反映的时间状况不同，可分为时期数据和时点数据，因此绝对数时间序列又分为时期序列和时点序列两类。

(1)时期序列

当绝对数时间序列中的数据反映的是现象在所属时期内发展过程的总量时，

就称为时期序列。例如表 9.1 中的我国 2000～2010 年国内生产总值数列就是一个时期序列。相应的由社会商品零售额、居民总收入、进出口贸易额等指标构成的时间序列均为时期序列。

时期序列的特点是:①序列中不同时间的数据可以相加,即相加具有一定的实际意义。由于时期序列中每个数据表示现象在一段时期内发展变化的累计总量,所以相加后的数据就表示现象在更长一段时期内发展变化的累计总量。例如,某企业某种产品一年的产量是其各月产量之和;②序列中每个数据的大小与其所属时间的长短有直接联系。在时期序列中,每个数据所对应的时间长度,称为“时期”。时期的长短,主要根据研究目的而定,可以是日、旬、月、季、年或更长时间。一般来说,时期愈长,总量数据就愈大,反之就愈小;③序列中每个数据,通常是通过连续不断的登记取得的。

(2)时点序列

当绝对数时间序列中的数据反映的是现象在某一时点上所处的总量时,称该序列为时点序列。例如,表 9.1 中的我国 2000～2010 年全国年末总人口序列是时点序列。相应的由商品库存数、存款余额、职工人数、企业数等指标构成的时间序列均为时点序列。

时点序列有如下特点:①序列中不同时点的数据是不能直接相加的,即直接相加不具有实际意义。这是由于时点序列中每个数据都是表明某一时点上现象的总量,相加以后无法说明属于哪一时点上的数量;②序列中各数据的大小与其间隔长短没有直接联系。在时点序列中,两个相邻数据间的时间距离称为“间隔”。由于时点序列各数据只表明现象在某一时点上的状态数量,所以数据大小与时间间隔长短没有直接联系。例如,企业年末职工人数可能大于某月末数值,也可能小于该月末数值;③序列中各数据通常是间隔一定时期通过非经常性登记取得的。

2.相对数时间序列

将一系列同类相对数据按时间顺序排列而成的序列,称为相对数时间序列。它反映现象对比关系的发展变化情况,说明现象的比例关系、结构,现象间的比较关系、强度等的动态相对变化过程。如表 9.1 中的我国第三产业增加值比重时间序列即为相对数时间序列。此外,像经济增长率、城镇居民恩格尔系数等指标构成的时间序列也是相对数时间序列。

可以看出,相对数是两个有联系的总量数据对比派生的结果,派生主要有三种情况:一是所对比的两个总量数据均为时期数据,如第三产业产值比重;二是一个时期数据与一个时点数据对比,如人均国内生产总值;三是所对比的两个总量数据均为时点数据,如第三产业从业人员比重。相对数时间序列是由绝对数时间序列派生的,其情况与相对数据的派生情况是一样的,因此,对相对数时间序列有关问题的研究也是按派生的方法解决的。

在相对数时间序列中，由于各数据对比的基础不同，因此相对数时间序列中的各数据直接相加没有意义，即相对数时间序列数据不具有可加性。

3.平均数时间序列

把一系列同类的平均数据按时间顺序排列而成的序列，称为平均数时间序列。它反映现象一般水平在不同时间的发展变化。例如，表 9.1 中的城镇居民家庭人均可支配收入即为平均数时间序列。

与相对数类似，平均数也是总量数据对比派生的结果，因此在平均数时间序列中，各个数据相加也没有实际意义，即平均数时间序列数据也不具有可加性。

平均数时间序列又可分为两种：一种是由一般平均数组成的时间序列；另一种是由动态平均数所组成的时间序列。

9.1.3　时间序列的编制原则

编制时间序列的目的是通过同类现象在不同时间上的数值对比来反映现象的发展过程及其规律性。因此，时间序列两大要素的可比性就成为编制时间序列应遵守的基本原则。具体来讲，可比性原则有以下几点：

1.数据的时间要素应尽量统一

在时期序列中，由于各数据的大小与时间的长短有直接的关系，时间越长，数据就越大，反之就越小。所以，各个数据所属的时期长短应前后统一。各数据所属时期长短不一，往往就难以作直接比较。

对于时点序列来说，由于各个数据只反映现象在某一时点的状态，两时点间隔的长短，对时点数据的大小没有直接影响，所以不存在时期长短应统一的问题。但为了更有利于对比，时点间隔最好能保持一致。因此，时间的可比性只是编制时间序列的一般原则，但不能绝对化。

2.数据的总体范围应该一致

所谓总体范围，即所研究的现象总体所包括的地区范围、隶属关系范围、行政区划范围等。在实际工作中，因为各时期行政区划、经济管理体制、基层单位的隶属关系等方面发生变化，统计范围往往前后不一致。比如，要研究某地区的人口变动情况，如果该地区的行政区划发生了变化，那么，变动前后的人口数据就不能直接对比，需要加以调整，使得前后总体范围一致，然后再进行动态分析。

3.数据的经济内容应该相同

有时同一个指标虽然名称没有变动，但其经济内容却已经改变，这也是不可比的。根据这样的时间序列进行对比分析，就会得出错误的结论。比如，编制某地区 1990～2010 年资源税征收情况的时间序列，由于盐税 1994 年并入了资源税，使资源税的经济内容在1994前后发生了变化，如果不首先加以调整就不具有可比性，就会使所反映问题失实。

4.数据的计算方法、计算价格、计量单位等应该统一

比如，在研究某企业劳动生产率的增长情况时，如果各时期指标的计算方法不一致，有的按全部职工计算，有的按生产工人计算，数据的对比就失去意义；再比如，总产值有的按现价计算，有的按不变价格计算，或数据的计量单位有的按实物单位计量，有的按货币单位计量，这样所编制的时间序列势必会导致数据失去可比性。

9.1.4 时间序列的分析方法

编制时间序列的目的，是为了对时间序列进行分析。对时间序列分析常用的方法有两种：一是时间序列的描述性分析，二是时间序列的构成因素分析。

时间序列的描述性分析，是通过计算一系列时间序列的描述性指标来揭示现象的发展变化状况和发展变化程度。具体包括发展水平、平均发展水平、增长量、平均增长量、发展速度、平均发展速度、增长速度、平均增长速度等。上述指标，既可按指标是反映现象发展的绝对水平还是相对水平分为水平指标（包括发展水平、平均发展水平、增长量、平均增长量）和速度指标（发展速度、平均发展速度、增长速度、平均增长速度）；也可按指标是反映现象的对比量还是平均量而分为时间序列比较指标（包括增长量、增长速度、发展速度）和平均指标（平均发展水平、平均增长量、平均发展速度、平均增长速度）。

时间序列的形成是多种因素共同作用的结果，在一个时间序列中，有长期的起决定性作用的因素，也有临时的起非决定性作用的因素；有可以预知和控制的因素，也有不可预知和不可控制的因素，这些因素相互作用和影响，从而使时间序列变化趋势呈现不同的特点。这些因素通常被归纳为四大类：长期趋势、季节变动、循环变动和不规则变动。时间序列的构成因素分析，是在对时间序列进行因素分解的基础上，分别测定各因素的变化规律，从而对事物的未来发展做出预测。

1.长期趋势

长期趋势（Trend）是指现象在相当长的一段时期内，受某种长期的、决定性的因素影响而呈现出的持续上升或持续下降的趋势，通常以T表示。如中国改革开放以来国内生产总值持续上升。

2.季节变动

季节变动（Seasonal Variation）是指现象在一年内，由于受到自然因素或社会因素等的影响而形成的有固定规律的重复变动，通常以S表示。如时令商品的产量与销售量，旅行社的旅游收入等都会受到季节的影响。应注意的是在这里提到

的“季节”并非通常意义上的“四季”，季节变动中所提及的主要指广义的概念，可以理解为制度、习俗等引起现象有固定规律变动的一切因素。

3.循环变动

循环变动(Cyclical Variation)是指现象持续若干年的周期变动，通常以 C 表示。循环变动的周期长短不一，没有固定规律，而且通常周期较长，循环变动不是单一方向的持续变动，而是涨落相间的交替波动，如经济周期。循环变动与长期趋势不同，它不是单一方向的持续变动，而是有涨有落的交替波动。循环变动与季节变动也不同，循环变动的周期长短很不一致，不像季节变动那样有明显的按月或按季的固定周期规律，循环变动的规律性不甚明显，通常较难识别。

4.不规则变动

不规则变动(Irregular Random Variation)是指现象由于受偶然性因素而引起的无规律、不规则的变动，如受到自然灾害等不可抗力的影响，通常以 I 表示，这种变动一般无法作出解释。

时间序列各影响因素之间的关系用一定的数学关系式表示出来，就构成时间序列的分解模型，我们可以从时间序列的分解模型中将各因素分离出来并进行测定，了解各因素的具体作用如何。

通常人们采用加法模型和乘法模型来描述时间序列的构成。

加法模型的表达式为：$y=T+S+C+I$，式中 y 表示时间序列的指标数值，T、S、C、I 分别表示长期趋势、季节变动、循环变动、不规则变动，使用加法模型的基本假设前提是各个影响因素对时间序列的影响是可加的，并且是相互独立的。在此模型中，每个因素均以与时间序列原始指标值 y 相同计量单位的绝对量来表示。当需测定某种因素变动的影响时，则可用相减的形式。如当长期趋势 T 测定出来后，用 y 减去 T，即得不含长期趋势 T 的派生时间序列。如果此时时间序列只受两因素(T 和 S)的影响，则 $y-T=S$，得到只含季节变动的时间数列，可直接分析季节变动这一因素了。

而乘法模型的表达式为：$y=T\times S\times C\times I$，使用乘法模型的基本假设前提是各影响因素对时间序列的影响是相互不独立的。在这个模型中，长期趋势 T 取与时间序列原始指标数值 y 相同计量单位的绝对量，以长期趋势为基础，其余因素则均以比率(相对量)表示。根据这个模型，如需测定某个构成因素的影响，用其余构成部分除时间序列即可。例如，当求出长期趋势 T 以后，以 y 除以 T，则可得不含长期趋势的派生时间序列：$y/T=S\cdot C\cdot I$ ；若再求出季节变动 S，用 S 去除，则可得不含长期趋势及季节变动的时间序列：$\frac{y/T}{S}=C\cdot I$ 。

如果时间序列中仅含长期趋势和季节变动两个因素，则也可以按以上相除的方法将两种因素分解开来分别进行分析。

需要说明的是，时间序列组合模型中包含了四个因素，这是时间序列的完备模式，但是并非在每个时间序列中都同时存在着四个因素。一般来说，在时间序列中，长期趋势是经常存在的，季节变动因素和循环因素则不一定存在。当季节变动或循环变动因素不存在时，在乘法模型中的 S 或 C 取值为 1，在加法模型中的 S 或 C 取值为 0。

时间序列的这两种分析方法，各有其特点和作用，它们分别揭示了事物不同方面的表现。在进行时间序列分析时，根据研究的目的可单独使用某一方法，也可将两种方法结合起来使用。

§ 9.2 时间序列的描述性分析

9.2.1 时间序列的水平分析

时间序列的水平分析指标主要有发展水平、平均发展水平、增长量和平均增长量，其中发展水平是计算时间序列其他描述性指标的基础。

1.发展水平

发展水平是时间序列中现象在不同时期或时点上发展所达到的规模或水平，也就是时间序列中的每一项统计数据。发展水平在不同时间序列中的表现不同，在绝对数时间序列中表现为总量数据，而在相对数时间序列和平均数时间序列中则分别表现为相对数和平均数。

在时间序列中，若用 t_i 表示现象所属的时间，y_i 表示现象在不同时间上的统计数据，则 y_i 即为现象在时间 t_i 上的发展水平，它表示现象在某一时间上所达到的数量状况。

若时间序列的时间顺序范围为 $t_1, t_2, \cdots, t_n$，相应的发展水平表示为 $y_1, y_2, \cdots, y_n$。根据各发展水平在时间序列中所处位置的不同，发展水平有最初发展水平、中间发展水平和最末发展水平三种，其中 y_1 称为最初发展水平，y_n 称为最末发展水平，中间各项为中间发展水平。从对比角度看，发展水平则分为基期水平和报告期水平两种。在对比过程中，所谓基期即作为对比基准的时期，相应的发展水平叫基期水平；所谓报告期即所研究的时期，也叫计算期，相应的发展水平称为报告期水平。基期常用的有“报告期的前一期”和“固定基期”两种，此外还有“去年同期”。需要说明的是，基期和报告期都不是固定不变的，它是由研究目的决定的，同样，基期水平和报告期水平会随着基期和报告期的改变而变化。

2.平均发展水平

平均发展水平是现象在不同时间上发展水平的平均数，又称为序时平均数或动态平均数。它概括性地描述了现象在研究时期内所达到的一般水平，消除了现象在一段时间内波动的影响。它与一般平均数（静态平均数）构成了平均指标体系，但二者又有不同，其主要区别在于：①一般平均数从静态上反映现象的一般水平，而序时平均数则从动态上反映现象的一般水平；②一般平均数是根据变量数列计算，而序时平均数则根据时间序列计算。

由于不同时间序列发展水平的表现形式不同，是否具有可加性不同，序时平均数有不同的计算方法。

(1)绝对数时间序列序时平均数的计算

绝对数时间序列序时平均数的计算方法是最基本的序时平均数计算方法，它是计算相对数或平均数时间序列的序时平均数的基础。绝对数时间序列有时期序列和时点序列之分，它们的序时平均数的计算方法也有所不同。

①时期序列的序时平均数。时期序列中的各总量数据可以相加，从而形成一段时期内的累计总量，所以时期序列的序时平均数可直接用各时期数据之和除以时期序列项数来计算。其计算公式为：

$$\bar{y}=\frac{y_1+y_2+\cdots+y_n}{n}=\frac{\sum_{i=1}^{n}y_i}{n} \tag{9.1}$$

式中，$\bar{y}$ 为序时平均数；y_i 为第 t_i 时期的发展水平；n 为发展水平的个数（时期序列项数）。

例 9.1 根据表 9.1 中的国内生产总值时间序列，计算 2000～2010 年的年平均国内生产总值。

根据式(9.1)，得

$$\bar{y}=\frac{\sum_{i=1}^{n}y_i}{n}=\frac{1869191.4}{11}=169926.49\text{（亿元）}$$

②时点序列的序时平均数。时点序列中的各项发展水平均是反映在现象在某个时点上的总量状况，求各时点数据的平均数，原则上应是各时点数值的合计除以其时点数，但由于时点序列中各总量数据的大小与其间隔长短没有直接联系，因而通常根据现象的不同或研究问题的需要选择特定的时点进行统计，这样时点序列的平均数计算通常要根据不同情况采用不同的计算方法。

(i)连续时点序列的序时平均数。时点是瞬间概念，严格讲不存在“连续”之说。但对于有些时点现象通常是每天都统计，如储蓄所的存、贷款余额，企业每天的出勤人数等。人们把观察期内逐日登记数据并按日加以排列而成的时点序列称为连续时点序列。这里又有两种情况，分别说明它们的计算方法。

第一种情况：间隔相等连续时点序列。数据完全是按日排列的，即相邻两时点间隔均为“1天”，这时的连续时点序列的序时平均数可用简单算术平均法计算，计算公式为：

$$\bar{y}=\frac{\sum_{i=1}^{n}y_i}{n} \tag{9.2}$$

例9.2 某储蓄所某年1月1～5日登记的存款余额分别为：766万元、664万元、843万元、578万元、639万元，求这5天的平均存款余额。

根据式(9.2)，得这5天的平均存款余额为：

$$\bar{y}=\frac{\sum_{i=1}^{n}y_i}{n}=\frac{766+664+843+578+639}{5}=698\text{（万元）}$$

第二种情况：间隔不等连续时点序列。有些时点现象，如企业职工人数等，并非每天都在变化，因此人们将“逐日登记”变为了“变化登记”，即在现象变动时进行记录，这时可用各数据持续的天数 f_i 为权数，用加权算术平均法计算。计算公式为：

$$\bar{y}=\frac{\sum_{i=1}^{n}y_i f_i}{\sum_{i=1}^{n}f_i} \tag{9.3}$$

例9.3 某企业人事部门对企业1月份职工人数的记录是：1日至10日每天为280人，11日起增加80人至月底。计算该企业1月份平均职工人数。

根据式(9.3)，得该企业1月份平均职工人数为：

$$\bar{y}=\frac{\sum_{i=1}^{n}y_i f_i}{\sum_{i=1}^{n}f_i}=\frac{280\times10+360\times21}{10+21}=334\text{（人）}$$

连续时点序列计算的序时平均数比较精确，但现实中不可能对各种时点现象均进行逐日统计，从而出现了间断时点序列。

(ⅱ)间断时点序列的序时平均数。如果对时点现象一段时期的期初、期末时点数据进行统计，这样的时点数据排列而成的序列称为间断时点序列。对于间断时点序列，由于时点数据通常以月度、季度、年度为间隔单位，不可能再用连续时点序列的方法精确计算平均数，而只能在一定假设下求其近似值。

间断时点序列的序时平均数计算存在两种情况：

第一种情况：间隔相等间断时点序列。如果间断时点序列相邻两时点的间隔均相等，则称该时点序列为间隔相等间断时点序列。若假定上期期末时点数据即为本期期初时点数据，并假定相邻两时点间现象的数量变动是均匀的，则可将两时点的数值简单平均作为这两时点所代表的时间段上现象的平均值；依次计算研究时间范围内相邻两时点数值的简单平均数，然后相加除以其项数，即可得到整个研究时期时点序列的平均数。据此得到计算公式为：

$$\bar{y}=\frac{\frac{y_1+y_2}{2}+\frac{y_2+y_3}{2}+\cdots+\frac{y_{n-1}+y_n}{2}}{n-1}=\frac{\frac{y_1}{2}+y_2+\cdots+\frac{y_n}{2}}{n-1} \tag{9.4}$$

式(9.4)形式上表现为首末两项数据折半加中间发展水平的平均，故称为“首末折半法”。

例 9.4 根据表 9.1 中我国年末总人口时间序列资料，计算 2000～2010 年我国的年平均人口数。

根据式(9.4)，得 2000～2010 年我国的年平均人口数为：

$$\bar{y}=\frac{\frac{y_1+y_2}{2}+\frac{y_2+y_3}{2}+\cdots+\frac{y_{n-1}+y_n}{2}}{n-1}$$

$$=\frac{\frac{126743+127627}{2}+\frac{127627+128453}{2}+\cdots+\frac{133450+134091}{2}}{11-1}$$

$$=\frac{\frac{126743}{2}+127627+\cdots+133450+\frac{134091}{2}}{10}$$

$$=130629.7(\text{万人})$$

第二种情况：间隔不等间断时点序列。如果间断时点序列相邻两时点的间隔不尽相同，则称其为间隔不等间断时点序列。这时应以间隔长度 f_i 为权数，按加权算术平均法计算。其计算公式为：

$$\bar{y}=\frac{\left(\frac{y_1+y_2}{2}\right)f_1+\left(\frac{y_2+y_3}{2}\right)f_2+\cdots+\left(\frac{y_{n-1}+y_n}{2}\right)f_{n-1}}{\sum_{i=1}^{n-1}f_i} \tag{9.5}$$

可以看出，式(9.4)是式(9.5)在权数均相等情况下的特例。式(9.5)的计算结果只是近似值，它的计算前提也是假定上期期末时点数据即为本期期初时点数据，并假定相邻两时点间现象的数量变动是均匀的。为使时点序列平均发展水平的计算结果尽可能地接近实际，数列中的间隔越小越好。

例 9.5 某银行某储蓄所 2012 年储蓄存款余额资料如表 9.2 所示，计算 2012 年该储蓄所月平均存款余额。

表 9.2 某银行某储蓄所 2012 年储蓄存款余额

时 间	上年末	1 月末	5 月末	8 月末	10 月末	12 月末
存款余额(百万元)	92	87	115	126	128	131
与上一期间隔(月)	0	1	4	3	2	2

根据式(9.5),得 2012 年该储蓄所月平均存款余额为:

$$\bar{y}=\frac{\frac{92+87}{2}\times 1+\frac{87+115}{2}\times 4+\frac{115+126}{2}\times 3+\frac{126+128}{2}\times 2+\frac{128+131}{2}\times 2}{1+4+3+2+2}$$

$$=\frac{1368}{12}=114(\text{百万元})$$

(2)相对数或平均数时间序列序时平均数的计算

相对数和平均数通常是由两个总量数据对比派生得到的,即 $y_i=a_i/b_i$,因此相对数或平均数时间序列的序时平均数 $\bar{y}$ 也是由绝对数时间序列计算的序时平均数 $\bar{a}$ 和 $\bar{b}$ 对比派生得到。即先根据形成相对数或平均数时间序列的分子序列和分母序列的性质计算各自的序时平均数,然后再进行对比,得到相对数或平均数时间序列的序时平均数。其基本计算公式为:

$$\bar{y}=\frac{\bar{a}}{\bar{b}} \qquad (9.6)$$

式中 $\bar{a}$ 和 $\bar{b}$ 分别代表分子序列和分母序列的序时平均数,它们可按绝对数时间序列序时平均数的计算方法求得。

相对数或平均数时间序列的序时平均数计算,关键是搞清楚相对数或平均数序列的分子和分母的内容及其性质。对相对数时间序列来讲,基本情况主要是三种:一是分子序列和分母序列均为时期序列;二是分子序列和分母序列均为时点序列;三是分子序列是时期序列,分母序列是时点序列。不论是哪种情况,均要按式(9.6)进行计算。对平均数时间按序列来讲,基本情况可分为两种:一种是一般平均数组成的时间序列;另一种是由动态平均数所组成的时间序列。前一种情况按式(9.6)进行计算,后一种情况可按平均法计算。如已知某企业某季度各月的平均职工人数,计算该季度的月平均职工人数可直接加总各月的平均职工人数,再除以月份数 3 即可。

下面举一例说明式(9.6)的具体运用,其他情况请自己思考。

例 9.6 某企业 2012 年各季度销售收入和流动资金资料如表 9.3 所示:

又知,该年末流动资金余额为 100 万元。计算该企业 2012 年季平均流动资金周转次数和全年流动资金周转次数。

表 9.3 某企业 2012 年各季度销售收入与流动资金资料

时　　间	第一季度	第二季度	第三季度	第四季度
销售收入(万元)	110	120	126	125
期初流动资金余额(万元)	90	70	78	52
流动资金周转次数(次)	1.38	1.62	1.94	1.64

设销售收入为 a ,期初流动资金为 b ,流动资金周转次数为 y ,则

$$\bar{a}=\frac{\sum_{i=1}^{n}a_i}{n}=\frac{110+120+126+125}{4}=120.25(\text{万元})$$

$$\bar{b}=\frac{\frac{b_1}{2}+b_2+\cdots+b_{n-1}+\frac{b_n}{2}}{n-1}=\frac{\frac{90}{2}+70+78+52+\frac{100}{2}}{5-1}=73.75(\text{万元})$$

根据式(9.6),该企业 2012 年季平均流动资金周转次数:

$$\bar{y}=\frac{\bar{a}}{\bar{b}}=\frac{120.25}{73.75}=1.63(\text{次})$$

该企业 2012 年全年流动资金周转次数:

$$y=\frac{\sum_{i=1}^{n}a_i}{\bar{b}}=\frac{110+120+126+125}{73.75}=6.52(\text{次})$$

3.增长量与平均增长量

(1)增长量

增长量是时间序列中的报告期水平与基期水平之差,用于描述现象在观察期内增长的绝对量。若二者之差为正数,表示增长;若为负数,则表示减少,因此增长量又被称为增减量。用公式表示:

$$\text{增长量}=\text{报告期水平}-\text{基期水平} \tag{9.7}$$

由于采用的基期不同,增长量有逐期增长量和累积增长量之分。逐期增长量是报告期水平与前一时期水平之差,表示本期比前一时期增长的绝对数量;累积增长量是报告期水平与某一固定时期水平之差,说明报告期比某一固定时期增长的绝对数量。

设时间序列的发展水平为 $y_i(i=0,1,\cdots,n)$,增长量为 Δy_i ,逐期增长量和累积增长量的计算公式为:

逐期增长量: $\Delta y_i=y_i-y_{i-1}(i=1,2,\cdots,n)$ (9.8)

累积增长量: $\Delta y_i=y_i-y_0(i=1,2,\cdots,n)$ (9.9)

容易证明,逐期增长量和累积增长量之间存在如下数量关系:

①整个观察期内各逐期增长量之和等于最末期的累积增长量，即

$$\sum_{i=1}^{n}(y_i - y_{i-1}) = y_n - y_0 \tag{9.10}$$

②两相邻时期累积增长量之差等于相应的逐期增长量，即

$$(y_i - y_0) - (y_{i-1} - y_0) = y_i - y_{i-1} \tag{9.11}$$

此外，为消除季节因素的影响，对于月度或季度数据，也可将本月（季）发展水平与上年同月（季）发展水平相减，表示本月（季）较上年同月（季）增减的绝对数量，称为年距增长量或同比增长量。

年距增长量＝报告期某月（季）发展水平－上年同月（季）发展水平　　(9.12)

(2)平均增长量

平均增长量是研究时期内各逐期增长量的序时平均数，用于说明现象在研究时期内平均每期增长的数量。

计算平均增长量，可将逐期增长量求和除以其项数；也可根据累积增长量与逐期增长量的关系，直接用累积增长量除以逐期增长量的个数（时间序列项数减 1）求得。计算公式为：

$$\text{平均增长量} = \frac{\text{逐期增长量之和}}{\text{逐期增长量个数}} = \frac{\text{累积增长量}}{\text{时间序列项数} - 1} \tag{9.13}$$

$$\bar{\Delta}_y = \frac{\sum_{i=1}^{n}(y_i - y_{i-1})}{n} = \frac{y_n - y_0}{n} \tag{9.14}$$

这种方法能够保证推算的最后一期的理论发展水平与实际水平一致，因此该方法通常称为水平法。此外，平均年增长量还可用“最小二乘法”进行估计，参见 9.3.2。

例 9.7　根据表 9.1 我国 2000～2010 年国内生产总值资料，计算国内生产总值的各年逐期增长量和以 2000 年为基期的累积增长量及 2001～2010 年国内生产总值的年平均增长量。

根据式(9.8)和式(9.9)，可得计算结果如表 9.4 最后两列所示。

表 9.4　国内生产总值增长量计算表　　单位：亿元

年份	国内生产总值（2000 年不变价）	逐期增长量	累积增长量（以 2000 年为基期）
2000	99214.6	—	—
2001	107449.7	8235.1	8235.1
2002	117208.3	9758.6	17993.7
2003	128958.9	11750.6	29744.3

续表

年份	国内生产总值（2000 年不变价）	逐期增长量	累积增长量（以 2000 年为基期）
2004	141964.5	13005.6	42749.9
2005	158020.7	16056.2	58806.1
2006	178052.2	20031.55	78837.6
2007	203268.7	25216.46	104054.1
2008	222853.0	19584.27	123638.4
2009	243387.1	20534.12	144172.5
2010	268813.7	25426.62	169599.1

根据式(9.13)，2001～2010 年国内生产总值的年平均增长量为：

$$\bar{\Delta}=\frac{169599.1}{10}=16959.91(\text{亿元})$$

9.2.2　时间序列的速度分析

1.发展速度与增长速度

(1)发展速度

发展速度是同一事物在两个不同时期(报告期与基期)发展水平的比值，用于说明现象报告期水平是基期水平的几倍或百分之几。发展速度大于 100%，表明现象发展水平上升，反之，表明现象发展水平下降。其计算公式：

$$\text{发展速度}=\frac{\text{报告期水平}}{\text{基期水平}}\times 100\% \tag{9.15}$$

由于选择基期的不同，发展速度可分为环比发展速度和定基发展速度。

环比发展速度是报告期水平与前一期水平之比，反映现象逐期发展变化的相对程度；定基发展速度(也称为总发展速度)是报告期水平与某一固定基期水平之比，反映现象在一段时期总的发展变化程度。

设时间序列的发展水平为 $y_i(i=0,1,2,\cdots,n)$ ，发展速度为 R ，则环比发展速度和定基发展速度的计算公式为：

$$\text{环比发展速度}:R_i=\frac{y_i}{y_{i-1}}(i=1,2,\cdots,n) \tag{9.16}$$

$$\text{定基发展速度}:R_i=\frac{y_i}{y_0}(i=1,2,\cdots,n) \tag{9.17}$$

环比发展速度与定基发展速度之间的数量关系是：

①定基发展速度等于相应时期内各环比发展速度的连乘积；

②相邻时期两个定基发展速度的比值等于相应时期的环比发展速度。

即

$$\prod \frac{y_i}{y_{i-1}} = \frac{y_n}{y_0} \quad (\Pi\text{为连乘符号}) \tag{9.18}$$

$$\frac{y_i}{y_0} \bigg/ \frac{y_{i-1}}{y_0} = \frac{y_i}{y_{i-1}} \tag{9.19}$$

利用式(9.18)和式(9.19),可以进行不同发展速度间的相互推算。

为了消除季节因素的影响,实际工作中,也可将本期(月或季)的发展水平与上年同期(月或季)的发展水平进行对比(即所谓"同比"),表示现象本期较上年同期发展的相对程度,这样计算的发展速度称为年距发展速度。公式为:

$$\text{年距发展速度} = \frac{\text{报告期某月(季)发展水平}}{\text{上年同月(季)发展水平}} \tag{9.20}$$

(2)增长速度

增长速度也称增长率,是增长量与基期水平之比,用于说明现象报告期水平比基期水平增长了几倍或百分之几。

它可以根据增长量计算,也可以根据发展速度求得。其基本计算公式为:

$$\text{增长速度} = \frac{\text{增长量}}{\text{基期水平}} = \frac{\text{报告期水平} - \text{基期水平}}{\text{基期水平}} = \text{发展速度} - 1 \tag{9.21}$$

增长速度与发展速度所说明的问题不同。发展速度说明现象在不同时间的发展程度,而增长速度则是说明其提高(或降低)的程度。因此,当发展速度大于1时,增长速度为正值,表示正增长程度;当发展速度小于1时,增长速度为负值,表示降低程度。发展速度总是正值,而增长速度则可能为负值。

由于对比的基期不同,增长速度可分为环比增长速度和定基增长速度。前者是逐期增长量与报告期前一时期水平之比,用于说明现象逐期增长的程度,后者是累积增长量与某一固定时期水平之比,用于说明现象在一段时期内总的增长程度,所以可称为总增长速度。

设增长速度为 P ,环比增长速度和定基增长速度的计算公式为:

$$\text{环比增长速度:} P_i = \frac{y_i - y_{i-1}}{y_{i-1}} = \frac{y_i}{y_{i-1}} - 1 \quad (i = 1, 2, \cdots, n) \tag{9.22}$$

$$\text{定基增长速度:} P_i = \frac{y_i - y_0}{y_0} = \frac{y_i}{y_0} - 1 \quad (i = 1, 2, \cdots, n) \tag{9.23}$$

需要指出,环比增长速度与定基增长速度之间没有直接的换算关系。若由环比增长速度推算定基增长速度,可先将环比增长速度加1还原为环比发展速度,然后将环比发展速度连乘得定基发展速度,再将结果减1即得定基增长速度。同理,若以两相邻时期定基增长速度推算相应时期的环比增长速度,也应将两定基增长速度分别加1变成定基发展速度,二者相比得环比发展速度再减1而求得。

与增长量指标一样，对于月度或季度数据，可以计算年距增长速度。它可以根据年距增长量除以上年同月(或季)发展水平求得，亦可直接由年距发展速度减去100%计算。公式为：

$$年距增长速度=\frac{年距增长量}{上年同月(季)发展水平}=年距发展速度-100\% \quad (9.24)$$

例 9.8 已知我国 2000～2010 年按 2000 年不变价格计算的国内生产总值如表 9.5 所示。试计算各年的经济发展速度和增长速度。

根据式(9.16)和(9.17)及式(9.22)和(9.23)，可得计算结果如表 9.5。

表 9.5 我国 2000～2010 年国内生产总值及其发展速度和增长速度

年份	国内生产总值(2000 不变价)(亿元)	环比发展速度(%)	定基发展速度(%)	环比增长速度(%)	定基增长速度(%)
2000	99214.6	—	100.00	—	100.00
2001	107449.7	108.30	108.30	8.30	8.30
2002	117208.3	109.08	118.14	9.08	18.14
2003	128958.9	110.03	129.98	10.03	29.98
2004	141964.5	110.09	143.09	10.09	43.09
2005	158020.7	111.31	159.27	11.31	59.27
2006	178052.2	112.68	179.46	12.68	79.46
2007	203268.7	114.16	204.88	14.16	104.88
2008	222853.0	109.63	224.62	9.63	124.62
2009	243387.1	109.21	245.31	9.21	145.31
2010	268813.7	110.45	270.94	10.45	170.94

利用表 9.5 中的数据，容易验证发展速度与增长速度间的关系。

2.平均发展速度与平均增长速度

(1)平均发展速度

平均发展速度是各个时期环比发展速度的平均数，用于描述现象在研究期内平均每期发展变化的程度。平均发展速度可能大于 100%，也可能小于 100%，前者说明现象在这段时期内平均来说是逐期递增的，后者说明现象在这段时期内平均来说是逐期递减的。

平均发展速度是环比发展速度的序时平均数。但由于现象的总发展速度(定基发展速度)是相应时期各环比发展速度的连乘积，因此，计算平均发展速度不能用前述序时平均数的方法计算，而通常采用几何平均法和方程法计算。

①几何平均法。几何平均法也叫水平法，计算公式为：

$$\bar{R}=\sqrt[n]{\frac{y_1}{y_0}\times\frac{y_2}{y_1}\times\cdots\times\frac{y_n}{y_{n-1}}}=\sqrt[n]{\prod_{i=1}^{n}R_i}=\sqrt[n]{\frac{y_n}{y_0}}\quad i=1,2,\cdots,n \tag{9.25}$$

式中，$\bar{R}$ 为平均发展速度，R_i 代表各期的环比发展速度，Π 为连乘符号。

式(9.25)可根据所掌握的资料选择使用。如果掌握现象各期的环比发展速度，可用式(9.25)的前半部分计算；如果掌握现象一段时期的最初绝对水平和最末绝对水平，则选用后半部分计算。

应用水平法计算平均发展速度的基本思路是：从最初水平 y_0 出发，每期按平均发展速度 $\bar{R}$ 发展，经过 n 期后将达到：最末期的理论水平与最末期的实际水平相等，即 $y_0\times\bar{R}^n=y_n$。从式(9.25)可以看出，按水平法计算平均发展速度，实际上只与时间序列的最初发展水平 y_0 和最末发展水平 y_n 有关，而与其他各中间发展水平无关。这一特点表明，水平法旨在考察现象在最末一期所应达到的发展水平。所以，在实际应用中，如果关心的是现象在最末期应达到的水平，如实现国内生产总值的翻番目标等，采用水平法计算平均发展速度比较合适。

水平法计算平均发展速度只考虑现象的最初发展水平和最末发展水平，如果中间各期的发展水平忽高忽低或最初和最末发展水平受特殊因素的影响过高或过低时，运用水平法计算的平均发展速度就缺乏代表性。再者，实际工作中，有时人们关心的并非最末发展水平，而是全期发展水平的总和，这时就需要用方程法计算。

②方程法。方程法也叫累计法，其设计思路是：从最初水平 y_0 出发，每期按平均发展速度 $\bar{x}$（以示与水平法的不同）发展，经过 n 期后将达到：各期的理论发展水平之和等于各期的实际发展水平之和，即 $y_0\bar{x}+y_0\bar{x}^2+y_0\bar{x}^3+\cdots+y_0\bar{x}^n=y_1+y_2+\cdots+y_n$。整理得

$$y_0(\bar{x}+\bar{x}^2+\bar{x}^3+\cdots+\bar{x}^n)=\sum_{i=1}^{n}y_i$$

两边同除以 y_0，得

$$\bar{x}+\bar{x}^2+\bar{x}^3+\cdots+\bar{x}^n=\sum_{i=1}^{n}\frac{y_i}{y_0}$$

解此方程所得的正根，就是方程法的平均发展速度。

方程法平均发展速度的计算比较复杂，实际应用中通常利用编制的《累计法查对表》求解，具体方法是：先根据实际资料求得 $\sum_{i=1}^{n}\frac{y_i}{y_0}$（定基发展速度之和），再将它除以时期数 n，若结果大于1，即为递增速度；若结果小于1，即为递减速度。最后

根据《累计法查对表》中的信息查得平均增长速度，进而得到平均发展速度。

方程法平均发展速度的计算考虑了各期的发展水平，侧重于全期发展水平之和。因此，按方程法平均发展速度推算的各期发展水平累计值等于实际各期发展水平的累计值。水平法和累计法由于计算的理论依据不同，对同一时间序列计算出的平均发展速度会有所不同。如果关注的是研究现象各期发展水平之和，如基建投资额、植树造林面积等，采用累计法计算比较适宜。顺便说明，如果对时间序列拟合指数曲线 $y=ab^t$，其中的 b 即为“最小二乘法”的平均发展速度。

(2)平均增长速度

平均增长速度(平均增长率)则是用于描述现象在研究期内逐期平均增长变化的程度，它通常用平均发展速度减 1 来求得。平均增长速度是现象各期环比增长速度的序时平均数，它表明现象在一个较长时期内平均每期增长的程度。平均增长速度与平均发展速度有密切的联系：

$$\text{平均增长速度}=\text{平均发展速度}-1 \tag{9.26}$$

平均增长速度可能是正数，也可能是负数，当平均发展速度大于 1 时，平均增长速度为正数，说明现象在一段时期内发展水平增长的平均程度；当平均发展水平小于 1 时，平均增长速度是负数，说明现象在一段时期内发展水平降低的平均程度。

例 9.9 根据表 9.5 中的有关数据，计算我国 2001～2010 年间国内生产总值的年平均发展速度和年平均增长速度。

根据式(9.25)，得我国 2001～2010 年间国内生产总值的年平均发展速度：

$$\bar{R}=\sqrt[10]{108.30\%\times109.08\%\times\cdots\times110.45\%}=\sqrt[10]{\frac{268813.7}{99214.6}}=110.48\%$$

根据式(9.26)计算平均增长速度：

设平均增长速度为 $\bar{p}$，则有

$$\bar{p}=\bar{R}-1=110.48\%-1=10.48\%$$

即我国 2001～2010 年间国内生产总值的年平均增长速度为 10.48%。

3.平均发展速度的分析与应用

平均发展速度指标，说明现象在较长时期内各期环比发展速度的平均数，它有时会掩盖现象实际变化的程度。因此，在计算和应用平均发展速度指标时，应注意以下问题：

(1)正确选择基期

在计算和应用平均发展速度时，应根据研究目的适当选择基期，并注意所选择的资料应具有同质性。例如，要反映我国改革开放以来人民生活水平的变化情况，就应选择 1978 年为基期；若研究建国以来我国经济建设取得的成就，则应以 1949

年为基期。

(2)总平均发展速度同分段平均发展速度相结合

现象的变化在不同的历史阶段往往存在变异，具体表现为有的时期多一些，有的时期少一些；有的时期快一些，有的时期慢一些；有的时期上升，有的时期下降。为了更好地反映现象变动的实际情况，往往需要用分段平均发展速度来补充说明总平均发展速度。这时，总平均发展速度可按加权几何平均法来计算，计算公式为：

$$\bar{x}=\sqrt[\sum t]{\prod x^{t}}$$

式中 t 代表各阶段平均发展速度所代表的时间长度，x 代表各阶段平均发展速度。

(3)注意速度与绝对水平的结合分析

首先，当时间序列中的发展水平出现 0 或负数时，不宜计算速度，适宜直接用绝对数进行分析。例如，假定某企业连续五年的利润额分别为 5 万元、2 万元、0 万元、−3 万元、2 万元，对这一序列计算速度，要么不符合数学公理，要么无法解释其实际意义。

其次，在有些情况下，不能单纯就速度论速度，要注意速度与绝对水平的结合分析。经常使用的指标是增长 1%的绝对值。

增长 1%的绝对值表示速度每增长一个百分点而增加的绝对数量，其计算公式为：

$$\text{增长 1\%绝对值}=\frac{\text{逐期增长量}}{\text{环比增长速度}\times 100}=\frac{\text{前期水平}}{100} \tag{9.27}$$

例 9.10 假定有两个生产条件基本相同的企业，报告期与基期的利润额及有关速度资料如表 9.6 所示。

表 9.6 甲、乙两企业的利润及增长速度资料

时间	甲企业		乙企业	
	利润额(万元)	增长率(%)	利润额(万元)	增长率(%)
报告期	1100	10	15	50
基期	1000	—	10	—

如果仅就速度对甲、乙两个企业进行分析评价，可以看出，乙企业的利润增长速度比甲企业高出 4 倍。如果就此得出乙企业的生产经营业绩比甲企业要好得多，这样的结论是不切实际的。因为速度是一个相对数，它与对比的基期水平值的大小有很大关系。高速度背后，其隐含的增长绝对值可能很小；低速度背后，其隐含的增长绝对值可能很大。也就是说，由于对比的基期水平不同，可能会造成速度

数值上的较大差异,进而造成认识上出现错误结论。上述例子表明,由于两个企业的生产起点不同,基期的利润额也不同,才造成二者速度上的较大差异。但从利润绝对额的变化来看,两个企业速度每增长一个百分点所增加的利润绝对额是不同的。这种情况下,我们需要将速度和绝对水平结合起来进行分析,通常要计算增长1%的绝对值来弥补速度分析中的局限性。

根据表9.6的资料计算,得到甲企业速度每增长1%的利润额为10万元,乙企业则为0.1万元,甲企业远高于乙企业。这说明甲企业的生产经营业绩不是比乙企业差,而是更好。

§9.3 时间序列的趋势变动分析

9.3.1 研究长期趋势的目的与意义

长期趋势是指现象在相当长的一段时期内,受某种长期的、决定性的因素影响而呈现出的持续上升或持续下降的趋势。因此时间序列的长期趋势是就较长时期而言的,一般地说,分析长期趋势所选的时期越长越好,时间越长,越能反映现象发展的基本规律,偶然性因素的影响便于相互抵消。对长期趋势的测定和分析,是时间序列分析的重要工作,研究长期趋势的目的与意义:一是认识现象随时间变化的发展趋势和规律性;二是对现象未来的发展趋势做出预测;三是为了从时间序列中剔除长期趋势因素,以便分解、研究其他的影响因素。

根据表现形态的不同,现象发展的长期趋势有线性趋势(Linear Trend)和非线性趋势(Non-linear Trend)之别,下面分别介绍它们的一些重要测定方法。

9.3.2 线性趋势的测定

线性趋势也称直线趋势,是指现象随着时间的推移而呈现出稳定增长或下降的线性变化规律。线性趋势的分析方法有很多,这里只介绍常用的几种。

1.移动平均法

当时间序列的变动趋势为直线状态时,可采用移动平均法(Moving Average Method)进行描述和分析。该方法的基本原理是:通过移动平均消除时间序列中的不规则变动和其他变动,从而显示出时间序列的长期趋势。所谓移动平均,就是先确定一个时间长度N(也叫移动间隔或移动步长),然后以该长度为固定间隔,对原序列采用逐项递移的方式计算一系列序时平均数并形成新的时间序列,这些新平均数对原时间序列的波动起到一定的修匀作用,削弱了原序列中短期的偶然因素的影响,从而呈现出现象在较长时期的发展趋势。移动平均法有简单移动平均法和加权移动平均法两种，在此主要介绍简单移动平均法。

例 9.11 表 9.7 的第 1、2、3 列是某市客运站 2010～2012 年各季度旅客运输量的数据，采用 3 项、4 项和 5 项移动平均法分别进行修匀，计算其各时期的移动平均数，如表 9.7 的 4～7 列所示。

表 9.7 某市客运站旅客运输量及移动平均计算表 单位：万人公里

年份	季度	客运量	3 项移动平均	4 项移动平均	4 项移正平均	5 项移动平均
2010	1	100	—	—	—	—
	2	95	97.7	—	—	—
				100.0		
	3	98	100.0		101.3	102.0
				102.5		
	4	107	105.0		103.5	103.0
				105.0		
2011	1	110	107.3		106.1	105.4
				107.3		
	2	105	107.3		108.3	108.8
				109.3		
	3	107	109.0		110.9	112.0
				112.5		
	4	115	115.0		113.8	113.0
				115.0		
2012	1	123	117.7		116.6	116.0
				118.3		
	2	115	119.3		119.6	119.6
				120.8		
	3	120	120.0	—	—	—
	4	125	—	—	—	—

应用移动平均法分析长期趋势时，应注意下列几个问题：

(1)移动平均法对原时间序列有修匀或平滑作用，即能够消除序列中的不规则变动。修匀程度的大小，与移动间隔的长短有关。移动间隔越长，修匀效果越好，即趋势线越平滑。例如，用 5 项移动平均比 3 项移动平均效果要好些，见如图 9.1 所示，4 项移动平均效果较好。

(2)移动平均法中移动间隔的确定，应视资料的特点而定。原时间序列如果有较明显的周期性波动，则移动间隔要以现象的周期长度为准。事实证明，当移动平均的间隔长度等于周期长度或其整数倍时，就能把周期性的波动完全抹掉，从而使时间数列只显示长期趋势的影响。当时间序列资料为季度资料时，可采用四项移

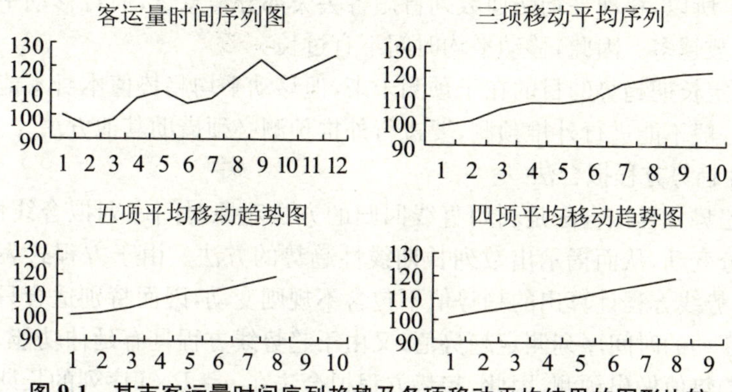

图 9.1　某市客运量时间序列趋势及各项移动平均结果的图形比较

动平均；若时间序列为各年的月度资料，则应取 12 项移动平均，这样可消除季节因素的影响，能较准确地揭示现象发展的长期趋势。对于以天为时间单位的时间序列，如果存在星期规律（如“周一效应”或“周末效应”），则以星期内数据个数为移动间隔长度。需要提醒，现象的周期长度往往是不固定的，因此按固定的周期长度对时间序列进行移动平均，很难完全消除循环变动的影响。

（3）移动间隔的长度可能是奇数，也可能为偶数。采用奇数项移动平均比较简单，一次得到趋势值，并放在移动间隔的中间位置。如表 9.7 所示的 3 项移动平均和 5 项移动平均，以 3 项平均为例，第一个移动平均数（100＋95＋98）÷3＝97.7，即可对正 2010 年第二季度；第二个移动平均数为（95＋98＋107）÷3＝100.0，即可对正 2010 年第三季度，依次类推。采用偶数项移动平均，由于偶数项移动平均数都是在两项中间位置，所以偶数项移动平均还需进行一次“移正平均”，即将第一次移动平均值再进行两项移动平均，得出移正值时间序列，以显示出现象变动趋势。如表 9.7 中所示 4 项移动平均，第一个移动平均数为（100＋95＋98＋107）÷4＝100.0，对应 2010 年的二季度和三季度中间，第二个移动平均数为（95＋98＋107＋110）÷4＝102.5，对应三季度和四季度中间，依次类推。然后计算（100.0＋102.5）÷2＝101.3，正对应 2010 年的第三季度，依次类推。

（4）移动平均后的序列，比原序列项数要少，称为缺项，缺项具有“对称性”特点，即首尾缺的项数相同。移动间隔越长，虽能更好地修匀数列，但所得趋势值的项数就越少。

一般情况下，移动间隔 N 与趋势值的项数关系为：奇数项移动平均时，趋势值的项数＝原数列项数－N＋1，这样首尾各少（N－1）/2 项，共丢失 N－1 项。如上例中，3 项移动平均时，即 N＝3，原序列项数为 12 项，则移动平均后的趋势值项数为 10 项，首尾各缺 1 项；偶数项移动平均时，趋势值项数＝原数列项数－N，这样首尾各缺 N/2 项，共缺少 N 项。如上例中，4 项移动平均时，趋势值项数为 8 项，首尾各缺 2 项。所以，移动平均法使数列首尾各丢失部分信息量，而且移动平均时间越长，丢失项数越多。因此，移动平均时间不宜过长。

(5)测定长期趋势的目的在于预测未来，但移动平均趋势值本身不能将趋势线延长从而一般不能进行外推预测，要进行外推预测必须借助其他方法。

2.线性趋势方程拟合法

线性趋势方程拟合法是利用直线回归的方法对原时间序列拟合线性方程，消除其他成分变动，从而揭示出数列长期线性趋势的方法。由于方程式表现为函数关系，由趋势线方程计算出的趋势值不包含不规则变动，因而特别适合只包含趋势和不规则变动的时间序列测定趋势值；又由于趋势线方程具有延伸功能，便于对未来时期的趋势值做出预测，因此，趋势方程拟合法在 $y=T\times I$ 序列的长期趋势测定中应用较为广泛。

当现象的逐期增长量(一次差)大体相同时，可以考虑拟合线性趋势方程。线性趋势方程的一般形式为：

$$\hat{y}_t=a+b\cdot t \tag{9.28}$$

其中：$\hat{y}_t$ 为时间数列 y_t 的趋势值；t 为时间的序号；a 为截距项，是 $t=0$ 时 $\hat{y}_t$ 的初始值；b 为趋势线斜率，表示时间 t 每变动一个单位时趋势值 $\hat{y}_t$ 的平均变动数量，即平均增长量。

趋势方程中的两个未知参数 a 和 b 通常按"最小二乘法"(Least Squares Method)求得。该方法是根据回归分析中的最小二乘法原理，对时间序列配合一条趋势线，使之满足条件：各实际观察值(y_t)与趋势值($\hat{y}_t$)的离差平方和为最小，即 $\sum(y_t-\hat{y}_t)^2=$最小值。进而得到以下联立方程组：

$$\begin{cases}\sum y_t=na+b\sum t\\ \sum ty_t=a\sum t+b\sum t^2\end{cases}$$

解方程组，得 a、b 参数估计公式为：

$$\begin{cases}b=\dfrac{n\sum ty_t-\sum t\sum y_t}{n\sum t^2-\left(\sum t\right)^2}\\ a=\bar{y}_t-b\cdot\bar{t}\end{cases} \tag{9.29}$$

将求解的 a、b 参数值代入式(9.28)得到趋势线方程 $\hat{y}_t=a+b\cdot t$，根据所确定的趋势线方程，将 $t=1,2,\cdots,n$ 分别代入趋势线方程可得各个时期的趋势值 $\hat{y}_t(t=1,2,\cdots,n)$，从而观察和描述现象发展的变动趋势，并可将 $t=n+1,n+2,\cdots$ 代入趋势线方程预测未来的趋势值。

例 9.12 根据表 9.7 中旅客运输量数据，进行线性趋势方程拟合。

由例 9.11 知，该资料为线性增长趋势，设旅客运输量的线性趋势方程为：

$$\hat{y}_t = a + b \cdot t$$

由表 9.8 得 $n=12, \sum t=78, \sum y_t=1320, \sum ty_t=8938, \sum t^2=650$,将上述资料代入式(9.29) 得

$$b=\frac{n\sum ty_t-\sum t\sum y_t}{n\sum t^2-\left(\sum t\right)^2}=\frac{12\times 8938-78\times 1320}{12\times 650-78^2}=2.50$$

$$a=\bar{y}_t-b\cdot \bar{t}=\frac{1320}{12}-2.50\times\frac{78}{12}=93.75$$

表 9.8　某市 2010～2012 年客运站旅客运输量直线方程拟合计算表

年份	季度	t	y_t	ty_t	t^2	$\hat{y}_t$
2010	1	1	100	100	1	96.23
	2	2	95	190	4	98.73
	3	3	98	294	9	101.23
	4	4	107	428	16	103.73
2011	1	5	110	550	25	106.23
	2	6	105	630	36	108.73
	3	7	107	749	49	111.23
	4	8	115	920	64	113.73
2012	1	9	123	1107	81	116.23
	2	10	115	1150	100	118.73
	3	11	120	1320	121	121.23
	4	12	125	1500	144	123.73
合计	—	78	1320	8938	650	—

所以,旅客运输量的线性趋势方程为: $\hat{y}_t=93.75+2.50t$

将时间序列中各期的 t 值依次代入趋势线方程可得各期趋势值,如表 9.8 最后一列所示。

若想预测 2013 年第一季度的客运量,将 $t=13$ 代入趋势线方程,得

$$\hat{y}_{13}=93.75+2.50\times 13=126.25\text{(万人公里)}$$

其他未来时期的预测值依此类推。

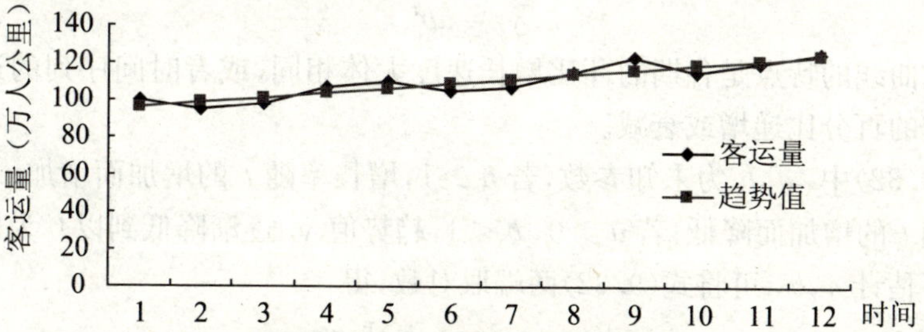

图 9.2　旅客运输量的直线趋势

9.3.3 非线性趋势的测定

当现象的长期趋势不是线性的，而是呈现出某种有规律的曲线变化形态，这时称现象的长期趋势为非线性趋势。若现象呈现出某种非线性状态，就需要拟合适当的趋势曲线。趋势曲线的形式很多，有抛物线型、指数曲线型、修正指数曲线型、Gompertz 曲线型、Logistic 曲线型等等。下面介绍几种曲线的拟合方法。

1.二次曲线

当现象发展趋势呈现抛物线型时，可拟合二次曲线（Second Degree Curve）。其方程为：

$$\hat{y}_t = a + bt + ct^2 \tag{9.30}$$

该曲线的特点是各期观察值的二次差基本相等。所谓二次差是各发展水平逐期增长量的逐期增长量。

曲线中的三个未知参数 a,b,c，可根据最小二乘法求得。根据最小二乘法导出下列标准方程组：

$$\begin{cases} \sum y_t = na + b\sum t + c\sum t^2 \\ \sum ty_t = a\sum t + b\sum t^2 + c\sum t^3 \\ \sum t^2 y_t = a\sum t^2 + b\sum t^3 + c\sum t^4 \end{cases} \tag{9.31}$$

二次曲线方程的拟合，也可将 t 和 t^2 分别视为两个自变量，按多元回归的方式用最小二乘法估计其参数 a,b,c。

2.增长曲线

许多现象在其发展过程中呈现出以不同的速率增长或下降，或者由逐渐增长到逐渐衰退等不同形态，用于描述这类增长过程的曲线称为增长曲线。下面是几种常见的增长曲线。

(1)指数曲线

当现象的长期趋势每期大体按相同的增长速度递增或递减变化时，可拟合如下指数曲线（Exponential Curve）方程：

$$\hat{y}_t = ab^t \tag{9.32}$$

指数曲线的特点是各期的环比增长速度大体相同，或者时间序列的逐期趋势值按一定的百分比递增或衰减。

式(9.32)中，a,b 为未知参数，若 $b>1$，增长率随 t 的增加而增加；若 $b<1$，增长率随 t 的增加而降低；若 $a>0$，$b<1$，趋势值 $\hat{y}_t$ 逐渐降低到以 0 为极限。

为了估计 a,b，可将式(9.32)两端取对数，得

$$\log\hat{y}_t = \log a + t\log b$$

运用最小二乘法可以得到 $\log a$ 和($\log b$)的标准方程组：

$$\begin{cases}\sum \log y_t = n\log a + (\log b)\sum t \\ \sum t\log y_t = \log a\sum t + (\log b)\sum t^2\end{cases} \tag{9.33}$$

利用时间序列数据，运用最小二乘法可估计出 $\log a$ 和 $\log b$，再取反对数即可得参数 a，b 的估计值。

(2)修正指数曲线

在一般指数曲线的基础上增加一个常数 K，即为修正指数曲线(Modified Exponential Curve)。其一般形式为：

$$\hat{y}_t = K + ab^t \tag{9.34}$$

式中，K，a，b 为未知参数，$K>0$，$a\neq0$，$0<b\neq1$。

修正指数曲线用于描述这样一类现象：初期增长迅速，随后增长率逐渐降低，最终则以 K 为增长极限。即当 $K>0$，$a<0$，$0<b<1$ 时，$t\rightarrow\infty$，$\hat{y}_t\rightarrow K$。例如，某种刚问世的新产品，初期销售量增长可能很快，当市场拥有量接近饱和时，销售量逐渐趋于某一稳定的水平。现实生活中有许多事物的发展过程符合修正指数曲线的形式。

(3)龚珀兹曲线

龚珀兹曲线(Gompertz Curve)是以英国统计学家和数学家 B.Gompertz 而命名的。曲线方程为：

$$\hat{y}_t = Ka^{b^t} \tag{9.35}$$

式中，K，a，b 为未知参数，$K>0$，$0<a\neq1$，$0<b\neq1$。

Gompertz 曲线所描述的现象的特点是：初期增长缓慢，以后逐渐加快，当达到一定程度后，增长率又逐渐下降，最后接近一条水平线。该曲线的两端都有渐进线，其上渐进线为 $y=K$，下渐进线为 $y=0$。该曲线多用于新产品的研制、发展、成熟和衰退分析，工业生产的增长、产品的寿命周期、一定时期内人口增长等现象也符合该曲线。

(4)罗吉斯蒂曲线

罗吉斯蒂曲线(Logistic Curve)是由比利时数学家 P.F.Verhulst 在研究人口增长规律时提出来的，它又称为生长理论曲线。该曲线所描述的现象的特征与 Gompertz 曲线类似，其曲线方程为：

$$\hat{y}_t = \frac{1}{K + ab^t} \tag{9.36}$$

式中，K，a，b 为未知参数。

以上曲线趋势模型中的参数计算，可见“相关与回归分析”一章中非线性回归模型的参数估计方法。

9.3.4 趋势线的选择

趋势模型的选择是定性分析和定量分析相结合的过程。

首先，进行定性分析。应了解所研究现象的客观性质及其相关的理论知识，根据现象观察值的发展变化规律及其散点图的形态确定适当的趋势线类型。这在一定程度上取决于研究者的个人经验及理论知识水平。

其次，可根据所观察时间序列的数据特征，按以下标准考虑选择趋势线：

1.若各发展水平的一次差(逐期增长量)大致相同，可配合直线；

2.若各发展水平的二次差(逐期增长量的逐期增长量)大致相同，可配合二次曲线；

3.若各发展水平的环比增长速度大致相同，可配合指数曲线；

4.若各发展水平一次差的环比速度大致相同，可配合修正指数曲线；

5.若各发展水平对数一次差的环比速度大致相同，可配合龚珀兹曲线。

6.若各发展水平一次差的环比速度大致相同，可配合罗吉斯蒂曲线。

再次，如果对同一时间序列有几种趋势线可供选择，可通过下列指标比较选择。

1.均方根误差(Root Mean Squared Error)简记为 $RMSE$

$$RMSE=\sqrt{\frac{\sum(y-\hat{y})^2}{n}}$$

2.平均绝对误差(Mean Absolute Error)简记为 MAE

$$MAE=\frac{1}{n}\sum|y-\hat{y}|$$

3.平均绝对百分比误差(Mean Absolute Percent Error)简记为 $MAPE$

$$MAPE=\frac{1}{n}\sum\left|\frac{y-\hat{y}}{y}\right|\times 100\%$$

一般认为，如果 MAPE 小于 10，则认为预测精度较高。

§9.4 时间序列的季节变动分析

9.4.1 季节变动的概念及测定目的

季节变动是指客观现象因受自然因素或社会经济因素影响，在一年内形成的有规律的周期性变动。它是时间序列的又一个主要构成要素。季节变动在现实生活中经常遇到，如商业活动中的“销售旺季”和“销售淡季”、农产品和以农产品为原料的某些工业生产的产量和销售量变化、旅游业的“旅游旺季”和“旅游淡季”，等等。

季节变动中的"季节"一词是广义的,它不仅是指一年中的四季,而是泛指任何一种有规律的、按一定周期(季、月、旬、周、日)重复出现的变化。季节变动的原因通常与自然条件有关,同时也可能由于生产条件、节假日、风俗习惯等社会经济因素所致。季节变动常给人们的社会经济生活带来某种影响,如影响某些商品的生产、销售和库存。

测定季节变动的意义主要在于认识规律、分析过去、预测未来。其目的一是通过分析过去的季节变动规律,为当前的决策提供依据。比如,对一个公司销售活动的研究,可以分析其销售额的变动是季节因素所致,还是由于经营手段或其他偶然因素的影响,从而制定出有效的经营策略;二是为了对未来现象的季节变动作出预测,以便提前作出合理的安排;三是为了当需要不包含季节变动因素数据时,能够消除季节变动对序列的影响,以便分析其他构成因素的影响。

9.4.2 季节变动测定分析方法

季节变动是一种以一定周期变化强度大体相同且重复出现的有固定规律的变动。这一基本特征可以归纳为一种典型的季节模型。季节模型是由一套指数组成的,如果所分析的是月度数据,季节模型就由 12 个指数组成;若为季度数据,季节模型就由 4 个指数组成。其中各个指数是以全年月或季度资料的平均数为基础计算的,因而 12 个月(或 4 个季度)指数的平均数应等于 100%,而各月(或季)的指数之和应等于 1200%(或 400%)。季节模型正是以各个指数的平均数等于 100%为条件而构成的,它反映了某月份或季度的数值占全年平均数的大小。因此,分析季节变动,也就是对一个时间序列计算出各月(或季)指数,即所谓季节指数,然后根据各季节指数与其平均数(100%)的偏差程度来测定季节变动的程度。这就是季节变动分析的基本原理。

测定现象季节变动的主要指标是季节指数(Seasonal Index)。季节指数是各月(季)平均数与全年总月(季)平均数的比值,它以全期的总平均水平为基准(100%),用百分比形式来反映各月(季)平均水平相对于总平均水平的高低程度。季节指数大于 100%说明该月(季)是"旺季",反之是"淡季",当季节指数等于100%时,说明该月(季)不受季节因素的影响。

在进行季节变动分析之前,通常应根据原始序列绘制折线图来观察序列的基本类型和季节变动的基本特征,从而选择合理的方法测定季节变动。为避免偶然因素的影响,测定季节变动时掌握的资料应尽可能多一些,根据经验,一般需要3～5年的月(季)度资料。当然也并非资料越多越好。

测定季节变动通常有两种方法:按月(季)平均法和趋势剔除法。

1.按月(季)平均法

这是直接根据原时间序列通过简单平均来计算季节指数的一种常用方法,适用于包含水平趋势、季节变动和不规则变动的时间序列,即时间序列中不存在明显上升或下降的长期趋势和循环变动因素。该方法的基本思想是:首先,计算出各年同月(或季)平均数,以消除不规则变动影响,作为该月(或季)的代表值;然后计算出全部月(或季)的总平均数,作为水平趋势的代表值;再将同月(或同季)平均数与全部月(或季)的总平均数进行对比,消除水平趋势的影响,这一比值即为季节指数。按月(或季)平均法计算季节指数的具体步骤如下:

第一步:计算时间序列中各年同期(同月或同季)的平均数;

第二步:计算时间序列全部数据的总平均数作为水平趋势估计值;

第三步:计算各年同期(同月或同季)的平均数与总平均数的比值,即为季节指数(S)。其计算公式为:

$$季节指数(S)=\frac{同月(或季)平均数}{总月(或季)平均数}\times 100\% \tag{9.37}$$

例 9.13 某服装公司 2008~2010 年各月销售量资料如表 9.9。试用按月平均法计算各月的季节指数。

根据上述步骤销售量季节指数计算过程见表 9.9。

表 9.9 2008~2010 年各月销售量资料及季节指数计算表

月份	各年销售量(万件)			合 计	同月平均	季节指数(%)
	2008 年 (1)	2009 年 (2)	2010 年 (3)	(4)=(1)+ (2)+(3)	(5)= (4)÷3	(6)=(5) ÷1260.6
1月	80	120	320	520	173.3	13.8
2月	120	200	400	720	240.0	19.0
3月	200	350	700	1250	416.7	33.1
4月	500	850	1500	2850	950.0	75.4
5月	800	1500	2400	4700	1566.7	124.3
6月	2500	4500	6800	13800	4600.0	364.9
7月	2400	6400	7200	16000	5333.3	423.1
8月	600	900	1500	3000	1000.0	79.3
9月	200	400	600	1200	400.0	31.7
10月	100	250	400	750	250.0	19.8
11月	60	100	200	360	120.0	9.5
12月	40	80	110	230	76.7	6.1
合计	7600	15650	22130	45380	15126.7	1200.0
平均	633.3	1304.2	1844.2	3781.7	1260.6	100.0

表 9.9 中的季节指数一栏，是以指数形式表现的典型销售量。每个指数代表 2008～2010 年间每个月份的平均销售量与全年平均销售量的比值。比如，1 月份的季节指数为 13.8%，表示该月份平均销售量为全年平均销售量的 13.8%。这样从各月的季节指数序列，可以清楚地表明该服装公司销售量的季节变动规律。即 1、2、3、4 月是销售淡季，5、6、7 月为销售旺季，7 月份比全年平均销售量高 323.1%((423.1－100)%)，8 月份开始下降，到 12 月份降到最低点，比全年平均销售量低 93.9%(6.1%～100%)。

按月(或季)平均法计算简单，易于理解。应用该方法的基本假定是：原时间序列包含水平趋势、季节变动和不规则变动，没有明显的上升或下降的长期趋势和循环变动，因而，通过若干年同期数值的平均，可以消除不规则波动，并以消除不规则变动后的数据除以水平趋势估计值(以全期总平均数代替)求得季节指数。但实际上，许多时间序列包含长期趋势和循环变动，且很少能够通过平均予以消除。因此，当时间序列存在明显的上升或下降的长期趋势时，该方法计算的季节指数不够准确。当存在剧烈的上升趋势时，年末季节指数明显高于年初的季节指数；当存在下降趋势时，年末的季节指数明显低于年初的季节指数。只有当时间序列的长期趋势和循环变动不明显或影响不重要，可忽略不计时，应用该方法比较合适。

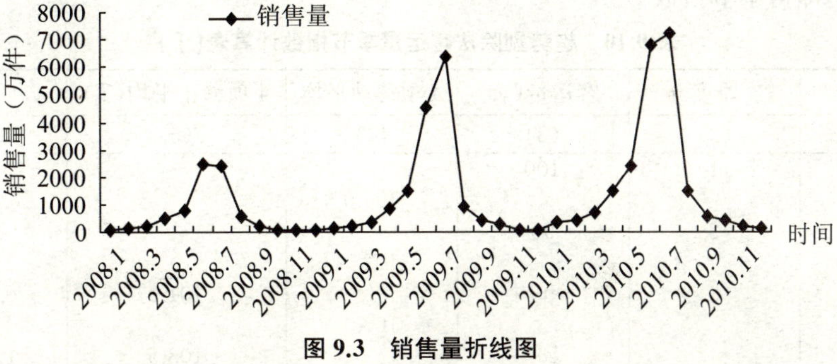

图 9.3 销售量折线图

图 9.3 是根据表 9.9 数据绘制的销售量折线图。从图中可以看出，该服装公司的销售量具有较明显的季节波动特征，且没有明显的长期趋势存在，因此可用按月平均法来测定其季节变动规律。

2.趋势剔除法

该方法的基本思想是：先将时间序列中的长期趋势予以消除，然后再计算季节指数。其中，时间序列中的趋势值可采用移动平均法求得，也可用趋势方程拟合法确定。利用前者分析季节变动又称为移动平均趋势剔除法，而后者称为趋势方程剔除法。以下主要介绍移动平均趋势剔除法。

采用移动平均趋势剔除法分析季节变动时，假定时间序列各要素的关系结构为：$y=T\times S\times C\times I$，同时假定各年度的不规则波动 I 彼此独立。由于 12 个月(或 4

个季度)的移动平均数与季节变动的周期(1年)相同,通过移动平均,可以完全消除季节变动和大部分不规则变动,而仅包含长期趋势和循环变动,结果即为 $T\times C$。

然后再将原数列 y 除以移动平均趋势值 $T\times C$,所得百分比称为"季节变动和不规则波动相对数"或"移动平均百分比",即

$$\frac{y}{T\times C}=\frac{T\times C\times S\times I}{T\times C}=S\times I \tag{9.38}$$

最后再将各年同月(季)的移动平均百分比加以平均,即可消除不规则变动的影响,只剩下季节变动 S。

具体步骤如下:

第1步:根据各年的月份(或季度)数据,计算12个月(或4个季度)移动平均趋势值 $T\times C$;

第2步:将各实际观察值 y 除以相应趋势值 $T\times C$,即 $\frac{y}{T\times C}=\frac{T\times C\times S\times I}{T\times C}=S\times I$;

第3步:将 $S\times I$ 重新按月(季)排列,求得同月(或同季)平均数,再将其除以总平均数,即得季节指数 S。

表9.10 趋势剔除法客运量季节指数计算表(Ⅰ)

年份	季度	客运量(y)	4项移动平均	4项移正平均(T)	$y/(T\times C)$
(1)	(2)	(3)	(4)	(5)	(6)
2010	1	100		—	—
			100.0		
	2	95		—	—
			102.5		
	3	98		101.3	0.970
			105.0		
	4	107		103.5	1.031
			107.3		
2011	1	110		106.1	0.965
			109.3		
	2	105		108.3	0.970
			112.5		
	3	107		110.9	0.965
			115.0		
	4	115		113.8	1.011
			118.3		
2012	1	123		116.6	1.055
			120.8		
	2	115		119.6	0.962
	3	120		—	—
	4	125		—	—

例 9.14　根据表 9.7 某市客运站旅客运输量数据资料，按移动平均趋势剔除法计算客运量的季节指数。

首先求出 4 项移动平均趋势值 $T\times C$，然后用原时间序列数据 y 除以移动平均趋势值 $T\times C$，求得 $y/(T\times C)$，计算结果如表 9.10 第 6 列中 $y/(T\times C)$ 序列。

将表 9.10 中的 $y/T\times C$ 序列重新排列，如表 9.11，求出各年同季平均数，使不规则变动消除，已是季节指数，但由于 4 个季度的数据总和为 3.965，不等于 400%，需进行调整。其调整系数为：调整系数$=\dfrac{400\%}{396.5\%}=1.0088$，用调整系数乘以各年同季平均数，即得调整后季节指数，见表 9.11 的最后一行。

表 9.11　趋势剔除法客运量季节指数计算表(Ⅱ)

季度 年份	1	2	3	4	平均
2010	—	—	0.970	1.031	1.0005
2011	0.965	0.970	0.965	1.011	0.9778
2012	1.055	0.962	—	—	1.0085
同季平均	1.010	0.966	0.968	1.021	0.9913
季节指数(%)	101.890	97.450	97.650	103.000	100.00

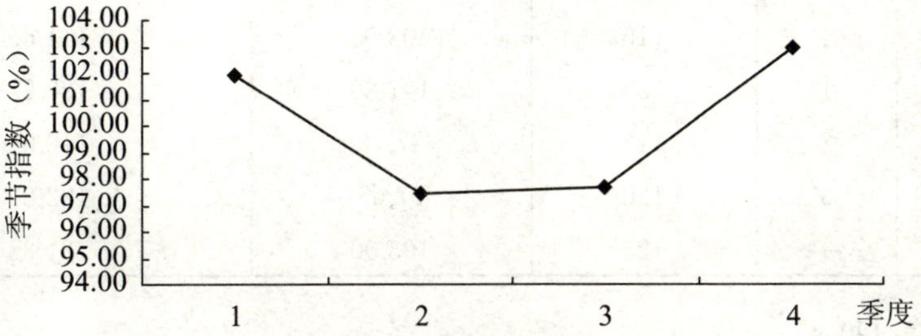

图 9.4　客运量的季节变动规律

图 9.4 是根据表 9.11 的季节指数绘制的客运量季节变动规律图，可以看出第一季度和第四季度的客运量是旺季，而第二季度和第三季度的客运量属于淡季。

9.4.3　季节变动的调整

含有季节变动因素的时间序列，由于受季节影响而产生波动，使序列中的其他特征不能清晰地表现出来，因此，需要将季节变动的影响从时间序列中剔除，以便观察其他特征的影响，这称为季节变动的调整。其方法是将原时间序列除以相应的季节指数，即

$$\frac{y}{S}=\frac{T\times C\times S\times I}{S}=T\times C\times I \tag{9.39}$$

结果即为调整后的时间序列,反映了在没有季节因素影响情况下,时间序列的变化形态。

例 9.15 根据表 9.10 和 9.11 的资料,对 2010～2012 年各季度的旅客运输量作季节调整。

根据表 9.11 中的季节指数及式(9.39),可得计算结果见表 9.12,季节调整前后的数据与原时间序列数据的比较见图 9.5。

表 9.12 客运量的季节变动调整

年份	季度	客运量 (y)	季节指数 (%)(S)	消除季节因素 的序列(y/S)
2010	1	100	101.89	98.15
	2	95	97.45	97.49
	3	98	97.65	100.36
	4	107	103.00	103.88
2011	1	110	101.89	107.96
	2	105	97.45	107.75
	3	107	97.65	109.58
	4	115	103.00	111.65
2012	1	123	101.89	120.72
	2	115	97.45	118.01
	3	120	97.65	122.89
	4	125	103.00	121.36

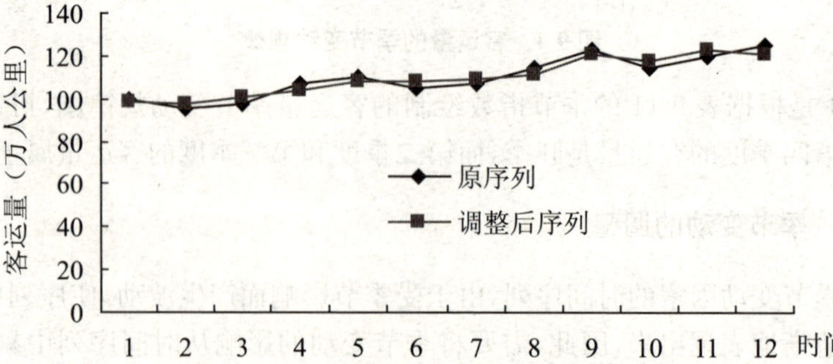

图 9.5 季节因素调整后序列与原序列的比较

§9.5 时间序列的循环变动分析

9.5.1 循环变动的概念及分析目的

循环变动是指现象在一个较长时期内涨落起伏的波动。循环变动不同于趋势变动，它不是朝着单一的方向持续运动，而是涨落相间的交替波动；它也不同于季节变动，季节变动有比较固定的规律，且变动周期大多为1年，而循环变动则无固定规律，变动周期多在一年以上，且周期长短、变动形态、波动的幅度也不固定。例如产品通常有导入期、成长期、成熟期、衰退期、替代期等经济寿命周期；又如由于周期性因素的影响，宏观经济的增长通常产生周期性的波动。

测定和分析现象的循环变动的目的，一是从数量上揭示现象循环变动的规律性；二是为了深入研究不同现象周期性循环变动的内在联系，有助于分析引起循环变动的原因；三是通过对循环变动规律的认识，对现象今后的发展作出科学的预测，为制定有效遏止循环变动不利影响的决策方案提供依据。

9.5.2 循环变动的分析方法

由于循环变动通常隐匿在一个较长的变动过程中，且规律不固定，常与不规则变动交织在一起，所以很难单独加以描述和分析。分析循环波动常用的方法是剩余法。

剩余法，又称分解法，其基本原理是先从时间序列中分解并剔除长期趋势和季节变动，剩下循环变动和不规则变动，然后再通过移动平均消除不规则波动，所得结果即为循环变动值。根据掌握的时间序列资料的不同，剩余法可分为以下两种情况。

1.年度资料的循环变动测定

如果掌握的是按年统计的时间序列资料，则季节变动不存在，此时短期的不规则变动趋于消失，可以忽略不计。这样时间序列只受两种因素的影响——长期趋势和循环波动。根据乘法模型，就有 $y=T\times C$ ，进而 $C=y/T$ ，即把原时间序列的实际值 y 除以长期趋势值 T ，即可得到循环变动值 C ，这个值乘以100%，即为循环变动系数。

这种方法适用于由年度数据形成的时间序列资料，容易理解，方法简单。但当时间序列为月度（或季度）数据时，就不能再用此方法。

2.月度（季度）资料的循环变动测定

在月度（季度）资料中，存在季节变动的影响，同时还会受到不规则变动的影响。为了同时消除长期趋势和季节变动的影响，根据乘法模型，就需要将原时间序列中的实际值除以长期趋势值和季节指数，得到包含不规则变动的循环变动系数，然后再通过移动平均法消除不规则变动的影响得出循环变动系数。

具体计算步骤如下：

第1步：用适当方法分别计算出长期趋势值和季节指数；

第2步：消除长期趋势和季节变动，求得包含不规则变动的循环变动系数。公式为：

$$\frac{y}{T\times S}=\frac{T\times S\times C\times I}{T\times S}=C\times I \tag{9.40}$$

第3步：将上述结果进行移动平均，以消除不规则变动，即得循环变动系数，通常用百分数表示。

例9.16 根据表9.13我国某地区2007～2012年各季度的农业生产资料零售额(单位：万元)资料进行循环变动分析。

表9.13 循环变动计算表

时间	标号 t	零售额 y (万元)	季节指数 S(%)	y/S (万元)	趋势值 T (万元)	$C\times I$ (%)	C (%)
2007.1	1	82.40	90.37	91.18	91.05	100.14	—
2007.2	2	108.00	117.56	91.87	92.58	99.23	—
2007.3	3	99.90	108.31	92.24	94.11	98.01	100.61
2007.4	4	83.00	83.76	99.09	95.64	103.61	99.86
2008.1	5	90.50	90.37	100.14	97.17	103.06	99.11
2008.2	6	104.80	117.56	89.15	98.70	90.32	99.51
2008.3	7	109.50	108.31	101.10	100.22	100.88	99.50
2008.4	8	88.60	83.76	105.78	101.75	103.96	101.35
2009.1	9	95.80	90.37	106.01	103.28	102.64	103.38
2009.2	10	130.00	117.56	110.58	104.81	105.51	102.72
2009.3	11	117.40	108.31	108.39	106.34	101.93	101.22
2009.4	12	88.20	83.76	105.30	107.87	97.62	99.40
2010.1	13	95.90	90.37	106.12	109.40	97.00	97.50
2010.2	14	126.00	117.56	107.18	110.93	96.62	96.38
2010.3	15	116.40	108.31	107.47	112.46	95.56	96.52
2010.4	16	90.70	83.76	108.29	113.99	95.00	97.64
2011.1	17	105.20	90.37	116.41	115.51	100.78	98.93
2011.2	18	140.10	117.56	119.17	117.04	101.82	99.94
2011.3	19	129.30	108.31	119.38	118.57	100.68	99.79
2011.4	20	98.50	83.76	117.60	120.10	97.92	99.87
2012.1	21	106.30	90.37	117.63	121.63	96.71	100.47
2012.2	22	154.20	117.56	131.17	123.16	106.50	101.30
2012.3	23	136.20	108.31	125.75	124.69	100.85	—
2012.4	24	110.30	83.76	131.69	126.22	104.33	—

(1)先消去季节变动,得无季节变动资料。见表 9.13 中"y/S"栏;

(2)利用原始资料建立的趋势方程:$\hat{y}=89.521+1.529t$,将 $t=1,2,\cdots,24$ 分别代入方程得"趋势值 T";

(3)将前两项结果相除即得无季节无趋势资料,见表 9.13 中"$C\times I$"栏;

(4)最后通过 4 项移动平均消除不规则变动,得循环变动系数,见表中的最后一列。

将循环变动系数绘图 9.6 如下:

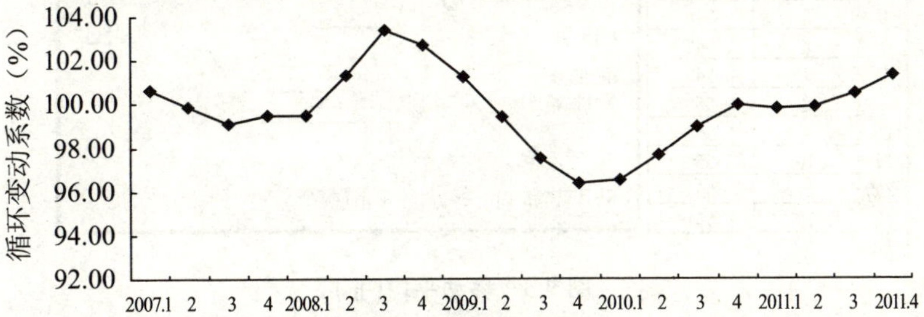

图 9.6 循环变动图

附录 Excel 的应用

一、用 Excel 进行移动平均

(一)Excel 软件操作步骤

[工具]→[数据分析]→[移动平均]→在[输入区域]输入数据区域→在[间隔]输入移动间隔项数→在[输出区域]定义输出的起始单元格(比原数据区域提上一个单元格)→[图表输出]→确定。

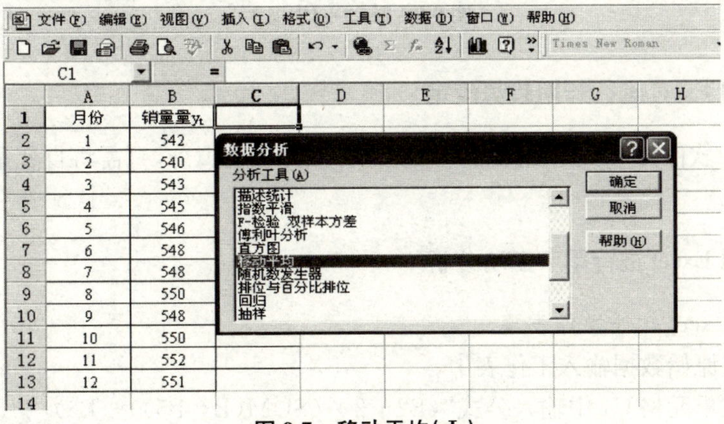

图 9.7 移动平均(Ⅰ)

（二）应用举例（假定移动间隔项数为 3）

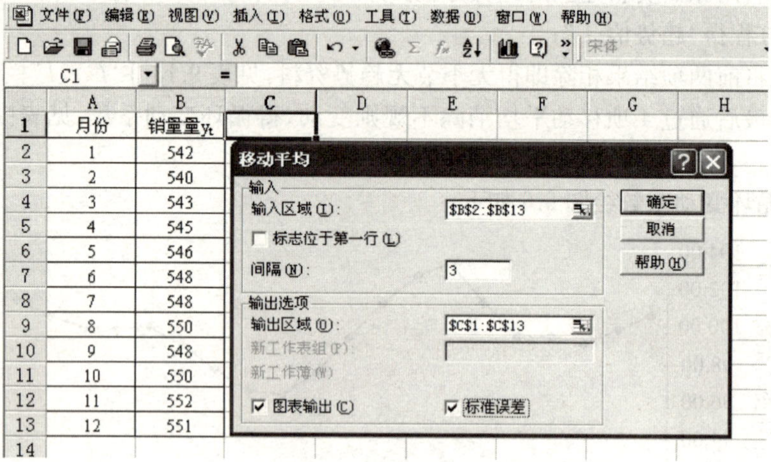

	A	B
1	月份	销量量y_t
2	1	542
3	2	540
4	3	543
5	4	545
6	5	546
7	6	548
8	7	548
9	8	550
10	9	548
11	10	550
12	11	552
13	12	551

图 9.8　移动平均（Ⅱ）

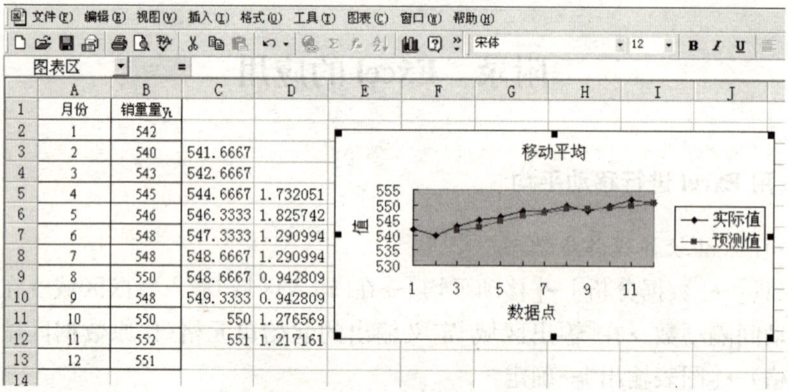

	A	B	C	D
1	月份	销量量y_t		
2	1	542		
3	2	540	541.6667	
4	3	543	542.6667	
5	4	545	544.6667	1.732051
6	5	546	546.3333	1.825742
7	6	548	547.3333	1.290994
8	7	548	548.6667	1.290994
9	8	550	548.6667	0.942809
10	9	548	549.3333	0.942809
11	10	550	550	1.276569
12	11	552	551	1.217161
13	12	551		

图 9.9　移动平均（Ⅲ）

二、用 Excel 进行长期趋势测定

Excel 软件操作步骤参见用一元线性回归方程的拟合，只需将自变量 x 改为 t 即可。

三、用 Excel 进行季节变动分析

（一）Excel 软件操作步骤

（1）将原始数据输入工作表中。

（2）在单元格 C4 中输入公式“(B2＋2＊(SUM(B3:B5))＋B6)/8”，这样就得

到了趋势值 T

（想一想，为什么？这就体现出函数的优越性了。）

（3）将趋势从原始数据中剔除。在 D4 单元格键入公式"＝B4/C4"，并将该公式下拉至 D23。

（4）在 E4 单元格中键入公式"＝(D4＋D8＋D12＋D16＋D20)/5"，并将该公式下拉至 E7，即得同季平均值。

（5）在 F4 单元格中键入公式"＝average(E4：E7)"，即得到总平均值。

（6）在 G4 单元格中键入公式"＝E4/＄F＄4"，并将该公式下拉 G7 单元格，即得到季节指数，具体结果见下面应用实例。

（二）应用实例

	A	B	C	D	E	F	G
1	时间	季售额y	T	y/T	同季平均	总平均值	季节指数
2	2007.1	82.4					
3	2007.2	108.0					
4	2007.3	99.9	94.3375	1.0590	1.0838	1.0006	1.0831
5	2007.4	83.0	94.9500	0.8741	0.8381		0.8376
6	2008.1	90.5	95.7500	0.9452	0.9042		0.9036
7	2008.2	104.8	97.6500	1.0732	1.1763		1.1756
8	2008.3	109.5	99.0125	1.1059		合计	4.0000
9	2008.4	88.6	102.8250	0.8617			
10	2009.1	95.8	106.9625	0.8956			
11	2009.2	130.0	107.9000	1.2048			
12	2009.3	117.4	107.8625	1.0884			
13	2009.4	88.2	107.3750	0.8214			
14	2010.1	95.9	106.7500	0.8984			
15	2010.2	126.0	106.9375	1.1783			
16	2010.3	116.4	108.4125	1.0737			
17	2010.4	90.7	111.3375	0.8146			
18	2011.1	105.2	114.7125	0.9171			
19	2011.2	140.1	117.3000	1.1944			
20	2011.3	129.3	118.4125	1.0919			
21	2011.4	98.5	120.3125	0.8187			
22	2012.1	106.3	122.9375	0.8647			
23	2012.2	154.2	125.2750	1.2309			
24	2012.3	136.2					
25	2012.4	110.3					

图 9.10 季节变动

本章习题

一、思考题

1. 什么是时间序列？它分为哪几种类型？

2. 时期数列和时点数列的区别有哪些?
3. 时间序列构成因素有哪些?
4. 时间序列的编制原则有哪些?
5. 简述定基发展速度与环比发展速度之间的关系。
6. 线性趋势的测定方法有哪些?
7. 简述移动平均法的基本思想。
8. 如何根据具体的时间序列选择适当的趋势线?
9. 简述季节变动分析的基本原理。
10. 季节变动分析中的按月(季)平均法和趋势剔除法有什么不同?

二、练习题

1. 某工业企业某年第二季度的总产值和工人数资料如下表:

月　份	3	4	5	6
总产值(万元)	1500	1600	1650	1850
月末工人数(人)	600	615	630	660

要求计算:
(1)第二季度各个月的工人劳动生产率;
(2)第二季度月平均工人劳动生产率;
(3)第二季度的工人劳动生产率。

2. 某地区2007～2010年工业总产值资料如下:

时间	总产值(亿元)	增长量(亿元)		发展速度(%)	
		逐期	累计	环比	定基
2007	64				
2008	75				
2009	93				
2010	125				
合计	357				

要求:
(1)填充表中所缺数字;
(2)以2007年为基期计算该地区2008～2010年工业总产值的年平均发展速度;
(3)如果2010年后继续按照这样的速度发展,预测2013年该地区工业总产值。

3. 某地区粮食产量2007～2009年平均发展速度是1.03，2010～2011年平均发展速度是1.05，粮食产量2012年比2011年增长6%，试求2007～2012年这6年粮食产量的平均发展速度。

4. 党的十八大报告中指出，确保到2020年全面建成小康社会，实现国内生产总值和城乡居民人均收入比2010年翻一番的目标。其中2010年国内生产总值现价总量为401202亿元，以2010年为价格基期，按不变价格来计算：为实现翻一番的目标，2020年的国内生产总值将至少达到多少？平均每年的经济增长速度应达到多少？

5. 某公司2004～2012年的某种家电产品销售额数据如下：

年份	2004	2005	2006	2007	2008	2009	2010	2011	2012
销售额(万元)	80	83	87	89	95	101	105	110	125

要求：

(1)应用三年和四年移动平均法计算趋势值；

(2)应用最小二乘法配合趋势直线，并计算出各年的趋势值，并说明平均每年增加的销售额是多少；

(3)预测2013年销售额将达到的水平。

6. 根据第5题的数据配合一条指数曲线，并与直线趋势线进行比较，说明配合哪一种趋势线更好。

7. 某县2005～2010年粮食产量资料如下：

时间	粮食产量(万吨)
2005	78
2006	86
2007	88
2008	90
2009	96
2010	110
合计	544

要求：

(1)根据上述资料，绘制该县粮食产量散点图，观察粮食产量的变动趋势；

(2)建立一条直线趋势方程，并计算历年粮食产量的趋势值；

(3)用建立的直线趋势方程预测2012年的粮食产量。

8. 某旅游风景区的旅游收入资料如下,单位:万元。

月份	2010年	2011年	2012年
1	116	145	180
2	154	210	245
3	220	312	325
4	392	520	535
5	642	684	710
6	1642	1872	1923
7	2810	3120	3350
8	1204	1382	1576
9	384	482	625
10	183	248	437
11	125	130	258
12	95	112	166

要求:

(1)按月平均法计算季节指数;

(2)按移动平均趋势剔除法计算季节指数,并作出季节变动图;

(3)对原时间序列作季节性调整,并根据调整后的数据作图。

第十章 指 数

统计指数，简称为指数，原产生于人们测定价格变动的活动中。在对社会经济现象进行对比分析时通常有两种情况：一是对单一事物的变动进行分析，这种方法简单，也容易理解。如研究某种商品价格或销售量的变动，它可将不同时期的价格或销售量的数值直接对比；二是对计量单位不同、使用价值不同的多种事物构成的复杂现象总体的某种特征进行综合对比。如研究多种商品的价格或销售量的综合变动。这时，简单的数量对比已经无能为力了。既要保持对比的结果具有实际的经济意义，又能如实地反映它们的变动程度，最好的办法就是借助指数理论来进行研究。

§10.1 指数的基本问题

10.1.1 指数的概念

指数(Index)的概念起源于 18 世纪中期的欧洲，距今已有 200 多年的历史。200 多年来，由于指数的运用和指数理论的发展，对指数概念存在各种不同的理解。最初的指数是用来反映一种商品价格变动的方法，以后逐步推广应用到经济领域的各个方面，如生产量变动、劳动生产率变动、工资水平变动等。如今，指数已成为统计研究客观现象数量变动情况时所应用的一种特有的分析方法。

虽然对指数的理解各有不同，但基本上可将指数区分为广义指数和狭义指数两类。广义指数泛指各种相对数，如比较相对数、动态相对数、计划完成相对数等。英国百科全书将指数定义为“指数是用来测定一个变量值对于另一个特定变量值大小的相对数”就是这方面的代表。

狭义指数则是一种特殊的相对数，它是反映复杂现象总体某一方面数量综合变动方向和程度的相对数。所谓复杂现象总体，就是指由许多计量单位不同或性质各异的事物组成的、数量上不能直接加总的总体。例如，某商场同时销售棉布、鞋帽和成衣等商品，由于这几种商品的性质不同，使用价值不同，故不能直接相加计算报告期与基期相比的销售量的综合变动，而采用指数的方法则可以解决这一问题。由此可见，指数主要是探讨复杂现象总体的综合数量变动状况和对比关系的。

统计中编制的指数通常是就狭义指数而言的，并且主要表现为动态相对数形式。

10.1.2 指数的性质

本章主要对狭义指数的编制原理与编制方法进行讨论。为便于理解指数，在此首先介绍一下狭义指数的性质。

1.相对性。狭义指数是复杂现象总体某变量在不同场合下综合对比形成的特殊相对数，它可以是该变量在不同时间上对比形成的时间指数，也可以是该变量在不同空间上对比形成的空间指数。本章介绍的主要是时间指数，如反映一组商品和服务在不同时间上对比形成的消费价格指数就是时间指数。

2.综合性。狭义指数不是反映一种事物的变动，而是反映多种不同事物构成的复杂现象总体的综合数量变动，所以它是一种综合的结果。如居民消费价格指数是概括反映居民在所有生活消费支出项目上的综合价格变动，而不是反映某一支出项目上的价格变动。

3.平均性。由于总体中各个个体某变量的数量变动是参差不齐的，狭义指数所反映的是总体中所有个体数量一般水平的变化，是一种平均意义上的变动。例如，某地区本年与上年相比，居民生活费用价格指数为 106%，表示平均说来该地区居民各项生活费支出上涨 6%，但有的项目涨价幅度高于 6%，有的项目涨价幅度低于 6%，更有一些项目的价格可能是下降的。

10.1.3 指数的分类

1.个体指数和总指数

指数按照研究对象的范围不同，可分为个体指数(Individual Index)和总指数(Total Index)。个体指数是反映单一事物数量变动的相对数，个体指数属于广义指数，也就是一般的相对数。例如，反映某一种商品价格变动的指数为价格个体指数，反映某一种产品产量变动的指数为产量个体指数。通常，个体指数的计算只是把某一指标的报告期数值与基期数值直接进行对比即可，如：

$$价格个体指数\ k_p=\frac{p_1}{p_0}$$

$$产量个体指数\ k_q=\frac{q_1}{q_0}$$

式中，k 代表个体指数；p 代表商品价格；q 代表产品产量；下标 1 代表报告期，0 代表基期。

总指数是反映多种事物构成的复杂现象总体综合数量变动的相对数。例如，综合反映多种不同商品价格平均变动程度的价格总指数，综合反映多种不同产品产量平均变动的产量总指数等。

总指数属于狭义指数，因此，习惯上人们称狭义指数的编制方法即为总指数的编制方法。总指数包括综合指数和平均指数两种基本形式。

此外，在编制总指数时，可以使用分组的方法，即对总体现象包含的多项事物进行分类或分组，按照每一类编制统计指数。这样，在总指数和个体指数之间就产生了类指数，它是用来说明总体中某一类或某一组现象综合数量变动的相对数。例如，零售物价总指数下设粮食类价格指数、服装类价格指数等；工业总产量指数也下设重工业类产量指数和轻工业类产量指数等。

从理论上讲，类指数也是总指数，其编制方法与总指数基本相同。但在总指数的计算过程中，它起个体指数的作用。

2.数量指标指数和质量指标指数

指数按照指数化指标的不同性质，分为数量指标指数和质量指标指数。所谓指数化指标又称指数化因素，是指数所要测定其变动的指标。数量指标指数简称为数量指数(Quantity Index)，是测定数量指标变动的相对数，即指数化指标为数量指标。如产品产量指数、职工人数指数等。质量指标指数简称为质量指数(Quality Index)，则是测定质量指标变动的相对数，即指数化指标为质量指标(常表现为平均数或相对数形式)。如价格指数、单位产品成本指数、劳动生产率指数等。这两种指数均属总指数的范畴，它们的编制既有联系也有区别。

3.总量指标指数、平均指标指数和相对指标指数

指数按照所反映指标的表现形式不同，分为总量指标指数(Total Amount Index)、平均指标指数(Average Mean Index)和相对指标指数(Relative Index)。总量指标指数是两个总量指标直接对比的相对数，如销售额指数、产品产值指数、国内生产总值指数等。平均指标指数是两个平均指标对比的相对数，如平均工资的可变构成指数、固定构成指数、结构影响指数等。相对指标指数是两个相对指标对比的相对数，如单位成本降低率指数、产量结构指数等。

4.时间指数和空间指数

指数按照所反映现象的时间状况不同，分为时间指数(Time Index)和空间指数(Regional Index)。时间指数即动态指数，是反映现象在时间上动态变化的指数，其对比标准是同一现象在基期的水平。在时间指数中，按照指数计算过程中所采用的基期不同，可分为定基指数和环比指数。定基指数是指在指数数列中各个指数的基期相同，即都以某一固定时期为基期编制的指数。如果指数数列中的各个指数都以报告期前一时期为基期编制，则称为环比指数。

空间指数即静态指数，它包括两类指数：一类是反映同一时期不同空间指标值变动而形成的指数，其对比标准是同一时期下的某现象在另一地区或单位的水平，

即比较相对数;另一类是反映同一时期的实际与计划指标值变动的指数,其对比标准是现象的计划任务数,可以表明被研究现象的计划完成程度,故该类指数又称计划完成指数。空间指数是时间指数的扩展,但本书以讨论时间指数为主。

10.1.4 指数的作用

1.综合反映现象总体数量的变动方向和变动程度

这是统计指数的主要作用。指数一般是用百分比表示的相对数,当百分比大于或小于100%,表示现象相对升降变化的方向;而比100%大多少或少多少,则表明相对升降变动的程度。例如,商品零售物价指数为104%,则说明多种商品零售物价总的变动情况,具体到某种商品价格可能有涨有落,但从总体上看零售物价仍然上涨了4%。

2.对现象总体数量变动进行因素分析

任何一个复杂现象的总体,一般是由多种因素构成的,总体的总量变动总是由各构成因素变动综合影响的结果。例如,商品销售额的变动受销售量和商品价格两个因素的影响,而职工总平均工资的变动受组平均工资水平与职工人数构成两个因素的影响。对于这些包括两个或两个以上因素的总体现象,可以利用指数因素分析法从相对数和绝对数两方面分析各因素变动对总体总量的影响方向和影响程度。

3.研究现象的长期变动趋势

通过指数数列的编制,可以分析和研究现象发展变化的程度和趋势。例如,把历年居民消费价格指数加以排列,就可以清楚地表明居民消费品价格的长期变化过程、所呈现的规律和可能的发展趋势。这种方法尤其适用于对比分析有相互联系而性质不同的时间数列之间的变动关系。

4.对经济现象进行综合评价和测定

随着指数在实际应用中的不断发展,许多经济现象都可以运用指数进行综合评价和测定,从而对其水平做出综合的数量判断。例如,利用综合指数法评价和测定一个地区和单位经济效益的高低;利用平均指数法测定技术进步的程度及其在经济增长中的作用;利用指数原理建立对国民经济发展变动的评价和预警系统等。

§10.2 总指数的编制

总指数的基本编制方法有综合指数法和平均指数法两种,习惯上分别把这两种方法编制的总指数称为综合指数(Aggregative Index)和平均指数。

10.2.1 综合指数

1.综合指数编制的基本原理

综合指数是通过对两个时期不同、范围相同的多要素现象同度量综合之后，进行总体数量对比得出的总指数。其重要意义在于它能较全面、准确地反映所研究现象总体总的变动程度和随之产生的绝对效果。

综合指数在编制上的特点是先综合后对比。然而，现象总体中各个个体由于使用价值不同、计量单位不同，所以其数量表现不能直接加总而对比，这种现象叫做不同度量。因此综合指数的编制首先应解决综合问题，然后解决对比问题。

(1)综合问题

为了能够把不能直接相加的各个个体的数量表现，改变为可以相加的现象总体数量，即解决同度量加总问题，必须引入同度量因素。

所谓同度量因素，就是使不同度量的现象过渡到可以同度量的媒介因素。例如，不同商品的价格，由于计量单位不同不能相加，如果都乘以销售量得出销售额就可以相加了，这里的销售量对价格来讲就是同度量因素。

在综合指数的编制过程中选择同度量因素的主要标准是同度量因素与被研究指标之间的客观联系，即同度量因素与指数化指标的乘积具有实际的意义。例如，销售量乘以价格是商品销售额、平均工资乘以总人数等于工资总额、总产量乘以单位成本是总成本等，它们之间可以互为同度量因素。而没有经济联系的指标之间是不能互为同度量因素的。并且，数量指标的同度量因素一般是与之相联系的质量指标，而质量指标的同度量因素一般是与之相联系的数量指标。

同度量因素具有两个主要作用：一是同度量作用，即作为一种媒介，使原来度量单位不同而不能直接相加的现象数量，过渡到可以直接相加的现象数量。二是权数的作用，即起着权衡各个不同变量值在总体变动中的作用，也就是说，同度量因素比较大的变量值对综合指数的影响程度大，反之则小。如在编制价格综合指数时，销售量就起着加权的作用；同样在编制销售量综合指数时，价格起着权数的作用。正因如此，综合指数又被人们称为加权综合指数。

(2)对比问题

引入同度量因素后，虽然解决了加总即综合问题，但同时产生了同度量后的现象总量的变动不仅包括所研究因素(指数化指标)的变动，而且包含同度量因素的变动问题，由此造成不能单纯研究被研究因素变动的麻烦。于是，为解决这一问题，必须将同度量因素所属时期加以固定，以测定指数化指标的变动程度。如果不把同度量因素所属时期固定，计算出来的综合指数，就会包含有同度量因素变化的影响。例如，研究多种商品销售量的综合变动时，通过引入价格作为同度量因素，将各种商品的销售量乘以各自的价格,得到可以直接相加的销售额。但如果用报告期的销售量乘以报告期的价格得到报告期的销售额,用基期的销售量乘以基期的价格得到基期销售额,比较这两个销售额得出的指数并不是所求的商品销售量指数,而是商品销售额指数。由于这样计算的销售额指标,包含了销售量和价格两个因素的变动,所以要计算销售量指数,必须将价格这个因素固定不变,将报告期和基期的销售量都乘以同一个时期的价格,这样得出的两个销售额之比,反映的才是销售量这一个因素的变动。

综上所述,综合指数编制的基本原理是:首先引入同度量因素,使不能加总的多种事物得以综合;其次固定同度量因素,使综合总量的对比只反映指数化指标的变动。

需要说明的是,同度量因素所属的时期有报告期、基期等,不同时期的同度量因素其数值往往是不同的。这样,将同度量因素固定在基期和固定在报告期的不同水平上,所计算出来的综合指数结果也是不同的。那么,同度量因素究竟固定在哪个时期好呢?对于这一问题,统计学界有着不同的主张,因而也就产生了采用不同时期同度量因素的综合指数编制形式。

下面结合上述问题,分别就数量指标指数和质量指标指数说明综合指数的编制方法。这两种综合指数编制的基本原理是一样的,只是在同度量因素的处理方法上略有不同。

2.数量指标指数

运用综合指数法编制总指数时,如果指数化指标是数量指标,此时编制的指数称为数量指标指数。或者说,反映数量指标变动的综合指数叫数量指标指数。如销售量指数、职工人数指数等。现以商品销售量总指数为例,说明数量指标指数的编制问题。

例 10.1 假设某商店有三种商品的销售量和价格资料,如表 10.1 所示。

表 10.1 某商店三种商品销售量和价格资料

商品名称	计量单位	销售量		价格(元)	
		基期 q_0	报告期 q_1	基期 p_0	报名期 p_1
甲	米	420	466	30	25
乙	件	240	240	40	43
内	台	188	160	20	20

根据表 10.1 资料,可以计算该商店的三种商品销售量的个体指数如下:

甲:$k_q=\frac{q_1}{q_0}=\frac{466}{420}\times 100\%=110.95\%$

乙：$k_q=\frac{q_1}{q_0}=\frac{240}{240}\times 100\%=100.00\%$

丙：$k_q=\frac{q_1}{q_0}=\frac{160}{188}\times 100\%=85.11\%$

可见，三种商品的销售量有升有降，也有持平的。为了说明三种商品销售量的总变动情况，需要编制销售量总指数。

首先需要解决三种商品销售量加总问题，这里价格是理想的同度量因素。其次需要固定同度量因素即价格，从而观察三种商品销售量的综合变动。然而，由于作为同度量因素的价格既有基期数值，也有报告期数值，根据综合指数的一般编制原理，价格这一同度量因素只要固定在同一时期即可。所以产生了如下不同的商品销售量总指数的编制公式和结果。

(1)以基期价格为同度量因素，其公式为：

$$I_q=\frac{\sum q_1p_0}{\sum q_0p_0} \tag{10.1}$$

(2)以报告期价格为同度量因素，其公式为：

$$I_q=\frac{\sum q_1p_1}{\sum q_0p_1} \tag{10.2}$$

式(10.1)和式(10.2)中，I_q 代表销售量总指数；q_0、q_1 分别代表基期和报告期的销售量；p_0、p_1 分别代表基期和报告期的价格。

式(10.1)称为拉氏数量指标总指数，简称为拉氏数量指数。它是 1864 年由德国学者拉斯贝尔(Laspeyres)提出的。拉氏指数(Laspeyres Index)的特点是将同度量因素的时期固定在基期。从经济意义上看，拉氏指数将同度量因素固定在基期，是为了单纯反映指数化指标的综合变动。

式(10.2)称为派氏数量指标总指数，简称为派氏数量指数。它是 1874 年由德国学者派许(Paasche)提出的。派氏指数(Paasche Index)的特点是将同度量因素的时期固定在报告期。从经济意义上看，派氏指数将同度量因素固定在报告期是为了反映在报告期同度量因素条件下指数化指标的综合变动。

在编制综合指数时，同度量因素究竟选择哪一个时期，是一个十分重要的问题，应根据指数的研究目的来决定。编制商品销售量总指数的目的，是为了测定各种商品销售量的纯变动。因此，编制时应尽量排除价格变动的影响。如果根据式(10.1)来编制，即同度量因素固定在基期，这时得到的销售总额指标的变动中仅包含销售量因素的变动，这就意味着按原有价格水平来测定销售量的综合变动。所以，式(10.1)符合编制销售量总指数的要求。如果根据式(10.2)来编制，即同度量因素固定在报告期，这时虽然在编制过程中价格被固定不变，但由于销售总额指标是按报告期价格计算的，实际上已经包含了价格的变动，这就意味着按调整后的价格来测定销售量的综合变动。所以，根据式(10.2)编制的销售量总指数与编制该指数的目的不相吻合。

现以表10.1中的资料为例，列出三种商品的销售量总指数计算表，如表10.2所示。

表10.2 商品销售量总指数计算表

商品名称	计量单位	销售量		基期价格 p_0	销售额(元)	
		基期 q_0	报告期 q_1		基期 q_0p_0	报告期假定 q_1p_0
甲	米	420	466	30	12600	13980
乙	件	240	240	40	9600	9600
丙	台	188	160	20	3760	3200
合计	—	—	—	—	25960	26780

根据表10.2中的资料和式(10.1)计算的三种商品拉氏销售量总指数为：

$$I_q=\frac{\sum q_1p_0}{\sum q_0p_0}=\frac{26780}{25960}=1.0316 \text{ 或 } 103.16\%$$

计算结果表明，三种商品的销售量报告期比基期平均增长3.16%。由于商品销售量的增长，使商店增加的销售额为：

$$\Delta_q=\sum q_1p_0-\sum q_0p_0=26780-25960=820(\text{元})$$

上述公式中，$\sum q_1p_0$ 为按基期价格计算的报告期销售额，即报告期不变价销售额，$\sum q_0p_0$ 为基期实际的销售额，分子与分母的差异完全是由于销售量的变动所引起的。

以上关于销售量总指数的编制原理也完全适合于其他数量指标指数的编制。编制数量指标指数时，同度量因素为与之有客观联系的质量指标。我国统计实践中，数量指标指数编制多使用拉氏数量指数公式。因此，在编制数量指标指数时，通常将同度量因素固定在基期。这是编制数量指标指数选择同度量因素时期的一般原则。

3.质量指标指数

运用综合指数法编制指数时，如果指数化指标是质量指标，此时编制的指数称为质量指标指数。或者说，反映质量指标变动的综合指数叫质量指标指数。如价格总指数、劳动生产率总指数等。

例10.2 现仍以表10.1资料为例，通过计算三种商品的价格总指数来说明质量指标综合指数的编制问题。

根据表 10.1 资料，可以计算三种商品的价格个体指数如下：

甲：$k_p=\frac{p_1}{p_0}=\frac{25}{30}\times100\%=83.33\%$

乙：$k_p=\frac{p_1}{p_0}=\frac{43}{40}\times100\%=107.50\%$

丙：$k_p=\frac{p_1}{p_0}=\frac{20}{20}\times100\%=100.00\%$

可见，这三种商品的价格有升有降、也有持平的。由于三种商品的计量单位不同，三种商品的价格也不能直接相加，为了综合反映三种商品价格的总变动，根据表 10.1 已有的资料，就可以用销售量为同度量因素，编制三种商品的价格总指数。

与编制商品销售量总指数相似，编制价格总指数，也需要把作为同度量因素的商品销售量所属的时期固定，同样有拉氏与派氏两种指数形式可供选择使用。

(1)用基期销售量为同度量因素，即拉氏价格总指数公式为：

$$I_p=\frac{\sum p_1q_0}{\sum p_0q_0} \qquad (10.3)$$

(2)用报告期销售量为同度量因素，即派氏价格总指数公式为：

$$I_p=\frac{\sum p_1q_1}{\sum p_0q_1} \qquad (10.4)$$

式(10.3)和式(10.4)中，I_p 代表价格总指数，其他符号意义同前。

式(10.3)和式(10.4)中，究竟用哪一个来编制价格总指数，即同度量因素是固定在基期还是报告期，应根据编制价格总指数的目的来决定。编制价格总指数的目的，一是为了测定商品价格的综合变动情况，二是用以说明商品价格变动在报告期对商店及居民生活的影响。如果用式(10.3)编制，即同度量因素固定在基期，计算结果说明的是：以基期的销售量为标准，商品价格的综合变动程度。公式的分子与分母之差，一方面说明由于价格的变动，商店按基期的销售量计算多或少获得的销售额；另一方面说明，由于价格的变动，居民按基期的购买量购买这三种商品，将多或少支出的金额，这显然是没有多少现实意义的。

如果用式(10.4)编制，即同度量因素固定在报告期，计算的结果将说明：以报告期的商品销售量为准，商品价格的综合变动程度。公式的分子与分母之差，说明由于价格的变动，商店在出售当前商品情况下多或少获得的销售额；或说明由于价格的变动，居民按当前的购买量购买这些商品，将多或少支出的金额。由此可见，用式(10.4)编制的价格总指数，更符合编制价格总指数的目的，也更具有现实的意义。

以表 10.1 中的资料为例，列出三种商品的价格总指数计算表，如表 10.3 所示。

表 10.3 商品价格总指数计算表

商品名称	计量单位	价格(元)		报告期销售量 q_1	销售额(元)	
		基期 p_0	报告期 p_1		报告期假定 p_0q_1	报告期 p_1q_1
甲	米	30	25	466	13980	11650
乙	件	40	43	240	9600	10320
丙	台	20	20	160	3200	3200
合计	—	—	—	—	26780	25170

根据表 10.3 中的资料和式(10.4)编制的三种商品派氏价格总指数为：

$$I_p=\frac{\sum p_1q_1}{\sum p_0q_1}=\frac{25170}{26780}=93.99\%$$

影响的绝对额为：

$$\Delta_p=\sum p_1q_1-\sum p_0q_1=25170-26780=-1610\ (\text{元})$$

计算结果表明，这三种商品的价格报告期比基期平均下降 6.01%，由于价格下跌，使商店销售额减少 1610 元。

上述公式中，$\sum p_1q_1$ 为报告期实际的销售额，$\sum p_0q_1$ 为按基期价格计算的报告期不变价销售额，分子与分母的差异完全是由于商品价格的变动所引起的。

以上关于商品价格总指数的编制原理也完全适合于其它质量指标指数的编制。编制质量指标指数时，同度量因素为与之有联系的数量指标。我国统计实践中，编制质量指标指数多采用派氏指数公式。因此，编制质量指标综合指数时，通常将同度量因素的时期固定在报告期，这是编制质量指标综合指数同度量因素时期选择的一般原则。

综上所述，无论编制数量指标指数还是质量指标指数，都必须引入同度量因素并将它固定下来。究竟以什么指标作为同度量因素，应根据现象之间的关系和研究目的来决定。编制数量指标指数时，同度量因素为与之相联系的质量指标；编制质量指标指数时，同度量因素为与之相联系的数量指标。若是侧重于反映指数化指标的纯变动，同度量因素应固定在基期；若是注重说明指数化指标变动的实际效果，同度量因素应固定在报告期。

实际工作中，编制综合指数一般遵循如下原则：编制数量指标指数时，将作为同度量因素的质量指标确定在基期上，即采用拉氏公式计算；编制质量指标指数时，将作为同度量因素的数量指标确定在报告期上，即采用派氏公式计算。

4.综合指数的调整型公式

在计算综合指数的过程中，对于同一种综合指数，不管是数量指标指数还是质量指标指数，由于采用不同的形式，所得的结果也是不同的。对此，西方统计学家提出了偏误理论，并将偏误理论归纳为型偏误（type bias）和权偏误（weight bias）两类。型偏误是指指数编制过程中选择的平均方法不同，其计算结果表现出的数值差异。权偏误是指指数选用的权数不同，其计算结果表现出的数值差异。通过论证，西方学者认为，加权指数既有型偏误，也有权偏误。从而拉氏指数和派氏指数既有型偏误又有权偏误，它们在权偏误上表现出的规律是：当权数（同度量因素）与指数化指标变动方向一致时，派氏指数存在权上偏，拉氏指数存在权下偏；当权数（同度量因素）与指数化指标的变动方向相反时，派氏指数为权下偏，拉氏指数为权上偏。为了解决指数的偏误，对加权指数提出了调整型公式，调整的途径主要是不同权数的再平均方法和不同指数公式的再平均方法。在此介绍几种调整公式。

（1）阿瑟·杨格指数

英国经济学家阿瑟·杨格（A. Young）提出以若干时期同度量因素的平均量或常态时期的实际量为权数编制的公式，其价格指数的编制公式：

$$I_p=\frac{\sum p_1\dfrac{\sum q}{n}}{\sum p_0\dfrac{\sum q}{n}} \tag{10.5}$$

其中 $\sum q/n$ 为 n 个时期的销售量的算术平均值。美国劳工统计局曾用该公式编制过批发物价指数。如果选择常态时期的实际量作为同度量因素，不仅可以简化指数的计算，而且可以避免某些非正常情况下所造成的不可比性，从而便于观察现象长期发展变化的趋势。当然，随着时间的延长和情况的变化，也应及时调整同度量因素。

（2）马歇尔—埃奇沃思指数

此指数是由英国经济学家马歇尔（A. Marshall）首先提出，后被同是英国经济学家的埃奇沃思（F. Y. Edgeworth）所推广，所以称为马歇尔—埃奇沃思指数。用该指数编制物量指数和物价指数的公式分别为：

$$\text{物量指数：}I_q=\frac{\sum q_1(p_0+p_1)/2}{\sum q_0(p_0+p_1)/2}=\frac{\sum q_1p_0+\sum q_1p_1}{\sum q_0p_0+\sum q_0p_1} \tag{10.6}$$

$$\text{物价指数：}I_p=\frac{\sum p_1(q_0+q_1)/2}{\sum p_0(q_0+q_1)/2}=\frac{\sum p_1q_0+\sum p_1q_1}{\sum p_0q_0+\sum p_0q_1} \tag{10.7}$$

马歇尔—埃奇沃思指数采用的同度量因素是拉氏指数权数和派氏指数权数的

平均值。按马歇尔—埃奇沃思指数公式编制的指数在拉氏指数和派氏指数和计算结果之间，它是对拉氏指数和派氏指数权偏误的修正办法之一，但却失去了拉氏指数和派氏指数的经济意义。

(3)卓比史指数

卓比史指数是由英国人卓比史(Drobish)于1871年首先提出的，其物量指数和物价指数公式分别为：

$$物量指数：I_q=\frac{1}{2}\left(\frac{\sum q_1p_0}{\sum q_0p_0}+\frac{\sum q_1p_1}{\sum q_0p_1}\right) \tag{10.8}$$

$$物价指数：I_p=\frac{1}{2}\left(\frac{\sum p_1q_0}{\sum p_0q_0}+\frac{\sum p_1q_1}{\sum p_0q_1}\right) \tag{10.9}$$

由此可见，卓比氏指数实际上就是拉氏指数和派氏指数的简单算术平均数。

(4)费歇指数

1901年和1912年，美国经济学家沃尔什(C. M. Walsh)、皮古(P. C. Pigou)先后提出将拉氏指数和派氏指数进行简单几何平均计算物量指数和物价指数的方法，后经费歇(I. Fisher)提出的对指数进行三种检验的方法检验(时间互换检验、因子互换检验和循环检验)，认为只有将拉氏指数和派氏指数进行简单几何平均计算的物量指数和物价指数满足有关检验，因此自称这些公式为“理想指数公式”，也被称为费歇指数。具体公式如下：

$$物量指数：I_q=\sqrt{\frac{\sum q_1p_0}{\sum q_0p_0}\times\frac{\sum q_1p_1}{\sum q_0p_1}} \tag{10.10}$$

$$物价指数：I_p=\sqrt{\frac{\sum p_1q_0}{\sum p_0q_0}\times\frac{\sum p_1q_1}{\sum p_0q_1}} \tag{10.11}$$

费歇指数同样是对拉氏指数和派氏指数的一种折衷方法，其经济意义也不明确，因此使用范围受到了限制。

10.2.2 平均指数

1.平均指数编制的基本原理

平均指数是总指数的另一种编制形式。它是以个体指数为基础，通过对个体指数加权平均计算的总指数。

平均指数编制的特点是先对比后平均。由于总体中的不同个体常常具有不同的重要程度，因而在平均指数的编制过程中必须对个体指数进行适当加权，这就出现了平均指数编制过程中的“权”问题。同时在对个体指数进行平均时，又有不同的平均形式可供选择使用，因此又出现了平均指数编制过程中的“型”的问题。

平均指数最常用的编制形式有两种，一是加权算术平均指数（Weighted Average Index），二是加权调和平均指数（Weighted Harmonic Index）。此外，还有一种几何平均指数，但其计算复杂，故应用得较少。关于权数的确定，既要考虑其实际意义，又要考虑取得其资料的可行性，所以主要由基期实际的价值量（p_0q_0）、报告期实际的价值量（p_1q_1）和固定权数（W）三种。根据所用权数的不同，可将平均指数进一步分为综合指数变形的平均指数和固定权数的平均指数等。

综上所述，平均指数编制的基本原理是：首先对构成总体的个体元素计算指数化指标的个体指数，得到无量纲化的相对数作为编制总指数的基础；其次选择合适的权数对个体指数进行加权平均，从而得到反映总体现象数量对比关系的总指数。为了使指数的分析更具有现实的经济意义，通常情况下人们应该尽可能地使用加权平均指数，而不是简单平均指数。下面主要介绍加权平均指数。

2.加权算术平均指数

加权算术平均指数是对个体指数运用加权算术平均形式编制的总指数。根据使用的权数不同，有下面两种情况。

（1）综合指数变形的加权算术平均指数

在已知基期实际价值资料（p_0q_0）的条件下，以其为权数对个体指数进行加权平均即可编制出加权算术平均形式的总指数。在全面资料的情况下，加权算术平均指数就是拉氏综合指数的变形。以 I 表示加权算术平均指数，其基本公式如下：

$$I=\frac{\sum kp_0q_0}{\sum p_0q_0} \tag{10.12}$$

设 $k_q=q_1/q_0$ 表示数量指标个体指数，则：

$$\text{加权算术平均数量指标指数}=I_q=\frac{\sum k_qp_0q_0}{\sum p_0q_0}=\frac{\sum \frac{q_1}{q_0}p_0q_0}{\sum p_0q_0}=\frac{\sum q_1p_0}{\sum q_0p_0}=\text{拉氏数量指标综合指数}$$

设 $k_p=p_1/p_0$ 表示质量指标个体指数，则：

$$\text{加权算术平均质量指标指数}=I_p=\frac{\sum k_pp_0q_0}{\sum p_0q_0}=\frac{\sum \frac{p_1}{p_0}p_0q_0}{\sum p_0q_0}=\frac{\sum p_1q_0}{\sum p_0q_0}\text{拉氏质量指标综合指数}$$

必须指出，如果权数不是 p_0q_0，上述变形关系就不成立了。

例 10.3 现以表 10.1 资料为例，按加权算术平均指数计算三种商品的销售量总指数。有关数据整理如表 10.4 所示。

表 10.4 加权算术平均指数计算表

商品名称	计量单位	销售量个体指数 k_q	基期销售额 p_0q_0
甲	米	1.1095	12600.0000
乙	件	1.0000	9600.0000
丙	台	0.8511	3760.0000
合计	—	—	25960.0000

根据表 10.4 资料，这三种商品销售量总指数为：

$$I_q=\frac{\sum k_q p_0 q_0}{\sum p_0 q_0}$$

$$=\frac{1.1095\times 12600+1.0\times 9600+0.8511\times 3760}{12600+9600+3760}$$

$$=\frac{26780}{25960}=103.16\%$$

可以看出，上述计算结果与前面拉氏销售量总指数的计算结果是一致的。

在用拉氏综合指数公式编制商品销售量总指数时，必须掌握基期和报告期各种商品的销售量，以及基期各种商品的价格资料。在实践中，按基期价格和报告期销售量计算的假定销售额的资料不易取得，而基期的实际销售额资料和各种商品的销售量个体指数常常是现成的，这时可通过加权算术平均指数公式来计算销售量总指数。因此，加权算术平均指数是计算数量指标指数的又一重要方法。

(2)固定权数形式的加权算术平均指数

当权数不是基期实际价值资料（p_0q_0），而是某种固定权数（W）时，编制的加权算术平均指数称为固定权数加权算术平均指数。固定权数是经过调整计算的一种不变权数，通常用比重表示。这时加权算术平均指数与拉氏综合指数就不存在变形关系，两者的计算结果也不会相等。

设个体指数为 k，固定权数形式的加权算术平均指数的一般公式可写为：

$$I=\frac{\sum kW}{\sum W} \tag{10.13}$$

以固定权数编制的加权算术平均指数在国内外统计工作中得到了广泛的应用。例如，西方国家编制的工业生产指数，我国编制的工业品出厂价格指数、商品零售价格指数等。

下面就以商品零售价格指数为例，说明固定权数平均指数的编制方法。一般做法是：先将商品按大类、中类、小类分为若干类别；然后在小类中选取若干种代表规格品，计算出每种规格品的价格个体指数；再用固定权数加权算术平均指数公式计算出小类、中类和大类指数，最后计算得到总指数。零售价格指数的权数，一般是根据基期商品零售额构成并参照住户调查资料确定的，每年调整一次，年内不变。在确定权数时，首先确定大类的，其次确定中类、小类的权数，最后确定商品集团的权数。要求每类的权数之和均为100，而每类的权数，除包括所选代表品的零售额外，还包括其他所有未选商品的零售额。

例 10.4 设有某市某年商品零售价格资料如表10.5所示。

表 10.5 商品零售价格指数计算表

	代表规格	计量单位	平均价格(元)		权数 W	以上年为基期	
			上年 $\bar{p}_0$	今年 $\bar{p}_1$		指数(%)	指数×权数
总指数					100	115.9	11591.5
一、食品类					60	117.2	7032.0
1.粮食					30	126.9	3807.0
(1)细粮					85	126.2	10727.0
大米	中等	百千克	60	80	40	133.3	5332.0
面粉	标准	百千克	70	85	60	121.4	7284.0
(2)粗粮					15	130.9	1963.5
2.副食品					40	110.5	4420.0
3.烟酒茶					20	120.0	2400.0
4.其他食品					10	109.3	1093.0
二、衣着类					15	107.1	1606.5
三、日用品类					13	121.6	1580.8
四、文化用品类					5	115.4	577.0
五、书报杂志类					2	130.2	260.4
六、医药类					3	109.8	329.4
七、燃料类					2	102.7	205.4

表10.5中零售价格指数的编制过程如下：

第1步，计算出各代表规格品的价格个体指数。例如大米的价格个体指数为：

$$k_{大米}=\frac{\bar{p}_1}{\bar{p}_0}=\frac{80}{60}=133.3\%$$

第2步，根据各代表规格品的价格个体指数以及给出的每个商品集团的权数，计算小类指数。如利用大米、面粉价格个体指数可以计算细粮小类的价格指数为：

$$I_{细粮}=\frac{\sum kW}{\sum W}=\frac{133.3\%\times 40+121.4\%\times 60}{40+60}=126.2\%$$

利用同样方法可以计算出其他小类的价格指数。

第3步，根据各小类指数以及给出的小类权数，计算中类指数。如利用细粮、粗粮小类指数可计算粮食中类价格指数为：

$$I_{粮食}=\frac{126.2\%\times 85+130.9\%\times 15}{85+15}=126.9\%$$

第4步，根据各中类指数以及给出的权数，计算大类指数。如食品类价格指数为：

$$I_{食品}=\frac{126.9\%\times 30+110.5\%\times 40+120\%\times 20+109.3\%\times 10}{30+40+20+10}=117.2\%$$

第5步，根据各大类指数以及给出的权数，计算出零售价格总指数，即：

$$I=\frac{117.2\%\times 60+107.1\%\times 15+121.6\%\times 13+115.4\%\times 5+130.2\%\times 2+109.8\%\times 3+102.7\%\times 2}{60+15+13+5+2+3+2}$$

$$=\frac{11591.5\%}{100}\approx 115.92\%$$

计算结果表明，该市商品零售价格今年比去年平均上涨了15.92%。

3.加权调和平均指数

加权调和平均指数是对个体指数运用加权调和平均形式编制的总指数。由于使用的权数不同，出现了如下两种形式的加权调和平均指数。

(1)综合指数变形的加权调和平均指数

在采用报告期价值量(p_1q_1)为权数对个体指数进行加权平均编制总指数时，加权调和平均指数可以是派氏综合指数的变形。以I表示加权调和平均指数，其基本公式为：

$$I=\frac{\sum p_1q_1}{\sum \frac{p_1q_1}{k}} \tag{10.14}$$

设k_q为数量指标个体指数，$k_q=\frac{q_1}{q_0}$，则加权调和平均数量指标指数：

$$I_q=\frac{\sum p_1q_1}{\sum \frac{p_1q_1}{k_q}}=\frac{\sum p_1q_1}{\sum \frac{q_0}{q_1}.p_1q_1}=\frac{\sum p_1q_1}{\sum p_1q_0}=\text{派氏数量指标总指数}$$

设k_p为质量指标个体指数，$k_p=\frac{p_1}{p_0}$，则加权调和平均质量指标指数：

$$I_p=\frac{\sum p_1q_1}{\sum \frac{p_1q_1}{k_p}}=\frac{\sum p_1q_1}{\sum \frac{p_0}{p_1}p_1q_1}=\frac{\sum p_1q_1}{\sum p_0q_1}=\text{派氏质量指标总指数}$$

必须指出，如果权数不是 p_1q_1，上述变形关系就不成立了。

例 10.5 现以表 10.1 资料为例，按加权调和平均指数计算三种商品的价格总指数。有关数据整理如表 10.6 所示。

表 10.6 加权调和平均指数计算表

商品名称	计量单位	价格个体指数 k_p	报告期销售额 p_1q_1
甲	米	0.833	11650
乙	件	1.075	10320
丙	台	1.000	3200
合计	—	—	25170

根据表 10.6 资料，这三种商品价格总指数为：

$$I_p=\frac{\sum p_1q_1}{\sum \frac{p_1q_1}{k_p}}=\frac{25170}{\frac{11650}{0.833}+\frac{10320}{1.075}+\frac{3200}{1.000}}=\frac{25170}{26780}=93.99\%$$

上述计算结果与前述派氏商品价格总指数的计算结果是一致的。

实践中，在用派氏指数公式编制商品价格总指数时，按基期价格和报告期销售量计算的报告期的假定销售额资料不易取得。因此，在已知各商品的价格个体指数和报告期各商品实际销售额资料的情况下，可用加权调和平均指数公式计算价格总指数。因此，加权调和平均指数是计算质量指标指数的又一重要方法。

(2)固定权数形式的加权调和平均指数

这种加权调和平均指数在统计实际工作中应用较少。其基本公式如下：

$$I=\frac{\sum W}{\sum \frac{W}{k}} \tag{10.15}$$

式中，W 为某一固定时期的权数。

10.2.3 综合指数与平均指数的关系

1.平均指数和综合指数的不同

(1)综合指数和平均指数的编制程序不同

综合指数是通过引进同度量因素后再加总对比，而平均指数是先算出个体指数后再综合平均。简言之，综合指数是先综合后对比，平均指数则是先对比后平均。

(2)综合指数和平均指数的编制方法不同

综合指数采用相对数公式编制;平均指数则使用了平均数的编制形式。

(3)综合指数和平均指数的编制条件不同

综合指数适用于根据全面资料编制;而平均指数既可以用全面资料编制,也可以用非全面资料编制,即只需对少数有代表性的个体指数加权平均即可,所需资料比较少,因此,它比综合指数更具有现实应用的意义。

(4)综合指数与平均指数使用的权数不同

综合指数一般要用实际资料为权数;而平均指数不仅可以用实际资料为权数而且可以用固定权数,这就为指数的编制提供了便利条件,从而可以保证指数计算结果的及时性。

(5)综合指数和平均指数的作用不同

平均指数通常只能反映现象变动的相对程度,而综合指数能从相对数和绝对数两方面反映现象的变动状况。

2.平均指数和综合指数的联系

平均指数和综合指数的联系主要表现为:针对同一现象总体和相同的指数编制范围,在一定的权数条件下,两类指数之间具有变形关系,即平均指数可作为综合指数的一种变形形式,两者的结果是一致的。不过,如果离开了特定的权数条件,两种指数之间就不存在变形关系。因此,可以说平均指数是一种独立的指数计算形式。

§10.3 指数体系与因素分析

10.3.1 指数体系的概念与作用

1.指数体系的概念

社会经济现象之间是相互联系的,指数体系实际上是现象之间的静态关系在指数上的反映,它可从广义和狭义两个角度去理解。

从广义上说,指数体系(Index System)是由若干个具有一定联系的指数所构成的一个整体。由于现象之间的联系是多种多样的,因此,指数间相互联系的形式也是多种多样的。例如,反映工业经济总体的变动情况,可以利用一系列的工业经济指数,它包括工业产品质量指数、工业劳动生产率指数、工业消耗量指数、工业成本指数、工业品出厂价格指数、工业销售量指数、产品库存量指数等。各个指数从不同侧面反映了工业经济总体的变动情况,存在一定的内在联系,因此,可以说这一系列指数组成了一个工业经济指数体系。

从狭义上说,指数体系是指不仅具有一定联系,而且保持一定数量对等关系的三个或三个以上的指数所构成的有机整体。狭义指数体系概念特别强调了指数间的数量对等关系，而这种数量对等关系，既可以相对数表示，也可以绝对数表示。相对数的关系表现为各因素指数的连乘积等于总变动指数；绝对数的关系表现为各因素变动影响额之和等于所研究现象的实际总变动差额。例如：

商品销售额指数＝商品销售量指数×商品价格指数

总成本指数＝生产量指数×单位成本指数

工资总额指数＝职工人数指数×平均工资指数

商品销售额变动额＝商品销售量变动对销售额的影响额＋商品价格变动对销售额的影响额

总成本变动额＝生产量变动对总成本的影响额＋单位成本变动对总成本的影响额

工资总额变动额＝职工人数变动对工资总额的影响额＋平均工资变动对工资总额的影响额

狭义指数体系是指数因素分析法的基础，指数因素分析法是研究现象总变动中各因素影响程度的常用方法之一。本节主要从狭义上研究指数体系。

2.指数体系的作用

(1)可以进行指数因素分析

根据指数体系中各指数之间相对数和绝对数的关系，可以从相对数和绝对数两个方面分析各因素变动对所研究现象变动的影响，即进行指数因素分析。根据分析的对象指标不同，这种分析不仅适用于对现象总量指标的变动进行分析，也适用于在分组情况下对总平均指标的变动进行分析。

(2)可以进行指数之间的互相推算

例如，由于指数体系可表现为各因素指数的连乘积等于总变动指数，因此，当已知指数体系中的某几个指数时，可以推算出某个未知指数。

10.3.2 指数因素分析法

指数因素分析法是利用指数体系对现象总体的综合变动，从数量上分析其受各因素影响程度和绝对效果的一种统计分析方法。指数因素分析法是以狭义指数体系为基础的，而狭义指数体系又建立在现象之间所存在的客观联系和相互作用基础上，指数因素分析法不仅可以分析各影响因素对所研究现象总体综合变动的影响程度和方向，即进行相对分析，而且还可分析各影响因素对所研究现象总体综合变动的绝对效果，即进行绝对分析。

需要说明的是，指数体系的建立是有假定条件的，因此指数因素分析法的结果也具有假定性，即在所利用的指数体系的前提下说明各因素的影响程度和效果，各因素的影响值只有在某种假定条件下才认为是正确的。

常用的指数体系中各因素指数通常是遵循综合指数的一般编制原则建立起来的，即数量指标指数的同度量因素固定在基期，质量指标指数的同度量因素固定在报告期。但指数体系的建立又是灵活的，可以根据实际情况和研究目的采用适当的指数体系进行指数因素分析。

1.指数因素分析法的种类

(1)按分析对象的特点不同，可分为简单现象因素分析和复杂现象因素分析

简单现象因素分析的基础是个体指数及其指数体系，如企业工资总额变动的影响因素分析；复杂现象因素分析的基础是综合指数及其狭义指数体系，如商店多种商品销售额变动的因素分析。

(2)按分析指标的表现形式不同，可分为总量指标变动的因素分析和平均指标、相对指标变动的因素分析

总量指标可分解为数量指标与质量指标建立指数体系分析；平均指标和相对指标可分解为水平型和结构型因素指标建立指数体系分析。

(3)按影响因素的多少不同，可分为两因素分析和多因素分析

指数因素分析法最基本的是两因素分析，即把分析指标分解为两个影响因素进行分析。但也可根据研究需要把分析指标分解为三个或以上因素进行分析，称为多因素分析。多因素分析比两因素分析会复杂一些。

2.指数因素分析法的步骤

指数因素分析法的步骤可以归纳为以下三步：首先，根据研究的目的确定分析指标及其影响因素，并计算出分析指标的相对和绝对变动数量；其次，计算各因素指数及其相应变化影响额，有几个影响因素就计算几个因素指数，各因素指数的编制依据综合指数编制的一般原则进行；最后，依据计算结果建立分析指标指数与各因素指数之间的指数体系，依次分析各因素变动对分析指标变动的影响程度及绝对数量。

10.3.3 总量指标变动的因素分析

1.两因素分析

总量指标变动的两因素分析，就是通过总量指标指数体系将影响总量指标变动的两个因素分离出来加以计算，从而对总量指标的变化做出解释。

(1)简单现象总体总量指标变动的两因素分析

对简单现象总体，总量指标的变动可以从总体单位数和总平均水平两个因素的影响进行分析。其指数体系和绝对量关系式分别如下：

$$\frac{q_1 p_1}{q_0 p_0}=\frac{q_1 p_0}{q_0 p_0}\times\frac{q_1 p_1}{q_1 p_0} \qquad (10.16)$$

$$q_1p_1-q_0p_0=(q_1p_0-q_0p_0)+(q_1p_1-q_1p_0) \quad (10.17)$$

上述总量指标指数体系可以不使用同度量因素，但绝对数分析则一定要引入同度量因素，这是简单现象总体因素变动分析的主要特点。

例 10.6 设某企业有关资料如表 10.7 所示。

表 10.7 某企业 2011～2012 年工资情况变动表

	2011 年	2012 年
工资总额(万元) pq	500	567
职工人数(人) q	1000	1050
平均工资(元/人) p	5000	5400

对该企业工资总额的变动进行因素分析。

首先，计算工资总额的总变动，即：

工资总额指数：$\frac{q_1p_1}{q_0p_0}=\frac{567}{500}\times100\%=113.40\%$

工资总额增加额：$q_1p_1-q_0p_0=567-500=67$(万元)

其次，分析工资总额总变动的具体原因。具体情况如下：

职工人数指数：$\frac{q_1p_0}{q_0p_0}=\frac{q_1}{q_0}=\frac{1050}{1000}\times100\%=105.00\%$

职工人数变动对工资总额的影响：

$q_1p_0-q_0p_0=(1050-1000)\times5000=25$(万元)

平均工资指数：$\frac{q_1p_1}{q_1p_0}=\frac{p_1}{p_0}=\frac{5400}{5000}\times100\%=108.00\%$

平均工资变动对工资总额的影响：

$q_1p_1-q_1p_0=1050\times(5400-5000)=42$(万元)

所以建立的指数体系为：

相对数：113.40%＝105.00%×108.00%

绝对数：67 万元＝25 万元＋42 万元

最后，分析各因素变动对工资总额变动的影响。通过计算可以看出，该企业报告期 2012 年比基期 2011 年工资总额增长了 13.40%，共增加 67 万元。其中，由于职工人数增长 5%而使工资总额增加 25 万元，由于职工平均工资提高 8%则使工资总额增加 42 万元。

(2)复杂现象总体总量指标变动的两因素分析

如果分析的是复杂现象总体，由于复杂现象总体的不可同度量，所以不能直接计算总体单位数和总平均水平两种指标。此时，各因素指数可采用综合指数的形式编制，即对复杂现象总体的总量指标进行因素分析，要在编制综合指数的基础上进行。其常用的指数体系及绝对量的关系式如下：

$$\frac{\sum q_1 p_1}{\sum q_0 p_0}=\frac{\sum q_1 p_0}{\sum q_0 p_0}\times\frac{\sum q_1 p_1}{\sum q_1 p_0} \tag{10.18}$$

$$\sum q_1 p_1-\sum q_0 p_0=\left(\sum q_1 p_0-\sum q_0 p_0\right)+\left(\sum q_1 p_1-\sum q_1 p_0\right) \tag{10.19}$$

上述总量指标指数体系中的各因素指数，是按前述一般原则编制的。

例 10.7 根据表 10.1 三种商品的销售资料计算销售额的总变动，并对其进行因素分析。

资料及整理数据如表 10.8 所示。

表 10.8 三种商品销售额计算表

商品名称	计量单位	销售量		价格(元)		销售额(元)		
		基期 q_0	报告期 q_1	基期 p_0	报告期 p_1	基期实际 q_0p_0	报告期实际 q_1p_1	报告期假定 q_1p_0
甲	米	420	466	30	25	12600	11650	13980
乙	件	240	240	40	43	9600	10320	9600
丙	台	188	160	20	20	3760	3200	3200
合计	—	—	—	—	—	25960	25170	26780

首先，计算销售额的总变动。

销售额指数 $I_{pq}=\frac{\sum q_1 p_1}{\sum q_0 p_0}=\frac{25170}{25960}\times 100\%=96.96\%$

销售额的变动额$=\sum q_1 p_1-\sum q_0 p_0=25170-25960=-790$(元)

其次，计算影响因素指数。因为销售额的变动，是由于销售量和价格两个因素变动作用的结果，所以要进一步计算销售量总指数和价格总指数，并分别分析它们的变动对销售额变动的影响额。

销售量总指数 $I_q=\frac{\sum q_1 p_0}{\sum q_0 p_0}=\frac{26780}{25960}\times 100\%=103.16\%$

销售量增长对销售额变动的影响额为：

$\sum q_1 p_0-\sum q_0 p_0=26780-25960=820$(元)

销售价格总指数 $I_p=\frac{\sum p_1 q_1}{\sum p_0 q_1}=\frac{25170}{26780}\times 100\%=93.99\%$

价格降低对销售额变动的影响额为：

$$\sum q_1p_1-\sum q_1p_0=25170-26780=-1610(\text{元})$$

最后，写出指数体系，并进行因素分析。将以上计算联系起来，形成如下指数体系：

相对数：96.96％＝103.16％×93.99％

绝对数：－790 元＝820 元＋(－1610)元

计算结果表明，该商店三种商品销售额报告期比基期下降了 3.04％，是由于销售量增长 3.16％和价格下跌 6.01％两个因素共同作用形成的。同时，由于销售量增长使销售额增加 820 元，由于价格下跌使销售额减少 1610 元，两因素共同作用使商店销售额共减少了 790 元。

2.多因素分析

客观现象是复杂的，总量指标的变动有时会受到三个或三个以上因素的共同影响。当一个总量指标可以表示为三个或三个以上因素指标的连乘积时，也可利用指数体系分别测定各因素变动及对总变动的影响，这种分析就是对总量指标变动的多因素分析。

总量指标变动的多因素分析方法与两因素分析方法基本相同，但多因素分析的指数体系由于所包含的因素较多，指数的编制过程较为复杂。因此，分析时需要注意以下几个问题：

(1)当测定某一因素的变动影响时，必须将其它所有因素都作为同度量因素固定不变。

(2)同度量因素所属时期的选择，仍然按照综合指数编制的一般原则处理。即在测定数量指标因素的变动影响时，应以基期质量指标为同度量因素；而在测定质量指标因素的变动影响时，应以报告期数量指标为同度量因素。

(3)合理安排各因素的排列顺序，一般是数量指标在前，质量指标在后，并且使相邻两指标之间的乘积具有实际意义。在全部影响因素中，数量指标和质量指标的区分是两两相对而言的。例如，就工业企业原材料支出总额的组成因素的排列顺序而言，要按产品产量、单位产品原材料消耗量(即单耗)、单位原材料价格的顺序排列，即：

原材料支出总额＝产量×单耗×单位原材料价格

上述等式中，产量与单耗的乘积为原材料消耗量，它具有实际意义；而单耗与单位原材料价格的乘积表示单位产品原材料消耗额，也具有实际意义。单耗相对于产量属质量指标，但相对于单位原材料价格，又属于数量指标，在编制该因素指数时，应特别注意这一点。

又如，分析商品利润额变动时，可以将利润额分解为商品销售量、商品价格和

销售利润率,三者之间的排列顺序应该为:

商品利润额=商品销售量×商品价格×销售利润率

其中,商品销售量与商品价格的乘积等于销售额,商品价格与销售利润率的乘积为单位商品利润,三者两两相乘均具有显著的实际意义。相对于商品销售量而言,商品价格是质量指标,相对于销售利润率而言,商品价格又是数量指标。

例 10.8 现举一个复杂现象的三因素分析例子,资料如表 10.9 所示。

表 10.9 三种产品产量、单耗和原材料价格资料

产品名称	产量(台)		单位产品原材料消耗量(克)		单位原材料价格(元)	
	基期 q_0	报告期 q_1	基期 m_0	报告期 m_1	基期 p_0	报告期 p_1
甲	50	60	150	145	3.0	3.20
乙	50	50	62	65	1.5	1.80
丙	150	200	90	90	0.5	0.85

表 10.9 中生产三种不同的产品,使用了不同的原材料。现要求分析原材料支出总额的变动分别受产量、单位产品原材料消耗量和单位原材料价格变动的影响。

原材料支出总额的指数体系如下:

原材料支出总额指数=产量指数×单耗指数×单位原材料价格指数

原材料支出总额增加额=产量变动影响的增加额+单耗变动影响的增加额+单位原材料价格变动影响的增加额

按照综合指数编制的一般原则编制各因素指数,上述两个等式采用表 10.10 中符号可分别表示为:

$$\frac{\sum q_1 m_1 p_1}{\sum q_0 m_0 p_0}=\frac{\sum q_1 m_0 p_0}{\sum q_0 m_0 p_0}\times\frac{\sum q_1 m_1 p_0}{\sum q_1 m_0 p_0}\times\frac{\sum q_1 m_1 p_1}{\sum q_1 m_1 p_0} \tag{10.20}$$

$$\begin{aligned}\sum q_1 m_1 p_1-\sum q_0 m_0 p_0 &=\left(\sum q_1 m_0 p_0-\sum q_0 m_0 p_0\right)\\ &\quad+\left(\sum q_1 m_1 p_0-\sum q_1 m_0 p_0\right)+\left(\sum q_1 m_1 p_1-\sum q_1 m_1 p_0\right)\end{aligned} \tag{10.21}$$

表 10.10 三种产品原材料支出总额计算表

产品名称	原材料支出总额(元)			
	$q_0m_0p_0$	$q_1m_0p_0$	$q_1m_1p_0$	$q_1m_1p_1$
甲	22500	27000	26100	27840
乙	4650	4650	4875	5850
丙	6750	9000	9000	15300
合计	33900	40650	39975	48990

为了进行原材料支出总额变动的多因素分析，有关的原材料支出总额数据计算如表 10.10 所示。根据表 10.9 和表 10.10 资料，可以分析原材料支出总额的变动情况及其原因。

(1)原材料支出总额的变动情况

原材料支出总额指数 $I_{qmp}=\dfrac{\sum q_1m_1p_1}{\sum q_0m_0p_0}=\dfrac{48990}{33900}\times 100\%=144.51\%$

原材料支出总额增加数$=\sum q_1m_1p_1-\sum q_0m_0p_0=48990-33900=15090$(元)

(2)产量变动影响情况

产量指数 $I_q=\dfrac{\sum q_1m_0p_0}{\sum q_0m_0p_0}=\dfrac{40650}{33900}\times 100\%=119.91\%$

产量增加影响原材料支出额增加数$=\sum q_1m_0p_0-\sum q_0m_0p_0=40650-33900=6750$(元)

必须说明，上述产量指数的编制，是将单耗和单位原材料价格两个因素固定在基期，原因在于这两个指标作为总体即其乘积是一个质量指标。

(3)单位产品原材料消耗量变动影响情况

单耗指数 $I_m=\dfrac{\sum q_1m_1p_0}{\sum q_1m_0p_0}=\dfrac{39975}{40650}\times 100\%=98.34\%$

单耗降低对原材料支出额的影响额$=\sum q_1m_1p_0-\sum q_1m_0p_0=39975-40650=-675$(元)

需要指出，计算单耗指数时，应将产量与单位原材料价格固定。对单耗来讲，产量属于数量指标，应固定在报告期；而单位原材料价格则属于质量指标，价格应固定在基期。

(4)单位原材料价格变动影响情况

单位原材料价格指数 $I_p=\dfrac{\sum q_1m_1p_1}{\sum q_1m_1p_0}=\dfrac{48990}{39975}\times 100\%=122.55\%$

单位原材料价格提高对原材料支出额的影响额$=\sum q_1m_1p_1-\sum q_1m_1p_0=48990-39975=9015$(元)

应当注意,计算单位原材料价格指数时,应将产量和单耗固定。由于这两个因素的乘积为原材料消耗量,对单位原材料价格来讲,属于数量指标,故均应固定在报告期。

以上各个指数之间的关系为:

$$144.51\%=119.91\%\times98.34\%\times122.55\%$$

而绝对增加数之间的关系则为:

$$15090\text{元}=6750\text{元}+(-675)\text{元}+9015\text{元}$$

可见,由于产品产量增长19.91%,影响原材料支出增加6750元;由于单耗降低1.66%,减少原材料支出675元;由于单位原材料价格上涨22.55%,增加原材料支出9015元。从而,总的使原材料支出额上升44.51%,增加15090元。

通过相对数和绝对数两个方面的分析,影响超支的因素一目了然,便于管理者找出控制成本费用的方法,改善企业的经营管理。事实上,因素分析作为一个非常有用的统计分析方法,可以被引入企业财务分析等诸多领域。

最后提醒一点,以上说明的是复杂现象总体的三因素变动影响分析。在简单现象总体条件下,也可以进行总量指标变动的三因素分析,这与复杂现象总体变动的三因素分析方法类似,所不同的是不需要“Σ”符号。

10.3.4 总平均指标变动的因素分析

现实生活中,我们经常需要分析两个时期同一现象总平均水平的变动,例如,分析平均工资的变动,分析劳动生产率的变动等。这些分析就需要利用平均指标指数体系进行。

由于现象的总平均水平,一般都是在分组的条件下,用加权算术平均数计算的。因此,总平均水平的变动,往往要受到两个因素的共同影响:一个是各组平均水平变动的影响;另一个是总体内部结构变动的影响。为了反映总平均指标的变动,并进一步分析组平均水平和总体内部结构变动对总平均水平变动的影响,即进行平均指标变动的两因素分析,需要计算可变构成指数、固定构成指数和结构影响指数三个指数,并相应建立其指数体系。

上述三个指数构成的平均指标指数体系为:

可变构成指数=固定构成指数×结构影响指数

用符号可表示为:

$$\frac{\sum x_1f_1}{\sum f_1}\div\frac{\sum x_0f_0}{\sum f_0}=\left(\frac{\sum x_1f_1}{\sum f_1}\div\frac{\sum x_0f_1}{\sum f_1}\right)\times\left(\frac{\sum x_0f_1}{\sum f_1}\div\frac{\sum x_0f_0}{\sum f_0}\right)\tag{10.22}$$

而绝对数变动的关系为：

$$\frac{\sum x_1 f_1}{\sum f_1}-\frac{\sum x_0 f_0}{\sum f_0}=\left(\frac{\sum x_1 f_1}{\sum f_1}-\frac{\sum x_0 f_1}{\sum f_1}\right)+\left(\frac{\sum x_0 f_1}{\sum f_1}-\frac{\sum x_0 f_0}{\sum f_0}\right) \quad (10.23)$$

上述各项指数的具体含义说明如下：

1.可变构成指数

统计上把在分组条件下包含各组平均水平及其相应的单位数结构这两个因素变动的总平均指标指数，称为可变构成指数。它是根据报告期和基期总体平均水平直接对比计算的。其计算公式为：

$$\text{可变构成指数 } I_{xf}=\frac{\sum x_1 f_1}{\sum f_1}\div\frac{\sum x_0 f_0}{\sum f_0} \quad (10.24)$$

式中，x_1、x_0 分别代表报告期与基期的组平均水平；f_1、f_0 分别代表报告期与基期的各组单位数。

2.固定构成指数

为了单纯反映各组平均水平变动的程度，消除总体结构变动的影响，需要编制固定构成指数。它作为只反映各组平均水平对总平均指标变动影响的平均指标指数，应将总体结构固定在报告期。其计算公式为：

$$\text{固定构成指数 } I_x=\frac{\sum x_1 f_1}{\sum f_1}\div\frac{\sum x_0 f_1}{\sum f_1} \quad (10.25)$$

3.结构影响指数

为了反映总体结构的变动对总平均水平变动的影响，应将各组平均水平固定在基期，编制结构影响指数。计算公式为：

$$\text{结构影响指数 } I_f=\frac{\sum x_0 f_1}{\sum f_1}\div\frac{\sum x_0 f_0}{\sum f_0} \quad (10.26)$$

例 10.9　设有某企业工人人数和月平均工资的分组资料，如表 10.11 所示。试对该企业工人总平均工资的变动进行因素分析。

表 10.11　某企业工人构成及工资情况

工人分组	工人人数(人)		月平均工资(元)		工资总额(元)		
	基期	报告期	基期	报告期	基期	报告期	假定
	f_0	f_1	x_0	x_1	$x_0 f_0$	$x_1 f_1$	$x_0 f_1$
技术工人	300	420	1500	1800	450000	756000	630000
一般工人	200	180	800	1200	160000	216000	144000
合计	500	600	1220	1620	610000	972000	774000

根据表 10.11 资料，首先计算企业工人总平均工资的变动情况。

$$可变构成指数\ I_{xf}=\frac{\sum x_1 f_1}{\sum f_1}\div\frac{\sum x_0 f_0}{\sum f_0}$$

$$=\frac{972000}{600}\div\frac{610000}{500}=1620\div1220=132.79\%$$

$$总平均工资增加额=\frac{\sum x_1 f_1}{\sum f_1}-\frac{\sum x_0 f_0}{\sum f_0}=1620-1220=400(元)$$

计算结果表明，该企业工人月平均工资报告期比基期提高了 32.79%，平均每人月工资收入增加 400 元。

接下来，我们分析总平均工资变动的具体原因。这需要利用平均工资指数体系，分离出组平均工资和工人人数结构变动对总平均工资的影响程度和绝对数量。

(1)各组平均工资变动影响

$$固定构成指数\ I_x=\frac{\sum x_1 f_1}{\sum f_1}\div\frac{\sum x_0 f_1}{\sum f_1}=1620\div\frac{774000}{600}$$

$$=1620\div1290=125.58\%$$

$$对总平均工资的绝对影响数=\frac{\sum x_1 f_1}{\sum f_1}-\frac{\sum x_0 f_1}{\sum f_1}=1620-1290=330(元)$$

(2)工人人数结构变动影响

$$结构影响指数\ I_f=\frac{\sum x_0 f_1}{\sum f_1}\div\frac{\sum x_0 f_0}{\sum f_0}=1290\div1220=105.74\%$$

$$对总平均工资的绝对影响数=\frac{\sum x_0 f_1}{\sum f_1}-\frac{\sum x_0 f_0}{\sum f_0}=1290-1220=70(元)$$

至此，可得到以下指数体系：

相对数：132.79%=125.58%×105.74%

绝对数：400 元=330 元+70 元

计算结果表明，该企业工人的总平均工资报告期比基期提高 32.79%，是由于各组工人工资水平上升 25.58%和工人结构变动使总平均工资上升 5.74%综合影响的结果。从绝对数角度来看，整个企业总平均工资增加 400 元，是各组工人平均工资提高使之增加 330 元和工人结构变动使之增加 70 元所致。

应当指出，平均指标变动的因素分析是一种重要的统计分析方法，对经济管理与研究有着十分重要的意义。影响总体平均指标变动的上述两类因素具有不同的性质。总体各部分的水平，主要决定于各部分内部的状况，反映了各部分内部各种因素的作用。而总体结构则是一种与总体全局有关的因素，总体结构状况决定着总体的一些基本特征。经济管理与研究的一项重要的任务就是优化结构，使结构合理化。平均指标的因素分析，为这方面的深入研究提供了重要依据。

10.3.5 总量指标指数体系与平均指标指数体系的结合运用

在对平均指标变动进行因素分析的基础上，结合总量指标的两因素分析，可进一步对总量指标的变动进行多因素分析，从而实现两种指数体系的结合运用，使问题的分析更加全面。下面以工资总额与平均工资的关系为例说明这种分析应用。

若令 $\bar{x}_1=\sum x_1f_1/\sum f_1$，$\bar{x}_0=\sum x_0f_0/\sum f_0$，$\bar{x}_n=\sum x_0f_1/\sum f_1$，则平均工资指数体系可简明表示为：

$$\frac{\bar{x}_1}{\bar{x}_0}=\frac{\bar{x}_1}{\bar{x}_n}\times\frac{\bar{x}_n}{\bar{x}_0} \tag{10.27}$$

$$\bar{x}_1-\bar{x}_0=(\bar{x}_1-\bar{x}_n)+(\bar{x}_n-\bar{x}_0) \tag{10.28}$$

由于工资总额＝平均工资×工人人数，即 $\sum xf=\bar{x}\times\sum f$，因而根据指数体系的一般原则可以得到：工资总额指数＝平均工资指数×工人人数指数，用公式表示为：

$$\frac{\sum x_1f_1}{\sum x_0f_0}=\frac{\bar{x}_1\sum f_1}{\bar{x}_0\sum f_0}=\frac{\bar{x}_1\sum f_1}{\bar{x}_0\sum f_1}\times\frac{\bar{x}_0\sum f_1}{\bar{x}_0\sum f_0}=\frac{\bar{x}_1}{\bar{x}_0}\times\frac{\sum f_1}{\sum f_0} \tag{10.29}$$

其绝对数的关系为：

$$\sum x_1f_1-\sum x_0f_0=(\bar{x}_1-\bar{x}_0)\sum f_1+\bar{x}_0\left(\sum f_1-\sum f_0\right) \tag{10.30}$$

将式(10.27)代入式(10.29)得相对数关系：

$$\frac{\sum x_1f_1}{\sum x_0f_0}=\frac{\bar{x}_1\sum f_1}{\bar{x}_0\sum f_0}=\frac{\bar{x}_1}{\bar{x}_n}\times\frac{\bar{x}_n}{\bar{x}_0}\times\frac{\sum f_1}{\sum f_0} \tag{10.31}$$

即：工资总额指数＝固定构成工资指数×结构影响工资指数×工人人数指数

将式(10.28)代入式(10.30)得绝对数关系：

$$\sum x_1f_1-\sum x_0f_0=(\bar{x}_1-\bar{x}_n)\sum f_1+(\bar{x}_n-\bar{x}_0)\sum f_1+\bar{x}_0\left(\sum f_1-\sum f_0\right) \tag{10.32}$$

即：工资总额变动额＝组平均工资变动对工资总额的影响额＋各组工人数(结构)变动对工资总额的影响额＋企业工人总数变动对工资总额的影响额

例 10.10 根据表 10.11 的资料，对企业工资总额的变动进行多因素分析。

首先，计算工资总额的变动，即：

工资总额指数$=\dfrac{\sum x_1 f_1}{\sum x_0 f_0}=\dfrac{972000}{610000}=159.34\%$

工资总额变动额$=\sum x_1 f_1-\sum x_0 f_0=972000-610000=362000$(元)

其次,分析影响工资总额变动的原因。具体情况如下:

(1)各组工人平均工资变动对工资总额的影响

固定构成工资指数$=\dfrac{\bar{x}_1}{\bar{x}_n}=1620\div1290=125.58\%$

对工资总额的影响额$=(\bar{x}_1-\bar{x}_n)\sum f_1=(1620-1290)\times600=198000$(元)

(2)由于工人人数结构变动对工资总额的影响

结构影响工资指数$=\dfrac{\bar{x}_n}{\bar{x}_0}=1290\div1220=105.74\%$

对工资总额的影响额$=(\bar{x}_n-\bar{x}_0)\sum f_1=(1290-1220)\times600=42000$(元)

(3)企业工人总数变动对工资总额的影响

工人人数指数$=\dfrac{\sum f_1}{\sum f_0}=600\div500=120\%$

对工资总额的影响额$=\bar{x}_0\left(\sum f_1-\sum f_0\right)=1220\times(600-500)=122000$(元)

从而形成如下指数体系:

相对数:159.34%=125.58%×105.74%×120%

绝对数:362000 元=198000 元+42000 元+122000 元

计算结果表明,该企业工人工资总额报告期比基期增长了 59.34%,增加了 362000 元。其中,由于各组工人工资水平提高 25.58%,使工资总额增加了 198000 元;由于工人结构变动 5.74%,使工资总额增加了 42000 元;由于企业工人总数增加 20%,使工资总额增加了 122000 元。

§10.4 几种常用的经济指数

10.4.1 居民消费价格指数和商品零售价格指数

居民消费价格指数(Consumer Price Index,CPI)也称消费者价格指数,它是度量一组代表性消费商品及服务项目价格水平随着时间而变动的相对数,是反映居民家庭购买消费品及服务价格水平的变动情况的统计分析指标。

为了满足及时性要求,我国居民消费价格指数按月编制,并公布月度和年度数据；为了各层面分析的需要，它既分别编制全国与地区的居民消费价格指数，又分别编制城市居民与农村居民的消费价格指数。全国居民消费价格指数是对城市居民与农村居民的消费价格指数进行综合汇总计算的结果。从2001年起，居民消费价格指数按月编制以2000年平均价格水平为固定基期的指数，以此可以推算年距和月距环比指数。从2011年1月起，我国CPI开始编制以2010年为对比基期的价格指数序列。这是自2001年编制CPI定基价格指数以来，第二次进行基期例行更换，首轮基期为2000年，第二轮基期为2005年。调整基期是为了更容易比较。因为对比基期越久，价格规格品质变化就越大，可比性就会下降。选择逢0逢5年度作为编制CPI的对比基期，目的是为了与我国国民经济和社会发展五年规划保持相同周期，便于数据分析与使用。全国居民消费价格指数（CPI）涵盖全国城乡居民生活消费的食品、烟酒及用品、衣着、家庭设备用品及维修服务、医疗保健和个人用品、交通和通信、娱乐教育文化用品及服务、居住等八大类、262个基本分类的商品与服务价格。数据来源于全国31个省（区、市）500个市县、6.3万家价格调查点，包括食杂店、百货店、超市、便利店、专业市场、专卖店、购物中心以及农贸市场与服务消费单位等。

编制居民消费价格指数依据抽样调查资料，调查地区和调查点以及代表性商品和规格品的选择采用分层抽样调查，将这些代表商品和规格品作为样本，对市场价格进行经常性调查，以样本推断总体。

居民消费价格指数的编制过程主要按下列几个步骤进行：

1.选择代表商品和代表规格品

代表商品是选择那些消费量大、价格变动有代表性的商品。代表规格品的选择原则有：①销售数量（金额）大；②价格变动趋势和变动程度有较强的代表性，即选中规格品的价格变动特征与未选中规格品之间价格变动的相关性越高越好；③选中的代表规格品之间，性质相隔越远越好，价格变动特征的相关性越低越好；④选中的工业消费品必须是合格产品，产品包装上有注册商标、产地、规格等级等标识。

根据居民家庭消费支出调查资料，确定大约600种代表规格品。规格品的数量每年可适当变动，但一年变动一般不超过10个。各省（区、市）根据当地实际情况决定本地的代表规格品。

2.选择调查市县和调查点

居民消费价格指数采用划类选择法抽选价格调查市县和价格调查点。

对于城市的抽选首先将辖区内所有城市以年平均工资为标志从高到低排；其次将各个城市的常住人口数累计起来，然后依据所需调查城市的数量进行等距抽样。对于县的抽选，首先将辖区内所有县以年人均纯收入为标志从高到低排队，其次将各个县的人口数累计起来，然后依据所需调查县的数量进行等距抽样。对于价格调查点的抽选，首先将各种类型的商店、农贸市场、服务网点分别以人均销售额、成交额和经营规模为标志，从高到低排队，其次分别将销售额、成交额和经营规模累计起来，然后依据所需调查点的数量进行等距抽样。

3.价格的调查与计算

价格调查的原则如下：①同一规格品的价格必须同质可比；②如果商品的挂牌价格与实际成交价格不一致，应调查采集实际成交价格；③对于与居民生活密切相关、价格变动较频繁的商品，至少每5天调查一次价格，一般性商品每月调查采集2～3次价格，工业品每月采价1～3次，对于政府监管的价格，如电、公共交通和饮用水等的价格，一般是每月采价1次。价格调查方法采用定人、定点、定时直接调查。代表规格品的平均价格采用简单算术平均法计算。

4.权数的确定

居民消费价格指数的计算权数根据11万多户城乡居民家庭消费支出构成确定。其中全省(区)城市和农村权数分别根据全省(区)城镇居民家庭生活消费支出调查资料和农村居民家庭生活消费现金支出资料整理计算。全省(区)权数根据城市和农村权数按城乡人均消费支出金额和人口加权平均计算。全国权数根据各省、自治区、直辖市的权数按各地人均消费支出金额和人口加权平均计算。大类、中类和基本分类的权数依次分层计算。

5.计算价格指数

具体计算方法采用国际通行的链式拉氏公式，以便使价格指数能够更真实地反映固定时期总体价格水平变动中的纯价格变动，准确地解释价格的走势，实现月距环比价格指数(月环比价格指数)与年距环比指数(月同比价格指数)之间的逻辑检验。链式拉氏公式如下：

$$I_t = \sum \frac{p_t}{p_{t-1}} W_{t-1} \times I_{t-1} \qquad \left(\sum W_{t-1} = 1\right) \tag{10.33}$$

月环比价格指数等于当月定基价格指数与上月定基价格指数之比；月同比价格指数等于当月定基价格指数与上年同月定基价格指数之比；年度价格指数等于当年各月定基价格指数的平均数与上年各月定基价格指数的平均数之比。即：

$$\text{月环比价格指数} = I_t / I_{t-1} \tag{10.34}$$

$$\text{月同比价格指数} = I_t / I_{t-12} \tag{10.35}$$

$$\text{年度价格指数} = \left[\sum_{t=1}^{12} I_t \div 12\right] \Big/ \left[\left(\sum_{t-12=1}^{12} I_{t-12}\right) \div 12\right] \tag{10.36}$$

具体计算过程是，先计算代表性商品的个体指数，再依次计算各类商品的小、中、大类指数，最后计算总指数。

居民消费价格指数除了反映城乡居民购买生活消费品和服务项目价格的变动

趋势和程度，还有许多其他用途。

1.反映通货膨胀状况

通货膨胀的严重程度是用通货膨胀率来反映的，它说明了一定时期内商品价格持续上升的幅度。通货膨胀率一般以居民消费价格指数来表示。计算公式为：

$$\text{通货膨胀率}=\frac{\text{报告期}\,CPI-\text{基期}\,CPI}{\text{基期}\,CPI}\times 100\% \tag{10.37}$$

2.反映货币购买力变动

货币购买力是指单位货币所能购买到的消费品和服务的数量。居民消费价格指数上涨，货币购买力则下降；反之则上升。居民消费价格指数的倒数就是货币购买力指数，计算公式为：

$$\text{货币购买力指数}=\frac{1}{CPI}\times 100\% \tag{10.38}$$

3.测定职工实际工资水平

居民消费价格指数的提高意味着实际工资的减少，居民消费价格指数的下降意味着实际工资的提高。因此，可利用居民消费价格指数将名义工资转化为实际工资，其计算公式为：

$$\text{实际工资}=\frac{\text{名义工资}}{CPI} \tag{10.39}$$

居民消费价格指数和商品零售价格指数(Retail Price Index，简称 RPI)都属于价格指数，在编制的方法上也没有本质区别，但两者反映了两种不同领域，它们的编制目的是不相同的。居民消费价格指数属于消费领域的价格指数，通过它可以观察居民生活消费品及服务项目价格变动对居民生活的影响，为各级政府掌握居民消费状况，研究和制定居民消费价格政策、工资政策提供科学依据。商品零售价格指数属于流通领域的价格指数，通过它可以掌握零售商品的平均价格水平，为各级政府制定经济政策，研究市场流通提供科学依据。

在计算权数的来源和调查商品的范围上两者也不同：

1. 编制居民消费价格指数的权数来源于居民用于各类商品和服务项目的消费支出额以及各种商品、服务项目的实际消费支出额的构成比重，根据住户调查资料计算。编制商品零售价格指数的权数来源于各类消费品零售额和各种消费品零售额的构成比重，主要根据社会消费品零售额资料计算。

2. 居民消费价格的调查范围是居民用于日常生活消费的商品和服务项目价格，它既包括商品也包括非商品与服务，如学杂费、保育费等。但不包括居民一般不消费而主要供集团消费的商品，如办公用品、轿车等。居民消费价格包括的商品按居民消费性质分为八大类。而商品零售价格指数包括的商品按用途分为 16 大类。商品零售价格它只反映商品价格的变动，包括居民消费和集团消费的商品价格变动，而不反映非商品与服务价格的变动。

10.4.2 工业品价格指数

工业品价格指数也称生产者价格指数(Producer Price Index，PPI)，现行的工业品价格指数包括两方面的内容：(1)工业品出厂价格指数；(2)工业中间投入价格指数。工业品出厂价格指数是反映全部工业品出厂价格总水平的变动趋势和程度的相对数，包括工业企业售给本企业以外所有单位的各种产品和直接售给居民用于生活消费的产品。工业中间投入价格指数是反映工业中间产品消耗的货物和服务购进价格的变动趋势和变动程度的相对数。我国目前主要编制原材料、燃料、动力购进价格指数。

1957 年，我国开始编制工业品出厂价格指数，并且加工整理了 1952～1957 年的全国工业品出厂价格总指数，以及主要工业品的出厂价格指数。后来由于在价格制度上长期实行单一的调拨价格，工业品价格长期保持不变，继续编制这样的工业品价格指数已失去了现实意义，故于 1962 年停编。改革开放以后，我国工业产品价格逐步由单一价格形式转向多种价格形式，为了适应我国价格体制改革的需要，国家统计局从 1984 年起恢复了工业品价格指数的编制工作。经过 1985～1987 年这 3 年的试编，1988 年正式由全国各省、自治区、直辖市编制工业品价格指数，并上报国家统计局。1991 年国家统计局正式制定了《工业品价格统计调查方案》。目前《工业品价格调查目录》包括 1400 多种产品。调查企业的范围已增加到 25000 家，城市的范围增加到近 300 个。

我国目前编制的工业品出厂价格指数共有 4 种分组：①轻、重工业分组；②生产资料和生活资料分组；③工业部门分组；④工业行业分组。原材料、燃料、动力购进价格指数有两种分组：①材料类别分组；②工业行业分组。

工业品价格调查采用重点调查与典型调查相结合的调查方法。重点调查将全部国有企业和年销售收入 500 万元以上的非国有企业列为调查对象，采用主观选择的方法选择调查企业；典型调查是把年销售收入 500 万元以下的非国有企业作为抽样对象，采用随机抽样的调查方法。

编制工业品价格指数主要解决如下问题：

1.选择代表品

代表产品的选择，即制定科学的、完善的工业品价格调查目录，对工业品价格指数能否正确反映工业品价格变动的实际情况影响极大。如果代表产品过少，会造成代表性不足、价格指数不准确，而过多又会增加工作量，造成不必要的浪费。从国外的情况看，一般是用几百种至两千多种代表产品来编制工业品价格指数。我国编制工业品出厂价格指数选用了 1400 多种产品，编制原材料、燃料、动力购进价格指数选用了500多种产品。

目前,工业品价格调查目录的制定遵循了以下原则:

(1)按工业行业选择代表产品。也就是在科学分类的基础上进行选择。工业行业是以工业企业生产的主要产品的主要用途、所用原材料和生产工艺为划分原则的。按工业行业选择代表产品,就相当于先把全部工业产品进行归类,然后,再根据各个行业在国民经济中的地位,按行业选择相应的代表产品。这样既便于选择,也可以提高代表产品的代表性。各行业选择代表产品的个数多少,要根据各行业的具体情况而定。但要保证各主要行业都有一定的代表产品,以分别反映各主要行业工业品价格变动的情况。

(2)选择对国计民生影响大的产品。一般来说,应该选择销售额在全部工业产品销售额中所占比重较大的产品,这个比重一般要大于万分之二。当然,某种产品是不是对国计民生影响较大,不能只用其销售额在全部工业品销售额中所占的比重大小来衡量。对于那些销售额并不大,但属于人民生活所必需的,而且人们对其价格变动反映敏感的产品,也应适当选择一些作为代表产品。为了保证代表产品有足够的代表性,所有入选产品的销售额合计,在全部工业产品销售额中所占的比重,一般不应低于70%,这样计算出的工业品价格指数的可靠性就比较高。我国目前代表产品所代表的行业销售额(购进额)超过当年全国工业品销售总额(购进额)的70%。

(3)选择生产较为稳定的产品。在选择代表产品时,应考虑该产品是否已正常生产、正常销售。应当选择那些已正常生产或小批量生产、正常销售并且具有生命力的产品作为代表产品。既不能选择那些试产试销的产品,也不能选择那些行将淘汰的产品。

(4)选择有发展前景的产品。部分产品如电子产品、生物制品、新材料等,尽管其当期销售额较小,但它是有前途的产品,随着时间的推移,就会占有市场,所以要将这样的产品选为代表产品。而部分产品尽管一时销售额较大,但已是国家明令淘汰或是将被市场淘汰的产品,则不应选为代表产品。

(5)选择具有地方特色的产品。全国的工业品价格调查目录一般五年修订一次,在产品更新换代快等特殊情况下可提前修订。全国的工业品价格调查目录是以满足国家编制工业品价格指数为主要目的而制定的,编制指数的地区可根据本地区的经济结构、产品结构等情况,增补一些本地区有代表性的调查产品,以提高工业品价格指数对本地区的代表性。

2.选择代表企业

在选择代表企业时,应遵循以下原则:

(1)按工业行业选择调查企业,各中类行业原则上都要有调查企业。调查企业要分布合理，不能遗漏，也不能过于集中。就编制指数的地区来讲，原则上每个中类行业都应选择代表企业特别是有产值的中类行业一定要有调查企业。

(2)大型企业应尽量都选上(或占相当大比重)。同时也应采用抽样方法适当选择一些中小企业，使工业品价格指数更准确、全面地反映客观实际。

(3)选择生产稳定、正常的企业作为调查对象。

(4)选择企业时要兼顾不同所有制形式。

3.价格调查方式

采用企业报表形式，每月两万多家工业企业上报数据资料。

4.权数的确定

编制工业品出厂价格指数所用的权数用工业品销售额计算，编制原材料、燃料、动力购进价格指数的权数用工业部门各种物资消耗额计算。与国外通行的做法一致，权数一般五年更换一次，在五年期间，若出现产品更新换代快，以致影响权数代表性的情况时，可及时进行合理修正。目前基年是2000年。权数计算资料来源于工业普查数据。若近期没有工业普查数据时，可以用工业统计资料和部门统计资料来推算。

现行工业品出厂价格指数采用按行业分层分摊权数的方法确定权数，即根据各行业的销售额占总销售额的比重计算各行业的权数，然后再根据本行业代表产品的销售额计算代表产品的权数，本行业代表产品权数之和等于本行业的权数。实际上，这种方法就是将所有非代表产品的权数，按比例分摊到各代表产品上。原材料、燃料、动力购进价格指数采用直接权数。以代表产品的销售额相加所得的总量作为100％或1000％来计算各个代表产品的比重，用这种比重作为每个代表产品的权数，这样计算的权数叫直接权数。

5.指数的计算

(1)工业品出厂价格指数的计算

工业品出厂价格指数的基本计算步骤是：

第1步，由调查企业计算代表规格品个体价格指数。代表规格品个体价格指数，是用报告期平均单价除以基期平均单价计算的相对数。因此要计算代表规格品的个体价格指数，首先要计算出各代表品(规格品)的平均单价。该平均单价是用不同价格销售的销售量加权计算的混合平均单价。其次计算代表品(规格品)的价格指数。计算公式如下：

$$K_{ij}=\frac{\bar{p}_{1ij}}{\bar{p}_{0ij}} \tag{10.40}$$

其中，K_{ij} 为企业 i 的第 j 种代表规格品价格指数，$\bar{p}_{0ij}$ 为企业 i 在基期销售第 j 种规格品的平均单价，$\bar{p}_{1ij}$ 为企业 i 在报告期销售第j种规格品的平均单价。

第 2 步，综合部门汇总代表规格品价格指数，它是由调查企业的代表规格品价格指数采用简单几何平均计算的，计算公式为：

$$K_j = \sqrt[n]{K_{1j} \times K_{2j} \times \cdots K_{nj}} \tag{10.41}$$

其中，K_j 为全国(省、市)第 j 种代表规格品的价格指数；K_{nj} 为企业 n 第 j 种代表规格品的价格指数。

第 3 步，计算代表产品的个体价格指数。它是采用简单算术平均法计算。计算公式为：

$$K = \frac{K_1 + K_2 + \cdots + K_m}{m} \tag{10.42}$$

其中，m 为代表产品包括的代表规格品的个数。

第 4 步，计算价格总指数。计算价格总指数，可采用两种方法，一是用代表产品价格指数直接加权计算；二是按照特定的分组，分层计算。不管采用何种方法，其计算公式是一致的，以直接加权法为例，即：

$$\bar{K} = \frac{\sum KW}{\sum W} \tag{10.43}$$

其中，$\bar{K}$ 为价格总指数，K 为代表规格品个体价格指数，W 为代表产品的权数。

按分层法计算的方法是，先计算行业小类价格指数，然后计算行业中类价格指数，再计算行业大类价格指数，最后计算全部工业品出厂价格总指数。这种算法脉络清晰，可提供多层次的价格指数，满足不同层次管理的需要。

(2)原材料、燃料、动力购进价格指数

原材料、燃料、动力购进价格指数的计算步骤是：

第 1 步，用简单几何平均法计算代表规格品的价格指数。计算公式为：

$$K_j = \sqrt[n]{K_{1j} \times K_{2j} \times \cdots K_{nj}} \tag{10.44}$$

其中，K_j 为第 j 种代表规格品的价格指数；K_{nj} 为企业 n 第 j 种代表规格品的价格指数。

第 2 步，用简单算术平均法计算代表产品的个体价格指数。计算公式为：

$$K = \frac{K_1 + K_2 + \cdots + K_m}{m} \tag{10.45}$$

其中，K 为代表产品个体价格指数；K_m 为第 m 种代表规格品的价格指数；m 为代表产品包括的代表规格品的个数。

第 3 步，用加权算术平均法计算原材料、燃料、动力购进价格总指数。计算公式为：

$$\bar{K} = \frac{\sum KW}{\sum W} \tag{10.46}$$

其中，$\bar{K}$ 为价格总指数，K 为代表产品个体价格指数，W 为代表产品的权数。

10.4.3 固定资产投资价格指数

1990 年，国家统计局开始编制固定资产投资价格指数（Price Indices for Investment in Fixed Assets）编制方案，1991 年起开始编制固定资产投资价格指数。固定资产投资价格指数是反映固定资产投资额价格变动趋势和程度的相对数。固定资产投资额是由建筑安装工程投资完成额、设备、工器具购置投资完成额和其他费用投资完成额三部分组成的。编制固定资产投资价格指数应首先分别编制上述三部分投资的价格指数，然后采用加权算术平均法求出固定资产投资价格总指数。

固定资产投资价格调查的目的在于通过调查和搜集全社会、国民经济各门类及各类工程固定资产投资经济活动中涉及的各种价格资料和费用资料，并掌握各种平均价格水平和费用标准，编制与固定资产投资活动有关的各种价格指数。编制固定资产投资价格指数可以及时、准确地反映全社会、国民经济各门类及各类工程固定资产投资中涉及的各类投资品价格的变动趋势和变动幅度，消除按现价计算的固定资产投资指标中的价格变动因素，真实地反映全社会、国民经济各门类及各类工程固定资产的规模、速度、结构和效益，为国家及各部门科学地制订、检查固定资产投资计划和进行国民经济核算提供科学的、可靠的依据。如可利用固定资产投资价格指数中的建筑安装工程价格指数缩减现价建筑业增加值，计算不变价建筑业增加值。

固定资产投资价格调查采用重点调查与典型调查相结合的方法。在固定资产投资价格调查中，建筑安装工程价格和设备工具、器具价格（机械工业产品出厂价格）采用重点调查方法，而其他费用价格调查则采用典型调查方式。

编制固定资产投资价格指数主要解决如下几个问题：

1.选择建筑安装工程调查点

选择建筑安装工程调查点的原则是：①样本单位应具有一定覆盖面；②投资经济活动代表性强；③兼顾不同经济类型；④选择重点工程；⑤兼顾国民经济各门类及不同工程类别。

2.选择其他费用调查点

在选择其他费用调查点时，所遵循的原则与建筑安装工程调查点的原则基本相同，特别是要注意选择那些投资额大的工程。但由于其他费用不易取得，所以在实际操作过程中，应同时在建设单位、施工单位开展重点调查，并辅以典型调查（从管理部门取得资料）。

3.价格调查和计算固定资产投资价格调查

采用企业报表和调查员走访相结合的方式。

4.权数的确定

固定资产投资价格指数的计算权数是建筑安装工程、设备、工器具购置和其他费用三者前三年的平均比重。这样可以消除因政策、投资结构、技术突变所带来的影响。

5.固定资产投资价格指数的计算

计算固定资产投资价格总指数应先编制建筑安装工程投资价格指数，设备、工器具购置价格指数，其它费用投资价格指数，然后采用加权算术平均法计算固定资产投资价格总指数。计算公式为：

$$\bar{K}=\sum K_i\frac{W_i}{\sum W_i} \tag{10.47}$$

其中，$\bar{K}$ 为固定资产投资价格总指数；K_i 为分类价格指数；$W_i/\sum W_i$ 为权数，即上述三部分投资的前三年投资完成额的平均比重。

10.4.4 股票价格指数

股票在最初发行时，通常是按面值出售的。股票面值是指股票票面上所标明的金额。但股票在证券市场上交易时，就出现了与面值不一致的市场价格。股票价格一般是指股票在证券市场上交易时的市场价格。股票价格是一个时点值，有开盘价、收盘价、最高价、最低价等等，但通常以收盘价作为该种股票当天的价格。股票价格受多种因素的影响，但正常情况下通常与两个直接因素相关：一是预期股息；二是银行存款利息率。股票价格的高低与预期股息成正比，与银行利息率成反比。因此，股票价格的形成可以用下列公式表示：

$$\text{股票价格}=\frac{\text{票面价值}\times\text{预期股息}}{\text{存款利息率}} \tag{10.48}$$

股票市场上每时每刻都有多种股票进行交易，且价格各异，有跌有涨。用某一种股票的价格显然不能反映整个股票市场的价格变动，这就需要计算股价平均数和股票价格指数。

1. 股价平均数

股价平均数是股票市场上多种股票在某一时点上的算术平均值，一般以收盘价来计算。计算公式为：

$$\text{股价平均数}=\frac{1}{n}\sum_{i=1}^{n}p_i \tag{10.49}$$

式中，p_i 为第 i 种股票的收盘价；n 为样本股票数。

因股票市场上股票交易品种繁多，股价平均数（股票价格指数也是一样）只能就样本股票来计算。但所选择的样本股票必须具有代表性和敏感性。代表性是指在种类繁多的股票中,既要选择不同行业的股票,又要选择能代表该行业股价变动趋势的股票;敏感性是指样本股票价格的变动能敏感地反映出整个股市价格的升降变化趋势。

2. 股票价格指数计算

股票价格指数(Stock Price Index)是反映某一股票市场上多种股票价格变动趋势的一种相对数,简称股价指数,其单位一般以"点"(Point)表示,即将基期指数作为100,每上升或下降一个百分点称为"1点"。

股票价格指数的计算方法很多,但一般以发行量为权数进行加权综合。计算公式为:

$$I_p = \frac{\sum p_{1i} q_i}{\sum p_{0i} q_i} \tag{10.50}$$

其中 p_{1i} 为第 i 种样本股票报告期价格;p_{0i} 为第 i 种样本股票基期价格;q_i 为第 i 种股票的发行量,可以确定为基期,也可确定为报告期,但大多是报告期的发行量。

例 10.11 设有三种股票的价格和发行量资料如表 10.12,试计算股票价格指数。

表 10.12 三种股票的价格和发行量资料

股票名称	基期价格(元)	本日收盘价(元)	报告期发行量(万股)
A	25	26.5	4000
B	8	7.8	8000
C	12	12.6	5000

根据表 10.12 资料计算的的股票价格指数为:

$$I_p = \frac{\sum p_{1i} q_i}{\sum p_{0i} q_i} = \frac{26.5 \times 4000 + 7.8 \times 8000 + 12.6 \times 5000}{25 \times 4000 + 8 \times 8000 + 12 \times 5000}$$

$$= \frac{231400}{224000} = 103.30\%$$

即股价上涨了 3.3 个点。

3. 常见股票价格指数

目前,世界各国的主要证券交易所都有自己的股票价格指数,比如,美国的道琼斯股票价格指数和标准普尔股票价格指数、伦敦金融时报指数、法兰克福 DAX 指数、巴黎 CAC 指数、瑞士的苏黎世 SMI 指数、日本的日京指数、香港的恒生指数等等。我国的上海和深圳两个证券交易所也编制了自己的股票价格指数,如上交所的综合指数和 30 指数、深交所的成分股指数和综合指数等。以下简单介绍我国的上证综合指数和深证综合指数。

1.上证综合指数

上海证券交易所股价指数，简称上证综合指数，该指数自 1991 年 7 月 15 日起正式发布，以 1990 年 12 月 19 日为基日(基日为 100 点)，以现有所有上市的股票(包括 A 股和 B 股)为样本，以报告期股票发行量为权数进行编制。其计算公式为：

$$\text{今日股价指数}=\frac{\text{今日市价总值}}{\text{基日市价总值}}\times 100 \tag{10.51}$$

具体计算方法是，以基期和计算日的全部股票的收盘价(如当日未成交则延用上一日收盘价)分别乘以发行股数，但如遇上市股票增资扩股或新增(删除)时，则需进行修正。其计算公式调整为：

$$\text{新基准市价总值}=\frac{\text{修正前市价总值}+\text{市价总值变动额总值}}{\text{修正前面市价总值}}\times\text{修正前基准市价总值} \tag{10.52}$$

$$\text{本日股价指数}=\frac{\text{本日市价总值}}{\text{新基准市价总值}}\times 100 \tag{10.53}$$

上证综合指数在编制上有以下几个特点：

第一，以在上海证券交易所挂牌上市的全部股票作为编制对象。这种做法优点在于能较全面、准确地反映某一时点股票价格的全面变动情况，充分考虑行业分布，兼顾公司的不同规模和实力，因而具有广泛的代表性。同时，又产生如下两个缺陷：一是敏感性较差，即不能敏感地反映主要上市公司股票价格对市场大势的影响；二是只要有新股上市，就得计入指数中，使得指数内部结构变动频繁，影响了指数内部结构的稳定性和指数前后的可比性。

第二，以发行量作为权数。采用发行量作为权数编制股价指数是国际上通行的做法，这主要是因为国外的股票发行量一般都可上市流通。但我国股票发行量中的国家股和法人股约占总股本的 70%左右，且不能上市流通。将如此巨大份额的不能上市流通的股本列入权数范围内，所编制的指数只能反映潜在的流通市场，而不能反映现实市场股价的综合变动情况。

第三，指数基期定为 100 点。这也是国际惯例之一，并比较容易被人接受和理解。

与上证综合指数相关的一组指数叫上证分类指数，上证分类指数主要包括两类：一类是 A 股指数和 B 股指数，对上交所上市的 A 股和 B 股分别计算，以分别反映 A 股和 B 股的股价整体变动状况，指数的基日分别为 1990 年 12 月 19 日和 1992 年 2 月 21 日，基日均为 100 点，该分类指数自 1992 年 2 月 21 日起正式发布；另一类是行业分类指数，对在上交所上市的股票按工业、商业、房地产、公用事业和综合类等5大类分别计算，以反映不同行业的景气状况及股票股价变动情况。上证分类指数的基期为1993年4月30日，基期指数定为1358.78点（以1993年4月30日上证综合指数收盘数确定），以相应类别的全部上市股票发行股数为权数分别计算，行业分类指数自1993年6月1日起正式发布。

2.深证综合指数

深证综合股价指数是以发行量作为权数来计算的，以所有在深圳证券交易所上市的股票为采样股。它以1991年4月3日为基日，基日指数定为100。当有新股上市时，在其上市后第二天纳入采样股计算，若某一采样股暂停买卖时，将其剔除于指数的计算之外。若其在交易时间内突然停牌，则取其最后成交价格按盘计算即时指数，直至收市后，再进行必要的调整，将其剔除。其计算公式为：

$$\text{报告期指数}=\frac{\text{报告期市价总值}}{\text{基日市价总值}}\times 100 \tag{10.54}$$

若采样股的股本结构或股票名单有所变动，则变动之日为新基日，并以新基数计算，同时用“连锁”方法将计算所得的指数溯源于原有基日，以维持指数的连续性。

每日连锁方法之环比公式为：

$$\text{今日即时指数}=\text{上日收市股价指数}\times\frac{\text{今日现时总市值}}{\text{上日收市总市值}} \tag{10.55}$$

其中：今日现时总市值＝各采样股的市价×已发行股数

上日收市总市值是根据上日采样股的股本或采样股变动而作调整后的总市值，也就是理论意义下作调整后的总市值。

由此可见，该指数是通过将变动部分与原有的指数相乘加以调整计算的。深证综合指数的主要特点为：

第一，以上市的全部股票为指数股纳入指数计算范围。其计算范围的确立主要基于：①由于当时深圳股市处于刚起步阶段，上市股票仅5种，无法也不需要同国际上其他股票市场发达的国家一样，采用样本股编制股价指数；②将所有上市股票都纳入指数计算范围，能全面、准确地反映某一时点股票价格变动的情况。然而，包含所有上市股票编制的深证综合指数也有不足之处：①若遇新股上市，则在第二天，指数公式都要变更一次。如深圳股市在1991年至1994年四年时间里，由5只股票增至142只，深圳综合指数公式已变更了137次。指数编制方法的变更，使每只股票对指数的影响不断降低，指数内部结构变动频繁，影响其前后的可比性。此外，新股上市由于上市价格不稳定，获利套现较多，开高走低，还会拖累指数下跌，引起指数较大的波动；②按照指数编制的原理，采用加权平均法计算的综合股价指数，是反映各种股票价格综合平均变动的综合指标，若纳入指数计算范围的股票越多，由于综合平均的作用，则反映每日股价波动的敏感性就越差。而若在指数中包含了各种劣等股，那么该指数就不能敏感反映主要上市公司股票价格变动对市场大势的影响。

第二，采用发行量为权数，则有其不适国情之处，国外一般发行股都可上市流通，而我国发行的股票中，国家股、法人股占有很大比例，约占总股本的70%～80%，而这部分股票又不进入市场流通。将比例如此高的不参与流通的股本划入权数范围，就不能如实反映市场交易中股价的真实变动。

和上证指数系列一样，与深证综合指数相关的也有一组分类指数，同样包括两类：一类是A股指数和B股指数，其基日分别为1991年4月3日和1992年2月28日，基日均为100点，分别于1992年10月4日和1992年10月6日开始发布；另一类是行业分类指数，与上证分类指数相比，深证行业分类指数的行业分类更细，包括农林牧渔、采掘、制造(又分为食品饮料、纺织服装、木材家具、造纸印刷、石化塑胶、电子、金属非金属、机械设备、医药生物9大类)、水电煤气、建筑、运输仓储、信息技术、批发零售、金融保险、房地产、社会服务、传播文化、综合共13个门类，分类指数以1991年4月3日为基日，基日指数为100点，从2001年7月2日起开始发布。

本章习题

一、思考题

1.什么是指数？狭义指数具有哪些性质？

2.综合指数的编制原理是怎样的？

3.平均指数的编制原理及其特点是什么？

4.什么是同度量因素？它有何作用？

5.拉氏和派氏指数各有何特点？

6.综合指数和平均指数有何区别与联系？

7.指数体系的概念及其作用是什么？

8.说明指数因素分析法的概念及基本步骤。

二、练习题

1.某地三种商品的价格和销售量资料如下：

商 品	计量单位	基期价格（p_0，元）	报告期价格（p_1，元）	报告期销售量（q_1）
甲	千克	8.0	9.2	2850
乙	米	12.0	13.2	4320
丙	件	40.0	38.0	1040

试根据上表资料计算三种商品的派氏价格总指数和因价格变动而增减的销售额。

2. 某厂生产情况如下表：

产　品	基期产值(p_0q_0,万元)	报告期比基期产量增减%
甲	280	+12.5
乙	320	+8.0
丙	675	−4.0
丁	225	−12.0
合计	1500	—

试根据表中资料计算该厂的产量总指数和因产量变动而增减的产值。

3.某地五种商品的销售情况如下：

商品名称	计量单位	价格(元)		销售额(元)
		基期(p_0)	报告期(p_1)	报告期(p_1q_1)
A	条	3.00	3.15	63000
B	千克	7.20	7.92	39600
C	双	15.00	16.80	42000
D	件	24.50	26.46	13230
E	米	13.80	12.42	43470
合计	—	—	—	201300

试根据表中资料计算五种商品的价格总指数和因价格变动而增减的销售额。

4.已知报告期某商品销售额为1568亿元，基期销售额为1400亿元，报告期的价格较基期增长7.1%，试从相对数和绝对数两方面分析商品销售额的变动及各影响因素的影响作用。

5.2012年和2011年，某省社会商品零售额分别为1851.36亿元和1371.02亿元，全省零售价格2012年比2011年下降1.2%。试据此计算：

(1)2012年与2011年相比，该省因零售价格变动而增减的零售额；

(2)2012年与2011年相比，该省社会商品零售量总指数及因零售量变动而增减的零售额；

(3)从相对数和绝对数两方面验证零售价格、零售量和零售额三个指数之间的相互关系。

6.某管理局下属三个工厂生产三种不同的产品的有关资料如下：

工厂名称	计量单位	单位成本(元)		产品产量	
		基期	报告期	基期	报告期
甲厂	箱	1500	1200	840	966
乙厂	件	70	78	700	670
丙厂	吨	980	850	1176	1020

要求:运用指数因素分析法分析该管理局生产成本变动受单位成本和产量影响的情况。

7.某公司下属三个工厂生产某种产品的情况如下:

工厂名称	单位产品成本(元)		产品产量(吨)	
	基期(z_0)	报告期(z_1)	基期(q_0)	报告期(q_1)
甲厂	1030	985	4850	5100
乙厂	1145	1150	3150	3500
丙厂	1210	1130	1850	2200

根据上述资料,要求:

(1)试对该公司该产品单位成本的变动情况进行指数因素分析;

(2)试对该公司该产品成本总额的变动进行两因素分析;

(3)试对该公司该产品成本总额的变动进行多因素分析。

第十一章　国民经济统计指标

国民经济是一个国家或地区全部经济活动的总和，在这个周而复始、循环往复的经济活动过程中，不断产生着海量的经济数据，出于统计研究分析和经济管理的需要，人们将大量的、不同种类的个体数据按照既定的概念、范围、方法计算汇总为综合性数据，就形成了人们通常所说的统计指标。计算、分析各种统计指标，可以反映国民经济活动的一些规律、特征以及存在的问题，为政府及社会各界进行管理决策提供数量依据。

§11.1　统计指标

11.1.1　统计指标的概念

统计指标(Statistical Indicator)简称指标，是用来说明总体数量特征的概念和具体数值。

对统计指标通常有两种理解和使用方法：

一是统计指标是指反映总体现象数量特征的概念。这是统计理论与统计设计上所使用的统计指标涵义。如人口数、商品销售额、劳动生产率等。它包括三个构成要素：指标名称、计量单位、计算方法。

二是统计指标是反映总体现象数量特征的概念和具体数值。例如，2011 年我国国内生产总值为 472881.6 亿元。这是统计实际工作中经常使用的统计指标的涵义。这个概念涵义中包括了时间、空间和指标数值。按照这种理解，统计指标除了包括上述的指标名称、计量单位、计算方法三个构成要素外，还包括时间限制、空间限制、指标数值。因此，统计指标包括六个具体的构成因素。

一般认为，对统计指标的这两种理解都是成立的。在做统计设计时，只能设计统计指标的名称、计量单位和计算方法，这是不包括数值的统计指标。然后经过搜集资料、汇总整理、加工计算可以得到统计指标的具体数值，用来说明总体现象的实际数量状况及其发展变化的情况。从不包括数值的统计指标到包括数值的统计指标，在一定意义上反映了统计工作的过程。

统计指标的特点可概括为以下三点：

1.数量性

数量性即所有的统计指标都是可以用数值来表现的。这是统计指标最基本的特点。统计指标所反映的就是客观现象的数量特征,这种数量特征,是统计指标存在的形式,没有数量特征的统计指标是不存在的。正因为统计指标具有数量性的特点,它才能对客观总体进行量的描述,才使统计研究运用数学方法和现代计算技术成为可能。

2.综合性

统计指标既是同质总体大量个别单位的总计,又是大量个别单位数量差异的综合,是许多个体现象数量综合的结果。例如,某人的年龄,某人的存款额不能叫做统计指标,一些人的平均年龄,一些人的储蓄总额、人均储蓄才叫做统计指标。统计指标的形成都必须经过从个体到总体的过程,它是通过个别单位数量差异的抽象化来体现总体综合数量的特点的。

3.具体性

统计指标的具体性有两个方面的涵义:一是统计指标不是抽象的概念和数字,而是具体的社会经济现象的量的反映,是在质的基础上的量的集合。这一点使社会经济统计和数理统计、数学相区别。二是统计指标说明的是客观存在的、已经发生的事实,它反映了社会经济现象在具体地点、时间和条件下的数量变化。

11.1.2 统计指标的分类

统计指标可以从不同的角度进行分类:

1. 统计指标按其反映的总体内容不同分为数量指标和质量指标

数量指标是说明客观现象总体规模大小、数量多少的总量指标,一般用绝对数表示。例如,人口总数、工资总额等;质量指标是说明现象总体的相对水平、平均水平或工作质量的统计指标,一般用相对数或平均数表示。例如,平均工资、劳动生产率、出勤率等。

2. 统计指标按其表现形式不同分为总量指标、相对指标和平均指标

总量指标是说明现象总规模、总水平的统计指标,一般用绝对数表示。例如一个国家或地区的人口总数、粮食总产量、国内生产总值(GDP)、企业的销售收入等都是总量指标。总量指标按其所反映的时间状况不同又可分为时期指标与时点指标。时期指标又称时期数,它反映的是现象在一段时间区间内的总量,如产品总量、总产值、商品零售额等。时期数通常可以累积,从而得到更长时间区间内的总量。时点指标又称为时点数,它所反映的是现象在某一时刻上的总量,如年底人口数、年底商品库存额等;相对指标是两个有联系的指标的比值,说明现象的相对水平,一般用相对数表示。如人口的性别比例和年龄构成,人口的出生率和死亡率、人口密度、城市每百户家庭拥有电脑的台数等;平均指标是表明现象一般水平的统

计指标，一般用平均数表示。如某车间工人的平均日产量、某种股票一周平均价格等。

3. 统计指标按其计量单位的特点，可以分为实物量指标、价值量指标和劳动量指标

实物量指标是以实物单位计量的指标。所谓实物单位，是根据事物的实物形态及性能特点，由国家统一规定的计量单位。例如，以米、公斤、台、千瓦时等计量的指标；价值量指标是以货币单位计量，反映事物价值量的指标。例如，2011 年我国的国民总收入为 472115 亿元，进出口总额 36418.6 亿美元等；劳动量指标是以劳动时间为计量单位的总量指标。常用的劳动量单位有工日、工时等，实际上是由劳动和工作时间组合而成的复合单位。

4. 统计指标按其在经济管理上的作用，分为描述指标、评价指标和预警指标

描述指标是用于反映客观经济现实状况，反映经济活动过程和结果的统计指标。如国内生产总值、利润总额、进出口贸易额等；评价指标是用于对经济活动的结果进行比较、评估、考核，以检查其工作质量和经济效益的统计指标；预警指标主要用于对国民经济运行的监测，并根据指标数值的变化，预报国民经济即将出现的不平衡状态、突变事件以及某些结构性障碍等。如国民收入增长率、失业率、通货膨胀率、利率与汇率等。

11.1.3 统计指标体系

一个统计指标只能说明总体的一个侧面，而现象总体的联系是多方面的，要想反映现象总体的全部，仅靠一个或几个指标显然难以说明，只有从现象的联系出发，采用一系列相互联系、相互影响的统计指标构成的整体即统计指标体系(System of Statistical Indicator)，才能全面反映现象总体的全部。例如，工业企业活动是人力、物力、财力、生产、销售等一系列相互联系的整体活动，为反映其生产经营活动全部，就应设置产值、劳动生产率、资金、成本等多个相互联系的统计指标构成的统计指标体系来加以反映。

统计指标体系按其作用不同分为基本统计指标体系和专题统计指标体系两类。基本统计指标体系是反映国民经济和社会发展基本情况的统计指标体系，例如，社会统计指标体系、经济统计指标体系、科技统计指标体系等。专题统计指标体系是对某一专门问题而制定的专项统计指标体系，例如，经济效益指标体系、宏观监测指标体系等。

指标体系按其反映的内容范围不同，可以分为宏观指标体系和微观指标体系两类。宏观指标体系是指反映全国范围社会经济现象数量特征和数量关系的指标体系。例如，我国国民经济核算体系中建立的指标体系，反映全国工业状况的指标

体系等。微观指标体系是指反映基层单位运行和经营管理情况的指标体系，如反映一个工厂生产、销售指标所构成的指标体系等。

§11.2 国民经济主要总量指标

国民经济的主要总量指标，是按照社会再生产过程来设置的，包括社会生产、分配、交换、使用等流量指标和资产负债等存量指标。这些指标分布在有关的核算表和国民经济帐户中，下面分别介绍几个最主要的总量指标。

11.2.1 生产总量指标

生产是整个社会再生产的基本环节，是国民经济活动的出发点，是社会总供给形成的源泉。因此，国民经济生产总量指标是国民经济统计指标体系的最基本内容之一。

1. 总产出

总产出（Output）指常住单位在一定时期内生产的所有货物和服务的价值，既包括新增价值，也包括转移价值，它反映常住单位生产活动的总规模。在实物形态上，它由全部货物和服务产品组成；在价值形态上，它是当期全部转移价值和新创造价值的总和（即 $C+V+M$）。

总产出指标并不反映最终的生产成果，从某种意义上说，它是一个流转额指标，因为总产出指标包含了转移价值，存在着大量的重复计算，不能作为衡量国民经济发展速度、结构、效益等问题的基本总量指际。但它可作为计算其它生产成果指标的一个基础指标，并且在研究某些特定经济问题时仍有其一定的作用。

总产出的一般表述公式为：

$$\text{总产出}=\text{中间投入}+\text{增加值} \tag{11.1}$$

对于整个国民经济的总产出而言，其计算公式为：

$$\text{国民经济总产出}=\sum\text{各产业部门总产出} \tag{11.2}$$

总产出按生产者价格计算。各产业部门的总产出，根据各个部门各自的特点有不同的计算方法：农林牧渔业总产出采用“产品法”计算，即凡有产品产量的农产品均按单位产品价格乘产量的方法计算；工业总产出一般按“工厂法”计算，即以工业企业作为一个整体，按企业工业生产活动的最终成果计算总产出，同一企业内部产品价值不允许重复计算；建筑业则类似于“工厂法”，从施工企业和自营建设单位的建筑生产活动角度入手直接计算；第三产业的总产出核算最为复杂，例如，交通运输、电信邮政、住宿餐饮的总产出等于其营业收入，批发和零售业总产出等于其商业附加费（销售收入减销售成本），银行业总产出等于金融媒介服务活动的虚拟服务收入加实际服务费收入；非营利性服务单位总产出一般按经常业务活动支出进行计算。主要计算公式如下：

农业总产出(值)＝∑(各种农产品产量×单位产品价格)

工业总产出(值)＝∑各工业企业总产出

金融业总产出＝实际手续费收入＋(利息收入－利息支出)

－利用自有资金获得的投资收入

营利性服务业总产出＝营业收入＋其他收入

非营利性服务业总产出＝经常性活动支出＋虚拟固定资产折旧

2. 中间产品与最终产品

产出按其使用方向或使用性质的不同，可划分为中间产品(Intermediate Product)和最终产品(Final Product)两大类别。中间产品与最终产品是一组相对的概念，在这里，它们都是从整个国民经济的角度考虑问题的。之所以区分中间产品与最终产品，是为了能准确计量国民经济生产活动的总成果。

如果不作这种区分，而是单纯根据基本生产单位的产出加以合计，我们得到的只能是总产出指标，它反映国民经济生产活动的流转规模，但无法衡量国民经济生产活动的最终成果。

(1)中间产品。所谓中间产品，就是在核算期内生产出来又在本核算期内被消耗掉或被进一步加工使用，构成其他产品生产费用的那部分产品。中间产品通常包括生产过程中消耗的各种原材料、辅助材料、燃料、动力、低值易耗品和为生产提供的有关服务活动等等。

(2)最终产品。所谓最终产品，是指在核算期内生产出来并且在本核算期内未被加工或消耗，可供最终使用的那些产品。理论上说，最终产品应包括以下内容：①用于消费的各种货物和服务；②用于固定资产投资以及增加存货的有关货物；③用于出口的有关货物和服务。

3. 增加值

增加值(Value Added)是指从总产出中减去中间投入(Intermediate Input)价值后的余额，反映生产单位或部门生产活动的最终成果。增加值的价值构成是：固定资产的转移价值和劳动者新创造的价值，包括固定资本消耗、劳动者报酬、利润和税金。增加值的计算公式为：

从生产角度：

$$增加值＝总产出－中间投入 \tag{11.3}$$

从收入分配角度：

$$增加值＝固定资本消耗＋劳动者报酬＋生产税净额＋营业盈余 \tag{11.4}$$

上述式(11.3)中的中间投入是指在生产经营过程中消耗或转换的货物与服务

价值,又被称为中间消耗(Intermediate Consumption)。记入中间投入必须具备两个条件:一是与总产出相对应的生产过程所消耗或转换的货物和服务;二是本期消耗的不属于固定资产的非耐用品。

若从增加值中扣除固定资本消耗价值后的余额,称为净增加值(Net Value Added)。净增加值由于不包括任何转移价值,完全由劳动者新创造价值构成,在此意义上说它是最为“纯净”的生产总量指标,但从实际工作看,出于计算方便和价值量与实物量相统一的原因,净增加值的应用地位远远不及增加值。净增加值的计算公式为:

$$净增加值=增加值-固定资本消耗 \tag{11.5}$$

4. 国内生产总值

国内生产总值(Gross Domestic Product,简称 GDP)。是一个国家或地区在一定时期内所生产和提供的最终使用的货物和服务的总价值。国内生产总值从实物形态上考察,它是一定时期全社会各种消费品、投资品和服务以及净出口产品和服务的总和;从价值形态看,它包括固定资本消耗和新创造价值两部分,是各产业部门增加值的总和。

国内生产总值是我国国民经济核算体系的核心总量指标,是衡量一个国家或地区经济发展水平,反映经济发展速度、比例和经济效益的基本总量指标。

国内生产总值,从生产角度,它等于各部门增加值之和;从收入角度,它等于固定资本消耗、劳动者报酬、生产税净额和营业盈余之和;从支出角度,它等于最终消费、资本形成和净出口之和。因此,国内生产总值的计算,有生产法、收入法和支出法三种。

(1)生产法:又称为增加值法,是从生产角度来计算国内生产总值。计算公式为:

$$国内生产总值=\sum 各部门增加值 \tag{11.6}$$

$$部门增加值=部门总产出-部门中间投入 \tag{11.7}$$

(2)收入法:又称为分配法,是从分配或收入角度来计算国内生产总值。计算公式为:

$$国内生产总值=固定资本消耗+劳动者报酬+生产税净额+营业盈余 \tag{11.8}$$

(3)支出法:又称为使用法,是从最终使用角度来计算国内生产总值。计算公式为:

$$国内生产总值=最终消费+资本形成+(出口-进口) \tag{11.9}$$

用以上三种方法计算出的国内生产总值,从理论上讲应当相等,称为“三面等值”原则,但是,由于资料来源不同,实际上三种方法计算的结果存在差异,这种差异属于统计误差。

国内生产净值(Net Domestic Product，简称 NDP)是反映各产业部门一定时期内生产的净产品的总量指标。国内生产净值可仿照国内生产总值的三种方法计算，但在具备国内生产总值资料的情况下，常常用国内生产总值扣除固定资产消耗(折旧)来求得。计算公式为：

国内生产净值＝国内生产总值－固定资本消耗 (11.10)

11.2.2 收入分配及使用指标

国民经济收入分配，简称为国民收入分配，通常是指国民经济生产过程所创造的产品(价值)分配给社会各方面形成的所有收支活动。而国民收入使用，是国民经济产品的最终使用，它既是社会物质和文化消费需要不断得到满足的过程，又是社会再生产的继续和不断扩大的过程，是上一个国民经济运行过程和下一个国民经济运行过程的连接点。

1.国民总收入

国民收入分配又可分为收入初次分配和收入再分配。收入初次分配，是指按照各生产要素所有者和政府对生产的参与状况和贡献，对生产成果——增加值的分配，其结果形成国民总收入和初始收入两个收入初次分配指标。

国民总收入(Gross National Income，简称 GNI)，过去称为国民生产总值(Gross National Product，简称 GNP)，是指在一定时期内，一个国家或地区的国民，在国民经济初次分配中获得的初始收入总和。由于该指标不是一个生产(增加值)概念，而是一个收入概念，它反映的是本国常住单位初始收入的总和，因此，在联合国 1993 年修订的 SNA 中，已正式将国民生产总值改称为国民总收入。

国民总收入与国内生产总值存在密切的核算关系，即国民总收入等于国内生产总值加上来自国外的净要素收入。而要素收入包括劳动收入(劳动者报酬)和财产收入两项内容。计算公式如下：

国民总收入＝国内生产总值＋(来自国外的要素收入－支付国外的要素收入)

＝国内生产总值＋来自国外的净要素收入 (11.11)

国民净收入(Net National Income，简称 NNI)，就是过去的国民生产净值(Net National Product，简称 NNP)，它等于国民总收入减去固定资本消耗后的余额。其计算公式如下：

国民净收入＝国民总收入－固定资本消耗 (11.12)

国民净收入＝国内生产净值＋来自国外的净要素收入 (11.13)

2.国民可支配收入

生产领域创造的收入经过初次分配后，并未进入使用领域，还需要进行收入再分配。收入再分配是指在初次分配基础上形成初始收入，在各机构部门之间通过转移收支(非交易收支)所实现的收入分配。

所谓"转移(Transfer)",是指一个机构单位向另一个机构单位提供货物、服务或资产等各种资源,而不从后者那里收取任何资源作为对等回报的行为,因此,它是"单方面"的交易。由转移行为所产生的收支即为转移收支。转移可分为经常转移(Current Transfer)和资本转移(Capital Transfer),区分二者的根据是转移的对象是否是资产,或是否与资产形成有关,如果是资产,则为资本转移,否则为经常转移;如果转移的对象本身不是资产,但接受转移的一方要以形成资产为目的使用所获得的转移,则应归入资本转移,否则为经常转移。我们在此提到的转移收支,是指经常转移收支。实现再分配的手段包括财政收支活动和非金融性单方面转移收支活动,具体核算内容包括现期所得税收支、社会缴款收支、社会福利收支和其他经常转移收支等。

对于整个国民经济而言,通过再分配形成的可支配收入(Disposable Income),称为国民可支配收入(National Disposable Income)。具体来说有两个指标,即国民可支配总收入和国民可支配净收入。

国民可支配总收入,是指一国在一定时期内获得的初始收入的基础上,经过与国外的经常转移收支后可最终用于消费和投资的收入。其计算公式为:

国民可支配总收入=∑各机构部门可支配总收入

=国民总收入+来自国外的经常转移收支净额 (11.14)

从国民可支配总收入中扣除固定资本消耗,就是国民可支配净收入。其计算公式为:

国民可支配净收入=∑各机构部门可支配净收入

=国民可支配总收入-固定资本消耗 (11.15)

3.最终消费与资本形成

国民收入使用的方向主要就是消费和投资(积累),其总量指标可具体确定为最终消费与资本形成

最终消费(Final Consumption)是指本国常住单位在一定时期内用于最终消费的货物或服务的价值总量。从消费内容上看,最终消费中包括货物消费和服务消费两部分;从消费行为主体看,最终消费包括居民个人消费和社会公共消费两部分。计算公式为:

最终消费=居民个人消费支出+社会公共消费支出 (11.16)

居民个人消费支出(Personal Consumption Expenditure,PCE),是指核算期内由居民个人直接购买消费性货物或服务所花费的支出。从消费对象的性质看,居民个人消费支出包括以下内容:①耐用消费品支出,如家用电器、汽车等;②非耐用消费品支出,如食品、服装、药品等;③各种文化生活服务费用支出,如教育费、文娱

费、交通邮电服务费等。

社会公共消费，是指由政府和为居民服务的非营利机构承担费用，对社会公众提供的消费性货物与服务的价值，其中政府消费支出（Government Consumption Expenditure）是主要部分。按照职能划分，社会公共消费支出包括教育、卫生保健、社会保险和福利、体育和娱乐及文化等方面。

资本形成（Capital Formation）是指本国常住单位在核算期内固定资产投资和存货变动价值的总和，它是相对于总消费的另一个重要的国民经济最终使用总量指标。资本形成体现为国民财产在核算期内的增加额，属于积累的范畴。计算公式为：

$$资本形成＝固定资本形成＋存货变动 \tag{11.17}$$

固定资本形成是指在核算期内，机构单位通过经济交易在固定资产上发生的积累，也可以说是生产者对耐用性资本货物的支出价值。其主要内容包括：①有形固定资产投资，包括住房、其他建筑物或构筑物的建造和购置，机器设备的购买以及发生在培育性资产上的支出；②无形固定资产投资，包括矿藏勘探、知识产权（计算机软件、版权等）、文学艺术品原件等核算期内的净积累；③追加在土地等非生产资产上的投资，如土地改良、兴修水利等所花费的支出。

存货变动，是指核算期内各机构单位期末比期初所拥有的存货资产的净增加。主要包括材料和供应品、在制品、制成品、供转售的货物、国家物资储备等存货资产的变动。其计算公式为：

$$本期存货变动＝期末存货价值－期初存货价值$$

如果不考虑国外因素，国民经济最终使用总量就是最终消费支出和总资本形成之和，反映全社会当期使用的最终产品总量，通常用国内支出总值表示：

$$国内支出总值＝最终消费＋资本形成 \tag{11.18}$$

如果考虑到国外因素，则有：

$$国内支出总值＝国内生产总值＋进口－出口－损失 \tag{11.19}$$

4. 总储蓄

总储蓄（Aggregate Savings）是指国民可支配总收入减去总消费后的余额，即各机构部门的现期收入与现期支出的差额。它具体表现为城乡居民收入消费后的结余及企业、行政事业单位分配后的所得。总储蓄分为净储蓄和固定资本消耗，后者是用于补偿资产损耗的，前者在企业可理解为经营盈余。其计算公式为：

$$\begin{aligned}总储蓄&＝国民可支配总收入－最终消费\\&＝净储蓄＋固定资本消耗\end{aligned} \tag{11.20}$$

净储蓄（Net Savings）是指国民可支配净收入减去最终消费后的余额，或总储蓄扣除固定资本消耗后的余额。其计算公式为：

$$净储蓄=国民可支配净收入-最终消费$$
$$=总储蓄-固定资本消耗 \quad (11.21)$$

11.2.3　国民财富

国民财富(National Wealth)是国民经济的存量指标，是指一个国家在特定时点上所拥有的一切财富的总和。国民财富从来源角度包括国民财产和自然资源两部分。

对于国民财富，其概念有三个方面的规定性：一是国民财富是物质财富与精神财富的总和；二是国民财富既含有已开发出来的财富，又含有存在于大自然中的财富；三是国民财富中的物质财富是非金融资产与金融资产的融合体。

由于国民财产包含了一国的非金融资产和金融资产，而非金融资产可分为生产资产与非生产资产，分别又分为有形的无形的，自然资源如土地、森林、矿藏等在资产分类中已作为资产涵盖在其中，在实际的国民财富统计核算中，国民财富并没有根据其定义的来源角度进行核算，而是根据国民资产的分类形式和自然资源的相应处理来计算。其基本公式为：

$$国民财富=非金融资产+国外净金融资产 \quad (11.22)$$

在国民资产负债表中，将各机构部门的净值加总就是一国的国民财富。净值按下式计算：

$$净值=非金融资产+金融资产-负债 \quad (11.23)$$

§11.3　国民经济主要分析指标

11.3.1　经济增长率

国民经济生产是不断发展的，为了分析国民经济生产在不同阶段的发展成果，有必要对其进行动态分析。经济增长率(Economic Growth Rate)，这个指标是指货物或服务的数量，在不同时期对比增长的速度，即国内生产总值的增长速度。计算公式为：

$$经济增长率=\frac{报告期国内生产总值(不变价)-基期国内生产总值}{基期国内生产总值}\times 100\%$$
$$=国民经济发展速度-1(或100\%) \quad (11.24)$$

为反映国民经济生产在一个较长时期内的平均增长情况，须要计算年平均经济增长率，其计算公式为：

$$年平均经济增长率=\sqrt[n-1]{\frac{第\,n\,年的国内生产总值}{第\,1\,年的国内生产总值}}-1$$

$$=平均经济发展速度-1(或100\%) \tag{11.25}$$

为反映国民经济生产发展的真实水平，还需要结合人口状况计算人均国内生产总值的年平均增长率指标。计算公式为：

$$\begin{array}{c}人均国内生产总\\值年平均增长率\end{array}=\sqrt[n-1]{\frac{第\,n\,年的人均国内生产总值}{第\,1\,年的人均国内生产总值}}-1 \tag{11.26}$$

$$人均国内生产总值=\frac{国内生产总值}{同期全国平均人口数} \tag{11.27}$$

注意，上面的计算公式中的国内生产总值和人均国内生产总值指标，均采用可比价格计算，保证了不同时期指标的可比性。

经济增长率几乎是一国经济发展中最重要的一个动态指标，是反映一个国家经济是否具有活力的基础指标。

11.3.2 生产率

经济效益问题是国民经济发展的中心问题，因此，对国民经济生产活动的效益进行分析是十分重要的。反映国民经济生产效益最综合、最基本的指标是生产率(Production Rate)。生产率是生产进程中投入与产出之比。根据参加生产的要素不同，可分为劳动生产率、资本生产率和综合要素生产率。

1.劳动生产率。劳动生产率是指产出的成果与投入的劳动量之此，说明劳动投入的生产效率。从整个国民经济角度来考察劳动生产率，所用的指标是全社会劳动生产率。计算公式为：

$$全社会劳动生产率=\frac{一定时期国内生产总值}{同期全社会劳动者平均人数} \tag{11.28}$$

2.资本生产率。资本生产率是指单位资本所产出的产品数量，又称为资本产出率。我国用资金产值率来反映整个国民经济资本生产率。计算公式为：

$$资金产值率=\frac{国内生产总值}{固定资金平均净值+流动资金平均占用余额} \tag{11.29}$$

3.综合要素生产率。综合要素生产率是指产出量与劳动和资本综合投入量之比，又称全要素生产率，说明整个生产要素的综合使用效率。可用下式表示：

$$综合要素生产率=\frac{国内生产总值}{国民经济生产综合投入} \tag{11.30}$$

式中，综合投入是指各生产要素投入量与其相应的投入边际产出率的加权平均数。

11.3.3 消费率与投资率

消费率(Consumption Rate)又称最终消费率，是指一个国家或地区在一定时期内(通常为1年)的最终消费(用于居民个人消费和社会公共消费的总额)占当年

GDP的比率。它反映了一个国家生产的产品用于最终消费的比重，一般按现行价格计算。其公式为：

$$最终消费率=\frac{最终消费}{国内生产总值(或国内支出总额)} \tag{11.31}$$

投资率(Investment Rate)又称资本形成率，通常是指资本形成总额占国内生产总值的比率。投资率能更全面地反映建设规模，更确切地观察建设与生产、建设与消费之间的关系，是反映经济冷热的敏感指标之一。

$$资本形成率=\frac{资本形成总额}{国内生产总值(或国内支出总额)} \tag{11.32}$$

在国内生产总值一定且净出口保持基本稳定的情况下，资本形成总额和最终消费额是此消彼长的。一个国家(或地区)的GDP如果用于投资的部分多了，投资率就会提升，那么可用于消费的部分就减少了，消费率就相对降低了。

计算最终消费率、资本形成率的必要性体现在以下两个方面：其一，在国民经济宏观管理中，最终产品在积累与消费之间的分配是一个重要的比例关系，它关系到当期消费与未来消费的关系，关系到未来生产基础的扩大，在一定程度上说，关系到国民经济的可持续增长；其二，消费、积累、国外代表了不同方面对GDP的需求，分别计算最终消费率、资本形成率以及净出口占GDP比重，可以反映不同需求要素对于当期GDP的贡献。

11.3.4 洛伦茨曲线与基尼系数

洛沦茨曲线(Lorenz Curve)是一种反映收入分配公平程度的曲线。它由美国统计学家洛伦茨提出。洛伦茨曲线图的具体表示见图11.1。

图中，OI表示累计收入首分比，OP表示累计家庭数百分比。联接两对角的OC线是绝对平均线，此线上的任何一点都表示在总家庭户数中一定百分比的家庭所拥有收入，在总收入中也占相应的百分比。OPC线是绝对不平均曲线，意味着在所有的家庭中，除一个家庭处，其余家庭的收入都为零，而这最后一个家庭得到收人的全部。事实上，收入分配即不会是绝对平均，也不会是绝对不平均，而是介于二者之间，正如图中虚线所示，这条虚线就是洛伦茨曲线。在实际收入分配中，若该曲线愈接近绝对平均线，表明社会收人分配越平均，反之，若该曲线愈接近绝对不平均线，则表明社会收入分配越不平均。

基尼系数(Gini Coefficient)是跟据洛伦茨曲线来计算的测定收入分配差异程度的量化指标，由意大利经济学家基尼提出。计算公式为：

$$基尼系数=\frac{S_A}{S_A+S_B} \tag{11.33}$$

式中：S_A表示实际收入分配曲线(洛伦茨曲线)与绝对平均线之间的面积；S_B表示

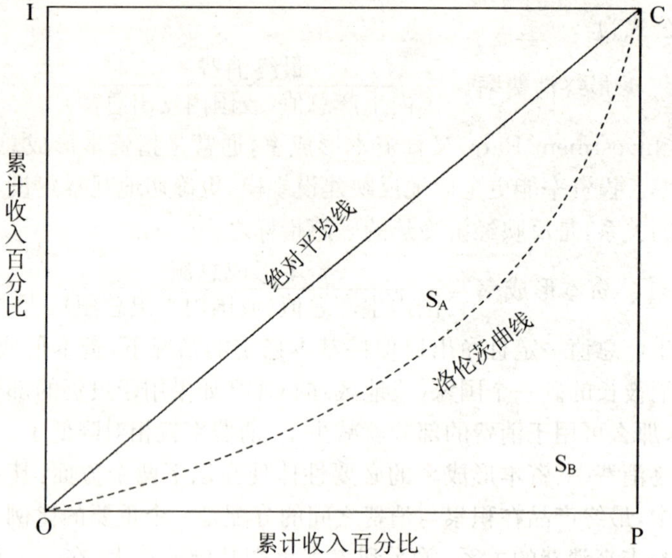

图 11.1 洛伦茨曲线示意图

实际收入分配曲线与绝对不平均曲线之间的面积。基尼系数在 0 和 1 之间取值。系数越小,表示收入分配越平均,系数越大,表示收入分配越不平均。

11.3.5 恩格尔系数

恩格尔系数(Engel's Coefficient)是食品支出占居民全部消费支出的比重,这个指标由德国统计学家恩格尔提出,用来衡量居民消费水平的高低情况。其公式为:

$$\text{恩格尔系数}=\frac{\text{食品支出}}{\text{消费总支出}} \tag{11.34}$$

恩格尔系数数值越小,表明消费水平越高,生活就越富裕;反之,恩格尔系数数值越大,表明消费水平越低,生活就越贫困。

本章习题

一、思考题

1.什么是统计指标?它有哪些特点?

2.试说明统计指标的分类。

3.怎样理解中间产品和最终产品的含义?为何要作此区分?

4.什么是国内生产总值?它有哪些计算方法?

5.国民收入分配指标主要有哪些？试说明它们之间的关系。

6.最终消费与资本形成的核算内容有哪些？

7.经济增长率有哪几种表现形式？如何计算？

8.为什么要核算比较消费率与投资率？这两个指标分别是怎样计算的？

二、练习题

设某地区某年有关核算资料如下：

指　标	数额(亿元)	指　标	数额(亿元)
总产出	1200	总资本形成	210
中间投入	700	出口	80
固定资本消耗	60	进口	90
劳动报酬	300	来自国外的要素收入	25
生产税净额	40	支付国外的要素收入	15
营业盈余	100	来自国外的经常转移收入	3
最终消费	300	支付国外的经常转移收入	5

试根据以上资料：

(1)用相应的三种方法分别计算国内生产总值和国内生产净值；

(2)计算国民总收入和国民净收入；

(3)计算国民可支配总收入和国民可支配净收入。

主要参考文献

[1] 贾俊平.统计学.4 版.中国人民大学出版社,2011.

[2] 丹尼斯 J.斯威尼,等.商务与经济统计.雷平,等译.机械工业出版社,2012.

[3] 莱文,克雷比尔,等.商务统计学.中国人民大学出版社,2010.

[4] 张小斐.统计学.中国统计出版社,2007.

[5] 尉雪波.统计学.经济科学出版社,2008.

[6] 宋廷山,等.应用统计学——以 Excel 为分析工具.西南财经大学出版社,2006.

[7] 金勇进,等.抽样技术.2 版.中国人民大学出版社,2008.

[8] 高敏雪,等.国民经济核算原理与中国实践.2 版.中国人民大学出版社,2007.

[9] 邱东.国民经济核算分析.格致出版社,上海人民出版社,2009.